Johan Schloemann

«I have a dream»

Die Kunst der freien Rede

Johan Schloemann

«I have a dream»

Die Kunst der freien Rede

Von Cicero bis Barack Obama

C.H.Beck

Mit 18 Abbildungen

www.chbeck.de
Satz: Fotosatz Amann, Memmingen
Druck und Bindung: CPI – Ebner & Spiegel, Ulm
Umschlaggestaltung: Geviert, Grafik & Typografie, Michaela Kneißl
Umschlagabbildung: © Shutterstock | Nikolaeva
Gedruckt auf säurefreiem, alterungsbeständigem Papier
(hergestellt aus chlorfrei gebleichtem Zellstoff)
Printed in Germany
ISBN 978 3 406 74189 0

myclimate
klimaneutral produziert
www.chbeck.de/nachhaltig

Inhalt

Kapitel 1 Einleitung . . . 7

Kapitel 2 Rhetorik wird professionell: Die Einführung der Schrift in die Redekunst im klassischen Athen . . . 15

Kapitel 3 Demokratisches Plädoyer für die Stegreifrede: Der Widerstand gegen die schriftliche Vorbereitung in der griechischen Rhetorik . . . 37

Kapitel 4 Brauchte Cicero Notizen? Öffentliches Reden und Improvisation in Rom . . . 57

Kapitel 5 «Öffne den schwachen Mund, löse die stammelnde Zunge»: Die inspirierte Rede im Christentum . . . 79

Kapitel 6 England, Amerika, Frankreich: Die Blüte der frei gehaltenen Rede in Revolution und Republik . . . 113

England . . . 121

Amerika . . . 137

Frankreich . . . 154

Kapitel 7 «Das vielschreibendste Volk der Erde»: Deutschlands Sehnsucht nach dem lebendigen Wort, von der Aufklärung bis zum Bundestag . . . 171

Kapitel 8 Soundbites, Teleprompter und Twitter-Politik: Das Ende der Rhetorik in der digitalen Gegenwart? 221

Dank . . . 241

Anmerkungen . . . 243

Zitierte und benutzte Literatur . . . 268

Bildnachweis . . . 285

Personenregister . . . 286

Kapitel 1

Einleitung

Und, wer sagt jetzt was? – *Schweigen.*

Wir haben heute endlos viele Kommunikationskanäle zur Verfügung, um uns zu äußern. In jeder Sekunde kommt eine neue Nachricht. Ein Stimmengewirr. Aber wenn einer oder eine vor einer Gruppe Menschen aufstehen und das Wort ergreifen soll, ohne Hilfsmittel, jedenfalls ohne sichtbare Hilfsmittel, dann drückt man sich gerne.

In dem Roman *Selim oder Die Gabe der Rede* von Sten Nadolny gründet der Protagonist der Geschichte, ein gewisser Alexander, eine Redeschule. In der ersten Unterrichtsstunde fragt dieser Rhetoriktrainer die Teilnehmer, aus welchem Grund sie denn solch einen Kurs belegt hätten:

> «In diesem Moment meldet sich eine Frau: ‹Manchmal muss ja etwas gesagt werden, nicht?› Belustigung. Wie sie denn das meine.
> ‹Na ja, manchmal halte ich das nicht aus, dass wieder keiner was sagt, und gerade dann fallen mir die Worte selber schwer.› Das nenne ich einen Grund.»[1]

Sprechen ist eigentlich eine elementare Tätigkeit, die im Normalfall alle als Kinder erlernen. Und der menschliche Geist ist in der Lage, schon den nächsten Gedanken zu fassen, während man noch den vorigen ausspricht, und sogar mitten im Reden blitzschnell neue Zusammenhänge herzustellen. Psychologen nennen diese mentalen Vorgänge eine «Assoziationsmaschine», ein erstaunliches Zusammenwirken zwischen unwillkürlichen und bewusst gesteuerten Operationen des Denkens.[2] Wenn wir uns im privaten Gespräch unterhalten, arbeitet diese Assoziationsmaschine meist relativ mühelos, und wir reden einfach drauflos. Aber die Aussicht, vor einem kleineren oder größeren Publikum sprechen zu müssen, hemmt viele Menschen zunächst. Und ihre Sorge ist weit mehr als eine inhaltliche. Selbst wenn sie eigentlich schon wissen, was sie sagen möchten, fragen sie sich: Welche Figur mache ich? Wie komme ich «rüber»? Wird das nicht peinlich? Denn nun gilt es ja nicht nur, etwas zu erzählen, sondern zu überzeugen. Wie sehr dies gelingt, wird von verschiedenen Faktoren der Situation abhängig sein: von der Stimme und der Stimmung, von der Akustik, Gestik, Mimik, Räumlichkeit, vom Einfallsreichtum beim Formulieren, von der Aufnahmefähigkeit der Zuhörer, vielleicht auch von der Farbe meiner Bluse, von meiner Frisur oder meiner Brille. Um sich aber nicht auf dieses Glatteis zu begeben, um sich nicht auf den Zufall des Moments zu verlassen – zumal, wenn man keine Übung darin hat –, bringt man sich lieber einen fertigen Redetext mit. Das schafft Sicherheit.

Diese Sicherheit wiederum hat auch ihren Preis: Wer zu deutlich an seinem vorfabrizierten Manuskript klebt und es bloß herunterleiert, verliert für das Publikum mit seiner Unmittelbarkeit auch seine Glaubwürdigkeit. Eine Rede ist ja keine Vorlesung (einmal ganz abgesehen davon, dass auch Vorlesungen gerne lebendig sein dürfen). Die Zuhörer, deren Zeit und Geduld man beansprucht, erwarten, dass der Redner oder die Rednerin auch wirklich an das Gesagte zu glauben scheint. Sie wollen den Eindruck haben, dass man nicht nur gut vorbereitet, sondern hier und jetzt engagiert ist. «Der Redner», schrieb Friedrich Schiller einmal, «bezweckt einen schnellen Gebrauch und hat ein gegenwärtiges Bedürfnis seines Publikums zu befriedigen.»[3] Das ist bei jeder Rede so, aber ganz besonders dann, wenn das Publikum aktuell und konkret über ihren Erfolg zu entscheiden hat. Darum muss die Person in der Rhetorik möglichst sichtbarer sein als das Papier, sichtbarer als der Text, der sonst woher kommt, nur nicht aus diesem Augenblick. Ohnehin kann man sich nur auf einige Redeanlässe vorher schriftlich einstellen, oft aber ist in der Politik, in den Medien, im Beruf improvisiertes Sprechen gefragt. Lässt man sich also doch besser auf das ungeheure Wagnis der freien Rede ein? Darauf hat man im Laufe der Geschichte verschiedene Antworten gefunden. Davon handelt dieses Buch.

Dabei nutzen wir eine Doppelbedeutung schamlos aus. Im Deutschen bezeichnet die «freie Rede» nämlich zweierlei: die Rede ohne Manuskript, aber auch die Meinungsfreiheit. Die eine ist ein liberales Grundrecht, die andere eine Methode des Vortrags. Beide Freiheiten, die politische und die mediale, sind keineswegs deckungsgleich. Doch hängen sie, wie sich in diesem Buch zeigen wird, durchaus eng zusammen. Das rechtfertigt, hoffen wir, ein gelegentliches Changieren zwischen beiden Bedeutungen: Die freie Rede hat eine politische Relevanz, auch dort, wo es scheinbar nur um technische Fragen der Redevorbereitung geht. Der temporäre Führungsanspruch, den jeder Redner in einer Demokratie erhebt, verlangt einerseits gewisse fachliche und sprachliche Fähigkeiten, die ihn auszeichnen und deretwegen man zuhört. Er darf aber auch nicht zu elitär, zu präpariert, zu perfekt wirken, sonst hat er sich zu weit von der Mehrheit entfernt und steht, gerade in Deutschland, schnell unter Manipulationsverdacht. Die freie Rede im politischen Sinn unterstellt, dass letztlich immer auch jemand anders reden könnte. Die freie Rede im medialen Sinn drückt Offenheit gegenüber dem Publikum der Mitbürger aus, ein Eingehen auf die aktuelle Situation.

Es stehen auch andere Begriffe dafür zur Verfügung: so die Rede «aus dem Stegreif». Der Stegreif ist ursprünglich ein altes Wort für den Steigbügel, zusammengesetzt aus «Steg» und «Reif». Das Wort, das es schon im Althochdeutschen gab, hat also nichts mit «stehen» oder «greifen» zu tun. Der Steigbügel ist die Fußstütze, die dem Reiter auf dem Pferd Halt gibt und ihm beim Auf- und Absteigen hilft. Als Metapher steht der Stegreif für eine spontane Dynamik und Beweglichkeit, er drückt aus, dass man etwas direkt unter Kontrolle hat und sich zugleich eine animalische Energie zunutze macht – unterwegs, auf dem Sprung. Das Grimmsche Wörterbuch erklärt den bildlichen Gebrauch des Stegreifs so:

> «ohne grosze vorbereitung, ohne lange überlegung, keck, eilig, gleichsam wie der fröhliche reitersmann schnell noch etwas erledigt, auch wenn er schon im sattel sitzt und ohne abzusteigen.»[4]

Aus der lateinischen Wendung *ex tempore* – «aus dem Moment heraus» – hat sich außerdem in vielen Sprachen das «Extemporieren» verbreitet.[5] Auch die «Improvisation» geht aufs Lateinische zurück, *improvisus* bedeutet «unvorhergesehen». Daneben hat man, wie beim Stegreif, weitere körperliche Metaphern für die freie Rede gefunden: etwa «aus dem Stand» (italienisch *su due piedi*, schwedisch *på stående fot*). Die Franzosen reden «mit erhobenem Fuß» *(au pied levé)*, die Italiener *a braccio*, also mit dem Arm, und die Niederländer «vor die Faust hin» – *voor de vuist weg* (so hieß übrigens die erste Talkshow im niederländischen Fernsehen, sie lief 1963 bis 1979). Das altgriechische Verb für die Stegreifrede *autoschediázein* entstammt der Sprache des Krieges und meint eigentlich den unmittelbaren Nahkampf im Handgemenge, wo man wendig sein muss, um zu überleben. Im Englischen wiederum spricht man *ad lib (ad libitum), offhand* oder *off the cuff*, also «aus der Manschette»: ähnlich wie wir etwas «aus dem Ärmel schütteln», «aus dem Handgelenk» oder gar «aus der Lamäng» (eine Berliner Verballhornung des französischen *la main*). Mit den letztgenannten Ausdrücken gelangt die Stegreifrede in die Nähe der Zauberei.

Füße oder Hände, Faust oder Arm, Reiten oder Kämpfen – welches Körper-Bild und welchen Ausdruck man nun verwenden mag, es stellt sich die Frage, inwiefern damit verschiedene Arten der mündlichen Rede beschrieben sind. Auf der einen Seite gibt es die «echte» Stegreifrede: Momente genialer Improvisation, in denen eine ungeplante Situation, eine bestimmte Stimmung sprachliche und inhaltliche Einfälle hervorlockt. Im Laufe des Sprechens selbst kommt man erst auf den nächsten Gedanken, oder indem man auf einen Vorredner oder einen Zwischenruf reagiert.[6] Dem steht diejenige Rede ohne Manuskript gegenüber, für die man sich vorher eine Gliederung und bestimmte Wendungen genauestens eingeprägt hat. Das Einstudieren eines Konzeptes ist in diesem Fall nah am Auswendiglernen, auch wenn man dann die Formulierungen im Einzelnen dem Augenblick überlässt, *ex tempore.* Zudem unterscheiden sich die Umfänge und Anlässe: hier lange, monologische Ansprachen, dort Debatten in kürzerer Wechselrede.

Allerdings sind die Übergänge fließend. Aus vergleichenden Untersuchungen zur Stegreif-Poesie in verschiedenen Kulturen (*Oral poetry*) sowie auch zur Improvisation von Musik weiß man: Jedes Extemporieren ist eine variable Mischung aus spontaner Kreativität und festem, formelhaften Material.[7] Die Dichtung und die Musik ohne Partitur unterliegen zwar jeweils eigenen Zwängen – Versmaß beziehungsweise Takt und Harmonie –, aber mit der mündlichen Rede in Prosa haben sie gemein, dass sie Impulsivität und Konvention kombinieren. Ob man epische Heldendichtung, ein virtuoses Jazz-Solo, den Sprechgesang der Rap-Musik oder eine Parlamentsrede frei vorträgt: Man setzt Vorhandenes zu etwas immer Neuem zusammen. Auch dort, wo es nach purer Eingebung klingt. Ein Fachbegriff der Mündlichkeitsforschung dafür lautet *Composition in performance.*[8]

Die frei gehaltene Rede muss dabei keineswegs immer die bessere sein, zumindest für heutige Ohren und Rezeptionsgewohnheiten. Ohne Vorbereitung produziert sie oft Redundanzen.[9] Es gibt gewiss «begnadete» Redner – von der göttlichen Inspiration handelt eines der folgenden Kapitel. Aber eine schriftliche Rede, mitreißend vorgetragen, kann unter Umständen ein voller Erfolg werden, eine improvisierte hingegen ein fürchterliches Stottern oder Geschwätz. Meist gelingt sie einem nur, wenn ihr Überlegung und Training oder Erfahrung vorausgehen. Das Rezept für eine möglichst risikoarme freie Rede, das einschlägige Ratgeber etwa so oder ähnlich empfehlen, geht daher folgendermaßen:

1. Die Rede in einer ersten Version entweder ganz niederschreiben oder konzipieren.
2. Mehrmals durchlesen beziehungsweise durchdenken.
3. Die Rede in Abschnitte aufteilen und jedem Abschnitt ein Stichwort als Überschrift geben.
4. Nur diese Stichwort-Überschriften auf ein Blatt oder mehrere Karteikarten schreiben.
5. Die Rede in einem oder mehreren Übungsläufen von diesen Karten aus vortragen, vor dem Spiegel oder vor einem privaten Zuhörer.
6. Zum eigentlichen Redeauftritt ausschließlich die Karten oder das Stichwort-Blatt mitbringen, aber sie während der Rede nur zu Rate ziehen, wenn es nicht anders geht.[10]

So sagt es auch Kurt Tucholsky in seinen *Ratschlägen für einen guten Redner* (1930):

> «Klare Disposition im Kopf – möglichst wenig auf dem Papier. (...) Ein Podium ist eine unbarmherzige Sache – da steht der Mensch nackter als im Sonnenbad.»[11]

Diese praktischen Tipps gehen natürlich immer auch einher mit weiteren inhaltlichen und äußerlichen Empfehlungen, die Rhetoriktrainer seit der Antike bis heute erteilen: dass man mit der richtigen Haltung und Stimme überzeugt auftritt; dass man mit dem passenden «Framing» (Einbettung) die Begriffe und Metaphern zugunsten seines Anliegens besetzt; dass die Rede kompetent, vor allem aber auch bildstark, anschaulich, persönlich klingt und die Emotionen und Wahrscheinlichkeiten auf Seiten der Zuhörer anspricht.

Was aber genau in uns vorgeht, wenn es mal so richtig «läuft» mit dem Improvisieren, darüber kann die Wissenschaft bisher nur vorsichtig spekulieren. Ein Ausgangspunkt ist «die Annahme, dass es so etwas wie ein sprachliches Zerebral-Repräsentationssystem von Wissen gibt und ein nichtsprachliches».[12] Psychologie und Philosophie diskutieren seit Längerem darüber, ob und inwieweit das Denken von der Sprache abhänge oder davon unabhängig sei. Wie funktioniert das rein mündliche Formulieren? Haben wir eine Art gedankliches Schema im Kopf, das dann erst im Eifer des Gefechts mit Grammatik und Wortwahl versehen wird? Oder kommen uns nicht auch wesentliche Gedanken erst beim Formulieren, bei dem wir uns selbst zuhören? «Die Sprache ist das bildende Organ des Gedanken», befand Wilhelm von Humboldt.[13] Die sprachliche Kreativität entsteht offenbar durch eine gewisse Erregung: «Innovation durch Enthemmung».[14] Mit der drängenden Präsenz eines Publikums, mit «Evidenzmangel und Handlungszwang», die laut dem Philosophen Hans Blumenberg die rhetorische Situation ausmachen,[15] erwächst ein anderer Druck auf den Redner als im privaten Gespräch; stellt man sich diesem Druck, kann sich die Zunge lösen. «Es gäbe bei den Menschen keine Beredsamkeit, wenn wir uns nur mit Einzelnen unterhielten», stellte der römische Redelehrer Quintilian fest.[16] Der estnisch-amerikanische Psychobiologe Jaak Panksepp hat die Wirkung kreativer Herausforderungen so beschrieben:

> «In der Kunst wie im Leben lösen Affekte kognitive Vielfalt aus, wie Fackeln, die die Dunkelheit erhellen.»[17]

Darüber, wie eine solche sprachliche Erleuchtung konkret vonstattengeht, gibt es diverse Theorie-Ansätze und Modelle, doch stochert die Forschung in dieser Hinsicht derzeit noch ziemlich im Nebel des Gehirns herum. Wer frei vor anderen spricht, ist in jedem Fall «ein hochkomplexer Informationsprozessor», konstatiert der niederländische Psycholinguist Willem Levelt, «der auf immer noch recht mysteriöse Weise Absichten, Gedanken, Gefühle in flüssig artikuliertes Sprechen verwandeln kann».[18]

Wer frei spricht, ohne Textvorlage, ist gleichwohl immer auch vom Gebrauch der Schrift beeinflusst – und heute zudem von der sonstigen medialen Umgebung. Zwar hat der mündliche Redner tatsächlich nur sein Gehirn als einziges Speichermedium und unsichtbares Hilfsmittel zur Verfügung. Doch anders als in den schriftlosen, rein oralen Kulturen, die Ethnologen und Historikerinnen untersucht haben, prägt die Schriftkultur auch die Vorbereitung und den Auftritt des Redners, wenn er ohne Manuskript spricht, sowie die Erwartungen des Publikums. Das sieht man bereits an dem gängigen Lob für eine gelungene freie Rede, jemand spreche «wie gedruckt» oder «druckreif». Das heißt: Schreiben und Lesen bestimmen das Qualitätskriterium für die gesprochene Sprache, schriftlicher Stil setzt den Maßstab. Und trotzdem wollen die Zuhörer an Ort und Stelle nicht nur schöne Worte vernehmen, sondern die Erfordernisse des Augenblicks bedient wissen. In dieser Spannung – und von dieser Spannung – lebt die Rhetorik.

Seit ihren Anfängen im antiken Griechenland nämlich hat die Rhetorik versucht, das Risiko des öffentlichen Auftritts durch Planung, durch Regeln und Techniken zu vermindern. Sie will etwas schwer Vorhersehbares mit Methode in den Griff bekommen und so die Macht des Zufalls begrenzen. Und Methode bedeutet: mit Hilfe der Schrift.[19] Zum Beispiel gehören fünf Arbeitsstadien des Redners zum klassischen Kanon der Rhetorik, und nicht weniger als die ersten vier von diesen fünf Arbeitsstadien zielen auf die schriftliche Abfassung der Rede ab. Die fünf Stufen sind diese: 1. Auffindung des Stoffes, 2. Gliederung, 3. Ausformulierung, 4. Einstudieren, 5. Vortrag. Hier und da hat die Rhetorik zwar auch ein paar kluge Tipps für die Improvisation, doch traditionell räumt sie ihr keinen prominenten Platz ein, sondern blendet sie aus ihrer Systematik aus. Denn letztlich untergräbt das Extemporieren, wenn es nicht bloß ein Notbehelf sein soll, die Rhetorik als schriftliche Disziplin. Das Wissen über die freie Rede ist also gleichsam die ungeschriebene Lehre der Beredsamkeit.[20] Und wenn die Rhetorik ein Geschäft sein soll, das man auch lehren und lernen kann, dann ist die Stegreifrede die ständige Begleiterin der Rhetorik, aber zugleich auch ihre natürliche Feindin. Daran mag es liegen, dass es zwar viele Geschichten der Rhetorik gibt, aber bisher – soweit wir wissen – keine Geschichte der Stegreifrede.

Diese Geschichte wollen wir hier erzählen. Die improvisierten Reden der Vergangenheit sind verklungen und sehr oft auch nicht aufgezeichnet. Aber man hat in verschiedenen Epochen immer wieder darüber berichtet und nachgedacht. Die freie Rede findet man in Volksversammlungen, Kirchen, Gerichtsverhandlungen, Hörsälen, in Theater und Literatur, in revolutionären Momenten und in erregten Parlamenten – bis hin zu den heutigen Konferenzen der Digital- und Kreativindustrie und YouTube-Kanälen. Nicht selten haben die Menschen mit der freien Rede ein Verlangen nach Erweckung oder nach politischer Freiheit verbunden, nach einer lebendigen Debattenkultur. Die Auseinandersetzungen darüber verfolgen wir in diesem Buch, von der Erfindung der Rhetorik im Altertum bis zu der Frage im letzten Kapitel, ob sich die öffentliche Rede in der

Konkurrenz zu anderen Medien, zu Talkshows und Twitter gegenwärtig überhaupt noch behaupten kann. Dabei wird sich zeigen: Wie weit man sich von einem vorbereiteten Text befreien kann, das ist einerseits ein großes praktisches Problem für jeden Redner und jede Rednerin – es ist aber auch generell von Bedeutung im Kampf um Öffentlichkeit und Glaubwürdigkeit, vom Einsatz für die Freiheit des Wortes bis zu den Gefahren der Demagogie. Also auch zu all dem, was in jüngster Zeit das einsilbige Reizwort «Trump» zur Überschrift hat.

*

Dass diese Geschichte zunächst vor allem eine «westliche» ist, hat Gründe: Es scheint kein Zufall zu sein, dass vor 2500 Jahren, als die Demokratie in Athen das Laufen lernte, erstmals auch die Rhetorik als methodische Lehre entwickelt wurde. In Rom, im christlichen Mittelalter und in den europäischen Universitäten hat man sie überliefert und weiterentwickelt; die Redefreiheit (und Pressefreiheit) wurde in der transatlantischen Revolution des späten 18. Jahrhunderts erkämpft und als Grundrecht konzipiert. Die Beredsamkeit war in vielen traditionellen Kulturen lange eher identitätsstiftend und konsensorientiert, entwickelte also keine konfrontative Debattenkultur. Das heißt aber nicht, dass sich die Erforschung der Stegreifrede nicht auch außereuropäisch ausweiten und ergänzen ließe. Spontanes Reden gibt es überall auf der Welt.[21]

Man hat die Rhetorik «das Chamäleon der Geisteswissenschaften» genannt.[22] Dass das Literaturverzeichnis dieses Buches ziemlich lang geworden ist, liegt daran, dass wir für unser Thema Früchte von weit auseinanderliegenden Feldern zusammentragen mussten. Wer weder zitierte Stellen nachschlagen noch über die Forschungsliteratur informiert werden möchte, kann aber die Anmerkungen getrost ignorieren.

Kapitel 2

Rhetorik wird professionell: Die Einführung der Schrift in die Redekunst im klassischen Athen

Reden hielt man zu allen Zeiten. Die Griechen, die uns die Rhetorik geschenkt haben, liebten schon in ihrer Frühzeit die Kunst der öffentlichen Rede. In der epischen Dichtung, mit der die europäische Literatur um das Jahr 700 v. Chr. einsetzt, wimmelt es von Redeanlässen und Ansprachen, und nicht wenige davon werden in förmlichen Versammlungen gehalten. Fast scheint es, als hätte der Krieg um Troja nur deshalb so lange gedauert, als wäre Odysseus nur deshalb so lange im Mittelmeer herumgeirrt, weil es sonst nicht genug Gelegenheit gegeben hätte, die Redekunst der Kriegsteilnehmer vorzuführen. Jedenfalls spiegelt sich bereits in der frühen Dichtung das kommunikative Regiment einer aristokratischen Elite in den aufstrebenden griechischen Stadtstaaten. Es ist dies eine Elite lokaler Anführer, die Wettkampf und Freundschaft miteinander verbindet und die sich beim lauschenden Publikum der Unterstützung für ihre Vorstellungen und Ansichten versichern müssen.[1]

Für diese archaischen, aber ästhetisch sensiblen Klientelpolitiker war der sprachliche Erfolg ebenso entscheidend wie der militärische. Individuelle Unterschiede in der Redeweise wurden sorgfältig registriert. Bei Homer heißt es selbst über den größten Helden der Achaier, Achilles, er sei im frühen Stadium seiner Erziehung noch ein grüner Junge gewesen, «noch nicht erfahren im Krieg, und auch nicht in den Redeversammlungen, wo Männer sich besondere Auszeichnung erwerben». Odysseus lässt seine Worte «wie Schneeflocken» auf seine Zuhörer herabrieseln.[2] Nicht weniger als ungefähr ein Viertel aller vierundzwanzig Bücher der *Ilias* lässt sich der sogenannten beratenden Rede zuordnen. Und in der *Theogonie* des Hesiod – eines Zeitgenossen Homers – wird der herausragende, inspirierte öffentliche Redner, der einen Rechtsfall entscheidet, gar wie ein Poet besungen:

> «Wen die Töchter des großen Zeus begünstigen (...), auf dessen Zunge gießen sie süßen Tau, und aus dessen Mund fließen Worte wie Honig; und das ganze Volk blickt auf ihn, wenn er entscheidet, wer recht hat, mit seinem geraden Urteil. (...) Wenn der auf den Versammlungsplatz kommt, suchen sie ihn wie einen Gott für sich einzunehmen mit süßer Ehrfurcht, und er sticht unter den Versammelten hervor. So ist die heilige Gabe der Musen an die Menschen.»[3]

Solche Musenweihe des öffentlichen Redners darf uns ebenso wenig wie das heroische Versmaß, der Hexameter, in dem die Reden im Epos (wie auch alles andere) beschrieben und geschrieben sind, zu der irrigen Annahme verleiten, dass die frühen Griechen auch in Wirklichkeit ständig in Versen gesprochen hätten. Wo man einer solchen poetischen Vorstellung anhängt, ist dies teils der einflussreichen Idee geschuldet, der zufolge die Dichtung der Prosa menschheitsgeschichtlich prinzipiell vorausgehe, und teils den enthusiastischen Anfängen der neueren Medien- und Mündlichkeitsforschung vor einigen Jahrzehnten. So meinte der romantische Kultur- und Literaturtheoretiker Friedrich Schlegel, mit vielen anderen vor und nach ihm: «In der ersten Epoche hatte die griechische Literatur nur eine Form, alles war Poesie und alle Poesie war episch.» Erst viel später im Altertum, so Schlegel, habe man das schöne Stadium der Unschuld verlassen und somit auch die reine dichterische Kommunikation aufgegeben: «Die Sprache, anfänglich nur poetisch, scheidet sich in Poesie und Prosa.»[4] Und in seinem Pionierwerk über den Wandel von Mündlichkeit zu Schriftlichkeit, *Preface to Plato,* hat der kanadische Philologe Eric A. Havelock 1963 in ähnlich hohem Ton behauptet, in der Oralitätsphase der Zivilisation sei politisches Sprechen immer ein poetisches Sprechen gewesen: «Die epische Dichtung», meinte Havelock, «stellte die signifikante Redeform dar, und sie hatte keine prosaische Konkurrenz.» Ja, die Hexameter-Dichter Homer und Hesiod, so Eric Havelock, «sprachen in dem einzigen Idiom, dessen ihre ganze Kultur fähig war».[5]

So kann man sich von einer Ursprünglichkeitsbegeisterung forttragen lassen. Denn in Wahrheit haben die Griechen in ihren aufblühenden Stadtstaaten natürlich nicht permanent in der streng gebundenen Sprache der Poesie gesprochen, wenn sie etwas zu sagen hatten. Gewiss, sie waren in ihrer auch fortan noch lange mündlich geprägten Kultur von lauter Musenklang umgeben, ihr Festkalender, ihre gemeinschaftlichen Rituale waren voll von Gesang. Doch politische Reden haben die dominierenden

Aristokraten dennoch sicher nicht in der homerischen Kunstsprache gehalten – weder bei Versammlungen in der Heimatstadt noch im Verkehr mit Gesandtschaften anderer Gemeinden; und dasselbe gilt für ihre Reden zur Entscheidung von strittigen Rechtsfällen. Gewiss, die Dichtung übte in der archaischen Epoche der griechischen Kultur (ca. 800–500 v. Chr.) eine gewaltige Macht aus – auch auf damals neu entstehende Literaturformen wie das philosophische Lehrgedicht; sogar Gesetze wurden bisweilen in Versen formuliert, damit man sie sich besser merken konnte; und es war ein langer Weg, bis längere Prosastücke erstmals in Texten niedergelegt wurden, nämlich mit der Geburt der Geschichtsschreibung, die im sechsten vorchristlichen Jahrhundert mit Autoren wie Hekataios von Milet einsetzt. Trotzdem müssen wir uns vor Augen halten, dass das Memorieren und die Aufführung von Dichtung einerseits und die rednerische Verlautbarung andererseits in unterschiedlichen sozialen Situationen stattfanden, auch schon in vordemokratischer Zeit.[6]

Wenn der Vielwisser Plutarch in der römischen Kaiserzeit – also 700 Jahre nach dem Ereignis – erzählt, dass einst Solon von Athen, der berühmte Gesetzgeber und Schlichter sozialer Spannungen, sich um 600 v. Chr. mit einer Art Narrenkappe auf den Marktplatz, die athenische Agora, gestellt habe, um das Volk mit einem großen Gedicht in elegischem Versmaß zum Krieg gegen die Insel Salamis zu bewegen, so ist dies offenkundig eine Anekdote, die ihrerseits aus den überlieferten Gedichten Solons herausgesponnen wurde. In Wahrheit hatte die politisch-philosophische Poesie des Reformers Solon ihren Ort im Symposion, dem aristokratischen Trinkgelage, wo Rechtfertigung und Reflexion in Versen vorgetragen wurden. Entsprechend treten in seinen erhaltenen Gedichtfragmenten «das Volk» oder «die Athener» immer nur in dritter Person auf: mithin als Abwesende. Die einfachen Leute von Athen, deren Existenz durch die sich zuspitzenden wirtschaftlichen und sozialen Verhältnisse bedroht war – die der Verarmung und Schuldknechtschaft ins Auge blickten und unter ungerechten Richtersprüchen litten –, hätten sich auch bedankt und schwerlich dem zur Schlichtung der Krise Berufenen zugehört, wenn der ihnen in dieser Lage mit gedrechselten Versen gekommen wäre. So wechselte Solon stattdessen in ein anderes Register und sprach in kraftvollen Prosareden zu seinen Mitbürgern.[7]

Wie aber sahen solche frühen Reden aus, vor ihrer schriftlichen Fixierung? Darüber wissen wir im Einzelnen, abseits heroischer Legenden, so gut wie nichts. Eines aber ist sicher: Der politische Redner in der frühen griechischen Polis zog jedenfalls, anders als unsere Politiker, kein fertiges Manuskript aus der Tasche. Dies wäre in einer von der Mündlichkeit dominierten Öffentlichkeit völlig undenkbar gewesen; ebenso wenig hätte man es bei der Aufführung von neuer Poesie durch Chöre oder Einzelsänger akzeptiert, wenn diese «vom Blatt gesungen» hätten – stattdessen mussten sie ihren Text und ihre Musik natürlich im Voraus memorieren. Während aber die Dichter seit den Tagen Homers ihre Werke meist schriftlich fixierten, werden die Prosaredner der archaischen Epoche ihren mündlichen Vortrag noch nicht schriftlich vorbereitet haben, abgesehen von ein paar konzipierenden Stichwörtern, die man sich vielleicht auf einer Wachstafel oder Tonscherbe notierte. Der Grad an Vorbereitung, der technische Hintergrund der Redefähigkeit einer herausragenden Persönlichkeit, die «unter den Versammelten hervorsticht», wie es bei Hesiod hieß, wurde damals vom Publikum noch gar nicht problematisiert. Vielmehr wurde diese Fähigkeit einfach als eine besondere Gabe empfunden: Wer kann, der kann.

Das bedeutet freilich nicht, dass sich in jener Zeit, als die Redner «Worte wie Honig» fließen ließen, nicht bereits ein gewisses rhetorisches Erfahrungswissen entwickelt hätte. So bildeten sich wohl bald schon, gerade wegen des mündlichen Charakters der Rede, Standardargumente und Standardformulierungen heraus. Denn wer frei spricht, der braucht zur Bewältigung der je erforderlichen Improvisation ein festes Repertoire, gleichsam einen Baukasten des immer Wiederkehrenden, auf den er ohne allzu große Verzögerung und großes Nachdenken kombinierend zurückgreifen kann. Die absolute Stegreifrede, die alles nur aus der Inspiration des einen Moments hervorbrächte, gibt es nicht. Es liegt immer etwas voraus. Darin, und nicht in der Metrik und Rezitation, liegt die Nähe der frühen Prosarede zur epischen Heldendichtung mit ihrer Formelsprache und ihren wiederkehrenden Szenen und feststehenden Redewendungen. Dieser Baukasten standardisierter Argumente und Bilder, welche den wiederkehrenden, in ihrer Zahl begrenzten Wirkungsabsichten von öffentlichen Reden entsprechen, ist das Ergebnis «einer Ideenassoziation, einer Dressur, einer Konditionierung» (Roland Barthes). Solche Gemeinplätze, «Topoi» oder *loci communes*, die später dann zu schriftlichen Versatzstücken werden, haben, wie Walter J. Ong in seinen Arbeiten herausgestellt hat, einen oralen Ursprung. Alle traditionell-oralen Gesellschaften kennen eine gewisse Formelhaftigkeit, eine «Formalität» der frei gehaltenen Rede.[8]

Und so wird man mit guten Gründen den nichtschriftlichen Prosareden der Griechen des 8. bis 6. Jahrhunderts v. Chr. auch eine gewisse Blumigkeit, eine Neigung zu besonders einprägsamen, starken Bildern unterstellen dürfen. Denn starke Bilder sind mnemotechnisch hilfreich – man kann sie sich gut merken. Die frühe Geschichtsschreibung liefert Beispiele dafür, selbst wenn der genaue Wortlaut der dort wiedergegebenen Reden historisch sicher nicht zuverlässig ist (teils weil der antike Historiker bereits mit einigem Abstand zum Geschehen schrieb und niemand die Reden stenografiert hatte, teils weil er im Interesse seines Darstellungsziels die Reden selbst komponierte). Der Historiker Herodot (ca. 490–425 v. Chr.) etwa berichtet, wie sich in Griechenland ein überregionaler Widerstand gegen die Spartaner bildete, der dem Bedürfnis nach stärkerer Beteiligung breiterer Volksschichten entsprang. Der Anlass war, dass Sparta, die große Rivalin Athens, Ende des 6. Jahrhunderts in Athen wieder eine Tyrannenherrschaft einsetzen wollte, nachdem die Athener sich gerade erst davon befreit hatten. Das Ereignis liegt für Herodot rund ein Dreivierteljahrhundert zurück; mit Sicherheit hat er daher einiges an demokratischem Gedankengut und an Terminologie aus seinen Tagen in die Vergangenheit zurückgespiegelt – Anachronismen aus der Zeit des Autors, in der eine Sprache und Ideologie der egalitären Verfassung schon viel weiter entwickelt war als zur erzählten Zeit. Das Bild jedoch, mit dem ein Mann aus Korinth namens Sokles seine große antityrannische Ansprache im fünften Buch der *Historien* Herodots beginnt, dieses Bild ist eines, das wir uns sehr gut als typisch für jene frühe schriftlose Redekunst vorstellen können: Wenn die Spartaner wirklich daran gingen, so sagt dieser Sokles im Jahr 505 v. Chr., «die Gleichverteilung der Herrschaft *(isokratía)* abzuschaffen und stattdessen die Tyrannis in den Städten einzuführen», dann wäre dies nach Meinung des Redners mit folgendem Zustand gleichzusetzen: «Der Himmel wird unterhalb der Erde sein, und die Erde hoch über dem Himmel, und die Menschen werden ihren Wohnort im Meer haben, und die Fische dort, wo vorher die Menschen ihren Wohnort hatten.»[9] Hier wird also, um eine untragbare politische Situation auszumalen, die Figur des «Adynaton», des «Unmöglichen» bemüht: der Topos einer völlig verkehrten Welt, einer verrücktspielenden Natur, wie er auch in der antiken Dichtung immer wieder begegnet. Das Gleichnis des kosmischen Durcheinanders ist bestimmt nicht spontan erfunden; seine Anwendung auf die verhasste Alleinherrschaft aber ist doch ein origineller Griff in den Baukasten von Motiven, der einem Redner zur Verfügung stehen musste.

Herodot schreibt ausdrücklich, Sokles habe seine antityrannische Rede «in freier Weise» vorgetragen *(eleuthéros)*. Damit ist nicht etwa, wie im Deutschen, konkret die improvisierte Rede im Unterschied zur schriftlich präparierten gemeint. Aber der Freiheitsbegriff verknüpft durchaus die Art der Rede und die Art der politischen Ordnung miteinander. Bewegt durch Sokles' «freies» Sprechen, so berichtet Herodot, hätten selbst Spartas Verbündete, die sich zuvor noch «ruhig verhielten», ihre Stimme erhoben und sich dagegen ausgesprochen, dass die tyrannenfreundlichen Spartaner «in irgendeiner griechischen Stadt einen Umsturz der Verhältnisse betreiben».[10] Die Bürgerschaften griechischer Städte – das ist die Botschaft – wollen frei sein, ohne eine widernatürliche, von außen aufgezwungene Herrschaftsform; Gleichheit und Freiheit sind naturgemäß; und zu dieser Freiheit gehört eben auch das freimütige, furchtlose, ungeplante Reden, das keiner Kontrolle unterliegt. Wie völlig anders sich das in einem diktatorischen System verhält, das konturiert der Historiker Thukydides (ca. 455–399 v. Chr.) scharf, wenn er das spätere brutale Intermezzo der Sparta-freundlichen Oligarchen-Herrschaft im Athen des Jahres 411 v. Chr. beschreibt:

> «Es wurde trotzdem noch die Volksversammlung und die Ratsversammlung nach Verlosung einberufen. Aber sie berieten nichts, was nicht den Verschwörern gefiel, auch kamen die Redner aus ihrem Lager, und was gesagt werden sollte, das hatten sie im Voraus geplant. Es widersprach auch keiner mehr von den Übrigen, denn man bekam es mit der Angst zu tun, wenn man die Menge der Verschwörerpartei vor sich sah. Wenn aber doch einer widersprach, wurde sehr bald ein Weg gefunden, ihn zu töten (…) Stattdessen verhielt sich das Volk ruhig (…).»[11]

Nun sind wir durch die frühgriechischen Verhältnisse bis in die Zeit der athenischen Demokratie des 5. und 4. Jahrhunderts v. Chr. geschlendert. Für diese Demokratie stellte jene oligarchische Verschwörung des Jahres 411 bereits eine Unterbrechung dar, einen Bruch mit der Freiheit und Offenheit öffentlicher Debatte und Entscheidungsfindung. Diese Art der Annäherung erscheint angemessen, weil die Beredsamkeit, die in klassischer Zeit mit der Demokratie aufblühte, eben nicht aus dem Nichts entstand: Es gab schon eine Rhetorik vor der Rhetorik, die nicht als schriftliche Disziplin, wohl aber als mündliches Erfahrungswissen weitergegeben wurde. Und als im 5. Jahrhundert, zur Zeit des Aufschwungs Athens nach den gewonnenen Perserkriegen (also seit 478 v. Chr.), die ganz großen Reden gehalten wurden, da «hatte jedes Publikum stilistische Erwartungen, die das Produkt einer Entwicklung über mehrere Jahrhunderte waren».[12]

Es gab also im griechischen Stadtstaat einen Vorlauf an kommunikativen Erfahrungen, an den man anschließen konnte. Trotzdem brachte die neue Organisation öffentlicher Entscheidungen in der athenischen Demokratie fundamentale Änderungen. Beginnend mit Reformen der Verwaltung, die der Adelige Kleisthenes 508/507 v. Chr. durchsetzte und die das Ende der Adelsherrschaft einläuteten, und vollends mit einer weiteren Entmachtung der Aristokraten im Jahr 462/461 v. Chr., die mit dem Namen des Staatsmannes Ephialtes verbunden ist, wurde Athen zur Volksherrschaft. Alle wichtigen Entscheidungen in Recht und Politik lagen nun bei der Mehrheit der Bürger, es galt unter ihnen Gleichheit vor dem Gesetz, und Ämter wurden nach Rotationsprinzip und per Losentscheid vergeben.

Mit dieser unerhörten Ausweitung der Partizipation breiter Bevölkerungsschichten erhielt auch die griechische Redefreudigkeit vor einem zur Abstimmung berechtigten Massenpublikum eine ganz andere politische Verankerung. Die Demokratie, heißt es in der ältesten uns überlieferten Verfassungsdebatte über die Vor- und Nachteile der verschiedenen Staatsformen, «führt alle Entscheidungen der Öffentlichkeit zu».[13] So wurde denn auch das direktdemokratische Prozedere in den Gremien Athens organisiert: In einer durchgehenden monologischen Rede musste man seinen Standpunkt vor der Menge durchsetzen. Die Debatte bestand in den vorgetragenen Reden selbst. Es gab keine weiteren Befragungen, keine Diskussionen, keine Expertenanhörungen; vielmehr trafen anschließend die männlichen Vollbürger der Stadt (das hieß damals: ohne Frauen, Sklaven und Fremde) auf dieser Grundlage ihren bindenden Mehrheitsbeschluss. In der Athener Volksversammlung sprach man unter offenem Himmel vor rund 6000 Zuhörern, das Rede- und Initiativrecht hatte jedermann. «Wer es in Anspruch nimmt», heißt es in einer Tragödie des Euripides, «der zeichnet sich aus; wer nicht will, der schweigt.»[14]

In den ebenfalls neu etablierten Volksgerichten, die gleichermaßen über politische wie über private Rechtsfälle befanden, saßen in der Regel 201, 401 oder 501 Richter, manchmal auch mehr. Sie wurden aus einer dafür registrierten Menge dem einzelnen Prozess zugelost (stets eine ungerade Anzahl, damit kein Patt entstehen konnte) und waren allesamt juristische Laien – Fachjuristen gab es gar nicht –, also Richter und Normalbürger in einer Person. Zuerst der Ankläger, dann der Angeklagte hielten vor dieser Menge der Geschworenen *en bloc* ihre Reden, bei laufender Wasseruhr in limitierter Redezeit. Es folgte kein Verhör, keine gesonderte Befragung von Zeugen oder Gutachtern, kein sonstiger Dialog: Nur nach dem, was sie soeben von den beiden Prozessparteien gehört hatten, erging von den Laienrichtern, die das Volk von Athen repräsentierten, umgehend die Verurteilung oder der Freispruch in geheimer Abstimmung. Von einer Gerichts*verhandlung* im engeren Sinne kann man eigentlich nicht sprechen, denn es wurde gar nicht verhandelt – es wurden nur zwei gegnerische Positionen nebeneinandergestellt, und die glaubwürdigere, überzeugendere gewann in der demokratischen Entscheidung des Publikums, in der Hoffnung, so die Wahrheit zu treffen. Die Justiz erscheint in Athen nicht als professionelle Rechtspflege, sie war nicht die Sache von Behörden oder einem Beamtenapparat, sondern ohne Wenn und Aber ein Teil der Volks- und damit der Mehrheitsherrschaft. Das *face-to-face*-Prinzip galt auch für die Redner: Anklage wie Verteidigung mussten in eigener Person vorgetragen werden. Die Vertretung durch einen Anwalt war nicht möglich.

Die Lizenz zum Reden also war allgemein. Das Unerhörte an dieser Möglichkeit für jedermann, im Kampf der Argumente ein Publikum für sich zu gewinnen, haben die Zeitgenossen gespürt und kommentiert. Athen, das ist der Ort, «wo es die größte Freiheit zum Reden in ganz Griechenland gibt», sagt Sokrates in Platons Dialog *Gorgias*. In der demokratieskeptischen Schrift *Über die Verfassung der Athener* – dem Werk eines unbekannten Autors vom Ende des 5. Jahrhunderts – stellt der Verfasser irritiert fest: In Athen «kann jetzt jeder nichtswürdige Mensch, der will, zum Reden aufstehen und durchsetzen, was für ihn selbst und für seinesgleichen günstig ist». Ähnlich mokiert man sich in Platons *Protagoras*: Wenn die Athener über die Politik der Stadt tagen, heißt es da, «dann steht auf und erteilt ihnen Ratschläge über diese Dinge, ohne Unterschied: Bauarbeiter, Schmied, Schuster, Kaufmann, Schiffer, reich oder arm, wohlgeboren oder gemeiner Mann».

Das Volk verhält sich also, anders als in der Oligarchie, *nicht* ruhig. Es herrschen vielmehr, bei einem hohen Grad an aktiver Partizipation, gleiches Rederecht *(isegoría)* und Meinungsfreiheit *(parrhesía)*. Bei Demosthenes, dem großen athenischen Politiker und bedeutendsten griechischen Redner (384–322 v. Chr.), heißt es gar pointiert, die Verfassung, der Staat, das öffentliche Leben der Athener – wie immer man das griechische Wort *politeía* übersetzen will – realisiere sich in nichts anderem als «in Reden». Anders gesagt: Politik ist grundsätzlich etwas Rhetorisches, sie besteht ausschließlich aus öffentlichen Diskursen. Deswegen, so Demosthenes, sei unwahres Sprechen auch so gefährlich für die Gemeinschaft. Das demokratische Athen bekannte sich zum politischen Logozentrismus.[15]

Für die Kunst der freien Rede musste dies doch ein Paradies sein. Es war die große Bühne für den Gewitzten und Flexiblen, der je nach hin- und herwogender Stimmung des Publikums seine Pfeile abschießen und seine Treffer setzen konnte. Und dies je nach Absicht und je nach eigenem Naturell mal mit kämpferischem Pathos, mal mit biederer Aufrichtigkeit, mal spöttisch, mal schlicht. Dass man die vermuteten Publikumswünsche so ausnutzte – ohne Zwischenfragen des Gegners, ohne das Dialogische der aristokratischen Kommunikation –, ließ die demokratische Beredsamkeit bald und immer wieder als ein höchst manipulatives Geschäft erscheinen: als Überredungstechnik, als Spielplatz der Verführer, Populisten, Wortverdreher. Der Begriff des «Demagogen» kam auf, des «Volks(ver-)führers». Die erstaunliche Gewalt des Wortes, eine anthropologische Konstante jeder Kultur, wurde nun zum dominierenden philosophischen und politischen Thema: weil der Logos, jener «große Herrscher», der «göttlichste Werke vollbringt» – so sagte es der Sophist Gorgias[16] –, damals den entsprechenden institutionellen Rahmen erhielt.

Innerhalb strenger organisatorischer Regeln, die der Sicherung des korrekten demokratischen Verfahrens dienten, war also die Macht der Rede und des Redners in Athen grenzenlos. Keine ererbten Herrschaftsrechte mehr, sondern situationsangepasste Formulierungskunst und Argumente lenkten fortan die Geschicke des Staates, mündeten in Beschlüssen und Gesetzen. Der Redner trat selbst ohne irgendwelche formalen Privilegien aus der Menge der Bürger hervor, war einer von ihnen; doch wenn er geschickt agierte, hatte er, so schien es, die Menge ganz in seiner Hand. Und damit das Schicksal des ganzen Stadtstaates.

Mit dieser großen Macht indes ist der Redner der direkten Demokratie auch einer radikalen Offenheit ausgesetzt. Er kann ja stets auch scheitern; wer öffentlich spricht, begibt sich in einen harten Wettbewerb. Das Publikum, das zugleich den Ausgang der Sache bestimmt, hat schließlich den direkten Vergleich zwischen Redeweisen, zwischen verschiedenen politischen Vorschlägen, zwischen Anklage und Verteidigung; ein solches Publikum legt rasch jene «süße Ehrfurcht» ab, von der noch bei Hesiod die Rede war. Der Herrschaft des Logos steht nämlich nun der eigentliche Machthaber gegenüber: das versammelte Volk. Dies vergisst ein Redner, und wenn er noch so virtuos ist, nur zu seinem Schaden. Die Machtverhältnisse müssen daher immer wieder affirmiert werden; beispielsweise versichert Demosthenes in einer Gerichtsrede den Zuhörern, sie seien «die souveränen Herren über alles in der Stadt».[17] Der Philosoph Platon, Verächter der Rhetorik und der Demokratie, formuliert es unfreundlicher – bei ihm wird die Mehrheit zu einem despotischen Ungeheuer:

> «Die anderen aber [die Redner im Unterschied zu den Philosophen] sprechen immer unter Druck, denn es drängt sie ja die Wasseruhr; ihnen wird nicht zugestanden, über das zu reden, wonach ihnen der Sinn steht, sondern ihr Gegner setzt ihnen mit Zwang zu. (…) Die Reden aber beziehen sich immer auf einen Mitsklaven und richten sich an einen Sklavenhalter, welcher zur Versammlung erschienen ist und die Entscheidung in seiner Hand hat.»[18]

Mit «Sklavenhalter» *(despotes)* ist das demokratische Publikum gemeint. Platon nennt es an anderer Stelle ein «Monster» *(thremma)*, ein «großes Tier», zu dessen Dressur und Besänftigung die Redekunst gelehrt werde.[19]

Das ist drastisch formuliert, doch ist der große Druck, den das Publikum ausübte, keineswegs eine propagandistische Erfindung Platons. Viele andere Quellen bestätigen es: Wer in freier Rede vor den Athenern sprechen wollte, der brauchte eine kräftige Stimme, Überzeugungskraft und Durchhaltevermögen; es drohten Unruhe und Zwischenrufe, und wer aus dem Konzept kam oder sonst nicht genügte, wurde ausgepfiffen und niedergeschrien.[20] Als einer der Rufe, mit denen das bedrohliche Kollektiv den Redner bombardieren konnte, ist dieser überliefert: *kataba, kataba, kataba, kataba* – das heißt so viel wie: «Aufhören, aufhören …!»[21] Die Auftritte vor demokratischem Publikum eröffneten ein ganz neues Spielfeld der Redekunst, sensibilisierten jedoch die Hörer auch für die Verfehlungen des Anspruchs. Die freie Rede musste eine Masse im Zaum halten, die stets auf den akustischen Angriff lauerte.

Der Eliten-Lehrer Isokrates (436–338 v. Chr.) etwa, Zeitgenosse Platons, begründete seinen Rückzug aus der mündlichen Öffentlichkeit in die schriftliche Publizistik und Politikberatung damit, er sei weder mutig noch stimmgewaltig genug gewesen, um selbst vor die große Menge zu treten. In einer seiner fiktiven «Reden» spitzt Isokrates das Problem in der Anrede an die Athener moralisch zu: «Ihr habt euch daran gewöhnt, alle von der Rednerbühne zu vertreiben, die nicht sagen, was ihr hören wollt.»[22] Der Redner Demosthenes wiederum, der für seine öffentlichen Auftritte Stimme und Körper sehr hart trainiert haben soll, scheute sich durchaus nicht, Dinge zu sagen, die das Volk nicht so gerne hörte, ja er sah darin seine staatsmännische Pflicht; die prekäre Ausgesetztheit des Redners aber benannte auch er immer wieder deutlich:

> «Die übrigen Fähigkeiten nun haben ziemlich unabhängig Bestand *(eisin autarkeis)*, die Fähigkeit zur Beredsamkeit jedoch wird, wenn sie von euch Zuhörern Widerstand erfährt, zunichte gemacht.»[23]

Der öffentliche Redner vor Volksversammlung und Volksgericht ist also, bei aller Macht des Wortes, niemals «autark», wie er es auf anderen Feldern des Zusammenlebens sein mag: Er ist der Gnade der Mehrheit ausgeliefert, die manchmal aber lieber gnadenlos ist. Die Erwartungshaltung gleicht dabei augenfällig derjenigen des Publikums in einem anderen Forum, dem ebenfalls im demokratischen Athen des 5. Jahrhunderts immer größere Bedeutung zukam: gemeint ist das Publikum im Theater. Wer als Schauspieler in den Tragödien- und Komödienaufführungen nicht gefiel, fiel durch, wurde ebenfalls ausgebuht; zudem beteiligten sich die Dramatiker, die zu den großen Theater-Agonen im Rahmen des Kultes für den Gott Dionysos antraten, an einem offiziellen Wettbewerb um den ersten, zweiten und dritten Platz.

Die Gleichsetzung der Politik mit Theater ist natürlich erst einmal eine klassische Polemik gegen die Demokratie, die in dieser Zeit aufkam und eine lange Wirkungsgeschichte haben sollte: eine Polemik wider den angeblich substanzlosen Show-Charakter der Pöbelherrschaft. Das einschlägige Schimpfwort stammt wiederum von Platon und heißt «Theatrokratie». Gemeint ist damit eine Art von politischer Geschmacksdiktatur der Menge: Es entscheidet der Publikumspreis. Von einem Politiker, der in der Volksversammlung mit seinem Gesetzesvorschlag Erfolg hatte, heißt es einmal: «Erfreut verlässt der Dichter das Theater!»[24]

Abseits solcher Diffamierung beobachtete man aber tatsächlich eine Nähe der Rezeptionshaltungen eines demokratischen Publikums, das in seinem Unterhaltungsinteresse auf der politischen Bühne *auch* die Performance und in den Theateraufführungen *auch* die gesellschaftliche Relevanz suchte und wahrnahm.[25] Bereits rein äußerlich gab es Berührungspunkte: Die Volksversammlung fand häufig im Theater statt, die Anordnung der Sitze in der Volksversammlung auf dem Athener Pnyx-Hügel glich wiederum einem Theater; und der Ausdruck «Theater» *(theatron)* konnte beide Sphären bezeichnen. Ein Aphorismus Friedrich Nietzsches lautet: «Muß nicht der, welcher die Menge bewegen will, der Schauspieler seiner selbst sein?» Und so wirft der Politiker Kleon – einer der Demagogen und Feldherrn im Peloponnesischen Krieg (431–404 v. Chr.) – in einer berühmten Passage bei Thukydides den Athenern vor, sie seien, Theatergängern gleich, bloße «Zuschauer von Reden» geworden und neigten dazu, «wenn jemand etwas auf geistreich-pointierte Weise sagt, ihm schon von vornherein zuzustimmen».[26] Auch Aristoteles (384–322 v. Chr.) sagt in seiner *Rhetorik*, es sei den Ansprüchen der Zuhörer geschuldet, dass sich die Beredsamkeit überhaupt nach dem Vorbild der dramatischen Dichtung mit der Kunst des Vortrags *(hypókrisis*, lateinisch *actio)* zu beschäftigen habe – was, so Aristoteles, politisch-moralisch fragwürdig, aber leider nun mal rhetorisch notwendig sei.[27]

Aus den hohen Erwartungen, die man gleichermaßen an die Theater- und an die Rede-Performanz stellte, ergab sich auch, was die allergrößte Katastrophe für den Rhetor wie für den Schauspieler war: das Schweigen. Vor der Menge von Hunderten und Tausenden von Zuhörern aufzutreten, das hieß, eine kontinuierliche Darbietung zu versprechen, eine inhaltlich überzeugende und akustisch standhafte Gegengewalt zur Gewalt des Publikums. Ein Bruch dieses Kompetenz-Versprechens – ein Herausfallen aus dem Vortrag, ein Stottern bis zum Black-out – ruinierte die theatralische ebenso wie die rhetorische Situation und brachte eine unheilbare Blamage *(aporía)*, die vom Publikum sogleich mit lauter Verhöhnung quittiert wurde. Wie unbarmherzig die Athener dabei sein konnten, das lässt sich an folgender Episode ablesen. Im Jahr 346 v. Chr. schickte Athen eine diplomatische Delegation an den Hof des makedonischen Königs Philipp II., des Vaters und Vorgängers Alexanders des Großen. An dieser Mission war auch der große Redner Demosthenes beteiligt. Einer seiner politischen Gegner berichtet darüber:

Direkte Demokratie unter freiem Himmel: Die Rednertribüne auf dem Pnyx-Hügel in Athen, dem Ort der Volksversammlung. Hier sprach man vor rund 6000 Bürgern. (Im Hintergrund die Akropolis.)

> «Alle merkten auf, in der Erwartung, einer Manifestation ganz besonderer Redekunst zuzuhören. (...) Nachdem er noch ein kleines Stück mit dem Thema fortgefahren war, da verstummte er plötzlich und kam ganz aus dem Konzept, und schließlich fällt er ganz aus dem Reden heraus. Als nun Philipp sah, in welcher Lage Demosthenes war, sagte er zu ihm, er solle unbesorgt sein und nicht glauben, daß ihm, wie in den Theatern, dadurch etwas Schlimmes passiert sei; vielmehr solle er sich in Ruhe und Stück für Stück erinnern und reden, wie er es sich vorgenommen habe.»[28]

Das demokratische Publikum («in den Theatern») hingegen lässt einem gerade nicht die Chance, sich in Ruhe zu sammeln und den verlorenen Faden wiederaufzunehmen, wenn «etwas Schlimmes passiert» ist, wenn also die einmal konstituierte kommunikative Situation unterbrochen ist. Das Publikum fordert dann umgehend: Der Nächste bitte! Entsprechend taucht das Schweigen in der rhetorischen Theorie der Antike auch als größter anzunehmender Unfall auf. In der agonistischen Atmosphäre des antiken Stadtstaats entsteht der unhintergehbare Imperativ aller Rhetorik: Man sollte immer etwas parat haben, man sollte nie ins Straucheln kommen.

Für die radikale Demokratie im Athen des 5. und 4. Jahrhunderts und alle ihre Nachfolger gilt demnach: Die höchste Blüte der Beredsamkeit fällt zusammen mit dem höchsten Risiko für den Redner. Ob in der Volksversammlung oder in den Volksgerichten: Die Identität von Zuhörerschaft und demokratischem Souverän bringt eine doppelte Mobilisierung der Ansprüche an die öffentliche Kommunikation mit sich – beim Redner als Teil der Bürgerschaft sowie bei dieser selbst, die ihm Redezeit gewährt. Zum einen obsiegt eine unerhörte Freiheit: Freiheit zum Reden, stets in eigener Person, Freiheit zu Spontaneität und Improvisation, Freiheit der Meinungen. Zum anderen ist die Freiheit aus rhetorischer Perspektive nicht nur eine schöne Verheißung, sondern Freiheit heißt dann auch: gefährliche Gebundenheit an die Entscheidungsfreiheit des Publikums. Die freie Rede ist in der Demokratie *politisch* wirklich frei, *performativ* aber immer auch potenziell unfrei.

In seinem letzten Vorlesungszyklus am Collège de France aus dem Jahr 1982/83 hat der Philosoph Michel Foucault die griechische Redefreiheit, die «Parrhesie», zu einem zentralen Begriff seiner Diskursgeschichte gemacht und dabei auch das skizzierte Dilemma benannt. Zur Freiheit der Rede gehört, so Foucault, die «Möglichkeit, dass die Rede, die man hält, nicht überzeugt und sich die Menge gegen einen wendet. Oder dass die Rede der anderen, der man neben der eigenen einen Platz einräumt, den Sieg über die eigene Rede davonträgt. Das ist das politische Risiko der Rede, die den anderen Reden einen freien Platz einräumt und sich zur Aufgabe macht, nicht die anderen dem eigenen Willen zu unterwerfen, sondern sie zu überzeugen.» Demokratisches Reden im Athen der klassischen Zeit (509–338 v. Chr.) vollzieht sich in einem «andauernden Lanzenstechen mit seinesgleichen». Die praktizierte Lizenz zum Reden, schreibt Foucault, sei eine «freie und mutige Handlung von einigen (…), die sich hervortun, das Wort ergreifen, die anderen zu überzeugen und zu leiten versuchen, und zwar mit allen Risiken, die das mit sich bringt».[29]

Was konnte also helfen gegen die Befürchtung, bei diesem Lanzenstechen vor dem großen Publikum zu versagen und somit den eigenen Standpunkt nicht durchsetzen zu können? Für den mitunter unerträglichen Druck der mündlichen Situation, für das Risiko der freien Rede brauchte es dringend ein Mittel der Entlastung. Man fand es: im Medium der Schrift. Das klingt für heutige Verhältnisse ziemlich selbstverständlich – wie sonst, denken wir, soll eine gewisse Planbarkeit und Verlässlich-

Der Redner Demosthenes (384–322 v. Chr.), römische Kopie einer Skulptur des griechischen Bildhauers Polyeuktos aus dem Jahr 280 v. Chr. Die Schriftrolle in den Händen ist eine moderne Ergänzung; die ursprüngliche Ehrenstatue, die auf der Agora von Athen aufgestellt war, hatte gefaltete Hände.

keit beim Reden erreicht werden, wenn nicht mit Hilfe schriftlicher Vorbereitung? Im Athen des 5. Jahrhunderts war die Lage noch völlig anders. Die Schrift war erst langsam in die verschiedenen Lebensbereiche eingedrungen. Beim Verfassen von Dichtung (aller Wahrscheinlichkeit nach bereits der homerischen Epen *Ilias* und *Odyssee* selbst, die aber noch an eine orale Sängertradition anknüpften) war seit dem achten vorchristlichen Jahrhundert die von den Phöniziern adaptierte griechische Alphabetschrift zum Einsatz gekommen; wobei die Rezitation der poetischen Texte immer rein mündlich geblieben war. Bald auch wurde die Schrift für die Fixierung von Gesetzen, für die Anlage von Archiven, das Gedenken auf Grabsteinen, die Beischriften auf Vasen und geschäftliche Absprachen in Handelsdokumenten verwendet, mit der Zeit dann auch in der

Unterweisung von Kindern sowie in privaten Notizen und Briefen – so jedenfalls in Teilen der Bevölkerung. Für längere Schriften in Prosa diente seit dem 6. Jahrhundert als Beschreibstoff Papyrus, der in gerollter Form seinen Inhalt bewahrte und jederzeit wieder bequem zugänglich machte; in klassischer Zeit entstand mit solchen Rollen ein regelrechter Buchhandel. Bei Auftritten in der politischen Öffentlichkeit hingegen dominierte weiterhin der traditionelle mündliche Charakter der Polis; dies entsprach der handfesten Unmittelbarkeit, mit der man im Kreis seiner Mitbürger für seine Sache einzustehen hatte.

Als nun aber das neue demokratische Massenpublikum in der Volksversammlung und vor Gericht zunehmend große Redeauftritte erforderlich machte und zugleich die Schrift in einer immer komplexer werdenden Gesellschaft weitere Verbreitung fand, da wollte man sich nicht mehr auf zufälliges Charisma, Inspiration und spontane Formulierungskünste verlassen: Erstmals um 430 v. Chr. wurden in Athen fertige Redemanuskripte schriftlich ausgearbeitet, und man entwickelte etwas bislang Ungekanntes: eine methodische, schriftgestützte Technik und Lehre der Redekunst. Irgendwann um die Jahrhundertwende von 400 v. Chr. bekam diese neue Disziplin den Namen «Rhetorik». Auf Griechisch: *rhetoriké téchne* oder nur *rhetoriké*.[30]

«Sophisten» und «Logographen» boten fortan ihre Dienste an: kommerzielle Wanderlehrer für nützliche Kenntnisse in Philosophie, Politik, Literatur, Sprache und Argumentationstechnik, professionelle Redenschreiber für konkrete Anlässe. Die Übergänge zwischen lukrativer Dienstleistung und akademischem Interesse waren, wie bei heutigen Kommunikationsexperten, fließend. Manche Lehrer, die in Athen auf den Markt traten, waren Köpfe von wahrhaft philosophischem Format – Gorgias aus Sizilien, Protagoras aus Thrakien –, manche hingegen waren nur Textverkäufer, manche beides. Bei Gerichtsprozessen war die Nachfrage nach Hilfeleistung besonders groß, hierfür erarbeiteten Redelehrer in der Frühphase der Rhetorik allerlei Tipps und Tricks[31] – ihre Klienten traten schließlich in vielen Fällen nicht freiwillig vor Gericht auf, sie mussten sich zu helfen wissen. Aber auch für politische Reden waren Handreichungen willkommen.

Um die Angst vor dem Massenpublikum zu bewältigen, vertraute man nun, sofern man sich einen Experten leisten konnte, mehr und mehr der Schutzfunktion vorformulierter Sprache. Wozu diese dient, das kennen wir heute aus dem Parlament oder aus den politischen Talkshows im Fernsehen: Wenn ein Politiker hart angegriffen wird, zieht er sich häufig auf eingeübte Versatzstücke aus dem Wahlkampf zurück, um sich irgendwie gegen die Bedrängnis zu behaupten. Ein derartiges Sicherheitsnetz versprachen die neuen griechischen Rhetoriklehrer. Ihr breites Angebot reichte, wie man heute sagen würde, vom Coaching bis zum Ghostwriting. Sie verfassten Handbücher, die teils aus Empfehlungen anhand von Fallbeispielen, teils aus systematischen Einteilungen bestanden: zur Gliederung der Rede, zu den Arbeitsstadien des Redners, zu Sprache und Stil. Dabei hatte dieses neue Genre des Lehrbuchs *(téchne)*, ja hatte die Rhetorik im 5. Jahrhundert überhaupt noch eine große Beweglichkeit in Fachterminologie und Methode. Das, was später – im Hellenismus (338–31 v. Chr.), in Rom, im Mittelalter und darüber hinaus – als klassisches rhetorisches System gelehrt wurde, wenn auch stets mit Varianten, war in dieser Anfangszeit noch gar nicht vereinheitlicht, die Begriffe und die Herangehensweisen mussten erst gefunden und entwickelt werden.

Die Sophisten verwendeten die Schrift außerdem als Lehrmittel für die Interaktion im Unterricht. Auch das war neu: Man schrieb Musterreden und Musterpassagen. Man übte sich an raffinierten Argumenten zur Verteidigung in einem Mordfall ebenso wie an fiktiven Plädoyers für zweifelhafte Figuren aus der Mythologie oder für abseitige Dinge. Beispielsweise veröffentlichte der Redner und Oligarch Antiphon (um 480–411 v. Chr.) in seinen *Tetralogien* Musterreden für konstruierte Fälle von Kapitalverbrechen – Plädoyers für exemplarische Kriminalfälle, wie man sie heute von Ferdinand von Schirach oder von Tatort-Drehbüchern kennt. Der bereits zitierte Gorgias schrieb ebenfalls zu Vorführzwecken das *Lob der Helena,* also jener Frau, die als eigentlich schuldig am Krieg um Troja verrufen war; andere wählten Lobreden auf das Salz oder auf Hummeln als Herausforderung. Viel Witz und Mühe flossen in diese Texte, die in der internen Schulung auseinandergepflückt oder auch zu Werbezwecken verbreitet werden konnten – denn auch die Lehrer standen ja untereinander im Wettbewerb um Kundschaft.

Zur Selbstanpreisung der Redelehrer gehörte ferner die Fähigkeit, über jeden beliebigen Gegenstand aus dem Stand einen eloquenten Beitrag in beliebiger Länge vorzutragen. Im Unterricht disputierte man über allerlei gängige oder auch abseitige Themen nur des Trainings halber; bei virtuosen Vorführungen solcher Ad-hoc-Rhetorik durfte man aus dem Hörerkreis ein selbstgewähltes Stichwort in den Ring werfen und dann erleben, wie der Meister spontan die gestellte Aufgabe bewältigte. Der Anschein der unbedingten Schlagfertigkeit verdankte sich bei solchen Demonstrationen der Improvisation oft einem verinnerlichten Standard-Repertoire, das in Wahrheit schriftliche Grundlagen hatte. In der Eingangspartie in Platons *Gorgias* wird dieses Abspulen vorgefertigter Musterpassagen grandios ins Lächerliche gezogen: «Ich sage dir, niemand hat mich mehr etwas Neues gefragt seit vielen Jahren …»[32]

Mit dem Anspruch auf ein unerschöpfliches rednerisches Reservoir für alle erdenklichen Fälle des öffentlichen Lebens hing derjenige auf universelles Wissen eng zusammen. Die Sophisten verkörperten daher enzyklopädische Wendigkeit, intellektuellen Aufbruch und eine Überführung der Magie des Wortes aus der Poesie in die Sphäre der prosaischen Politik. Aufgrund ihrer skrupellosen Pro-und-Contra-Übungen und ihrer sprachanalytischen Studien neigten sie auch zum Relativismus hinsichtlich der Moral und der Wahrheitsfrage. Der Überlieferung nach schrieb der Sophist Protagoras ein Werk mit dem Titel *Katabállontes*. Das heißt übersetzt: *K.-o.-Schläge.* Dies konnten die Zeitgenossen gleichermaßen auf eine niederstreckende Argumentationstechnik beziehen wie auch allgemein auf die Erschütterung der Konvention. Die neu erfahrene Lenkbarkeit von Sprache bedeutete letztlich die Lenkbarkeit von allem und jedem. Die sophistische Elitenpädagogik galt, so hat man es ausgedrückt, der «Heranbildung von Nie-Hilflosen».[33]

Wie immer die neuen Kommunikationsexperten philosophisch und moralisch zu bewerten waren – in jedem Fall war ihr Aufstieg zwei Kräften geschuldet, die unter gegenseitigem Einfluss standen: der Demokratisierung und der Expansion der Schriftlichkeit.

Rhetorik als System mit verallgemeinerbaren Regeln und Ratschlägen kann sich überhaupt nur dann sinnvoll etablieren, wenn eine gewisse Konstanz von Publikumsmeinungen und -erwartungen unterstellt wird. Zunächst sind rednerische Anlässe zwar einmalige aktuelle Ereignisse: etwa eine Anklage, ein Gesetzesvorschlag, ein Staatsbegräbnis, ein Friedensangebot. Doch aus der Wiederkehr der singulären Anlässe erwachsen Routine und Planbarkeit, ebenso wie aus der Wiederkehr üblicher Gefühle, Argumente und gemeinsamer Überzeugungen. Außerdem sorgt die regional und sozial gemischte Zusammensetzung der Massengremien in der direkten Demokratie Athens dafür, dass die Zuhörerschaft, ohne nennenswerte Fraktionenbildung, tatsächlich repräsentativ ist für alle entscheidungsfähigen Bürger der Stadt – also für etwa 35 000 bis 40 000 Männer, wie man für die Hochphasen der klassischen Zeit schätzt.[34] Die Intensivierung des Versuchs, die riskanten Redeauftritte kalkulierbarer zu machen, hat auch mit dieser Repräsentativität zu tun: Rhetorische Strategien, die lehrbar sein wollen, müssen ja gängige Mehrheitsmeinungen voraussetzen; Handbuchregeln, die Erfolg versprechen, sind auf verbreitete Einstellungen der demokratischen Entscheidungsträger ausgerichtet. Nur so können Wahrscheinlichkeitsargumente als Beweismittel zugunsten des Redners, wie sie die neue Rhetorik empfahl, funktionieren. Der Redner müsse im Blick auf die Zuhörer, sagt Aristoteles in der *Rhetorik*, «einzuschätzen suchen, welche vorgefassten Meinungen sie haben».[35] Und in der *Rhetorik an Alexander*, die aus dem 4. Jahrhundert v. Chr. stammt, heißt es:

> «Das Wahrscheinliche ist das, wovon die Zuhörer, wenn es gesagt wird, allgemeine Vorstellungen *(paradeígmata)* in ihren Gedanken haben.»[36]

Wenn aber in solcher Weise Lehrbarkeit und «paradigmatische» Regelmäßigkeit der Rhetorik angenommen werden, so ist diese wiederum notwendig durch einen neuartigen, verstärkten Einsatz des Schriftmediums bestimmt. So, wie das formale Denken in Logik und Grammatik die Schrift voraussetzt, so erfordert überhaupt jede analytische Betrachtung von Sprache die grafische Visualisierung des Gegenstands.[37] Die schriftgestützte Rhetorik geht über die mündlichen Erfahrungsregeln und das Standardrepertoire der frühen Prosarede prinzipiell hinaus: Texte sind örtlich und zeitlich von der einzelnen Redesituation getrennt, und so geht man nun pädagogisch und «wissenschaftlich» mit ihnen um. «Neuartige Konsistenzzwänge treten auf, da Texte wiederholt gelesen und verglichen werden können».[38]

Standardisierte Ratschläge zur Gliederung von Reden etwa – Einleitung, Erzählung, Beweisführung und so weiter – entspringen ohne Zweifel der konkreten physischen Erfahrung mit der Abfolge von Textabschnitten auf Papyrusrollen oder Schreibtafeln. Neben der Standardisierung unterstützt die Schrift aber auch die Übung in stilistischer Variation und Einfallsreichtum; es gilt, wie es bei Isokrates einmal heißt, «über dieselben Gegenstände auf vielfältige Weise Ausführungen zu machen».[39] Man wird sensibler für Pointen, Kunstmittel und sprachliche Findigkeit, auch im Genre der Prosa. So entsteht mit der Rhetorik im Athen des 5. Jahrhunderts eine schriftliche Kunst, die gleichwohl immer auf eine mündliche Situation bezogen bleibt. Diese Ambivalenz von Statik und Dynamik sollte der Geschichte der Rhetorik bis heute erhalten bleiben: Die Schriftlichkeit ist die Basis der rhetorischen Technik und verleiht ihr ihre unvermeidliche Prägung; doch erfüllt die Schrift dort, wo die Redekunst im öffentlichen Leben lebendig ist, nicht mehr als eine dienende Funktion.

Die Besonderheit im demokratischen Athen des 5. und 4. Jahrhunderts war, dass der Redner sich in der konkreten Redesituation keines Manuskriptes bedienen durfte. Das Ablesen war absolut tabu.[40] Gleichgültig, ob vor Gericht oder der Volksversammlung – hätte der Redner dabei schriftliche Aufzeichnungen in der Hand gehabt, so wäre dies ein eklatanter Bruch der oralen Unmittelbarkeit gewesen, eine Verletzung der gültigen demokratischen Gleichheitsfiktion. Es sollte ja der Grundsatz gelten, dass jedermann aus der Menge aufstehen und für sich selbst reden könne. Ein mitgebrachter Redetext hätte in den Augen des Athener Publikums in höchst ungünstiger Weise auf ein exklusives Expertentum verwiesen, auf eine spezialistische Sphäre der Vorbereitung, welche dem Zugriff der demokratischen Allgemeinheit und der aktuellen Redesituation entzogen wäre. Der Auftritt in den öffentlichen Foren vollzog sich deshalb in einer sichtbar schriftlosen Sphäre. Der Redner hatte die Hände frei, im eigentlichen wie im übertragenen Sinne: Er sollte sich als freier Bürger frei äußern und nicht als Bürokrat erscheinen, der mit Unterlagen hantiert (anders als der Gerichtsdiener, der zwischendurch Zitate aus Gesetzestexten verlas). Ganz abgesehen davon, dass die antike Lesetechnik für unsere Vorstellungen ohnehin recht umständlich war – für das Abrollen einer Papyrusrolle brauchte man jedenfalls beide Hände –, so gehörten die freien Hände des Redners unbedingt zum Hier und Jetzt, zur unvermittelten Äußerung vor einem Gremium der Bürgerschaft. Es gab auch keine Rednerpulte oder ähnliche Vorrichtungen. Nicht zufällig nimmt die Gestikulation mit Armen und Händen, die «Chironomie», eine wichtige Stelle in der antiken Rhetorik ein: Für einen Redner, der ein Redemanuskript in den Händen hält, wäre diese Lehre von den freihändigen Gesten ebenso wenig entwickelt worden wie für einen Schauspieler, der auf der Bühne seinen Text abliest – beides war undenkbar.

Wenn man also zur besseren Planbarkeit seine Rede schriftlich ausgearbeitet haben wollte, so blieb einem nichts anderes übrig, als den Text vor dem Auftritt auswendig zu lernen. Und genauso wurde es auch gehandhabt, als die Professionalisierung der Rhetorik und die Verschriftlichung des gesprochenen, oder besser: zu sprechenden Wortes im letzten Drittel des 5. Jahrhunderts einsetzte. Der «Redenschreiber» *(logográphos)* wurde vor Gerichtsprozessen von einer der beiden Parteien engagiert; er ließ sich in einem Beratungsgespräch über den Rechtsfall, über entlastende Argumente und weitere Umstände informieren und verfasste dann gegen Honorar den Text der Rede. Dieser Redetext war abgestimmt auf die erlaubte Redezeit, die von der bereits erwähnten Wasseruhr (Klepsydra) vorgegeben war. Sobald das Manuskript fertig war, machte sich der Auftraggeber, der ja vor Gericht in eigener Person ohne anwaltliche Hilfe sprechen musste, an das Memorieren des Textes. Auch politische Reden für die Volksversammlung begann man nun vorab schriftlich zu konzipieren, um für das Massenpublikum gewappnet zu sein.

Aus dem Schrift-Tabu in der eigentlichen Redesituation ergab sich folglich die zentrale Rolle der Mnemotechnik, der Erinnerungskunst, im System der antiken Rhetorik. Für das Auswendiglernen präparierter Texte (*mnéme* oder auch *máthesis*, lateinisch *memoria*) ersannen schon die Experten des 5. Jahrhunderts allerlei Kunstgriffe. So stand der Sophist Hippias im Ruf, die Mnemotechnik besonders befördert und auch selbst immer etwas im Köcher zu haben; in dieser Weise porträtiert begegnet er uns in Platons Dialog *Hippias minor.* In seiner Komödie *Die Ritter* (uraufgeführt 424 v. Chr.) parodiert der Dramatiker Aristophanes den Schlagabtausch der Demagogen vor dem athenischen Publikum; ein «Wurstverkäufer», der Rederecht und Redekunst beansprucht, wird von seinem Gegner folgendermaßen als Auswendiglerner verspottet:

> «Da du mal in einem Prozesschen gegen irgendeinen rechtlosen Fremden erfolgreich gesprochen hast – du hast dabei deine Rede die ganze Nacht lang auf der Straße vor dich hin repetiert und nachgeplappert, hast bloß Wasser getrunken und deine Freunde mit dem Aufsagen genervt –, bist du zu der Überzeugung gekommen, du seist ein großer Redner. Du Idiot, was für ein Unsinn!»[41]

Aus den Kommunikationsbedingungen der athenischen Öffentlichkeit erwuchs so ein neues Gewerbe, das Miethandwerk der Redenschreiber, die Reden zum Auswendiglernen verfassten. Bald brachten es diese speziellen Dienstleister im Hintergrund zu einiger Meisterschaft; den Redenschreiber Lysias (ca. 445–380 v. Chr.) etwa rühmte man mit Recht der Fähigkeit, sich in den Charakter seiner Kunden besonders einfühlsam hineinzudenken, bis hin zur bewusst nachempfundenen Plumpheit und Biederkeit des Sprechers. War es auch der eigentliche Zweck des Redenschreibens, einen Standpunkt in der Auseinandersetzung vor Publikum glaubwürdig durchzusetzen, so fingen einige Logographen doch an, ihre Texte nachträglich zu publizieren: weil die kunstvollen Reden teils als Werbung für den Redenschreiber dienen konnten, teils überhaupt als rhetorische Lehrstücke, teils als interessante Literatur. Dieser Loslösung vom aktuellen Redekontext verdanken wir es, dass uns ein stattliches Korpus von Auftragsreden aus dem klassischen Athen erhalten blieb.[42] Die konkrete Redesituation vor dem demokratischen Publikum war weiter durch Mündlichkeit bestimmt, ganz wie in der Zeit vor der Professionalisierung der Rhetorik; doch anstelle der unwägbaren Improvisation konnte jetzt ein ausgearbeiteter, memorierter Text dem öffentlichen Auftritt zugrunde liegen – ein unsichtbarer schriftlicher Helfer, der nachher als Lektüre auch wieder sichtbar werden durfte. Die Gefahren der freien Rede, so schien es, waren damit gebannt.

Kapitel 3

Demokratisches Plädoyer für die Stegreifrede: Der Widerstand gegen die schriftliche Vorbereitung in der griechischen Rhetorik

Man kennt es vom Wahlabend im Fernsehen: Die Wahl ist nicht so ausgegangen, wie es der Politiker sich erhofft hatte. Nun darf er die aus seiner Sicht falsche Entscheidung der Mehrheit kommentieren. Das ist eine heikle Aufgabe – denn der enttäuschte Bewerber muss die Niederlage erklären, ohne dabei die Mehrheit der Wähler zu beleidigen und ohne somit das Mehrheitsprinzip der Demokratie überhaupt in Frage zu stellen. Also sagt er lieber, seine Partei habe «ein Vermittlungsproblem» gehabt. Gewiss sei der Wählerwille zu respektieren, doch sei es leider nicht gelungen, die eigenen, zweifellos richtigen Inhalte wirksam «rüberzubringen». Die Verlierer behandeln ihre Schwierigkeiten bei Themenwahl und Selbstdarstellung wie ein bloß technisches Versagen, welches daher auch erst einmal «in Ruhe zu analysieren» sei.

Für die Fehlentscheidung der Wähler wird mithin eine Kommunikationspanne bei ihrer Beeinflussung verantwortlich gemacht. Umgekehrt bezichtigt man den politischen Gegner, er habe seinen Erfolg nur durch propagandistische Tricks erlangen können. Effektiv, aber unlauter sei der Wahlkampf der Gegenseite gewesen, gar eine «Hetzkampagne», so heißt es dann. Die Mehrheit, die man als demokratischer Politiker besser nicht dumm nennt, kann also nur Betrügern aufgesessen sein: Nicht ihrem eigenen falschen Urteil, sondern der kommunikativen Manipulation der anderen ist die Menge zum Opfer gefallen. Anders als mit solchen Mitteln sei es ja gar nicht möglich gewesen, das Publikum zu verführen und die eigentlichen Interessen des Gemeinwohls zu verschleiern.

Im klassischen Athen hörte man ganz ähnliche Töne, als die noch junge Demokratie und die neue, professionalisierte Rhetorik die Frage nach der Glaubwürdigkeit von öffentlicher Sprache ganz grundsätzlich stellen ließen – grundsätzlicher als je zuvor. Über Lüge und Fiktion, über Macht und Manipulation, über die Verlässlichkeit von Kommunikation überhaupt wurde intensiv nachgedacht. Was Philosophen, Sophisten, Dichter und Historiker damals mit weitreichenden geistesgeschichtlichen Folgen theoretisch diskutierten – wie verhalten sich Logos (Rede) und Wahrheit zueinander? –, das wurde zugleich in öffentlichen Versammlungen im Sinne der demokratischen Ideologie pragmatisch erörtert. So heißt es in einer Gerichtsrede des Lysias aus dem Jahr 407 v. Chr. – einer Rede, mit der ein Angeklagter von dem Verdacht auf antidemokratische Umtriebe entlastet werden soll – demonstrativ volksfreundlich:

> «Wenn einer von denen, die hier auftreten, nicht das [für euch] Beste rät und euch trotzdem damit überzeugt, dann seid nicht ihr schuld daran, sondern derjenige, der euch in die Irre führt.»[1]

Anders gesagt: Wenn eine Entscheidung des Volkes richtig war, dann lag es an der richtigen Einsicht der Mehrheit; wenn sie aber falsch war, dann lag es an der Redekunst eines Betrügers. Etwas weniger schmeichelhaft für das Publikum, aber ebenso prägnant ist diese demokratische Asymmetrie formuliert bei Thukydides, der dem Politiker Diodotos in einer berühmt gewordenen Debatte über die Manipulierbarkeit des Volkes folgende Worte in den Mund legt:

> «Wenn ihr euch auf irgendeine Erregung hin zu einem Fehltritt verleiten lasst, dann maßregelt ihr den einen Mann, der euch überredet hat, und nicht euch selber, obwohl ihr viele seid und genauso falsch gelegen habt wie er.»[2]

In einer Zeit, in der erstmals die Demokratie die Macht des Wortes dramatisch zur Entfaltung brachte, wurde das demokratische Publikum, das dem Schauspiel des Meinungskampfes durchaus gern beiwohnte und gut unterhalten werden wollte, zugleich zunehmend sensibel für das Problem der Aufrichtigkeit und Glaubwürdigkeit.[3] Dies galt besonders in einem System radikaler Demokratie, in dem die Politiker nicht kraft irgendeiner auf Zeit verliehenen Amtsautorität ihre Positionen formulierten, sondern stets nur im konkreten Moment als politische Redner auftraten – «Redner» war damals gleichbedeutend mit «Politiker». Die Risiken ihrer Überredungskunst, für die es mitunter auch Szenenapplaus gab, wurden in den Versammlungen teils unterschwellig empfunden, teils stellte man auch öffentlich Reflexionen darüber an. So konnten die Athener in den zwanziger Jahren des 5. Jahrhunderts bei einer Aufführung der Tragödie *Hekuba* von Euripides im Dionysostheater folgende Ermahnung hören:

> «Niemals sollte bei den Menschen die Sprache wichtiger sein als die Tat. Nein: wer Gutes getan hat, sollte Gutes reden, wer aber Schlechtes, dessen Rede sollte verdorben sein, und niemals sollte man in der Lage sein, Unrecht schönzureden.»[4]

Schön wär's!, möchte man da sagen. Dieses Wunschdenken – dass moralische Bonität an einer entsprechenden Gestaltung des Gesagten abzulesen sein müsste, dass also Sprache und Sache, Rede und Absicht möglichst nie auseinanderfallen sollten – spiegelt einen Generalverdacht des athenischen Publikums wider; es ist zugleich ein echtes Dilemma für den Redner. Ein Dilemma, das etwa zur selben Zeit der Redenschreiber Antiphon in der Einleitung einer Gerichtsrede den Angeklagten so formulieren ließ:

> «Ich bitte euch: Wenn ich sprachlich etwas falsch mache, seid nachsichtig und glaubt, dass ich den Fehler eher wegen mangelnder Erfahrung als wegen einer Schuld gemacht habe. Wenn ich aber richtig rede [dann glaubt bitte], dass ich eher wegen der Wahrheit als wegen besonderer rednerischer Fähigkeit so gesprochen habe. Denn weder ist es recht, dass der, der in seinen Taten falsch gehandelt hat, durch Worte gerettet wird, noch dass der, der in seinen Taten richtig gehandelt hat, durch Worte zugrunde geht. Denn beim gesprochenen Wort macht nur die Sprache einen Fehler, bei der Tat hingegen die Person.»[5]

Wer zum Volk von Athen sprach, bedeutet das, der musste sich vor einer doppelten Skepsis der Zuhörer hüten: Wenn der Redner allzu ungeschickt war, mochte etwas faul an ihm sein. Und wenn er allzu geschickt war, konnte ebenfalls etwas faul an ihm sein. Das ist bis heute das Dilemma demokratischer Rhetorik geblieben: Das Führungspersonal darf weder zu simpel noch zu smart wirken. Man erwartet vom Politiker durchaus besondere Fähigkeiten, ein bisschen Show und Spektakel lässt man sich von ihm gern einmal bieten; zugleich aber darf er die Rückbindung an den Volkswillen nicht aus den Augen verlieren.

Allerdings musste man sich in der direkten Demokratie Athens ganz besonders vorsehen. Denn stets waren da, wo das Publikum unmittelbar anschließend zur Abstimmung über die jeweilige politische oder juristische Streitfrage schritt, die kollektiven Wünsche und Auffassungen der

Mehrheit aufmerksam im Blick zu behalten. Deshalb wird in den überlieferten Reden so oft die gemeinschaftliche demokratische Gesinnung beschworen. Und deshalb musste rhetorisches Expertentum immer wieder als ein Verstoß gegen die Egalität und die Unmittelbarkeit demokratischer Gremien gebrandmarkt werden. Der Redner, der außerhalb der konkreten Redesituation trainiert worden war, zerstörte nämlich mit seiner Vorbereitung gleichsam die Einheit von Zeit und Raum, in der die legitimierten Versammlungen der demokratischen Institutionen abgehalten wurden. Er stand damit außerhalb des Moments – des *Kairós,* wie die Griechen sagten –, in dem sich die Gemeinschaft der Bürger aktuell zur Entscheidung traf, wobei alle der Idee nach die gleichen Voraussetzungen hatten.[6] Auffällige sprachliche Versiertheit, wiewohl von einem anspruchsvollen Publikum zugleich auch gefordert, verwies im Falle der Ablehnung durch die Menge auf höchst verdächtige «sophistische» Bildungszirkel: auf eine abgehobene soziale Sphäre der speziellen, professionellen Schulung, in die der einfache Bürger keinen Einblick hatte. Es gab in Athen nicht nur elitäre Vorbehalte gegenüber demokratischer Rhetorik – etwa beim Philosophen Platon –, sondern auch nicht minder starke demokratische Vorbehalte gegenüber elitärer Rhetorik.

Um sich in dieser Lage als glaubwürdig darzustellen, griffen die Redner im klassischen Athen regelmäßig zu einem Schwert mit zweischneidiger Klinge. Auf der einen Seite war da die Dämonisierung des Gegners: Dieser, sagte man, verfüge über eine teuflisch raffinierte Redekunst, er rede den Leuten nach dem Mund, und er gefährde mit seinen schönen Worten die wahrheitsgemäße Beurteilung des Sachverhalts, zum Schaden der Gerechtigkeit und der Interessen der Stadt. Diesen üblen Machinationen wurde ein Bescheidenheitstopos gegenübergestellt, die sogenannte *excusatio propter infirmitatem:* Der Redner präsentiert sich selbst als jemanden wie du und ich, der rhetorische Mittel zur Hintergehung des Publikums weder anwenden will noch dazu überhaupt in der Lage ist.[7] Er ist, so sagt er, ein ganz gewöhnlicher, jedenfalls ein aufrichtiger Bürger, gänzlich unvorbereitet, ungeschult und zum Herumtricksen ungeeignet; er hat vorab kein intellektuelles und sprachliches Training genossen, das für die Mehrheit nicht zugänglich wäre und von dem der Erfolg einer Rede auf keinen Fall abhängen sollte. Es wimmelt von solchen Unschuldsbeteuerungen im demokratischen Athen – gerade auch in jenen gar nicht so unschuldigen Reden, die von professionellen Redenschreibern verfasst wurden: «Wir haben nicht die gleichen Voraussetzungen, ihr Richter! Meine Gegner sind nämlich geschickt im Reden und haben die Mittel dazu, sich vorzubereiten.» – «Ich habe noch keine Erfahrung mit Gerichtsverhandlungen!» – «Ich bin vollkommener Laie!» – und so fort.[8]

Die beiden Motive – Manipulationsvorwurf und rhetorisches Understatement – verhalten sich komplementär zueinander. Wer das eine sagt, meint zugleich das andere: Die fragwürdige Virtuosität des Gegners verweist immer auch auf die eigene demokratische Integrität; und die eigene Verpflichtung zur schlichten, ränkefreien Darstellung der Wahrheit wiederum verweist auf die Abhängigkeit des Kontrahenten von besonderen, suspekten Techniken der Rede, von Instrumenten, die im Hier und Jetzt der Redesituation nicht kontrollierbar sind.

Das Herunterspielen der eigenen kommunikativen Kompetenz diente nicht bloß der Stärkung des inhaltlichen Standpunktes. Es stellte vielmehr auch unabhängig von der verhandelten Sache eine bestätigende Reformulierung der demokratischen Gleichheitsidee im Bereich der öffentlichen Rede dar. Deshalb konnten derartige Äußerungen auch immer wieder von beiden gegnerischen Parteien vorgebracht werden, auch wenn natürlich nur eine von beiden Recht haben konnte. So ist das eben in der Demokratie: Auch selbstverständliche, leicht banal klingende Bekenntnisse zu den Interessen des Gemeinwohls müssen im öffentlichen Wettstreit immerzu wiederholt werden, weil man weiß, dass die andere Seite genau dasselbe tun wird, und weil das Demokratieprinzip im Hin und Her der verschiedenen Mehrheiten ohne diskursive Affirmationen nicht lebendig bleiben kann. Und so stellte denn auch bei den Rednern im klassischen Athen der böse Vorwurf des Betrugs, der Verstellung, der unlauteren Kampagne an den Gegner keineswegs eine grundsätzliche Hinterfragung des jungen demokratischen Systems dar – ganz anders als etwa bei den demokratiekritischen Philosophen –, sondern dieser Vorwurf gehörte einfach mit zum Spiel. Glaubwürdigkeit, nicht messbar und fixierbar, musste (und muss auch heute) immer wieder vor dem Volk behauptet und bestritten werden. Im Athen des 5. Jahrhunderts v. Chr. wurde damit eine Tradition begründet, eine demokratische Rhetorik der Anti-Rhetorik, die bei allen kulturellen Unterschieden bis in unsere Tage wirksam ist – beispielsweise beteuerte ausgerechnet der amerikanische Politiker Newt Gingrich, wahrlich ein elitärer, mit allen Wassern gewaschener Vertreter des politischen Establishments in den USA, in seiner Rede zu einer gewonnenen Vorwahl um die republikanische Präsidentschaftskandidatur im Bundesstaat South Carolina am 21. Januar 2012: «It's not that I am a good debater. It is that I articulate the deepest felt values of the American people.»[9] Trickreiche Debatteure sind immer die anderen, so lautet die Botschaft – nur der Redner selbst ist ein Mann des Volkes.

Auch in der rhetorischen Theorie und Handbuchliteratur, die im antiken Athen neu entstand, empfahl man bald ein derartiges Vorgehen. «Die Menge akzeptiert diejenigen, die ihr ähnlich sind», hieß es in einem frühen anonymen Lehrbuch der Beredsamkeit. Und Aristoteles stellt fest: Für den Redner, der ein gutes Bild abgeben will, sei es «sinnvoller, dass man selbst einen rechtschaffenen, als dass die Rede einen ausgearbeiteten Eindruck macht». In einer Debattenkultur, in der persönlicher Charakter und Leumund im Zweifelsfall ohnehin mehr galten als spezielle Argumente, war es häufig zu beobachten – so bezeugt es ebenfalls Aristoteles –, «dass die Unausgebildeten vor dem Massenpublikum überzeugender sind als die Ausgebildeten».[10]

Als im demokratischen Athen die Redeanlässe und die rednerischen Fähigkeiten zunahmen, wuchs demnach mit dem demokratischen Bewusstsein auch das Misstrauen gegen einen möglichen sophistischen, elitären Hintergrund jener Fähigkeiten. Nun gibt es aber – und das verbindet den Glaubwürdigkeitsdiskurs eng mit der Frage der freien Rede – deutliche Hinweise darauf, dass man jene Sphäre des Spezialistentums, das unter Oligarchieverdacht stand, alsbald mit dem Medium der *Schrift* assoziierte. Konkreter noch: Man meinte aus denjenigen Reden, die sich zwar schön, aber auch manipuliert und manipulierend anhörten, die Schrift regelrecht herauszuhören. Denn – wir erinnern uns – es konnte ja in athenischen Volksversammlungen und Volksgerichten nicht an der Präsenz oder Nichtpräsenz eines Manuskripts abgelesen werden, ob die Rede zuvor schriftlich ausgearbeitet worden war oder nicht; das Publikum musste allein aus dem Charakter der gesprochenen Rede erschließen, ob ihr schriftliche Technik vorausgegangen war, ob sie also auswendig gelernt war oder nicht. Der Unterschied bestand nicht zwischen dem lebendigen oder unlebendigen Ablesen von physisch präsenten Texten; der Unterschied bestand vielmehr, in den Worten eines zeitgenössischen Rhetoriklehrbuchs, zwischen dem mündlichen «Vortragen von Ungeschriebenem» und dem ebenso mündlichen «Vortragen von Geschriebenem».[11]

Wenn nun die sprachliche und argumentative Geschliffenheit des Vorgetragenen den Gesamteindruck des Redners dominierte – der einschlägige griechische Begriff dafür hieß *akríbeia,* «Akribie» –, dann wurde dies auf die schriftliche Vorbereitung zurückgeführt, und ebendas konnte die Akzeptanz erschweren. Denn auch wenn die Bürger Athens nicht, wie man manchmal behauptet, von einer fundamentalen Schrift-Skepsis durchdrungen waren, so wurden sie doch mitten im Siegeszug des Schriftmediums skeptisch gegenüber dem zu heftigen Eindringen der Schrift in die demokratische Arena, die eigentlich von mündlicher Unmittelbarkeit und Spontaneität geprägt war. So haben die Staatsmänner des 5. Jahrhunderts – wie Perikles – ihre Reden in der Regel noch nicht veröffentlicht, und zwar nach dem Zeugnis Platons deswegen nicht, weil sie «Angst» hatten, «anschließend ‹Sophisten› genannt zu werden». Und der Sophist Gorgias, dessen Sprachkunst die Athener sehr beeindruckte, sprach selbst von «Redekämpfen, bei denen eine Rede eine große Volksmenge erfreut und überredet, die mit Kunst geschrieben, nicht mit Wahrheit gesprochen ist».[12] Es waren ja die Sophisten, die das Schriftmedium besonders intensiv in der Ausbildung und Beratung von ambitionierten jungen Männern einsetzten, um sie für öffentliche Auftritte zu rüsten, und die damit Verdacht auf sich zogen. Die Schrift drohte mittels der Rhetorik die Sphäre der bürgerschaftlichen Entscheidungsfindung zu infiltrieren, wohin sie eigentlich nicht gehörte. Die Frage der Glaubwürdigkeit bekam so unweigerlich eine technisch-mediale Dimension.

Um dem Verdacht zu entgehen, und um dem herrschenden demokratischen Amateur-Ideal zu entsprechen, riet die Rhetorik nicht bloß zu ausdrücklichen Bescheidenheitsformeln nach dem Muster «Ich bin absolut unerfahren». Sie ermahnte auch dazu, die Anmutung schriftlicher Vorbereitung in der gesamten Rede tunlichst zu vermeiden, und zwar gerade auch dann, wenn diese tatsächlich schriftlich vorbereitet war. So entstand das Kunstmittel der vorgespielten Mündlichkeit: Die Redenschreiber versuchten, ihre Produkte dem spontanen Sprechen anzunähern, indem sie ihnen einen möglichst «normalen» Ton unterlegten und die Stilhöhe insgesamt herunterfuhren. Zudem streuten sie pseudo-improvisatorische Bemerkungen im Voraus in den Redetext ein – «Ach, das hatte ich noch vergessen …» oder Ähnliches. Man arbeitete also schon und gerade in der Anfangszeit der schriftlichen Rhetorik an einer Entschriftlichung mit schriftlichen Mitteln; kompositorische Kunstgriffe wurden zu dem Zweck eingesetzt, den Einsatz derselben zu verhüllen.[13] Wenn mit den Spuren der

Schriftlichkeit die Spuren der Kunst verhüllt werden, so ist dies eine Methode, die man später *dissimulatio artis* (Verheimlichung der Kunst) nannte und die Aristoteles in seiner *Rhetorik* so beschreibt:

> «Man muss [die Rede] so verfassen, dass man es nicht merkt, und den Anschein erwecken, dass man nicht künstlich fabriziert, sondern natürlich redet. Letzteres nämlich wirkt überzeugend, Ersteres nicht. Denn die Leute werden ungehalten [wenn das Künstliche spürbar wird], wie gegenüber jemandem, der sie überlisten will, so wie bei den gepanschten Weinen.»[14]

Mit diesem Weinpanscher, dessen Betrugsabsicht Aristoteles mit dem herumtricksenden Redner vergleicht, ist übrigens nicht etwa die Praxis gemeint, dass der Wein zum Trinken mit Wasser gemischt wurde – diese Verdünnung mit Wasser war im antiken Griechenland allgemein üblich, während der Konsum von ungemischtem, also purem Wein als eine unfeine, barbarische Sitte galt. Vielmehr verlängert der Weinpanscher den Wein schon *vor* dem Verkauf an den Kunden zu einer minderwertigen Mischung, um unlauteren Gewinn zu machen. Und in derselben Weise hat der Redner, der schon im Voraus an seiner Rede gebastelt hat und dies dummerweise offenkundig werden lässt, in den Augen des Publikums schon vor dem Verkauf der eigentlichen Botschaft an seinem «natürlichen» Produkt herumgepfuscht. Wenn man bedenkt, dass die Angebote von rednerischen Darbietungen und die Angebote von Lebensmitteln und anderen Waren im politisch-wirtschaftlichen Zentrum Athens örtlich ganz nahe beieinander lagen – in dem Ensemble rund um den Marktplatz, die Agora, fanden auch die Gerichtsverhandlungen und die Volksversammlungen statt –, so entsteht im Vorübergehen ein schönes Bild des athenischen Bürgers als eines kritischen Konsumenten: Er prüft beim Einkauf beim Weinhändler, ob dieser wirklich saubere Ware anbietet – und er beäugt sodann den öffentlichen Redner beim Zuhören mit demselben Misstrauen. Der Kunde lässt in beiden Fällen nur die unverfälschte Ware gelten. Eine «echte», «natürliche», aus dem Moment heraus gehaltene Rede ist für die Athener also gleichsam eine Anforderung des demokratischen Verbraucherschutzes. Wer sich trotzdem für die großen Unwägbarkeiten der Massenversammlungen mit einem fertigen Redetext präparieren wollte, der musste dies ebenso sorgfältig verhehlen wie der Händler seinen Etikettenschwindel. Deshalb empfahl es sich, der schriftlichen Rede einen mündlichen Anstrich zu verleihen, wie es auch eine Abhandlung aus dem Umfeld des Redners Demosthenes nahelegte:

> «Reden, die für den Vortrag gedacht sind, sollten einfach und in ähnlicher Weise geschrieben sein wie diejenigen, die man aus dem Stegreif hält.»[15]

Wenn nun diese Strategie der simulierten Mündlichkeit des Redetextes immer funktioniert hätte, dann wären für den Redner alle Schwierigkeiten beseitigt gewesen. Er hätte sich die bessere Kalkulierbarkeit zunutze gemacht, die die neue schriftlich-methodische Rhetorik bewirkte, ohne damit andererseits beim Publikum den Eindruck demokratischer Spontaneität zu gefährden. Das Problem indes war, dass das athenische Publikum den Rednern ihre Simulation oft nicht abgekauft hat. Offenkundig ließ sich die schriftliche Ausarbeitung in vielen Fällen doch nicht verbergen. Gerade in der Anfangsphase der schriftgestützten Beredsamkeit scheinen die Zuhörer es den Reden vor Gericht oder Volksversammlung deutlich angemerkt zu haben, ob sie nach einer elaborierten Vorlage auswendig gelernt waren. Dies hing mit individuellen Fähigkeiten beim Vortrag zusammen, aber gewiss auch mit der allgemein noch geringen Erfahrung in schriftlicher Redevorbereitung. Die nach Manuskript memorierten Reden klangen in Habitus und Stil einfach anders als jene weniger gedrechselten Reden, die das athenische Publikum bis vor nicht langer Zeit noch gewohnt war und die man ja immer noch von denjenigen Bürgern hören konnte, die sich keinen Redenschreiber leisten wollten oder konnten. Dass uns etliche Reden aus dem klassischen Athen überliefert sind, darf nicht den Blick dafür verstellen, dass viele andere Reden damals *nicht* so kunstvoll ausformuliert waren. Es bedeutete ja einen nicht geringen Aufwand, eine Anklage-, eine Verteidigungs- oder eine politische Rede vorher komplett auszugestalten und sich einzuprägen – einen finanziellen wie auch mentalen Aufwand. Umso mehr musste die versammelte Volksmenge einen spürbaren Unterschied zu den bodenständigeren Auftritten empfinden, wenn die Reden erkennbar auf ihren schriftlichen Ursprung verwiesen: Diese neuartigen, von Experten verfertigten Reden klangen anscheinend im Vergleich für die Ohren der Bürger Athens häufig zu deklamierend, zu starr, zu literarisch, zu wenig situativ. Und das hieß: tendenziell undemokratisch.

*

Der Gewinn an Sicherheit, den die schriftliche Ausarbeitung der Reden eigentlich versprach, brachte also seinerseits neue Risiken mit sich. Und tatsächlich formierte sich deshalb bald schon eine bemerkenswerte Gegenbewegung in der rhetorischen Lehre, kaum eine Generation nach der Erfindung der schriftlichen Beredsamkeit in der athenischen Demokratie. Die entsprechende Debatte ist glücklicherweise nicht nur, wie sonst so oft, in ein paar Fragmenten oder Einzeläußerungen greifbar. Vielmehr hat sich ein reizvoller Traktat komplett erhalten, den ein Rhetoriklehrer namens Alkidamas, Schüler des Sophisten Gorgias, verfasst hat und der den Titel trägt: *Über die, die geschriebene Reden schreiben oder Über die Sophisten.* Dieser Alkidamas, ein Zeitgenosse Platons (427–347 v. Chr.), stammte aus einer Hafenstadt in der Nähe von Pergamon an der Westküste der heutigen Türkei und war in Athen tätig. Alkidamas ist gewiss nicht der bekannteste aller griechischen Autoren, und über seine Person weiß die Überlieferung so gut wie nichts zu berichten; aber mit seiner Abhandlung, die zwischen den Jahren 390 und 380 v. Chr. entstand, hat er das Ur-Manifest der Improvisation und der freien Rede formuliert.

Alkidamas plädiert in seiner Schrift vehement dafür, «aus dem Augenblick über das, was gerade aufkommt, angemessen sprechen zu können». Zu diesem Zweck hat er eigens eine scharfe Polemik geschrieben, deren programmatische Absicht es ist, «eine Anklage der geschriebenen Reden vorzutragen». Und Alkidamas' entscheidender Anklagepunkt ist der, dass die schriftlichen Reden «den Eindruck machen, mittels Vorbereitung fabriziert und komponiert zu sein, und dadurch die Zuhörer mit Misstrauen und Argwohn erfüllen».[16] So ist das kleine Werk *Über die Sophisten* ein einzigartiges rhetorik- und mediengeschichtliches Dokument: Kein anderer Text aus dem klassischen Griechenland geht ausdrücklich und ausführlich auf die Folgen ein, welche die im 5. Jahrhundert v. Chr. einsetzende, schriftgestützte rhetorische Methodik für die rednerische Praxis hatte. Die Abhandlung enthält, parallel zu Platons frühen Dialogen, einen der ersten Belege für das Wort «Rhetorik».[17] Und überdies sind viele von Alkidamas' Überlegungen, formuliert in einer Umbruchzeit, einer Zeit des Medienwandels, bis heute bedenkenswert.

Alkidamas, selbst Autor und Rhetoriklehrer, ist fest davon überzeugt, dass das Medium der Schrift grundsätzlich flüssiges Sprechen vor Publikum nicht erleichtert, sondern es im Gegenteil behindert. Das damals neumodische Schreiben von Prosatexten im stillen Kämmerlein, ohne

Zeitdruck und ohne den Druck der öffentlichen Situation, so befindet jedenfalls Alkidamas, ist überhaupt kein besonderes Kunststück; im Übermaß betrieben, steht die Schreibpraxis vielmehr dem geschmeidigen, beweglichen Redeauftritt in der Öffentlichkeit im Wege, der eine weitaus anspruchsvollere Aufgabe darstellt. Seine Gegner, die Textmenschen und Schreib-Rhetoriker, sind für Alkidamas nichts als «Stotterer».[18] Und auch sonst findet er starke Bilder für seine schriftkritischen Ansichten:

> «So wie Menschen, die nach langer Zeit aus Fesseln befreit wurden, nicht so laufen können wie alle anderen, sondern wieder in die Haltung und den Laufrhythmus verfallen, mit denen sie auch im gefesselten Zustand gezwungen waren zu gehen: so macht auch die Schrift, indem sie den Übergang für das Denken schwerfällig gestaltet und die Übung im Reden zu einer entgegengesetzten Gewohnheit macht, den Menschen geistig ratlos und gefesselt und steht dem Redefluss, wie er bei der Improvisation eintritt, ganz im Wege.»[19]

Dabei ist Alkidamas' Kritik an der Schrift in *Über die Sophisten* interessanterweise keine fundamentale: Für stilistische Übungen im Unterricht, für Werbezwecke und zur Sicherung des eigenen Nachruhms als Schriftsteller ist ihm das Schriftmedium durchaus recht, also zu Schulungszwecken und als literarisches Speichermedium. In diesen Bereichen war die Verwendung der Schrift in den letzten Jahrzehnten des 5. Jahrhunderts ja auch schnell alltägliche Praxis geworden – in einer zuvor von Oralität dominierten griechischen Kultur. Die Vorteile waren kaum zu bestreiten. An schriftlich fixierten Texten, so stellt Alkidamas anerkennend fest, lässt sich «wie in einem Spiegel geistiger Fortschritt erkennen», im Unterschied zum flüchtigeren gesprochenen Wort, wo der Qualitätsvergleich viel schwerer fällt.[20] Nein, seine Einwände sind medientechnischer, pragmatischer Natur und speisen sich aus der Erfahrung mit der rhetorischen Ausbildung und Praxis seiner Zeit: *Dort* sei es schlicht kontraproduktiv für die Zwecke des Redners, sich auf einstudierte Texte zu verlassen und zu viel zu schreiben. In der mündlichen Aktion vor dem Volksgericht und vor der Volksversammlung führe das wörtliche Auswendiglernen, das ja in der Tat eine spezifische geistige Disposition erfordert, zu der beschriebenen mentalen Fesselung und Ausweglosigkeit des Sprechers, griechisch «Aporie». Denn es drohe immer die Gefahr, dass man seinen Text vergesse, den roten Faden verliere und aus dem Konzept komme – kurzum: Blackout-Gefahr. Zudem könne der schriftlich präparierte Redner, so Alkidamas, sehr schlecht flexibel reagieren und etwa auf unvorhergesehene Vorwürfe und Gesichtspunkte eingehen: Das Umschalten von dem einen Rede-Modus in einen anderen fällt einfach zu schwer. Vorgefertigtes Sprechen berge ferner stets das Risiko, dass die Rede den falschen Ton, die falsche Stilhöhe trifft und damit über die Köpfe der Zuhörerschaft hinweg geht. Vor dem konkreten Publikum, in der konkreten Situation – so warnt Alkidamas immer wieder in *Über die Sophisten* – sind dann die vermeintlichen Vorteile der schriftlichen Vorbereitung schnell dahin, und die ganze schöne Überredungskunst ist vergeblich. Die Bindung an die Schrift führt, fürchtet Alkidamas, zu einer mentalen Inflexibilität, die den Redner beim Aufkommen neuer Gesichtspunkte oder beim Vergessen des Textes gründlich ins Schwimmen geraten lassen und ihn ebenjener Vorteile wieder berauben kann, die er sich durch die schriftliche Vorbereitung gesichert zu haben glaubte:

> «Für die aber, die Geschriebenes vortragen, wenn sie auch nur im Geringsten in der Aufregung etwas auslassen oder verändern, bringt das notwendigerweise peinliches Versagen, Verwirrung und Herumsuchen, und sie müssen lange innehalten, häufig durch das Schweigen die Rede unterbrechen und damit ihr Versagen peinlich, lächerlich und hilflos machen.»
> «Ich bin der Meinung: Das Auswendiglernen der geschriebenen Reden ist mühsam, das Behalten schwierig und das Vergessen in den öffentlichen Versammlungen blamabel.»
> «Wenn nämlich die, die Ungeschriebenes reden, einen Gedanken ihrer Gegner aufnehmen, oder wenn sie durch die Anspannung der Gedanken selbst auf einen kommen, dann ist es für sie einfach, ihn in die Ordnung [ihrer Rede] einzufügen. (…) Für die aber, die mit den geschriebenen Reden die Verhandlungen bestreiten, ist es, wenn sich ein Gedanke ergibt, der außerhalb der Vorbereitung liegt, schwierig, ihn einzufügen und angemessen zu verwenden. Die Genauigkeit in der Ausarbeitung der einzelnen Wörter lässt nämlich keine Improvisation zu.»
> «Wenn aber jemand die einen Teile improvisiert, die anderen Teile vormodelliert, dann bringt die Rede notwendigerweise, weil sie ungleichmäßig ist, dem Redenden Kritik ein, und die einen Teile machen den Eindruck, ganz wie Deklamation und Rhapsodie zu sein, die anderen Teile aber erscheinen niedrig und plump im Vergleich zu der Ausgefeiltheit jener Teile.»[21]

«Ganz wie Deklamation und Rhapsodie»: Mit solchen Vergleichen rückt der sophistische Rhetoriker, der für die Sprache des Augenblicks in der gerichtlich-politischen Arena eintritt, den vorformulierten Redetext bezeichnenderweise in die Sphäre der Dichtung. Auswendig gelernte Texte, prosaische *wie* poetische, passen gleichsam nicht das Wort an die je verhandelte Sache an, sondern umgekehrt die Sache an das vorbereitete Wort. Auch wenn die früheste Dichtung der Griechen, das homerische Epos, vor Jahrhunderten einmal der Quelle mündlicher Improvisation entsprungen war, so war die Poesie im Athen der klassischen Epoche längst schon überwiegend etwas Auskomponiertes geworden, das vor der öffentlichen Aufführung schriftlich fixiert wurde. Mit «Deklamation und Rhapsodie» wird auf die Auftritte von Schauspielern im Theater sowie auf die Rezitatoren epischer Dichtung angespielt, die sich «Rhapsoden» nannten. Dort, im Reich der Fiktionalität, in Tragödien, Komödien und mythischen Erzählungen, schätzte man durchaus den deklamatorisch-künstlerischen Charakter des Vortrags; bei diesen dramatisch-literarischen Darbietungen erforderte die exakte Textwiedergabe «Ausgefeiltheit» und «Genauigkeit» *(akríbeia)* – eine Begrifflichkeit der präzisen Ausarbeitung, die aus der Arbeit der Tischler und anderer Handwerker stammt. Es ist ebendiese starre, geradezu sklavische Wort-für-Wort-Reproduktion, die den negativen Gegenpol zu dem dynamischen Rhetorikverständnis bei Alkidamas bildet. Der Dichter, der «Reden-Poet» wird daher regelrecht zum karikierenden Schimpfwort.[22]

In ähnlicher Weise, nicht minder aufschlussreich, vergleicht Alkidamas die auswendig gelernten Redemanuskripte mit Werken der bildenden Kunst, mit Bronze- und Marmorstatuen oder Malerei. Zu seiner Zeit, im frühen 4. Jahrhundert v. Chr., war man schließlich umgeben von den berühmtesten Meisterwerken der hochklassischen griechischen Kunst. Doch all diese wunderbaren Standbilder und Gemälde, findet Alkidamas, seien zwar ganz schön, aber eben auch starr und statisch und damit für den Praktiker im außerkünstlerischen Kontext nicht zu gebrauchen; die Kunstwerke brächten, stellt er nüchtern fest, «keinerlei Nutzen für das Leben der Menschen». Und wie sich die «echten Körper» gegenüber den illusionären Schöpfungen der Bildhauer und Maler verhielten, so verhalte sich eben auch die Stegreifrede gegenüber der kunstfertigen geschriebenen Rede, nämlich «beseelt und lebendig». Das heißt: Das «Echte», das Organische wirkt gegenüber dem «künstlichen» Produkt vielleicht weniger perfekt, aber dafür kann man im wirklichen Leben etwas damit anfangen.[23]

Der Redner, das besagt dieser unmusisch anmutende Standpunkt, darf eben niemals vergessen, dass er nur als Anwalt des Publikums Erfolg haben kann, also durch Vitalität und Aktualität. Die Kunst der Beredsamkeit ist für Alkidamas gerade nicht Kunst, nicht Literatur, sondern ein Handeln in der politischen Wirklichkeit. Dazu gehört auch schlicht ein Gespür für die Aufnahmefähigkeit des Publikums, welches jenen Textaufsagern abgehe: «Entweder reden sie länger, als man Lust hat [zuzuhören], und machen sich bei den Zuhörern unbeliebt», beobachtet Alkidamas, «oder sie beenden ihre Rede vorzeitig, obwohl die Leute noch weiter zuhören wollen.» Es sei eben schwierig, im Voraus zu wissen, «wie sich die Zuhörer hinsichtlich der Länge des Vorgetragenen verhalten werden». So helfe es auch nicht, den mündlichen Stil in der schriftlichen Vorlage zu simulieren – eine Technik, die auch Alkidamas bei den Redenschreibern beobachtet.[24] Der improvisierende Redner könne hingegen «seine Reden mit Blick auf die Fähigkeiten der Zuhörer anpassen» und so «die Längen knapper fassen sowie das in knapper Form Geplante länger ausführen.»[25] Deshalb sei es viel besser, «allein auf die Gedanken den Sinn zu richten und im konkreten Ausdruck aus dem Moment heraus zu formulieren» – dies ist derselbe Ratschlag, wie er in sprichwörtlicher lateinischer Form später dem Römer Cato dem Älteren zugeschrieben werden wird: *rem tene, verba sequentur* («Behalte die Sache im Auge, dann werden die Wörter schon folgen!»).

Alkidamas' Abhandlung *Über die, die geschriebene Reden schreiben oder Über die Sophisten* bietet einige zeitlose Beobachtungen, ist aber in der konsequenten Ausrichtung auf das Publikum ein Produkt der radikalen direkten Demokratie und als solches eine unschätzbare Quelle für die dortigen Kommunikationsbedingungen. Wo jeder Angeklagte vor Gericht und Teilnehmer an einer politischen Debatte vom gleich folgenden Mehrheitsbeschluss seiner Zuhörer abhängig ist, dort ist der Kampf nicht nur mit dem juristischen oder politischen Gegner aufzunehmen, sondern auch mit dem potentiell missmutigen, unzufriedenen, angriffslustigen oder auch gelangweilten Publikum. Von den Debatten über die Rhetorik im klassischen Athen kann man daher lernen: Die Form der Darstellung eines Anliegens und die Sache selbst sind im demokratischen System schwer voneinander zu trennen. Und wer da mit erhöhtem Anspruch auftritt, der kann besonders tief fallen. Deshalb empfiehlt Alkidamas, gleich von vornherein, auch in der äußeren Form, als normaler Bürger aufzutreten, also bloß nicht zu schriftlich, nicht zu förmlich zu klingen. Ob Alkidamas die Machtstellung der durch das Publikum repräsentierten Mehrheit der Bürger dabei gutheißt oder nicht, das steht in seinem Traktat gar nicht zur Debatte. Der Rhetoriklehrer räsoniert gar nicht über Vor- und Nachteile der Staatsordnung. Er nimmt sie, wie sie ist – und versucht, seine Lehre und sein Training darauf abzustellen.

Wenn Alkidamas' Polemik gegen die memorierten Reden insgesamt die Realität demokratischer Versammlungen widerspiegelt, so bringt er auch einmal, an einer faszinierenden Stelle, ganz explizit die Kritik an der Inflexibilität des Schriftmediums mit der demokratischen Staatsform in Verbindung. Dies geschieht, in scharfer Abgrenzung zu Diktatur und Alleinherrschaft, in Form eines Gedankenexperiments:

> «Wäre es nicht lächerlich, wenn bei dem Ruf des Herolds ‹Wer von den Bürgern will vor der Versammlung reden?›, oder wenn die Wasseruhr vor Gericht bereits läuft, der Redner zu seiner Schreibtafel ginge, um eine Rede zu verfassen und sie auswendig zu lernen? Denn in der Tat, wenn wir Tyrannen wären über unsere Städte, dann stünde es in unserer Macht, Gerichtsversammlungen einzuberufen und über die öffentlichen Angelegenheiten Beratungen abzuhalten, und so könnten wir, wenn wir jeweils unsere Reden geschrieben hätten, dann erst die übrigen Bürger zum Zuhören herbeizitieren. Da aber andere die Herren dieser Institutionen sind, wäre es da nicht dumm, eine andere Form von Redetraining zu betreiben (…) [sich also nicht in der Stegreifrede zu üben]?»[26]

Alkidamas spricht hier fast wie ein Fachvertreter der rhetorischen Zunft: Wir, das heißt: diejenigen, die Reden halten oder vorbereiten, sind es nicht, die die Tagesordnung festsetzen, die also die Herren des Verfahrens sind. Es sind «andere» – nämlich das demokratische Publikum. Deutlicher kann man das Verhältnis zwischen sprechendem Individuum und entscheidender Masse nicht ausdrücken. Der berühmte Ruf des Herolds in der Athener Volksversammlung drückt aus, dass jeder Bürger der Stadt, der will, dort das Wort ergreifen kann. Aber es geht in dieser Situation, wenn man genau hinschaut, gar nicht so sehr um die spezifisch demokratische Rede- und Meinungsfreiheit – obwohl natürlich bei einem so deutlichen Hinweis auf den demokratischen Rahmen von Redeanlässen auch die Vorstellung von diesem wichtigen Grundrecht mitschwingt, also von der «Isegorie» und «Parrhesie» (S. 23; 28). Vielmehr wird eindringlich verglichen, wer in der jeweiligen Staatsform den Diskurs beherrscht: Äußern kann sich immer nur das Individuum; aber in der Tyrannenherrschaft bestimmt der Einzelne die Modalitäten des Zuhörens. Und weil der Alleinherrscher den Zeitpunkt und Ablauf der Zusammenkünfte selbst bestimmt, sind in diesem Fall Trägheit und Langsamkeit der schriftlichen Komposition auch ganz unproblematisch – man trommelt eben die Leute zur Verlautbarung zusammen, wenn man seine entsprechenden Texte fertig hat. In der Demokratie jedoch kann der Einzelne inhaltlich gewiss sagen, was er will, aber das ist nicht Alkidamas' Punkt; entscheidend ist das Faktum, dass nunmehr nicht der Einzelne, sondern die Menge der Zuhörer den Ablauf der Veranstaltung festlegt: Es geht nach ihrem Tempo, die Zeit läuft, und wer sich mit seiner Position durchsetzen will, ohne durchzufallen, der kann sich jetzt nicht – so lautet das absurde Gedankenexperiment – in die ruhige Selbstbestimmtheit des Schriftstellers zurückziehen. So macht der Rhetoriker zu einem Argument für die flexible, frei gehaltene Rede, was Aristoteles in seiner *Verfassung der Athener* ähnlich feststellt: «Wenn nämlich das Volk Herr über die Abstimmung ist, wird es zum Herrn über die Staatsverfassung.»[27]

Es ist übrigens bemerkenswert, ja geradezu rührend, wie sehr Alkidamas von diesem demokratischen System durchdrungen ist. Der letzte oligarchische Putsch in Athen (404/403 v. Chr.) lag gerade erst fünfzehn bis zwanzig Jahre zurück, als *Über die Sophisten* veröffentlicht wurde. Aber Alkidamas' Gedankenexperiment zeigt: Selbst in einer irrealen Konstruktion, mit der er die Diktatur in ihrer Umkehrung aller demokratischen Werte vorführen will, kann sich der Autor nur eine Umkehrung der kommunikativen Macht vorstellen – nicht etwa eine Auflösung der Institutionen. Auch in der Tyrannis, wie er sie darstellt, gibt es offenbar noch Volksgerichte und eine politische Beratungsinstanz, in der «über die öffentlichen Angelegenheiten» verhandelt wird, und der Tyrann arbeitet für diese Gremien sogar netterweise Texte aus, die er ihnen dann vorliest. Dass der Alleinherrscher es möglicherweise gar nicht mehr für nötig oder ratsam halten könnte, «die übrigen Bürger» derart über seinen Standpunkt zu unterrichten, das fällt Alkidamas überhaupt nicht ein.[28] Seine Vorstellungen von öffentlicher Entscheidungsfindung sind tief geprägt von dem System, in dem er lebt und für das er ausbildet. Das erste leidenschaftliche Plädoyer für die Stegreifrede, das die Geschichte der europäischen Rhetorik zu bieten hat, entspringt also der Einsicht in die Macht des demokratischen Souveräns.

Die berühmteste Kritik am Medium der Schrift aus der Antike stammt allerdings nicht von dem «kleinen» Sophisten Alkidamas, sondern vom großen Philosophen Platon. Laut dem französischen Philosophen Jacques Derrida ist Platons Schriftkritik sogar für den «Logozentrismus» und «Phonozentrismus» des ganzen Abendlandes verantwortlich, also für eine Tradition der Schriftfeindlichkeit und der fragwürdigen Hoffnung, dass sich die Wahrheit nur in der Stimme offenbare.[29] Jedenfalls lässt Platon in der Schlusspartie seines Dialogs *Phaidros* (um 365 v. Chr.) seinen Lehrer Sokrates fundamentale Einwände gegen die Schrift vorbringen – die entscheidenden Kritikpunkte lauten: Die Verwendung der Schrift schwächt das Gedächtnis und damit jedes gründlichere Verständnis der Dinge. Texte können nicht antworten, sie sind nicht dialogfähig. Und Geschriebenes birgt die Gefahr der unbefugten Verbreitung und des Missbrauchs.[30]

Im größeren kulturellen Zusammenhang sind Alkidamas' wie auch Platons Äußerungen als individuelle Reaktionen auf denselben umwälzenden Vorgang des Medienwandels zu verstehen: auf das Eindringen der Schriftlichkeit in immer mehr Lebensbereiche der griechischen Kultur, die bis dahin noch stark von Mündlichkeit und persönlichem Umgang geprägt waren. Und tatsächlich gibt es enge, frappante Berührungen zwischen Alkidamas' Schrift *Über die Sophisten* und Platons gut zwanzig Jahre später entstandenem *Phaidros*: Beide bezeichnen das geschriebene Wort als «Abbild», das mündliche als «lebend und beseelt», beide vergleichen schriftliche Werke mit der bildenden Kunst und finden das Schreiben allenfalls als «Spielerei» nebenher legitim, beide problematisieren das Verhältnis von Schrift und Gedächtnis und verweisen auf die mangelnde Flexibilität der Schrift in mündlichen Situationen. Es ist gut möglich, dass Platon in seinem Werk die Formulierungen des Alkidamas bewusst aufgegriffen hat.

Bei allen vordergründigen Gemeinsamkeiten aber wird auch deutlich: Der Philosoph und der Rhetoriker haben ganz unterschiedliche Probleme. Der Kontrast ist lehrreich: Schriftkritik in der demokratischen Arena und Schriftkritik in der Philosophenschule sind nämlich nicht dasselbe. Während Platon die Sorge umtreibt, dass die schriftliche Vermittlung von Wissen höhere Einsichten in tiefere metaphysische Wahrheiten verhindern könnte, sowie auch die Sorge, dass philosophische Texte an die falschen Leute geraten könnten, geht es dem Sophisten Alkidamas um etwas ganz anderes: um den Erfolg des Redens vor öffentlichen Gremien.

Platon attackiert hingegen ganz grundsätzlich die demokratische Rhetorik und die mangelnde Dialogfähigkeit der öffentlichen Redner – diese immer wieder bemühte Abgrenzung von Rhetorik und philosophischer Dialektik bezieht sich in gleichem Maße auf auswendiggelernte wie auf improvisierte Reden.[31] Der platonische Sokrates sagt im Dialog *Protagoras:* «Ich habe immer gemeint, dass miteinander im Gespräch zusammen zu sein und vor dem Volk zu reden zwei verschiedene Dinge sind.» Der Wahrheit, heißt das, kann man sich nach platonischer Vorstellung nur im Dialog annähern. Sokrates distanziert sich bei Platon auch sonst vom aktiven politischen Leben und von den dort üblichen langen, ununterbrochenen Reden; umgekehrt zeigen sich die sophistischen Rhetorik-Experten in der Auseinandersetzung mit dem Philosophen ziemlich genervt von Sokrates' Gesprächsmodus, den sie als redefeindlich empfinden, weil man ja ständig von Fragen unterbrochen wird – im sokratischen Dialog, so lautet einmal die Beschwerde, gebe es ja bloß «Späne und Fetzen von Reden». Und gleich zu Beginn seiner Verteidigungsrede in dem berühmten Prozess im Jahr 399 v. Chr. sagt Sokrates laut Platon entschuldigend, aber auch stolz zu den Athenern, er verhalte sich «fremd» zu der vor Gericht üblichen Redeweise. Eine noch krassere Kritik an der Wahrheitsfeindlichkeit der Rhetorik findet Platon, indem er im später geschriebenen Dialog *Gorgias* dem eigentlich schon toten Sokrates in fiktiver Vorausschau auf dessen Todesurteil folgende Worte in den Mund legt: «Wenn ich aber wegen Mangels an schmeichlerischer Redekunst sterben müsste, so würdest du sehen, das weiß ich gewiss, wie sehr leicht ich den Tod ertrüge.»[32] Anders gesagt: Dass Sokrates der heroische Märtyrer für die Sache der Philosophie wurde, war nur dadurch möglich, dass er der Rhetorik entsagte. Hier formiert sich die nachhaltige, notorische Rivalität der Philosophie gegenüber der Rhetorik.[33]

Demgegenüber ist Alkidamas als Rhetoriklehrer von solchen Skrupeln eher unbeschwert. Platon wettert ständig gegen die Absicht der Redner, dem Publikum gefallen zu wollen; Alkidamas jedoch arbeitet erklärtermaßen daran, «den Bedürfnissen der Zuhörer zielgenau zu folgen».[34] Dieser Gegensatz ist wichtig, denn er zeigt: Philosoph und Rhetoriker kommen aus ihrem jeweiligen Wirkungsbereich, aus denkbar unterschiedlichen Motiven zu ihrer Skepsis gegenüber dem Medium der Schrift. Die weitaus berühmtere Schriftkritik Platons ist eine esoterische, philosophische, und sie ist der demokratischen Öffentlichkeit und Meinungsbildung letztlich abhold; eine Haltung, die symbolisch im Tod des Sokrates gipfelt, welcher einerseits durch demokratischen Mehrheitsentscheid, andererseits durch Rhetorikverweigerung des Angeklagten zustande kam, jedenfalls nach der Stilisierung Platons. Die weniger berühmte Schriftkritik ist die rhetorische, das Plädoyer für die freie Rede, welches nicht auf einen platonischen, elitären Dialog unter Eingeweihten abzielt, sondern auf einen flüssigen, flexiblen, zuhörergerechten Ablauf der monologischen Rede vor großem Publikum. Demokratische Schriftkritik warnt im Sinne des Publikums vor elitärem Schriftmissbrauch; philosophische Schriftkritik warnt umgekehrt vor der Gefährdung der philosophischen Elite durch die Demokratisierung der Schrift. Auf die neue Dominanz des Schriftmediums skeptisch zu reagieren, das lag offenbar in der Luft; aber es gab dafür eben auch andere Gründe als die, die Platon anführt. Nicht nur die ungeschriebene Lehre, das versuchen wir hier glaubhaft zu machen, nein, auch die ungeschriebene Rede verdient Interesse.

Wenn sich mit Alkidamas ein Sophist auf sehr aufschlussreiche Weise der Tendenz der Verschriftlichung der Rhetorik entgegenstellte, so ließ sich allerdings auch nicht verhehlen, dass er selbst schon ein Produkt der Schriftkultur war. In Schriftkulturen pflegt die Oralität auch dort, wo sie ihre lebendigen Orte hat, von der Schriftlichkeit infiltriert zu werden. Ein Plädoyer für die rein mündliche Rede, das nach allen Regeln der Kunst schriftlich ausgearbeitet ist, ist natürlich selbst schon eine kolossale Paradoxie, und diese Paradoxie ist Alkidamas nicht entgangen. Aber es ist wie bei Platon: Die Kritik an der Schriftverwendung muss sich des Schriftmediums bedienen, um eine gewisse Verbreitung und Nachhaltigkeit zu erreichen. Und auch beim Publikum in den Volksgerichten und in der Volksversammlung, das Spontaneität honorierte, nahmen zugleich die Erwartungen an den Erfindungsreichtum der Redner ohne Zweifel auch dadurch zu, dass immer mehr Reden schriftlich präpariert waren. Kurzum: Das Rad ließ sich eigentlich schwer zurückdrehen, die Bewegung der Rhetorik zur Verschriftlichung war nicht aufzuhalten. Andererseits aber blieb die mündliche, situative Unmittelbarkeit, für die die Position des Alkidamas steht, so etwas wie der ewige Stachel für die Rhetorik als schriftliche Disziplin. Isokrates, der Kontrahent von Alkidamas und Platon, hat das Problem so auf den Punkt gebracht: «Unsere Stadt (…) liebt Reden. Alle begehren danach. Doch wer geschickt darin ist, zieht Missgunst auf sich.» Diese innere Spannung der Rhetorik, besonders auch ein Dilemma jeder Demokratie, wurde im klassischen Athen geboren.

Kapitel 4

Brauchte Cicero Notizen? Öffentliches Reden und Improvisation in Rom

Marcus Tullius Cicero (106–43 v. Chr.) beherrschte ein ganz besonderes Instrument. Es war ein Saiteninstrument, eine Lyra, auf der er die Stimmungen und Gefühle seines Publikums gezielt hervorzupfen konnte. Wenn eine Gerichtsrede langweilig sei, so berichtet Cicero, dann kämen nämlich die Juroren in Rom leicht ins Gähnen, ins Schwätzen, ja, sie fingen sogar an, unaufmerksam herumzulaufen. Ein guter Redner hingegen erreiche direkt die Herzen der Juroren: Er könne «auf ihnen spielen wie auf den Saiten einer Lyra».[1]

Cicero schrieb das im Jahr 46 v. Chr. in seiner rhetorikgeschichtlichen Schrift *Brutus,* und obgleich es eine allgemeine Aussage war, so dachte Cicero doch – wie immer, wenn es um den guten Redner ging – auch an sich selber. Und wirklich war er ja einer der großen Virtuosen, wenn es darum ging, die rhetorische Arena im republikanischen Rom zu bespielen. Aber aus seiner Warnung vor der Langeweile und vor gähnenden, unruhigen Zuhörern spricht auch die Erfahrung mit weniger gelungenen Auftritten – mögen es nun eigene oder diejenigen anderer Redner gewesen sein. Das bedeutet: Auch in Rom war das Publikum anspruchsvoll und ging nur mit, wenn es etwas geboten bekam; auch in Rom war die öffentliche Rede ein dynamisches, riskantes Geschäft; und auch in Rom war es die mündliche, konkrete Redesituation, die den Erfolg bestimmte. Der Redner Demosthenes, Ciceros griechisches Vorbild, soll einmal gesagt haben, in der Rhetorik sei erstens der Auftritt entscheidend, zweitens der Auftritt und drittens der Auftritt. Diesen Ratschlag zitiert Cicero mehrmals mit Zustimmung. Eine und dieselbe Rede, fügt er hinzu, werde zu einer ganz anderen Rede, «wenn der Vortragende ausgetauscht wird» *(actore mutato).*[2]

Der Vortrag macht des Redners Glück: Das hieß in der römischen Republik, in der mündlichen Situation mit Autorität und Kraft das Feld zu beherrschen. Auch wenn die Verfassung nicht demokratisch war – trotz einzelner Elemente von Volksbeteiligung wurde die Republik nämlich letztlich von oligarchischen Clans regiert –, so gab es doch genug Gelegenheiten, zu denen man als Redner diese Autorität unter Beweis stellen musste.[3] Erstens mussten die Politiker auf dem Forum unter offenem Himmel vor dem versammelten Volk sprechen, in der sogenannten Contio (Kurzform von *conventio*, «Zusammenkunft»). Zwar kontrollierte dort ein Magistrat als Vorsitzender der Volksversammlung die Rednerliste, es gab also kein allgemeines Rederecht, geschweige denn ein Initiativrecht zu eigenen Gesetzesvorschlägen, und auch die Abstimmungsverfahren (in den anschließenden «Komitien») waren ein abgekartetes Spiel, das den Mächtigen kaum gefährlich werden konnte; trotzdem ging es in den Volksversammlungen lebendig zu, der Redner musste ein großes Publikum römischer Bürger mit Glaubwürdigkeit und Geschick für sich gewinnen, mitunter auch mit dramatischen Manövern, wollte er vermeiden, dass seine Autorität und Legitimität in Zweifel gezogen wurden.

Zweitens mussten die Redner sich in den Gerichtsverhandlungen bewähren, in Zivilprozessen, vor allem aber in den großen Strafprozessen, die ebenfalls in der Regel unter freiem Himmel stattfanden. Dabei waren als Adressaten nicht bloß die Richter, genauer: die Juroren (Laienrichter) von Bedeutung, die von den Eliten gestellt wurden, sondern ebenso das die Szene umstehende schaulustige Volk, die *corona*. Nach den Reden der jeweiligen Prozessparteien, für die es viel Argumentationskunst und fachliches Rüstzeug brauchte, war dann auch noch ein direkter Schlagabtausch zu bestehen, *altercatio* genannt – ein Hin und Her zwischen den Parteien, bei dem sich die Redner wendig und angriffslustig zeigen mussten. Viel beachtet waren auch die Prozesse wegen Amtsmissbrauch von Politikern, die als Gouverneure in die römischen Provinzen entsandt worden waren und dort meist gewütet hatten, um sich zu bereichern.

Drittens waren vor dem römischen Senat politische Reden zu halten, jenem einflussreichen Ältestenrat, der aus früheren Amtsinhabern bestand, also aus dem allerhöchsten Establishment. In diesem Aristokratengremium ging es zwar meist weniger aufregend zu, was die Redekunst anging, denn im Senat, der in geschlossenen Räumen tagte, musste man seine Autorität in der Regel nicht mehr so eifrig durchsetzen oder behaupten; man war unter sich, es gab eine festgelegte Rang- und Reihenfolge der Redner, und eigentlich hielt man im Senat gar keine «Rede», sondern gab als einer unter vielen nur seine «Stimme» oder «Stellungnahme» ab *(sententia)*. Und dennoch mussten herausragende Senatoren auch dort nicht selten in politischen Streitfragen besondere Überzeugungsarbeit leisten und über die Macht des Wortes verfügen. Immer wieder gab es auch im Senat Pathos und Invektiven, scharfe Rivalitäten und große Reden, besonders in Zeiten der Krise – berühmte Beispiele sind Ciceros *Reden gegen Catilina,* die er als Konsul des Jahre 63 v. Chr. hielt, und seine *Philippicae,* die Reden gegen Marcus Antonius, die ihn später beim Sturz der Republik den Kopf kosten sollten. Sprachliches, diplomatisches Geschick wurde zudem verlangt, wenn der Senat auswärtige Delegationen empfing. «Jede Entscheidung musste durch Debatten über das Für und Wider, in Rede und Gegenrede, vorbereitet und eingeleitet werden (…) Die ganze Breite der denkbaren Materien von Politik in diesem Stadtstaat und seinem Imperium, die gesamten Geschäfte der politischen Klasse mussten auf diese Weise vorgebracht, verhandelt und entscheidungsreif gemacht werden.»[4] Die Politik fand ja im Herzen der Stadt Rom statt, obwohl sich der Herrschaftsbereich der Römer immer weiter über Italien und den Mittelmeerraum ausgedehnt hat. Dies geschah bekanntlich mit expansiver militärischer Gewalt, und damit ist denn auch noch ein weiterer Bereich benannt, in dem die römische Beredsamkeit ihren Ort hatte: die Rede vor Soldaten, die Feldherrenrede.

Häufig hatten römische Redner ihre Autorität in einer akuten Lage durchzusetzen – mit spontaner, mündlicher Vehemenz, mit vollem Körpereinsatz, also mit dem Einsatz der Stimme, der Gestik und des Mienenspiels, etwa auf der Rednerbühne auf dem Forum, *Rostra* genannt, in politischer Bedrängnis; das ist für eine ganze Reihe von Fällen überliefert. Cato der Ältere beispielsweise, eine Ikone der alten Republik, sah sich einmal unbequemerweise einer Rebellion der römischen Frauen ausgesetzt. Diese protestierten gegen ein Luxusgesetz, welches ihnen das Tragen von schwerem Schmuck untersagte und ihre freie Bewegung in der Öffentlichkeit einschränkte. Die Frauen, im Zuge der militärischen Erfolge Roms und der kulturellen Entwicklung weltläufiger und selbstbewusster geworden, veranstalteten gegen diese Einschränkungen eine Demonstration: mitten im politischen Zentrum Roms, bis hin zur Blockade der Wege und Zugänge. Cato richtete daraufhin eine leidenschaftliche Rede an die Männer Roms – mit der Bitte, sie sollten doch möglichst ihre Ehefrauen, wie es altrömischer Sitte entspreche, zur Räson bringen. Diese Ansprache aus dem Jahr 195 v. Chr. gab rund zweihundert Jahre später Livius in seinem Geschichtswerk wieder – jedenfalls so, wie er sie sich vorstellte.[5] Cato beschwört in dieser Rede eindringlich das Horrorszenario, das den Herren von Rom droht – nämlich die vollständige weibliche Emanzipation:

> «Denn was gäbe es, woran sie sich nicht wagen werden, wenn sie erst dies erkämpft haben? Vergegenwärtigt euch einmal alle die Frauen betreffenden Rechtsbestimmungen, durch die eure Vorfahren ihre Zügellosigkeit gebunden und sie den Männern unterworfen haben: trotz all dieser Einschränkungen könnt ihr doch kaum ihrer Herr werden. Wenn ihr nun vollends zulasst, dass sie an diesem oder jenem Rechte herumnörgeln, es euch aus der Hand winden und schließlich den Männern gleichberechtigt werden, glaubt ihr vielleicht, dass ihr es dann noch mit ihnen werdet aushalten können? Nein, sondern von dem Augenblick an, wo sie anfangen gleichgestellt zu sein, werden sie euch über den Kopf gewachsen sein.»[6]

Die Rede als Herrschaftsinstrument der Eliten, zur Besänftigung und Lenkung aufgebrachter Massen: An Szenen wie diese muss man auch denken, wenn man jenes Gleichnis liest, das der Dichter Vergil (70–19 v. Chr.) im ersten Buch seiner *Äneis* anbringt, um zu beschreiben, wie der Meeresgott Neptun einem gefährlichen Seesturm Einhalt gebietet, welcher Äneas, dem Helden des Epos, zugesetzt hatte. Wie dort die Winde zur Ruhe gerufen werden, das regt Vergil zu einer bemerkenswerten Parallele aus der politisch-rhetorischen Sphäre an. Die starke Wirkung der Passage ergibt sich daraus, dass sonst in der antiken (und in der späteren) Literatur immer wieder die Politik mit nautisch-meteorologischen Metaphern beschrieben wurde – hoher Seegang, das Staatsschiff im Sturm, der Politiker als Steuermann und so weiter –, dass es aber diesmal umgekehrt ist: Jetzt illustriert die Politik das Ereignis im Meer. In der etwas altertümlichen, aber der Dynamik der Originalstelle durchaus gerecht werdenden Übersetzung von Johann Heinrich Voß heißt es da:

> «Wie wenn in großer Versammlung des Volks sich manchmal ein Aufruhr
> Hebt und in Grimm anrast der niedrig gesinnte Pöbel;
> Schon sind Bränd' und Steine geschnellt; Wut bietet die Waffen;

> Wenn dann etwa ein Mann, durch Verdienst ehrwürdig und Tugend,
> Vortritt, schweigen sie all' und stehn mit gespanneten Ohren;
> Jener bezähmt durch Worte den Geist und heilet den Mißmut:
> Also sank das Getöse der Brandungen (…).»[7]

Vergil schrieb dies unter dem Prinzipat des Augustus (27 v. Chr.–14 n. Chr.), nach dem Ende der römischen Republik und der Bürgerkriege. Wer wollte, konnte in dem Gleichnis eine Erinnerung an die großen rhetorischen Momente der untergegangenen Republik erkennen, wie sie Vergils Zeitgenosse Livius in seiner großen Geschichte Roms seit der Gründung *(Ab urbe condita)* ebenfalls beschwor; man konnte aber auch an den neuen Alleinherrscher Augustus denken, der die Unruhen der Bürgerkriegszeit beendet hatte. Doch wie immer man die politischen Implikationen und Assoziationen bei Vergil deutet, kritisch oder affirmativ (darüber streitet die Forschung), eines wird aus den Quellen zum republikanischen Rom insgesamt sehr deutlich: Die römische Rhetorik musste, wie schon zuvor die Rhetorik in der griechischen Demokratie, auf situatives Reagieren eingestellt sein; oft half es nicht, eine ausgefeilte Rede vorbereitet zu haben, vielmehr ergab sich die Rede aus der Präsenz, aus der Wucht des Moments. Immer wieder war auch mit Störungen und Gegenwind aus dem Publikum zu rechnen.[8] Cicero bezeugt denn auch ausdrücklich, dass die Redner der frühen römischen Republik (also etwa zwischen dem sechsten und dem dritten vorchristlichen Jahrhundert) vor ihren Auftritten meist noch kein Manuskript hatten; wenn überhaupt Texte ihrer Reden überliefert wurden, dann waren dies Mitschriften, die erst nach der gehaltenen Rede angefertigt worden waren.[9] So muss auch noch Cicero selbst – obwohl das bei ihm eher eine Ausnahme war – bei seiner ersten Rede gegen Catilina vorgegangen sein, die mit den berühmten Worten *Quo usque tandem* … beginnt («Wie lange noch, Catilina, willst du unsere Geduld missbrauchen?»): Denn sein Gegner Catilina, der mutmaßliche Hochverräter, war ganz wider Erwarten zur Senatssitzung erschienen, und so musste Cicero aus dem Moment heraus auf die neue Situation eingehen. Inwieweit dann diese *Erste Catilinarie,* wie sie uns als Text überliefert ist, ein Produkt der späteren Bearbeitung oder ein Protokoll des historischen Ereignisses ist, ist eine andere, unter Fachleuten strittige Frage.[10]

Wenn nun in diesen überwiegend durch Mündlichkeit geprägten

Situationen einerseits, wie man sich das bei alten Römern vorstellt, die respektheischende Führungs- und Durchsetzungskraft des Redners gefragt war, der die Zuhörer «durch Worte bezähmen» konnte (*regere dictis animos* bei Vergil), so gab es aber auch in Rom die andere Seite derselben Unmittelbarkeit: Der Redner musste die kommunikativen Risiken sorgfältig im Blick haben, er musste aufs Publikum eingehen können und durfte auch wiederum nicht zu herrisch, zu arrogant, zu elitär erscheinen. Denn auch die Zuhörerschaft verfügte gegenüber dem Redner über nicht geringe Macht. Immer wieder hört man die Forderung, die Publikumswünsche und Stimmungen sensibel zu berücksichtigen – beispielsweise rät Cicero in seiner frühen Lehrschrift *Über die Auffindung des Stoffes (De inventione)* folgendermaßen zum flexiblen Reagieren:

> «Wenn Ermüdung die Aufmerksamkeit des Zuhörers von dem Prozess abzieht, dann solltest du am besten versichern, dass du [nur noch] kürzer sprechen werdest, als du es vorbereitet habest.»[11]

Und allzu gute, eindrucksvolle Redner, heißt es an anderer Stelle, wirken «unverschämt, wenn sie nicht mit einer gewissen Verlegenheit auftreten und zu Beginn ihrer Rede Zeichen der Unsicherheit verraten.»[12] Verlegenheit und Unsicherheit – auch in Rom gehörte also zur Orientierung am Publikum ein gewisses Understatement, ein Herunterspielen der eigenen rhetorischen Fähigkeiten. Diese Empfehlung der Bescheidenheit und Unverfälschtheit, die dem *common sense* der Römer besonders entgegenkam, taucht dann auch in der römischen Rhetorik, wenn es sich vor allem um schriftlich vorbereitete Reden dreht, als jene *gespielte* Mündlichkeit auf, die wir schon bei den Griechen kennengelernt haben: Man sollte beim Zuhörer wenigstens den Anschein von Unmittelbarkeit erwecken.[13] Cicero nennt dies «sorgfältige Unsorgfältigkeit».[14] Und beim Redelehrer Quintilian (ca. 35–96 n. Chr.) heißt es an einer Stelle, wo es um die Verwendung rhetorischer Figuren geht:

> «Wo es aber im Kampf (der Redner) um Entsetzen, um Abscheu, um Erbarmen geht, wer könnte es da aushalten, jemanden in Antithesen, gleich langen und gleich klingenden Sätzen zürnen, weinen, bitten zu sehen? Nimmt doch die allzu große Sorge um die Worte den Leidenschaften die Glaubwürdigkeit; und überall da, wo sich die Kunst zur Schau stellt, scheint die Wahrheit zu fehlen.»[15]

Und andernorts rät Quintilian, die Vorbereitung des Redners dürfe bei seinem Vortrag nicht zu sehr durchscheinen:

> «(…) so dass es scheint, als hätten wir das, was wir sagen, nicht von zu Hause mitgebracht, sondern an Ort und Stelle plötzlich hervorgebracht – was für einen Redner und seine Sache äußerst günstig ist. Denn der Richter bewundert mehr und fürchtet weniger das, wovon er annimmt, dass es nicht im Voraus gegen ihn fabriziert worden ist.»[16]

In Ciceros großem Rhetorik-Handbuch *Über den Redner (De oratore),* das als Gespräch angelegt ist, gibt es einen eigenen Gewährsmann, der als eine der Hauptpersonen des Dialogs für das Lebendige und Bodenständige in der römischen Rhetorik steht: Marcus Antonius. Das ist nicht etwa der berüchtigte Triumvir Antonius, der mit Cicero aneinandergeriet und sich mit Kleopatra verbündete, sondern dessen Großvater, ein Politiker und bedeutender Redner gleichen Namens (143–87 v. Chr.). Dieser Antonius plädiert im ersten Buch von *De oratore* immer wieder für Praxisnähe und Situationsbezogenheit. Der römische Staatsmann und Redner, findet Antonius, sollte bloß nicht zu sehr mit schriftlicher Expertise, Lehrbuchwissen und sophistischer, philosophischer Schlauheit assoziiert werden, also mit der Art von Bildung, wie sie besonders seit dem zweiten vorchristlichen Jahrhundert aus Griechenland zu den römischen Eliten gelangte – in Form von Hauslehrern, Rhetorikexperten und Studienreisen in die von Rom eroberten griechischen Gebiete. Dass die Distanz zwischen Redner und Publikum nicht zu groß werden dürfe, macht Antonius deshalb mit folgenden Worten deutlich:

> «Der Redner will auch nicht in dem Maße als Kluger unter Dummen erscheinen, dass die Zuhörer ihn entweder als unangemessen und als griechischen Schlauberger *(Graeculus)* ansehen oder, auch wenn sie seine Begabung sehr schätzen, zwar die Klugheit des Redners bewundern, es aber als unangenehm empfinden, selbst als dumm dazustehen.»[17]

Der ehrliche, handfeste Römer will also nicht als «der Kluge unter Dummen» wahrgenommen werden; seine Sache ist die spontane, ungekünstelte No-Nonsense-Rhetorik im Interesse der Sache, welche dem mündlichen Charakter der verschiedenen Versammlungen vor dem Volk, vor Gericht und vor dem Senat am besten gerecht wird: Persönliche Glaubwürdigkeit zählt mehr als ein raffinierter Redetext, mehr als feine, «ausländische» Bildung. Wenn man es so zusammenfasst, dann stand der römische Redner demnach unter ganz ähnlichen Bedingungen wie ehemals der Redner in der direkten Demokratie im klassischen Griechenland. Das Erbe der freien Rede wurde von der römischen Beredsamkeit fortgeführt.

Doch wäre es viel zu einseitig, es dabei zu belassen. Denn es hatte sich gegenüber der Situation im Athen des 5. und 4. Jahrhunderts auch sehr viel verändert. Zwar war das politische Leben in der Stadt Rom, seit der legendären Vertreibung der römischen Könige und den Anfängen der Republik um das Jahr 500 v. Chr., in der Tat vom offenen Disput einer «Face-to-face»-Gesellschaft geprägt, in der ein jeder den anderen kannte, und es hat sich viel davon auch in den späteren Jahrhunderten bewahrt, als Rom schon ein Weltreich war. Trotzdem gerieten die Römer alsbald unter die unausweichliche Dominanz der Schriftkultur – gerade auch jene Eliten, die die Beredsamkeit pflegten. In den gut 300 Jahren, die zwischen Aristoteles' *Rhetorik* und Ciceros *De oratore* lagen, in der Epoche des Hellenismus zwischen dem vierten und dem ersten vorchristlichen Jahrhundert, hatte die Rhetorik nämlich ein umfassende Verschriftlichung erfahren.

Bereits bei Aristoteles war diese Tendenz zu spüren gewesen: Auch wenn sich seine Analysen vielfach noch auf den politischen Kontext bezogen, auf das öffentliche Leben der Polisgesellschaft, so begann sich die Disziplin in Aristoteles' *Rhetorik* zugleich zu einer Textwissenschaft zu entwickeln, die eben von vorliegenden Texten ausging – in einer gewissen Parallelität zu seiner *Poetik*, in der sich ebenfalls öffentlich aufgeführte Dichtung und Dramatik in «klassische» Literatur verwandelte.[18] Und auch schon den Zuhörern in der fortgeschrittenen Demokratie im Athen des 4. Jahrhunderts war klar gewesen, dass viele der Reden, die sie erlebten, auf fertige Texte zurückgingen. Im Hellenismus aber erfuhr die Rhetorik eine Systematisierung und Literarisierung in ungekanntem Ausmaß.[19] Rede-Texte wurden nun immer weniger als Dokumente eines öffentlichen Auftritts in einer konkreten Situation betrachtet, sondern immer mehr unter stilistischen, sprachlichen, kompositorischen Gesichtspunkten. Die Theorie der Rhetorik – Arbeitsstadien, Redeteile, Formulierungs- und Argumentationstechniken, Klassifizierung von Rechtsfällen und so weiter – zeigte eine zunehmende Verfeinerung, Spezialisierung und Verästelung, zur gleichen Zeit, als die politische Bedeutung der öffentlichen Rede vielerorts abnahm; denn in der Ära Alexanders des Großen (356–323 v. Chr.) und seiner Nachfolgereiche hatte sich das Geschehen hin zu größeren politischen Einheiten und höfischen Machtstrukturen verschoben. Das bedeutet keineswegs, dass die rednerische Praxis im Hellenismus einfach abgestorben wäre, sie lebte zumal in den griechischen Städten durchaus weiter;[20] aber die Bewegung innerhalb der rhetorischen Lehre hin zur schriftlichen Verfachlichung war eindeutig. Die Rhetorik ist, obgleich grundsätzlich auf eine mündliche Situation ausgerichtet und auf diese im besten Fall rückführbar, fortschreitend von internen Mechanismen der Verschulung, Formalisierung und Dogmatisierung bestimmt.

Das also ist die Situation, welche die Redner und Politiker im aufstrebenden, expandierenden Rom vorfanden. Anders als einst bei den Sophisten, bei Platon oder Alkidamas bildete sich die rhetorische Lehre nicht *gleichzeitig* mit den großen Foren der mündlichen Beredsamkeit aus, in einem Prozess der Begriffsbildung, des Experiments, der schrittweisen Differenzierung und des heftigen Widerstreits über den richtigen Weg. Nein, im Falle Roms war das ausgearbeitete rhetorische System schon die *Voraussetzung* aller Lehre, allen Unterrichts und aller Anwendung des Gelernten in der öffentlichen Arena. Und dieses Wissen, auf das man sich bezog, war kein Eigengewächs, es war von griechischen Lehrmeistern übernommen; es bedeutete allenfalls – immerhin – eine gewisse Übersetzungsleistung, die Begrifflichkeit der hellenistischen Rhetorik (wie auch der Philosophie) in die lateinische Kultur zu übertragen und an ihre Bedürfnisse anzupassen. Nicht zuletzt in der Rhetorik war für die Römer der enorme Vorsprung der Griechen offensichtlich, ein Vorsprung, der ihnen insgesamt ein Ansporn war und zugleich ein Problem für die Abgrenzung ihrer eigenen kulturellen Identität.[21] Es war bei allem ausgeprägten Selbstbewusstsein eine komplexbeladene Bewunderung, die die Römer den Griechen entgegenbrachten. Dies kommt an einer berühmten Stelle bei Vergil zum Ausdruck, im Rahmen einer in die frühe Vergangenheit verlegten Prophezeiung der künftigen Größe Roms; der verstorbene Vater des Helden Äneas, Anchises, sagt dort als Schatten in der Unterwelt zu seinem Sohn (hier wieder in der kraftvollen, wenn auch leicht putzigen Übersetzung von Johann Heinrich Voß):

> «Andere mögen das Erz viel lebensvoller beseelen,
> Sei's – und lebendiger Züge Gestalt abringen dem Marmor,
> Besser zu reden verstehn vor Gericht, mit dem Zirkel die Bahnen
> Zeichnen des kreisenden Runds und das Nah der Gestirne verkünden:

Du sollst, Römer, beherrschen des Erdreichs Völker mit Obmacht,
(Dies sei'n Künste für dich) und Zucht anordnen des Friedens,
Mild dem Ergebenen sein und niederducken den Trotzer.»[22]

Der kernige Römer will, wie Antonius bei Cicero, bloß kein schlaues Griechlein sein, kein *Graeculus*? Er beherrscht, anstelle von Brillanz in Kunst, Rhetorik und Wissenschaft, lieber die wahrhaft wichtigen Dinge, nämlich das Geschäft der imperialen Politik? Die Griechen sind für alles Mittelbare und Artifizielle zuständig, die Römer aber fürs Unmittelbare, für direkte Worte und reale Macht? Nein, dieses schöne Bild ist eine unrealistische Konstruktion, die Trennung ließ sich de facto nicht durchhalten. Dafür waren die römischen Eliten einfach viel zu abhängig von auswärtiger Expertise in einer komplexer werdenden Gesellschaft; und so ließ sich auch die (schriftliche) Kunstfertigkeit in der Rhetorik auf Dauer nicht als fremdländisch abtun und fernhalten. Der bereits erwähnte Politiker und Schriftsteller Marcus Porcius Cato der Ältere (234–149 v. Chr.), den man zum Idealbild des knorrigen republikanischen Konservativen und Moralrichters stilisierte (und der in jeder Senatssitzung die Zerstörung Karthagos mit seinem berühmten *ceterum censeo …* gefordert haben soll), dieser Cato ist auch bekannt für die bereits erwähnte, vielzitierte Sentenz: *rem tene, et verba sequentur.*[23] Das Diktum passt scheinbar perfekt zu dem, was wir oben «No-Nonsense-Rhetorik» nannten: Der Römer ist einfach sachlich, direkt, schnörkellos. Doch ebendieser Cato der Ältere hat selber viele Texte verfasst, und er hat nachweislich auch schon seine öffentlichen Reden detailliert im Voraus schriftlich präpariert.[24] Und derselbe Cato, dessen Programm es war, alles Unrömische abzuwehren, war selbst schon von griechischer Bildung durchdrungen; er war in der Hinsicht gerade nicht das, als was man ihn so gerne darstellte: ein Original.[25] Der Fall kann als typisch gelten: Römische Eigenart war, bei wachsender Ausdehnung des Reiches, oft mit Kenntnissen unterfüttert, die von griechischen Lehrern und aus griechischen Büchern stammten, selbst dann, wenn man es gegenüber den Mitbürgern nicht herausposaunte, weil es einem vielleicht etwas peinlich war. Und wer sich in den politischen und juristischen Konflikten in Rom argumentativ behaupten wollte, der griff eben auch auf das rhetorische System zurück, wie es der Hellenismus ausgebildet hatte. Dieses System war nun erstens selbst verschriftlicht, und es riet dem Rhetorikschüler zweitens zu schriftlichen Methoden der Schulung und der Redevorbereitung. Und so wurde auch in Rom «das Ideal der Rede mehr und mehr vom Standard der Schriftlichkeit beeinflusst».[26] Cicero, der für uns die wichtigste (und zum Teil die einzige) Quelle für die Theorie und Praxis der Rhetorik in der römischen Republik ist, steht schon mit seiner eigenen Praxis dafür: Er soll, sofern er einmal nicht dazu gekommen war, die ganze Rede auszuformulieren, so vorgegangen sein, dass er das Wichtigste, vor allem den Anfang der Rede, schriftlich niederlegte, den Rest aber gründlich im Kopf konzipierte.[27] Und Cicero bezeugt auch von sich selbst, dass er sich stets, wo möglich, gründlich schriftlich vorbereitet habe: In seiner Rhetorikgeschichte *Brutus* erwähnt er seinen eigenen Debüt-Auftritt als Gerichtsredner und fügt hinzu, er habe von da an viele weitere Reden gehalten, und diese habe er sorgfältig ausgearbeitet «und gleichsam dem Schreibtischlicht abgerungen», bevor er sie zum Redeauftritt gebracht habe.[28]

Noch in weiterer Hinsicht war die Ausgangslage in Rom, im Vergleich zur Rhetorik im klassischen Athen, eine andere: Im römischen Rechtssystem musste man nicht, wie in den großen Volksprozessen in Athen, für sich selber sprechen. Stattdessen konnten sich die Prozessparteien, Anklage wie Verteidigung, von Anwälten vertreten lassen, *patrones* genannt. Dies geschah auch regelmäßig, man durfte sogar mehrere Patrone hintereinander für einen Ankläger beziehungsweise einen Angeklagten auftreten lassen. Das waren nicht selten juristisch und politisch erfahrene Redner, prominente Schutzherren, die versuchten, für ihre Freunde oder Protegés alle Register der Beeinflussung zu ziehen – Argumente ebenso wie Emotionen. Da war einiges an Aufwand möglich, viel Pathos, viel Spitzfindigkeit, und die Prozesse konnten mehrere Tage dauern. Dieses römische System der Auftragsreden war, was die Frage von Vorbereitung und Unmittelbarkeit angeht, ein wichtiger Schritt in der Geschichte der Rhetorik: Es gab nun keine Redenschreiber mehr, die als unsichtbare Ghostwriter für andere im Hintergrund tätig waren. Stattdessen galt: Wer eine Prozessrede verfasste, der schrieb sie für den eigenen Auftritt; er memorierte sie und trug sie selber vor, er sprach im eigenen Namen als Anwalt für seinen Klienten. Dies brachte eine Professionalisierung der Beredsamkeit mit sich, die nicht mehr hinter den Kulissen ablief, sondern für alle sichtbar war – «Professionalisierung» allerdings zunächst nur im weiteren Sinne, denn Geld nehmen durften die Gerichtsredner für ihre Dienstleistung von ihren Mandanten nicht, das untersagte ein Gesetz aus dem Jahr

204 v. Chr., die *lex Cincia;*[29] dieses Verbot von Anwaltshonoraren wurde in der Kaiserzeit dann gelockert. Die Reden der Patrone mussten zwar auch für sich genommen frisch wirken und glaubwürdig sein (und eben nicht, wie gesehen, allzu stark das «Schreibtischlicht» durchscheinen lassen), aber Ankläger und Verteidiger waren nun nicht mehr wie in Griechenland gezwungen, das volle eigene Risiko als Redner zu übernehmen. Das leistete der Mittelbarkeit und Spezialisierung der Rhetorik starken Vorschub, jedenfalls im Bereich des Rechtswesens. Dieser Tendenz entsprach, dass das römische Recht insgesamt zur Schriftlichkeit neigte: Es wurde frühzeitig kodifiziert und produzierte ein juristisches Expertenwissen, das sich zu einer regelrechten Rechtswissenschaft mit europäischer Langzeitwirkung ausbildete – während das situativere Rechtswesen in Griechenland kein solches Fachjuristentum hervorgebracht hatte.[30]

Wie aber ließ sich nun die unausweichlich schriftliche Prägung der römischen Rhetorik damit vereinbaren, dass immer wieder Improvisation und Unmittelbarkeit notwendig waren? Dazu haben uns die beiden wichtigsten römischen Rhetorik-Autoren sehr aufschlussreiche Dokumente hinterlassen: Cicero in der späten römischen Republik (55 v. Chr.); und nach ihm dann Quintilian, der den ersten staatlich finanzierten Rhetorik-Lehrstuhl in Rom unter Kaiser Vespasian erhielt (Regierungszeit 69–79 n. Chr.) und der sein großes, großartiges Lehrbuch *Die Ausbildung des Redners (Institutio Oratoria)* am Ende des 1. Jahrhunderts veröffentlichte (ca. 95 n. Chr.). Beide, Cicero wie Quintilian, vertraten grundsätzlich die Ansicht, der Redner müsse methodisch geschult sein, sie legten Wert auf Genauigkeit, auf differenzierte, «klassische» Sprache, auf Bildung und reifliche Überlegung, und sie verbanden dies mit einem umfassenden ethischen Anspruch; ein solches «ciceronisches» Ideal suchte Quintilian denn auch in der Kaiserzeit ausdrücklich durchzusetzen. Beide erkannten aber auch an – und sie wussten es aus eigener Erfahrung –, dass es immer wieder Gelegenheiten gab, zu denen man eine Rede in der Eile nur mündlich konzipieren konnte oder auch ganz aus dem Stand halten, beziehungsweise Situationen, in denen man schlagfertig vom auswendiggelernten Manuskript abweichen musste.

Was aber ist die beste Vorbereitung auf solche Vorkommnisse? Beide, Cicero wie Quintilian, sind der festen Überzeugung: Am besten für die Improvisation gerüstet ist man durch intensive Übung im Schreiben! Das ist nun interessanterweise exakt das Gegenteil von dem, was einst in Athen

Ungeplanter Angriff: «Cicero beschuldigt Catilina», Wandfresko von Cesare Maccari, 1888, im Palazzo Madama, dem Sitz des heutigen Senats in Rom.

der Improvisationslehrer Alkidamas seinen Schülern geraten hatte. Man sieht daran, wie sich das Denken über die Medialität der öffentlichen Rede, und überhaupt das Verhältnis zur Schriftlichkeit, im Laufe der Antike fundamental verändert hatte. Wir erinnern uns: Alkidamas hatte sich vehement gegen das regelmäßige Verfassen von Texten ausgesprochen, weil die Gewohnheit des Schreibens zu einer mentalen «Fesselung» des Redners führe, wodurch dieser dann, wenn es ernst wird, nicht mehr der Situation angemessen mündlich reagieren könne. Die Starrheit der Schrift war also nach diesem Verständnis eine Behinderung aller flüssigen Beredsamkeit – und damit auch eine Behinderung demokratischer Glaubwürdigkeit.[31]

Ganz anders nun Cicero und Quintilian. Es lohnt sich, ihre Positionen ausführlicher zu zitieren, weil sie die schriftliche Prägung der abendländischen Kultur insgesamt maßgeblich mitbestimmt haben – und damit auch die Spannung, in der sich jede öffentliche, mündliche Rede bis heute bewegt. Hören wir zuerst, was Cicero in *De oratore* seiner Dialogfigur Crassus in den Mund legt – es geht insgesamt darum, wie viel und welche Übung ein guter Redner braucht:

> «Es ist gerade bei diesen Übungen zwar nützlich, wenn man auch häufig aus dem Stegreif spricht, aber es ist noch nützlicher, wenn man sich Zeit zum Überlegen nimmt, um besser vorbereitet und sorgfältiger zu sprechen. Am

wichtigsten ist jedoch das, was wir, ehrlich gesagt, am wenigsten tun – denn es kostet viel Mühe, die wir meistens scheuen –, möglichst viel zu schreiben. Der Schreibgriffel ist der beste und vorzüglichste Urheber und Lehrmeister für die Rede *(stilus optimus et praestantissimus dicendi effector ac magister)*, und das mit gutem Recht: Denn wenn das Werk reiflicher Überlegung und Besinnung die Stegreif- und Zufallsrede leicht übertrifft, so wird es selbst gewiss von einer fleißig und sorgfältig ausgeführten schriftlichen Darstellung übertroffen. Denn sämtliche Gesichtspunkte (…) bieten sich uns dar und kommen uns entgegen, wenn wir unsere Forschungen und Betrachtungen mit aller Schärfe des Verstands anstellen. Zwangsläufig fließen uns die treffendsten und glänzendsten Gedanken und Formulierungen, die das jeweilige Gebiet betreffen, sämtlich in die Feder. Dann vollendet sich beim Schreiben selbst die Stellung und Fügung der Worte, und zwar nicht nach dichterischem, sondern nach spezifisch rednerischem Takt und Maß. Das ist es, was guten Rednern Jubel und Bewunderung einträgt, und niemand wird es so weit bringen, ohne dass er lange und ausgiebig schreibt, auch wenn er sich mit aller Energie in diesen Stegreifreden übt. Wer von der Übung im Schreiben zum Reden kommt, bringt auch die Fähigkeit mit, dass, selbst wenn er aus dem Stegreif spricht, das, was er sagt, doch ähnlich wie ein schriftlich formulierter Text erscheint *(ut … similia scriptorum esse videantur)*. Auch für den Fall, dass er einmal beim Reden etwas Schriftliches mitbringt, wird, wenn er sich davon entfernt, der Rest der Rede ähnlich folgen.»[32]

Wie tief die römische Rhetorik damals schon von der Schriftkultur durchdrungen war, dafür sind die Formulierungen bezeichnend, die wir sehr ähnlich auch heute verwenden, wenn wir sagen, jemand spreche «gestochen» oder «druckreif». Der «Stilus», der Schreibgriffel, stellt den Maßstab dar – es ist der Ursprung unseres Wortes «Stil». Die Bewertung der gesprochenen Rede orientiert sich am fixierten Text; ja, inwieweit sie gelungen ist, offenbart sich gerade in der Transferierbarkeit in ein Medium, für das die Rede primär eigentlich nicht gedacht ist. Die Feststellung «Der spricht wie gedruckt» – lateinisch: *scriptorum similia* – wäre für ein athenisches Publikum noch nicht unbedingt ein Lob gewesen; dass es bei den Römern eines wird, das zeigt offenbar auch an, dass die römischen Zuhörer schon insgesamt mehr «schriftlichen» Stil gewohnt waren.

«Nichts bringt so viel für das Reden wie das Schreiben», sagt Cicero kategorisch an anderer Stelle,[33] und ganz ähnlich klingt es dann auch bei seinem Nachfolger Quintilian. Um einen «reichen Vorrat bester Ausdrucksweisen» zur Verfügung zu haben, sagt auch er, sei sehr viel schriftliche Übung mit dem Stilus nötig:

«So formt sich die Rede durch viele und getreuliche Arbeit mit dem Schreibgriffel, so dass auch das, was plötzlich hervorströmt, eine schriftliche Färbung annimmt. Und so können wir, wenn wir viel geschrieben haben, auch viel reden. (…)
Wir sollten sicher zu keiner Zeit mehr schreiben, als wenn wir viel frei reden müssen. So kann nämlich das, was wir sagen, sein Gewicht bewahren und was mit Leichtigkeit oben schwimmt, seinen Tiefgang wiederfinden. (…)
Und so müsste sich ja beides, wenn wir es mit gleicher Sorgfalt und Hingabe betreiben, gegenseitig fördern: Dann reden wir durchs Schreiben sorgfältiger und schreiben durchs Reden leichter.»[34]

Die Begeisterung für die freie Rede ist bei Quintilian nicht groß. Ohne eine ständige Schreibschule, so wettert er, «wird die Fähigkeit zur improvisierten Rede nur leere Geschwätzigkeit hervorbringen».[35] Und doch hat sich Quintilian, der sich als anspruchsvoller Lehrer – heute würde man Coach sagen – systematisch der Schulung angehender Redner widmete, auch intensiv mit der Improvisation beschäftigt.[36] Und er gibt dazu in der *Ausbildung des Redners* wertvolle Tipps und Auskünfte. Denn natürlich, so weiß er, kann es immer wieder vorkommen, dass man vom Schreibgriffel, sprich: von seinem Text abweichen muss *(a stilo recedere)*.[37] Manchmal bekomme man mitten im fertig vorbereiteten Text einen unerwarteten Geistesblitz – Quintilian spricht von den «Gaben des Augenblicks».[38] Vor allem aber müsse der Redner mit akuten Risiken und Notlagen rechnen; wenn es gerade pressiere, könne man ja die Leute nicht um Aufschub bitten und sich in die Ruhe des Arbeitszimmers zurückziehen. Die Verhandlung kann ganz plötzlich eine andere Wendung nehmen. «Und wie der Steuermann seine Maßnahmen je nach dem Einfall der Sturmwinde ändern muss, so der Prozessredner nach der Vielfalt der Fälle.»[39]

Man solle die Stegreifrede zwar nicht höher bewerten als die ausgearbeitete, sagt Quintilian, aber man solle sie möglichst beherrschen. Im Idealfall rede man dann nicht einfach drauflos, sondern folge einem Weg; die «Abfolge der Tatsachen», der sachliche Zusammenhang, soll auf diesem Weg der Führer sein. So vermeide man es, zu viel «herumzuhüpfen».[40] Welche Voraussetzungen aber muss einer mitbringen, um sich derart gekonnt auf den unsicheren Weg der freien Rede zu begeben? Sicherlich brauche man dafür «eine gewisse natürliche Beweglichkeit des Geistes», gesteht Quintilian zu – also jene Empfänglichkeit für (göttliche) Inspiration, die die Antike seit jeher großen Dichtern, Denkern und Rednern zuschrieb. Aber die bloße Begabung *(natura)* und ein gesunder Menschenverstand *(ratio)* reichten keineswegs aus. Vielmehr sei Improvisation ein Prozess ständigen geistigen Vorausschauens, ein mentaler Stress, dem viel Training durch schriftliches Formulieren vorauszugehen habe: «Gerade das», so schreibt Quintilian in einer seiner prägnanten paradoxen Sentenzen, «was in sich keine Planmäßigkeit hat, beruht auf Planmäßigkeit.»[41] Das heißt: Wenn die improvisierte Rede spontan und schwungvoll, aber dennoch irgendwie geordnet und sinnvoll verlaufen soll, dann muss ihr eine intensive Geistes- und Spracharbeit zugrunde liegen, die selber nicht in der Sphäre der Spontaneität angesiedelt ist.

Wie aber hat man sich den mentalen Vorgang beim Sprechen dann vorzustellen? Hier liefert Quintilian Beiträge zur rhetorischen Psychologie. Man müsse «alles, worüber wir gerade reden wollen – Personen, Themen, Hoffnungen, Risiken – vor Augen haben und in unsere Emotionen aufnehmen». So weit es gehe, sei dabei geistiges Multitasking gefordert, die Konzentration müsse nicht nur einem Gegenstand, sondern stets mehreren Dingen gleichzeitig gelten – vergleichbar den Herausforderungen im Straßenverkehr: «wie wir, wenn wir unsere Augen eine gerade Straße entlang gleiten lassen, zugleich alles im Blick haben, was auf ihr und um sie herum ist». Allerdings könne der Druck, vor der Menge sprechen zu müssen, auch seine befreiende Wirkung auf die Gedanken haben – eine Beobachtung, wie sie auch aus Heinrich von Kleists *Über die allmähliche Verfertigung der Gedanken beim Reden* bekannt ist (S. 181 ff.). «Denn auch einen schwierigeren Gedanken», stellt Quintilian fest, «treibt der Zwang zum Reden aus uns heraus.»[42] Und für den Fall, dass ein Redeanlass völlig überraschend auftritt, empfiehlt Quintilian dann einen eigenen Trick: möglichst langsam zu sprechen. «Dann bietet der langsamere Vortrag Ruhepausen sowie die verhaltene und gleichsam zweifelnd abwägende Redeweise, doch so, dass es wirkt, als überlegten wir, nicht, als blieben wir stecken.»[43]

Man sieht: Quintilian versteht einiges von der improvisierten Rede. Zugleich bleibt er, als Propagator gründlicher, gebildeter Beredsamkeit, skeptisch; und so warnt er auch in seinem Erziehungsprogramm einlässlich davor, die Nachwuchsredner allzu früh in ihrer Ausbildung improvisieren zu lassen.[44] Derselben Frage ist, ebenfalls in der frühen römischen Kaiserzeit, ein Kapitel in der Plutarch zugeschriebenen Abhandlung *Über die Erziehung der Kinder* gewidmet – auch der griechische Autor meint, die Stegreifrede verleite die jungen Leute zu «Maßlosigkeit und Geschwätzigkeit». Die Improvisation, so (Pseudo-)Plutarch, habe gewiss zu bestimmten Gelegenheiten ihre Berechtigung, aber sie sei «wie eine Droge» einzusetzen – mit gebotener Vorsicht. Erfahrene Redner wüssten, weil sie im genauen Formulieren wie durch «Fesseln» lange geübt seien, auch ungefesselt damit umzugehen; die Jugend aber sei leicht gefährdet, ohne Bindung an einen Text in die «schlimmste Dampfplauderei» zu verfallen.[45]

Diese Warnungen beziehen sich offenkundig auf ein Genre der Rhetorik, das in der römischen Kaiserzeit in Ost und West eine Blüte erlebte: die Deklamationen. Es handelte sich dabei um Übungsreden, um Schau- und Schein-Improvisationen, die in den Rednerschulen zu Trainingszwecken eingesetzt und von versierten Rednern auch öffentlich vorgetragen wurden.[46]

Zwar ist es ein falsches Klischee, es habe nach dem Wechsel von der republikanischen Staatsform zur Alleinherrschaft des Augustus und seiner Nachfolger in Rom umgehend keine «echte», keine ernste, ernst zu nehmende Redekunst mehr gegeben. In dem *Dialog über die Redner,* den der Historiker Tacitus um das Jahr 100 n. Chr. schrieb, wird zwar über den Niedergang der Bildung und der Rhetorik diskutiert, die Schrift ist aber zugleich ein Dokument für die hohe Wertschätzung und Bedeutung der Beredsamkeit auch in der Kaiserzeit. Gleiches gilt für zahlreiche Briefe von Tacitus' Zeitgenossen und Briefpartner Plinius dem Jüngeren, einem Rechtsanwalt und Senator, Briefe, die ausführlich von der Theorie und Praxis der Rhetorik handeln. Auch wenn es zweifellos unter den Kaisern spürbare Einschränkungen der freien Rede gab und die großen, dramatischen politischen Reden der Bürgerkriegsepoche Geschichte waren, so konnte sich die Redekunst doch nicht nur in der Pädagogik, sondern auch in den Gerichtsprozessen, im Senat und in der entstehenden kaiserlichen Administration noch ziemlich breit entfalten.[47]

Dennoch ist es richtig, dass die Deklamation in der Kaiserzeit einen besonderen Aufschwung erfuhr und dass dies auch an ihren eher zeitlosen, jedenfalls politisch meist unverfänglichen Themen lag. Oft wurde nämlich ein Dilemma behandelt, dem sich eine mythologische oder historische Figur zu stellen hatte – Agamemnon wägt beispielsweise das Pro und Contra ab: Soll er seine Tochter Iphigenie für das Gemeinwohl der Griechen opfern? Als Schulübung wurden solche Reden schriftlich ausgearbeitet, mit dem Lehrer besprochen und verbessert, auswendig gelernt und dann in der Schule vorgetragen, manche als Musterstücke auch publiziert; besonders gern aber hatte man es, wenn die Deklamatoren aus dem Stegreif redeten (oder so taten). Die Rhetorik wurde damit, wo sie nicht mehr politische oder juridische Anlässe hatte, theatralischer. Sie diente der Unterhaltung, es gab Star-Redner und Szenenapplaus. Die Improvisation, in harten Konflikten und Gerichtsprozessen für die Redner eher mit Angst und Risiken verbunden, wurde jetzt zum Vergnügen. Und der Rednernachwuchs hatte, wie Quintilian und Plutarch bezeugen, selber Lust darauf. Sogar in der Sphäre von Recht und Politik konnte nun, das zeigt diese Äußerung eines Gesprächspartners in Tacitus' *Dialog über die Redner,* die frei gehaltene Rede eher reizvoll als gefährlich erscheinen:

> «Wenn er [der Redner] eine ausgefeilte und wohlüberlegte Rede vorträgt, liegt eine gewisse Bedeutung und Beständigkeit ebenso im Vortrag selbst wie in der Freude [die Rede vortragen zu können]; oder wenn er einen neuen, frischen Gedanken nicht ohne eine gewisse Erregung vorbringt, gewährleistet gerade die Spannung den Erfolg und verleiht dem Vergnügen seinen Reiz. Doch die Freude [des Redners] bei einem unvorbereiteten Wagnis und selbst bei einer Verwegenheit ist wohl unübertroffen; denn auch für den Geist gilt dasselbe wie beim Acker: mag auch anders lange gesät und bearbeitet werden, willkommener ist, was ohne unser Zutun emporsprießt.»[48]

Die spontane (wenn auch oft einstudierte) Vorführung von Einfallsreichtum – und der Spaß daran – galt als eine besondere Stärke der griechischen Redner, die aus dem Osten des Römischen Reiches kamen; im 2. Jahrhundert n. Chr. dann erfreute sich die improvisierte Deklamation überall allgemeiner Beliebtheit.[49] Mit der sogenannten Zweiten Sophistik entstand in dieser Zeit eine Bildungsbewegung in der griechischsprachigen Ökumene, die sich in konservativer Nostalgie der Nachahmung klassischer Vorbilder verschrieb – ihre Vertreter hatten bewunderte Auftritte mit Prunkreden vor großem, lebhaftem Publikum.[50] Die Figur des opulent formulierenden Schauredners hielt sich dann bis in die Spätantike.

Früh allerdings gab es auch Spott und Kritik an diesem «Wortgeklingel» und an der Mode des Improvisierens über ein vorgegebenes Thema. Cicero stellte es als griechische Unsitte dar, Quintilian rügte ebenfalls den «fragwürdigen Ehrgeiz» der Deklamatoren, auf Kommando mit dem Redenschwingen loszulegen.[51] Besonders drastisch soll sich darüber Aelius Aristides geäußert haben, Sophist und berühmter Redner aus Kleinasien, von dem unter anderem ein großes Loblied auf die einigende Kraft des römischen Imperiums und der römischen Kultur bekannt ist. Als der Kaiser Mark Aurel – der von 161 bis 180 n. Chr. regierte und selbst als philosophischer Schriftsteller in Erscheinung trat – sich einmal in Smyrna, dem heutigen Izmir, aufhielt, bat er Aelius Aristides um eine Probe seiner vielgerühmten Redekunst. Aristides aber soll dem Kaiser geantwortet haben, dass er ein vorgeschlagenes Thema nicht gleich, sondern erst am nächsten Tag in einer Rede behandeln wolle – und zwar mit dieser Begründung: «Ich gehöre nicht zu denen, die [Reden] auskotzen, sondern zu denen, die sie gründlich vorbereiten.»[52]

Dass die Improvisationskunst auch ins Lächerliche ausarten konnte, zeigt der Sophist und Satiriker Lukian aus Syrien, der ebenfalls im 2. Jahrhundert lebte. Er schrieb eine parodistische Abhandlung mit dem Titel *Der Lehrer der Rhetoren* – heute würde man wohl sagen: *Der Rhetorik-Dozent*.[53] Der Experte erteilt dort folgende satirische Ratschläge, die einiges über die Praxis der Redner und die Erwartungen des Publikums verraten:

> «Wenn du dann wirklich öffentlich sprechen musst (…), sprich ohne weiteres Zögern, was dir gerade auf der Zunge liegt, und kümmere dich nicht darum, dass du das Erste, da es ja nun einmal ein Erstes gibt, zur angemessenen Zeit sagen wirst, das Zweite danach und das Dritte nach jenem, sondern sage als Erstes, was dir zuerst einfällt, und wenn es sich halt so treffen sollte, dann liegt um die Stirn die Beinschiene, um den Unterschenkel der Helm. Halte das Tempo indessen immer hoch, reihe Wort an Wort und schweige bloß nicht! Wenn du beispielsweise über einen Frevler oder Ehebrecher in Athen sprichst, erwähne die Vorfälle in Indien und Ekbatana. Füge zu jedem Thema Marathon und Kynegeiros [den Bruder des Dramatikers Aischylos, der bei der Schlacht von Marathon heldenhaft starb, Anm. J. S.] hinzu, ohne die überhaupt nichts geht. Auch sollte jedes Mal der Athos durchsegelt, der Hellespont zu Fuß überschritten werden, die Sonne sich wegen der Medergeschosse verfinstern, Xerxes fliehen und Leonidas bewundert werden (…).
> Wenn dir aber je auch der richtige Moment zum Singen gekommen zu sein scheint, dann gib alles in Gesang und Melodie wieder. Und solltest du über kein gut singbares Thema verfügen, so rufe melodiös ‹O weh, welch Übel!›, [jammere] oft, schlage dir auf den Schenkel, schrei aus vollem Hals, spucke

bisweilen aus während des Redens und geh mit dem Hintern wackelnd hin und her. Und sollten die Zuhörer dich nicht loben, sei ärgerlich und beschimpfe sie. Wenn sie aber aufstehen und vor lauter Scham schon hinauslaufen wollen, befiehl ihnen, sich hinzusetzen. Die Sache soll insgesamt einer Tyrannei gleichen. (...)
Die große Menge aber wird dein Äußeres, deine Stimme, deinen Gang, dein Hin- und Herschreiten, den Gesang, das Schuhwerk und jenes *atta* [einen Ausruf] von dir bewundern, und wenn sie dann noch sehen, wie du schwitzt und keuchst, werden sie nicht umhin können, dich für einen äußerst gewaltigen Wettkämpfer im Reden zu halten. Überdies bewirkt eine solche in hohem Tempo [gehaltene Stegreifrede] jederzeit Verteidigung und Bewunderung bei der Menge. Sieh daher zu, dass du niemals eine Rede aufschreibst oder mit einer vorbereiteten auftrittst, denn das wird dich sicherlich entlarven.»[54]

In dieser Karikatur bildet sich exakt das Gegenteil zu den rhetorischen Auffassungen ab, die Cicero und Quintilian vertraten – eine exaltierte Performanzkultur, die ausschließlich auf den Effekt, nicht auf die Substanz abzielt. In der politischen und gerichtlichen Rhetorik allerdings ließ sich solch ein Theater nur begrenzt aufführen. Es ist wohl bezeichnend, dass gleich vom ersten römischen Kaiser, von Augustus, berichtet wird, dass er sich bei seinen Reden gern auf den schriftlichen Wortlaut verließ. Der Biograf Sueton (ca. 70–122 n. Chr.) schrieb in seiner Kaiser-Vita:

«Mit der Beredsamkeit und den übrigen freien Künsten befasste er sich von frühester Jugend an leidenschaftlich und mit größtem Fleiß. Im Krieg um Mutina soll er, obwohl extrem beansprucht, täglich gelesen, geschrieben und Deklamationsübungen gemacht haben. Denn später hat er weder im Senat noch vor dem Volk noch auch vor den Soldaten jemals gesprochen, ohne seine Rede wohl überlegt und komponiert zu haben, obwohl ihm die Fähigkeit zur spontanen Improvisation nicht abging. Und damit ihm das Gedächtnis keinen Streich spielte oder er durchs Auswendiglernen keine Zeit verschwenden musste, machte er es sich zur Gewohnheit, alles abzulesen *(recitare omnia)*. Auch Gespräche mit Einzelnen und sogar die wichtigeren mit seiner Gattin Livia führte er nur, wenn er sie vorher in einem Notizbuch skizziert hatte, damit er nicht unvorbereitet zu viel oder zu wenig sagte.»[55]

Das heißt: Während in den Rhetorenschulen und in den Theatern wilde Improvisationsshows veranstaltet werden konnten, und während im Senat auch immer noch vergleichsweise frei geredet werden konnte, suchte der

Kaiser die eigene politische Kommunikation durch schriftliche Ausarbeitung strengstens unter Kontrolle zu halten. Und während die freiere, mündliche, republikanische Rhetorik im klassischen Athen wie auch in Rom das starre Ablesen aus einem mitgebrachten Manuskript eher vermieden hatte, bewegte sich die kaiserliche Rhetorik umgekehrt in Richtung Verlautbarung. Quintilian rät noch davon ab, beim Reden eine Vorlage in der Hand zu halten, aus zwei Gründen: Es sehe so aus, als habe man ein schlechtes Gedächtnis; und es sei hinderlich bei der Gestikulation mit den Händen.[56] Augustus aber geht dazu über, «alles abzulesen». Er etablierte eine Herrschaft der Bilder, wie die Kunstgeschichte gezeigt hat – aber auch eine Herrschaft der Schriftlichkeit.[57]

Die römische Rhetorik hat, durch die übermächtigen Autoren Cicero[58] und Quintilian, aber auch durch die Darstellung von Reden in der übrigen Literatur, die europäische Kultur nachhaltig imprägniert, mit einem ganz besonderen Anspruch: Die Rhetorik, wenn auch eigentlich fürs öffentliche Sprechen gedacht, ist eine durch und durch schriftliche Kunst. Reden müssen Wort für Wort auswendig gelernt, oder später: abgelesen werden; großes Gewicht bekommt die sprachliche Ausformung, Ausschmückung und raffinierte Argumentation, überhaupt: die Form. Der überaus sorgfältige Redner, so die Botschaft, ist immer auch der bessere. Und selbst fürs Improvisieren trainiert man am besten durch Schreibübungen. Dadurch fiel es in den folgenden zwei Jahrtausenden, in Mittelalter, Renaissance und Neuzeit, leicht, die Rhetorik als eine literarische Disziplin zu studieren und zu tradieren (und das schriftliche Spezialistentum des römischen Rechts tat sein Übriges dazu). Das ist die oder jedenfalls eine dominante Wirkung der römischen Rhetorik.[59] Daneben aber – oder darunter vielleicht – lag immer auch die unmittelbarere, direkte Situation der öffentlichen Rede, die Notwendigkeit zur lebendigen Rechtfertigung vor den Repräsentanten der Bürgerschaft, die Bewunderung für das Ringen um die Republik, das erwähnte, ungekünstelte *rem tene, et verba sequentur*, dazu durchaus auch schon wertvolles Wissen über die Mechanismen der freien Rede. Das war eben auch ein römisches Erbe, an das später immer wieder angeknüpft werden konnte, oder besser: das sich ausgraben ließ.

Kapitel 5

«Öffne den schwachen Mund, löse die stammelnde Zunge»: Die inspirierte Rede im Christentum

«Der Buchstabe tötet, aber der Geist macht lebendig.» Dieser berühmte, starke, wuchtige Satz steht beim Apostel Paulus, im Zweiten Brief an die Korinther. Und dieser Satz, geschrieben im Jahr 56 n. Chr., steht am Anfang, wenn man das Verhältnis von Wort und Text im Christentum erfassen will. Die Vorstellung, dass der öffentliche Redner göttlich inspiriert sei, ist uns schon einmal in der ‹heidnischen› Antike begegnet – als ein anregender Vergleich. Hier aber kommt nun diese Idee als ein alles erfassendes Brausen auf: als jener Geist des Pfingstwunders und der Bekehrung, der eine Weltreligion beseelt und damit Weltgeschichte geschrieben hat.

Der Gegensatz von Buchstabe und Geist (griechisch: von *gramma* und *pneuma*) hat dabei eine große Wirkung, eine gute wie auch ungute, auf das abendländische Denken gehabt.[1] Man hat die Stelle auch eine «Urszene des Medialen» genannt.[2] Zunächst allerdings ist sie bei Paulus nicht etwa als ein medienhistorischer Kommentar gedacht, auch nicht als eine Bemerkung über verschiedene rhetorische Techniken. Vielmehr steht die «Geist/Buchstabe»-Opposition zentral in einem wichtigen theologischen Zusammenhang: Paulus erörtert in den ersten Kapiteln seines Briefes gegenüber den Glaubensgenossen im griechischen Korinth (die als zu betreuende Gemeinde nicht sein einfachster Fall waren) das Amt der apostolischen Mission. Es geht insgesamt um die Frage, wie sich die frohe Botschaft vermitteln und beherzigen lässt. Paulus spricht in diesem Zusammenhang von der lebendigen Inspiration der Gemeinde – und aller Gemeinden – durch das Evangelium. Das ist der «Geist». Und der Apostel markiert damit einen scharfen Unterschied zum mosaischen Gesetz, das ohne den Glauben an Jesus Christus, wie es im selben Kapitel heißt, «den Tod bringt und das mit Buchstaben in den Stein gehauen war» – einen Unterschied zum alten, jüdischen Gesetz also, das in seiner Buchstabenhaftigkeit, wenn es dabei bleibt, nach der Auffassung von Paulus «zur Verdammnis führt». Der Geist hingegen, das Pneuma, meint die ganz besondere Präsenz der christlichen Offenbarung in der Verkündigung. Und diese Verkündigung diene, so Paulus, nicht etwa der Selbstdarstellung des missionierenden Apostels, wie die notorische Stelle im Zusammenhang heißt, «sondern dass wir tüchtig sind, ist von Gott, der uns auch tüchtig gemacht hat zu Dienern des neuen Bundes, nicht des Buchstaben, sondern des Geistes. Denn der Buchstabe tötet, der Geist aber macht lebendig.» Entsprechend heißt es auch im Römerbrief des Paulus, des Juden, der mit seinem Bekehrungserlebnis in Damaskus zum Christen geworden war: «Wir dienen im neuen Wesen des Geistes und nicht im alten Wesen des Buchstabens.» Und im Galaterbrief schreibt er: «Habt ihr den Geist empfangen durch des Gesetzes Werke oder durch die Predigt vom Glauben?»[3]

Der «tote Buchstabe» – so hieß es dann später oft, anstelle des «tötenden» Buchstabens – bezeichnet also erst einmal eine folgenreiche theologische Abgrenzung vom Gesetz des alten Israel, welches in Form einer göttlichen Inschrift in Stein gehauen ist. Zwar erkennt Paulus den Wert des Dekalogs und der Glaubensvorschriften des Alten Testaments, der Tora, für die Heilsgeschichte durchaus an – als eine Mahnung im Hinblick auf die Sündhaftigkeit, von der Christus die Menschen erlösen soll.[4] Dennoch wird die starre, unbewegliche Materialität und Medialität der Stein-Inschriften in Paulus' Metaphorik mit einer ebenso starren religiösen Gesetzesbefolgung nach dem Buchstaben gleichgesetzt. Und im Kontrast zu solcher buchstäblichen Gesetzesfrömmigkeit hat der «Geist» im Neuen Testament die Wirkung, dass das Predigen sowie das Hören der Botschaft als etwas Unmittelbares, Eingegebenes, Übersinnliches erscheint, als etwas, das nicht artifiziell hergestellt wird. Das Evangelium, so der Gedanke, transzendiert eine rein äußerliche Schriftgläubigkeit, es ereignet sich durch Predigt, Glauben und göttliche Gnade. Und insofern, als sich die Verkündigung des Geistes vom Buchstaben löst und ihn überflügelt, hat dieser berühmte Gegensatz eben auch einen medialen, einen rhetorischen Aspekt.

Tatsächlich muss man sich die Missionsreden der Apostel selbst, wie sie das Neue Testament darstellt, gewiss als frei gehalten vorstellen. So kommt auch die Ur-Predigt des Petrus beim Pfingstwunder in der Apostelgeschichte daher, und die erste christliche Gemeinde reagiert darauf entsprechend: «Als sie das aber hörten, ging's ihnen durchs Herz.» Und Paulus nennt die Hoffnung, die die durch den Geist erfahrbare Herrlichkeit ihnen einflöße, als den Grund dafür, dass die urchristlichen Prediger «sehr freimütig» auftreten könnten. Das griechische Wort an der Stelle ist dasselbe, das man im klassischen Athen für die Redefreiheit verwendet hatte: «Parrhesie», *parrhesía*.[5]

Nun sind natürlich auch die religiösen Reden des Johannes, Jesus oder Petrus für uns heute nur in schriftlicher Form überliefert. Ihre Niederschrift ging mit der allerersten Ausbreitung des Christentums und seiner Erzählungen einher: «Das Predigen und der Prozess der Verschriftlichung» können historisch in der frühchristlichen Zeit überhaupt «nicht leicht voneinander geschieden werden».[6] Aber Paulus betont demgegenüber den mündlichen Charakter des Evangeliums. Er hat noch die Gegenwart der Botschaft Jesu in der urchristlichen Gemeinde vor Augen, in einer Zeit, zu der die Texte des Neuen Testaments noch nicht als heilige Schrift kanonisch geworden sind – die Evangelientexte entstanden nach heutiger Forschungsmeinung erst rund zehn bis zwanzig Jahre nach dem Tod des Paulus, der nach 60 n. Chr. starb. Paulus ist nicht etwa der Exeget eines seit langem vorliegenden neutestamentlichen Bibeltextes, er sieht vielmehr den Geist Christi kraftvoll in den Predigten der frühen Christen wirken. Es geht Paulus um das «Geschehen einer Verkündigung (...), deren schlechthinnige Besonderheit und darum auch unterscheidendes Merkmal gegenüber dem Gesetz die Macht ist, Glauben zu erwecken, Heiligen Geist zu verleihen».[7]

Als ein Modell diente dabei die prophetische Rede, die Tradition der Propheten im alten Israel. Paulus spricht selbst ausdrücklich von der Form der «prophetischen Rede», die im Gottesdienst zu empfehlen sei.[8] Im Alten Testament wird der Prophet im frühen Israel dargestellt als eine inspirierte, ja ekstatische, leicht verrückte Figur. Der Geist kommt wie eine fremde Macht über ihn. Die Propheten traten auf belebten Plätzen auf, als Warner oder als Verkünder des Heils, als von Gott unausweichlich Berufene, dessen Botschaft sie mitzuteilen hätten. Der Prophet Amos zum Beispiel sagt, er sei ja eigentlich nur ein Hirte, «aber der Herr nahm mich von der Herde und sprach zu mir: Geh hin und weissage dem Volk Israel!» Oft begannen daher die Propheten ihre Reden mit der sogenannten Botenspruchformel: «So spricht der Herr: ...» Und immer erscheint der Auftritt eines von Gott gesandten Propheten als eine spontane, mündliche, unmittelbar auf die Menschen gerichtete Situation.[9]

Bereits von Moses, dem Propheten, Anführer und Mittler zwischen Gott und dem Volk Israel, hatte die Bibel eine Urszene der Inspiration erzählt. Kurz nachdem Gott ihm als brennender Dornbusch erschienen ist und ihm seine Berufung verkündet, äußert Moses, der Israel aus Ägypten führen soll, eine große Sorge: Es ist die Angst vor der Kommunikationsschwäche, vor dem rhetorischen Versagen, jene Angst, die das Wagnis der freien Rede seit jeher begleitet. Und er bekommt darauf eine göttliche Antwort:

> «Mose aber sprach zu dem Herrn: Ach, mein Herr, ich bin von jeher nicht beredt gewesen, auch jetzt nicht, seitdem du mit deinem Knecht redest; denn ich habe eine schwere Sprache und eine schwere Zunge.
> Der Herr sprach zu ihm: Wer hat dem Menschen den Mund geschaffen? (...) Habe ich's nicht getan, der Herr? So geh nun hin: Ich will mit deinem Munde sein und dich lehren, was du sagen sollst.»[10]

Auch die Befähigung zum Lob Gottes kommt selbst von Gott – so heißt es etwa im 51. Psalm: «Herr, tu meine Lippen auf, / dass mein Mund deinen Ruhm verkündige.»[11]

Auf solche alttestamentlichen Vorbilder, und wohl auch auf die Machart von Reden und Schriften des jüngeren, hellenistischen Judentums,[12] griff das Urchristentum dann zurück, als es seine Geist-Rhetorik formulierte. Im Lukasevangelium beruft sich Jesus selbst auf den prophetischen Auftrag aus dem Buch des Jesaja und zitiert ihn: «Der Geist ist auf mir, weil er mich gesalbt hat, zu verkündigen das Evangelium den Armen ...» Und so wie Jesus in den Evangelien als Sprachrohr seines Vaters dargestellt wird – «Ich habe nicht aus mir selbst geredet» –, so schreibt er, gleichsam als die mittlere Inspirationsinstanz, wiederum seinen Jüngern die Mission zu, dass sie als Sprachrohre seines Charismas dienen sollten: «Wer euch hört, hört mich.»[13] Besonders auch in Zeiten der Bedrängnis und der Verfolgung sollten die Christen nicht – ähnlich wie vorher Moses – befürchten, dass sie im Eifer des Gefechts die richtigen Worte nicht fänden. Der gemeinsame Christusglaube schützt vielmehr vor dem Blackout und verhilft zur Rede aus dem Moment, so verspricht es Jesus im Markusevangelium:

> «Wenn sie euch nun hinführen und überantworten werden, so sorgt euch nicht vorher, was ihr reden sollt; sondern was euch in jener Stunde gegeben wird, das redet. Denn ihr seid's nicht, die da reden, sondern der Heilige Geist.»[14]

In dieser Art wird auch Paulus bei seinen Missionspredigten auf spontane Eingebungen gehofft haben. Die ansteckende Be-Geisterung des religiösen Redners ist ein Charisma, eine Gnade. Das Problem für den Apostel Paulus allerdings war: Er konnte leider nicht immer persönlich bei «seinen» Gemeinden im Nahen Osten und im weiteren Mittelmeerraum zugegen sein. Und wenn er dann einmal vor den urchristlichen Gemeinden sprach, dann wurde außerdem deutlich, dass Paulus trotz seiner Berufung zum Missionar tatsächlich gerade kein begnadeter Redner war. Dieses Manko bezeugen jedenfalls seine Briefe an mehreren Stellen. So heißt es im ebenjenem Zweiten Korintherbrief: «Denn seine Briefe, sagen sie, wiegen schwer und sind stark; aber wenn er selbst anwesend ist, ist er schwach und seine Rede kläglich. Wer so redet, der bedenke: wie wir aus der Ferne in den Worten unsrer Briefe sind, so werden wir, wenn wir anwesend sind, auch mit der Tat sein.» Und kurz danach: «Und ob ich nicht kundig bin der Rede, so bin ich doch nicht unkundig der Erkenntnis.»[15]

Ausdrücklich grenzt sich Paulus dabei von einer kunstvollen, literarisch ausgearbeiteten Rhetorik ab. Was die griechisch-römische Bildung den Eliten seiner Zeit als Rüstzeug fürs Schreiben und für öffentliche Auftritte mitgab – und womit auch Paulus in seinem Werdegang durchaus in Berührung gekommen war –, dies qualifiziert er als oberflächliches Menschenwerk ab.[16] Und seine eigenen, ganz offen bekannten Defizite in der antiken Redekunst verwandeln sich von einer Schwäche in eine Stärke, indem sie zum Ausdruck der göttlichen Wahrheit erklärt werden. So schreibt Paulus im Ersten Korintherbrief:

> «Auch ich, liebe Brüder, als ich zu euch kam, kam ich nicht mit hohen Worten und hoher Weisheit, euch das Geheimnis Gottes zu verkündigen. Denn ich hielt es für richtig, unter euch nichts zu wissen als allein Jesus Christus, den Gekreuzigten. Und ich war bei euch in Schwachheit und in Furcht und mit

großem Zittern; und mein Wort und meine Predigt geschahen nicht mit überredenden Worten menschlicher Weisheit, sondern in Erweisung des Geistes und der Kraft, damit euer Glaube nicht stehe auf Menschenweisheit, sondern auf Gottes Kraft.»[17]

Dies erinnert an ein Argument, das die Rhetorik, wie gesehen, schon länger empfohlen hatte, weil man damit die eigene Glaubwürdigkeit erhöhe: dass man nämlich selbst gar kein geschickter Redner sei und gerade deswegen das Vertrauen der Zuhörer genieße. Jetzt aber wird dieses Argument zusätzlich mit der allerhöchsten denkbaren Autorität aufgeladen, nämlich der göttlichen. In einem anderen Brief des Paulus heißt es im gleichen Sinne:

«Und darum danken wir auch Gott ohne Unterlass dafür, dass ihr das Wort der göttlichen Predigt, das ihr von uns empfangen habt, nicht als Menschenwort aufgenommen habt, sondern als das, was es in Wahrheit ist, als Gottes Wort, das in euch wirkt, die ihr glaubt.»[18]

Der reisende Apostel konnte aber leider nicht immer selbst präsent sein. Wegen dieser Abwesenheiten, und zusätzlich wohl wegen seiner Nervosität bei seinen Auftritten, stand Paulus eben doch die Hilfe des Schriftmediums zu Gebote. Ja, er war auf die Schrift dringend angewiesen. Dies schlägt sich in seinen Briefen nieder, die im Neuen Testament überliefert sind. Die Paulus-Briefe sind ein bis dahin ungewöhnliches Genre: Es sind Briefe, die von einer einzelnen Person nicht an einen Briefpartner, sondern an ein großes Kollektiv gerichtet sind, an eine ganze Gemeinde. Sie decken ein breites Spektrum der Ansprache ab, von tiefen theologischen Betrachtungen über Gebete bis hin zu konkreten Berichten und praktischen Ermahnungen zur richtigen Lebensführung und Gemeinde-Organisation. Alle Christen am Orte sollten davon erfahren, was der Apostel ihnen mitteilte, und so kann man sicher annehmen, dass ein Bote oder ein wichtiges Mitglied der jeweiligen Gemeinde den Gläubigen in Korinth, Thessaloniki oder Ephesus die Post von Paulus laut vorgelesen hat, wenn nötig auch mehrmals. Durch diesen mündlichen Vortrag vor der versammelten Gemeinde wurden die Briefe des Apostels bei den Empfängern wieder zu Reden, zu Predigten. Manche Stellen bei Paulus klingen denn auch, wie der Theologe Rudolf Bultmann feststellte, «nicht wie Briefstil, sondern wie begeisterte Rede. Und wenn auch einzelne Stellen im Zusammenhang eine ganz bestimmte polemische oder apologetische Bedeutung haben, so wird man doch sagen dürfen: in dieser Weise redete Paulus in der Gemeindeversammlung.»[19]

Zunächst aber bestanden doch auch Paulus' Briefe aus Buchstaben. Zum Teil waren es sehr wahrscheinlich Buchstaben von der Hand eines Schreibers, die Paulus diesem in einer Art von Privatpredigt diktiert hat, wie es in der Antike gängige Praxis war. Mitunter waren es aber auch eigenhändige Apostelbuchstaben, wie das Ende des Briefes an die Galater ausdrücklich vermerkt: «Seht», schreibt Paulus da, «mit wie großen Buchstaben ich euch schreibe mit eigener Hand!»[20] Aber sollten denn Buchstaben nicht eigentlich tot, ja sogar tötend sein? Wie verhielt sich das eigene Schreiben des Apostels zur inspirierten Rede vom Evangelium, die doch er selbst für höherwertiger, ja seligmachend erklärte?

Um diese Spannung zwischen dem Geist seiner Verkündigung und ihrer Textualität zu lösen, wählt Paulus eine besondere Strategie: Er versucht seine eigene Schrift von ihrem literarischen Charakter zu befreien, sie also gleichsam zu entschriftlichen. Paulus deutet die Schriftlichkeit seiner Briefe radikal um: Sie wird zu einer unmittelbaren, geisterfüllten, quasi-mündlichen Präsenz, zu einer Rede, die vielleicht sogar noch viel stärker, souveräner wirkt, als wenn er, der schwache Redner, einen wirklichen Auftritt vor Publikum hat. Der Apostel mag selbst entfernt sein, aber im Brief ist er als Sprachrohr des Glaubens so nah und gegenwärtig, wie es nur geht. Während Paulus sich von den alttestamentlichen Gesetzes-Buchstaben distanziert, weil sie so starr und unbeweglich seien; und während er auch ausblendet, dass das neue Evangelium bei zunehmendem örtlichen und zeitlichen Abstand zur Auferstehung Christi notgedrungen auch in schriftlicher Form überliefert werden muss, wenn man überhaupt ein universales Christentum erreichen und erweitern will – während er also in diesen Bereichen die Schrift stark abwertet oder ihre Bedeutung unterschlägt, werden Paulus' eigene Briefe so etwas wie übersinnliche Geist-Schrift, eine «telepathische Verbindung von Körpern und Herzen». Die paulinischen Texte geben sich eine mündliche Anmutung durch «eine eschatologisch geprägte Sprache der Nähe, der Dringlichkeit und der Berührung», sie behaupten damit eine ganz eigene «pneumatische Medialität».[21]

Zu diesem Zweck entwickelt Paulus auch die mediale Metaphorik rund um seinen «Geist/Buchstabe»-Gegensatz auf interessante Weise weiter, um nicht zu sagen: Er strapaziert sie bis zur Eigenwilligkeit. Denn wenn auch der göttliche Geist lebendig macht, nicht der Buchstabe, so wird doch zugleich die von ferne angesprochene Gemeinde sogar selber zu einem Brief – die Gläubigen verwandeln sich also ihrerseits in einem Medium: «Ihr seid unser Brief, in unser Herz geschrieben», so heißt es kurz vorher im Zweiten Korintherbrief, und weiter:

> «Ist doch offenbar geworden, dass ihr ein Brief Christi seid (…), geschrieben nicht mit Tinte, sondern mit dem Geist des lebendigen Gottes, nicht auf steinerne Tafeln, sondern auf fleischerne Tafeln, nämlich eure Herzen.»

Damit greift Paulus die Worte des alttestamentlichen Propheten Hesekiel auf, bei dem es heißt: «Ich will ihnen ein anderes Herz geben und einen neuen Geist in sie geben und will das steinerne Herz wegnehmen und ihrem Leibe und ihnen ein fleischernes Herz geben.» Während «Fleisch» und «Geist», Leib und Seele, an anderen Stellen bei Paulus Gegensätze bilden, ordnet er nun Geist, Fleisch und Herz zusammen einer vitalen, göttlichen Energie zu – als eine Überwindung von Tinte und Stein. Als ein «Brief Christi» transzendiert die urchristliche Gemeinde die Schriftform, in der sie eigentlich per Brief angesprochen wird. Wie immer man diese Begriffe theologisch genau aufschlüsseln mag, bezeichnend ist in jedem Fall, dass Paulus, weil er eben auch Brief-Predigten schreibt, selbst dort noch weiter Schrift-Metaphern bemüht, wo es doch eigentlich um die spirituelle Loslösung der christlichen Rhetorik von Schrift und Buchstaben gehen soll. Und so kommt es dann auch zu dem etwas merkwürdigen Bild, dass die vom Geist bewegten Herzen der Gläubigen «Tafeln aus Fleisch» seien, oder noch genauer nach dem griechischen Originaltext: «Herz-Fleisch-Schrifttafeln».[22]

Die Frage nach dem Verhältnis von Inspiration und Sprache verlangte den frühen Christen offenbar einen schwierigen Balanceakt ab. Die Apostel, die Nachfolger des erschienenen Messias, erkannten die Notwendigkeit dieser Balance sicher schon daran, dass sie sich in unterschiedlichen Kontexten der Rede bewähren mussten: Sie agierten ja nicht bloß im Inneren der Gemeinden, bei Andacht und Gottesdienst, Ermahnung und Erbauung, sondern immer auch öffentlich auf dem Forum ihrer Zeit, wie die Berichte der Apostelgeschichte zeigen. Und so glaubte man zwar an eine geistliche Eingebung beim Sprechen – «denn ihr seid's nicht, die da reden, sondern der Heilige Geist» –, musste aber andererseits auch für alle

Geist statt Buchstabe: So stellte sich Raffael 1515 den Auftritt des Paulus in Athen vor. Laut Selbstzeugnis war der Apostel allerdings kein begnadeter Prediger: «Und ob ich nicht kundig bin der Rede, so bin ich doch nicht unkundig der Erkenntnis», heißt es im 2. Korintherbrief.

Zuhörer verständlich und attraktiv bleiben, wenn man unter die Leute ging. Der Geist wirkt zwar, aber er schaltet nicht völlig den Verstand aus – und so schreibt Paulus im Ersten Korintherbrief: «Liebe Brüder, seid nicht Kinder, wenn es ums Verstehen geht; sondern seid Kinder, wenn es um Böses geht; im Verstehen aber seid vollkommen.» Das liest sich fast wie eine Auslegung des Jesus-Wortes «Werdet wie die Kinder». Mit diesem Appell, sich bei der Deutung und Vermittlung der christlichen Offenbarung eines erwachsenen Verstandes zu bedienen, reagierte Paulus allerdings auf eine ganz spezielle Herausforderung in der frühchristlichen Kommunikation: nämlich auf die sogenannte Zungenrede.

Diese Glossolalie, so der griechische Begriff, ist ein ekstatisches, unverständliches Sprechen und Tönen eines Gläubigen, der in eine religiöse Trance oder zumindest Begeisterung verfallen ist. Ein besonderer Fall ist das «Pfingstwunder» im zweiten Kapitel der Apostelgeschichte, denn dort verstehen die Zuhörer die Geist-Rede der christlichen Gläubigen so, als würden sie ihre jeweilige eigene Landessprache hören, was immer auch als Ausdruck des universalen, kulturübergreifenden Anspruchs der christlichen Kirche begriffen wurde. Sonst aber bedarf das religiöse Gestammel der Auslegung, man versteht es nicht. In der Zungenrede stößt der Gläubige sich wiederholende Silbenfolgen schnell hintereinander aus. Die Zungenrede ist ein Phänomen der enthusiastischen Autosuggestion, das ähnlich auch in anderen Religionen bekannt ist, etwa in schamanistischen Praktiken; es kam im Urchristentum vor und wurde später von Erweckungsbewegungen seit dem 17. Jahrhundert wieder aufgegriffen, bis hin zur Pfingstbewegung, den katholisch-apostolischen Gemeinden und den von ihnen abgespaltenen Neuapostolikern, und in diesen Kirchen wird die Zungenrede von einigen auch noch in der Gegenwart praktiziert.[23] So fremd solche freikirchlichen Praktiken auch vielen anmuten mögen, sie haben als Ausdrucksformen des Gottesdienstes doch einige Verbreitung gefunden und verschiedene religionspsychologische Erklärungen angeregt. Manche vermuteten den Einfluss von Drogen oder Alkohol – wie es schon beim Pfingstwunder unter den Umstehenden spöttisch geheißen hatte: «Sie sind voll süßen Weins» –, und der Psychoanalytiker Karl Motesiczky beispielsweise deutete in seiner 1937 unter Pseudonym veröffentlichten Studie *Religiöse Ekstase als Ersatz der sexuellen Auslösung* die Zungenrede als eine sublimierte Orgasmus-Erfahrung.[24]

Paulus hat diese Glossolalie nicht ganz verboten oder verworfen, da sie offenbar für die gemeinsame Frömmigkeitserfahrung der frühen Christen eine gewisse Bedeutung hatte. Aber der Apostel war auch nicht sonderlich glücklich damit, wie seine Behandlung des heiklen Themas im 14. Kapitel des Ersten Korintherbriefes zeigt:

> «Denn wer in Zungen redet, der redet nicht für Menschen, sondern für Gott; denn niemand versteht ihn, vielmehr redet er im Geist von Geheimnissen. (…) Wer in Zungen redet, der erbaut sich selbst; wer aber prophetisch redet, der erbaut die Gemeinde. (…) Wenn ihr in Zungen redet und nicht mit deutlichen Worten, wie kann man wissen, was gemeint ist? Ihr werdet in den Wind reden. Es gibt so viele Arten von Sprache in der Welt, und nichts ist ohne Sprache. Wenn ich nun die Bedeutung der Sprache nicht kenne, werde ich den nicht verstehen, der redet, und der redet, wird mich nicht verstehen (…) Wer also in Zungen redet, der bete, dass er's auch auslegen könne.

> Denn wenn ich in Zungen bete, so betet mein Geist; aber was ich im Sinn habe, bleibt ohne Frucht. (…) Wenn nun die ganze Gemeinde an einem Ort zusammenkäme und alle redeten in Zungen, es kämen aber Unkundige oder Ungläubige hinein, würden sie nicht sagen, ihr seid von Sinnen?»

Eigentlich könnte man ja meinen, die Zungenrede wäre vielleicht für den Apostel als eine weitere Steigerung der Spontaneität nur willkommen, gewissermaßen als potenzierte Entschriftlichung der Verkündigung, und als ein mitreißendes Konversionsergebnis und -erlebnis, das sich ohne Übersetzungsprobleme allen vorzeigen und weitererzählen ließe: Der Geist befreit mitunter nicht bloß vom «tötenden» Buchstaben, sondern von der konventionellen (Symbol-)Sprache überhaupt! Ist also die inspirierte Zungenrede, die Paulus selbst «ein Zeichen für die Ungläubigen» nennt, nicht die ultimative, gottgefällige Improvisation des Predigens? Die freieste aller freien Reden? Und ähnelt sie als eine nicht-sprachliche Sprache nicht anderen wichtigen religiösen Erfahrungen wie der Musik, der Versenkung, dem stillen Gebet, dem sakralen Raum?

Nein, das sieht Paulus anders. Denn bei aller Freude am «Brausen» des heiligen Pneumas: Die urchristliche Geisterfahrung muss vermittelbar, muss auch sprachlich, begrifflich kommunizierbar bleiben. Erstens, weil für Paulus zum Glauben auch der Verstand gehört, er ist keine ausschließlich irrationale Erfahrung; zweitens, weil das Christentum stets an das bereits offenbarte Wort des Evangeliums gebunden bleibt, bei Paulus schon, und nachher als große Buchreligion immer mehr; und drittens, weil allein mit unverständlichen Zungenrednern gar keine Überzeugung, keine Mission möglich wäre – nur eine Sekte wäre das, aber keine Weltreligion. Der Kirchenvater Augustinus hat denn auch später, im 5. Jahrhundert, das ekstatische Zungenreden als eine Besonderheit der frühen Zeit beschrieben, also der Zeit der Wunder zu Jesu Lebzeiten und kurz danach. In einer recht üblichen Vermischung des Sprachen-Wunders zu Pfingsten mit der «normalen» Zungenrede in den urchristlichen Gemeinden schrieb Augustinus (der sich in anderen Schriften auch intensiv mit einer Theorie der sprachlichen Zeichen beschäftigt hat):

> «In der ersten Zeit fiel der Heilige Geist über die Gläubigen, und sie sprachen in Zungen, die sie nicht gelernt hatten. Es waren Zeichen, die der Zeit angemessen waren. Es war nämlich nötig, dass der Heilige Geist auf diese Weise in

allen Sprachen ausgedrückt wurde, weil sich Gottes Evangelium durch alle Sprachen auf dem ganzen Erdkreis verbreiten sollte. Als Zeichen ereignete sich jenes, dann verschwand es.»[25]

Es war denn auch derselbe Kirchenvater Augustinus, der dann im vierten Buch seiner *Doctrina christiana* (426 n. Chr.) den maßgeblichen Versuch unternehmen sollte, das Christentum mit dem antiken, heidnischen Bildungsgut der Rhetorik zu versöhnen.[26] Dies stand in einem größeren Zusammenhang: Die Christen mussten Wege finden, die Errungenschaften der griechischen und römischen Kultur, von der Architektur bis zur Literatur, zu verwenden und in ihre Heilsgeschichte einzubauen, ohne dadurch als unfromm zu gelten – insbesondere seit der Vermählung von Christentum und Römischem Reich im 4. Jahrhundert durch Konstantin den Großen war diese Anpassung an die traditionelle Bildung und Wissenschaft nötig, eine Voraussetzung des christlichen Europa überhaupt. Augustinus nun, der vor seiner Bekehrung zum christlichen Glauben selbst Rhetoriklehrer am Kaiserhof in Mailand gewesen war, fand: Anstatt die klassischen Rede- und Überzeugungstechniken – wie man eine Ansprache aufbaut, wie man argumentiert, welche Stilmittel man einsetzt und so weiter – ganz als äußerlich, eitel und gottlos zu verteufeln, sollten sich die Christen diese Instrumente lieber, so Augustinus, für ihre Sache zunutze machen:

> «Wenn nun die Redekunst für sich genommen neutral ist – man kann sie sehr gut einsetzen, um entweder zu Falschem oder zu Richtigem zu überreden –, warum soll sie nicht den Zwecken der Guten dienen, um für die Wahrheit zu kämpfen? Wenn doch die Bösen sie [sonst] missbrauchen, um verkehrte und sinnlose Anliegen durchzusetzen, zugunsten des Unrechts und des Irrtums?»[27]

Die unverständliche Zungenrede war ja nur der Extremfall gewesen, das äußerste Gegenteil einer kunstvoll ausgearbeiteten Rede. War die Zungenrede ein ekstatisches Heraustreten aus der gewöhnlichen zwischenmenschlichen Sprachgemeinschaft, so konnte aber auch das Christentum insgesamt den Zeitgenossen als ziemlich rhetorikfeindlich erscheinen: Die Bibeltexte und viele Predigten wirkten auf gebildete Griechen und Römer eher ungehobelt formuliert, und die Inspiration durch den Heiligen Geist als entscheidende Quelle der Rede wurde bei Jesus und den Aposteln im Grunde «zu einer Vorschrift, die jeden Rhetoriklehrer arbeitslos macht».[28]

Demgegenüber haben die Kirchenlehrer der ersten nachchristlichen Jahrhunderte zu vermitteln versucht, indem sie eine eigene Rhetorik für die Predigt in Angriff nahmen, durchaus auch mit den Kunstmitteln der klassischen Rhetorik, die in der römischen Kaiserzeit ohnehin noch zum Standardstoff im Bildungsgang der Eliten gehörte, auch als die Kirche sich in der Spätantike zu etablieren begann. So befand der Rhetoriker und Kirchenvater Laktanz aus dem ägyptischen Alexandria (ca. 250–ca. 320 n. Chr.), den man in der Renaissance den «christlichen Cicero» nannte, im Vorwort seiner *Göttlichen Unterweisungen*: Die christliche Wahrheit könne zwar auch ohne Redekunst verteidigt werden, sie erreiche aber die Herzen der Menschen viel besser mit deren Hilfe – «sowohl dank der eigenen Kraft als auch durch den Zauber des Redeschmucks».[29] Basilius der Große (ca. 330–379), Bischof von Cäsarea in Palästina, sagte in einer *Rede an die Jugend* über die Rhetorik-Bücher antiker Autoren: «Wollen wir klug sein, dann eignen wir auch aus jenen Schriften nur das uns Passende und der Wahrheit Verwandte uns an, übergehen aber das andere.»[30] Und eben Augustinus, der vom Rhetoriker zum Bischof in Nordafrika und zu einem großen Theologen und Philosophen des Abendlandes wurde, entwarf ein christliches Bildungsprogramm, das die sorgfältige Planung und Ausarbeitung von Predigten umfasste.

Die Predigt hieß *sermo* im lateinischen Westen oder *homilía* im griechischen Osten, weswegen die Lehre von der Predigt in der Theologie bis heute Homiletik heißt. Sie war damals besonders Aufgabe der Bischöfe, die von ihrer Kathedra aus, einem thronartigen Sessel, zur Gemeinde sprachen, und sie bestand, wie es bis heute üblich ist, in großen Teilen aus der Auslegung eines gegebenen Bibeltextes, mal nah am Text, mal in freierer Form. Doch trotz jener Versuche, im Sinne einer neuen, christlichen Rhetorik Regeln und Ratschläge für die Abfassung einer guten Predigt zu geben, so wissen wir doch auch von den Kirchenvätern: In der konkreten gottesdienstlichen Praxis haben sie ihre Predigten nicht immer auswendig gelernt, sondern sehr oft auch nur gedanklich konzipiert und dann aus dem Stegreif gehalten.[31] Der gelehrte Theologe und Prediger Origines (185–ca. 254) etwa soll stets improvisiert haben, und von seinem 60. Lebensjahr an erlaubte er seinen Zuhörern das Mitstenografieren.[32] Überhaupt wurden zunehmend Stenografen eingesetzt – was bei vorhandenem Manuskript ja nicht nötig gewesen wäre –, so dass viele ursprünglich frei gehaltene Reden für Abwesende und für die Nachwelt auf diese Weise dokumentiert wurden; wobei natürlich im einzelnen Fall immer wieder fraglich ist, wie viel Mündlichkeit im überlieferten Text bewahrt wurde und was auf eine nachträgliche Überarbeitung zurückgeht.

Jedenfalls entwickelte man einen derartigen Eifer beim Aufzeichnen von Predigten, dass manche von ihnen sogar noch im Gehen mitgeschrieben wurden: Von Johannes von Antiochia (344/349–407) ist überliefert, dass er einige Male während einer Prozession eine Predigt improvisierte, welche nebenher mitlaufende Stenografen gleich unterwegs festhielten – rasende Kirchenreporter.[33] Diesen Kirchenvater Johannes, der Erzbischof von Konstantinopel war, nannte man wegen seiner rednerischen Fähigkeiten Chrysostomos, also den «Goldmund». Zu Beginn seiner ersten frei gehaltenen Predigt äußert allerdings auch Chrysostomos die Sorge, dass ihm das, was er vorbereitet habe, vor Aufregung (griechisch *agonía*) nicht einfallen könnte.[34] Christliche Redner wie Chrysostomos – von ihm sind mehr als 700 Predigten überliefert –, waren damals besonders im griechischsprachigen Osten des Reiches so beliebt und wirkungsvoll, dass er selbst sogar die Warnung aussprechen musste: Man solle ihm nicht des äußeren Effektes wegen lauschen, sondern wegen der eigentlichen christlichen Botschaft![35] In einer seiner Predigten macht Johannes Chrysostomos den Szenenapplaus seiner Hörer ausführlich zum Thema: Sie sollten bitte nicht wegen stilistischer Gefälligkeit und schönen Klangs der Worte zwischendurch klatschen, sondern lieber die Glaubensbotschaft still aufnehmen, dies sei hier schließlich, anders als im Theater, keine Show-Veranstaltung – und irgendwann mitten in diesen (selbst-)kritischen Ausführungen ruft Chrysostomos laut überliefertem Predigttext aus: «Was macht ihr denn wieder so einen Krach?»[36] Auch Maximus, der erste Bischof von Turin (gestorben um 420), soll ein geschickter Stegreifprediger gewesen sein.[37] Und beim heiligen Ambrosius (339–397), dem Bischof von Mailand und Lehrer des Augustinus, sind in den Predigten ebenfalls Momente festgehalten, in denen er aus dem Augenblick heraus auf die Situation während der Predigt reagierte – so weist der Kirchenvater in Mailand einmal auf die Fledermäuse hin, die zu fortgeschrittener Stunde in den Kirchenraum gekommen sind.[38]

Augustinus hat zwar in seiner Predigtlehre die Verbindung von antiker Rhetorik und christlicher Verkündigung empfohlen, er hat, selbst klassisch gebildet, eine literarische, schriftgestützte Kunstfertigkeit ausdrücklich gegen Einwände verteidigt, wenn sie der Stärkung des Glaubens diene – aber auch er bleibt vom «Geist versus Buchstabe»-Denken des

Neuen Testaments in Theorie und Praxis geprägt. Letztlich sei die Weisheit *(sapientia)* wichtiger als die Beredsamkeit *(eloquentia)*, schreibt Augustinus in seiner *Christlichen Lehre*; zur Weisheit brauche man nicht nur Kenntnis, sondern auch viel Verständnis der Heiligen Schrift, und man dürfe bei aller rhetorischen Qualität nie den Inhalt vernachlässigen.[39] Auch bei bester Vorbereitung und Gelehrsamkeit könne der Prediger am Ende nicht auf die Eingebung Gottes verzichten:

> «Also soll freilich derjenige, der es wissen und lehren will, alles lernen, was zu lehren ist, er soll sich eine Redefähigkeit verschaffen, wie es für einen Geistlichen angemessen ist; wenn aber die Stunde der Rede selbst gekommen ist, dann soll er für einen guten Sinn das als zuträglicher ansehen, was der Herr sagt: …»

… woraufhin Augustinus das erwähnte Jesus-Wort anführt, wonach der Gläubige im Zweifelsfall nicht selber rede, sondern der Geist.[40] Entsprechend schließt das vierte Buch der *Doctrina christiana* und damit auch das gesamte Werk mit diesen Worten:

> «Ob aber nun einer zum Volk oder zu beliebigen Leuten sprechen wird, oder ob er etwas diktieren wird, was andere, wie sie es wollen oder können, vor dem Volk sagen oder vorlesen sollen – er soll darum beten, dass Gott ihm eine gute Rede in den Mund legt. Wenn nämlich die Königin Esther, als sie vor dem König für das zeitliche Heil ihres Volkes sprach, darum betete, dass Gott ihr eine passende Rede in den Mund lege – um wie viel mehr muss dann derjenige um dasselbe Geschenk bitten, der für das ewige Heil der Menschen in Wort und Lehre arbeitet! Und diejenigen, die das reden sollen, was sie von anderen empfangen, sollen, bevor sie es empfangen, für die beten, von denen sie es empfangen; und wenn sie es dann empfangen haben, dann sollen sie beten, dass sie es selbst gut vortragen und dass die, denen sie es vortragen, es gut aufnehmen. Und wenn die Rede günstig ausgeht, mögen sie dem danken, von dem sie wissen, dass sie es ihm verdanken: auf dass der, der sich rühmt, in demjenigen sich rühme, in dessen Hand wir und unsere Reden sind.»[41]

Als vielbeschäftigter, bedeutender und unablässig predigender Geistlicher wusste Augustin, wovon er sprach, wenn es um die Hoffnung auf Eingebung ging: Er konnte selbst auch glänzend ohne Manuskript reden.[42] Bei einer seiner Auslegungen der Psalmen hatte der Lektor im Gottesdienst einmal eine andere Stelle als Predigttext vorgelesen als geplant, «anscheinend ein bisschen verwirrt» laut Augustinus – anstatt aber den Mann zurechtzuweisen, hielt Augustinus dann eben spontan eine Predigt über den unerwartet vorgetragenen Bibeltext. «Ich wollte lieber mit dem Fehler des Lektors dem Willen Gottes folgen als meinem Willen mit dem, was ich geplant hatte.»[43] Und so findet man in Augustins Predigten auch immer wieder mündliche Formeln wie «Mir kommt gerade in den Sinn ...», die sicher nicht nachträglich hineingeschrieben wurden, sondern die damalige Predigtsituation widerspiegeln.[44]

Augustinus hatte aber auch die Größe und ein sehr genaues kommunikatives Sensorium, um zuzugestehen, dass der spontane Vortrag ebenso gut einmal scheitern kann: Mit dem Feuer des Heiligen Geistes und dem In-den-Mund-Legen durch Gott klappt es doch nicht immer so, wie man sich das wünscht. In seiner kleinen Schrift über die Unterweisung der Anfänger im Taufunterricht, also in einem didaktischen Zusammenhang, macht Augustinus großartige Beobachtungen zu diesem Problem, zur Inkongruenz zwischen Gedanken und Sprechen, und damit generell zu den Risiken der freien Rede unter dem Druck einer konkreten Situation – diese Stelle ist so etwas wie eine frühe Negativ-Szene zu Heinrich von Kleists «allmählicher Verfertigung der Gedanken beim Reden» und psychologisch ebenso bemerkenswert:

> «Auch ich habe an meinem Vortrag fast immer Missfallen. Ich wünsche mir immer einen besseren, und oft ist er auch wirklich in meinem Geist so vorhanden, bevor ich ihn in laute Worte zu kleiden beginne. Gelingt es mir dann nicht so gut, wie ich es eigentlich [in meinem Innern] wüsste, dann bin ich darüber betrübt, dass meine Ausdrucksfähigkeit nicht an meine Einsicht heranreichte. Denn ich möchte natürlich, es sollten auch meine Zuhörer alles ganz so verstehen, wie ich es selbst [in mir] verstehe; und doch fühle ich, dass meine Worte meiner Absicht nicht entsprechen. Dies kommt vor allem daher, dass das Verständnis in der Seele gleichsam blitzartig aufleuchtet, die mündliche Darlegung aber ganz im Gegenteil dazu nur langsam und allmählich erfolgen kann, so dass sich über ihrer allmählichen Entwicklung das Verständnis bereits wieder in die geheimen Falten der Seele zurückgezogen hat. (...)
> Daraus lässt sich ermessen, wie weit unser gesprochenes Wort hinter der blitzschnell aufleuchtenden Erkenntnis zurückbleiben muss, da es nicht einmal mehr jenem eigenen Gedächtniseindruck entspricht. Und trotzdem möchten wir voll glühenden Eifers, den Nutzen unserer Zuhörer zu fördern, den Gegenstand unserer Rede so darlegen, wie wir ihn in dem Augenblick erfassen, wo wir wegen des inneren Aufmerkens [auf die aufblitzende Erkenntnis] noch

nicht sprechen können. Weil uns dies nun nicht möglich ist, so befällt uns Kleinmut, und gerade als ob wir uns vergeblich Mühe gäben, lassen wir verdrießlich die Hände in den Schoß sinken; aber eben durch diesen Missmut wird unser Vortrag noch schwächer und matter, als er es in dem Augenblick war, als unsere Unzufriedenheit mit ihm anfing.»[45]

Und in der Tat hatten die Geistlichen der Spätantike dann immer wieder Schwierigkeiten mit ihren Predigten: entweder mit dem freien Vortrag oder mit der Mühe der Ausarbeitung. So berichtet der Priester und Geschichtsschreiber Gennadius von Marseille Ende des 5. Jahrhunderts, dass sogar Bischöfe die Predigten von Kyrill von Alexandria, die schon einige Jahrzehnte alt waren, auswendig lernten und diese als eigene Predigten vortrugen. Sonst wurden in Gottesdiensten auch oft alte Homiliarien, also die Auslegungen von Kirchenvätern, einfach als Predigt vorgelesen.[46] Gegen diese Niedergangstendenzen der inspirierten Rede stand nach dem Untergang des weströmischen Reiches Papst Gregor der Große (um 540–604) als «ein letzter beherzter Verfechter der Improvisation von Predigten im lateinischen Westen».[47] Die «Stimme der mündlichen Unterredung» *(collucutionis vox)*, fand Gregor, erreiche die Herzen der Menschen direkter als «die Rede, die aus Ablesen entsteht» (*sermo lectionis)* – so begründete er, dass er selbst bei seinen Predigten über die Evangelien vom Diktieren und Verlesenlassen doch lieber zum freien Vortrag überging.[48] In seiner einflussreichen «Pastoralregel» aus dem Jahr 591, auch «Hirtenregel» genannt, schreibt Papst Gregor über den Heiligen Geist: «Welche er erfüllt, bei denen bewirkt er, dass sie von sich aus sofort sprechen».[49] Und in einer seiner Predigten entschuldigt er sich dafür, länger geredet zu haben als geplant, und begründet dies so:

«Wenn die Rede einmal fortläuft, lässt sie sich nicht zurückhalten; eingerichtet hat sie nämlich eben derselbe, über den wir reden.»

Gemeint ist damit Jesus Christus selber – und das Wort für dieses göttliche «Einrichten» der Rede, das Gregor der Große hier benutzt *(disponere)*, ist dasselbe, das in der antiken Rhetorik für die Gliederung der Rede verwendet worden war, die *Dispositio*. Das bedeutet: Wer sich aus Sicht der Rhetorik an einer nicht schulmäßig aufgeteilten Predigt stößt, dem kann der Geistliche eine Lizenz zur Abschweifung entgegenhalten, die er von allerhöchster Stelle erhalten hat.

Die weitere Geschichte der christlichen Beredsamkeit steht dann unter der ständigen Spannung zwischen «totem» Buchstaben und geistlicher Eingebung. Im Mittelalter verstärkt sich dazu noch ein Gegensatz, der mit jener Spannung nicht identisch ist, aber mit ihr einhergeht: derjenige zwischen einem gelehrten Klerus und der Volksfrömmigkeit. Trotz ihrer zentralen theologischen Bedeutung im Neuen Testament und bei den Kirchenvätern gerät die mündliche Predigt, die allen zu Herzen gehen soll, dadurch im Mittelalter immer wieder in den Hintergrund. Zwar predigen zunächst die Missionare im frühen Mittelalter, etwa die angelsächsischen Missionare auf Rundreise in Germanien, es predigten dann auch unzählige Äbte, Priester und Bischöfe.[50] Aber mit der Zeit schwindet der Raum für öffentliche, spontane religiöse Rede erst einmal. In den Kirchen, auch in den orthodoxen des Ostens, wird die Liturgie in der Messe wichtiger, der Ritus; wenn gepredigt wird, dann oft eher fern von der Gemeinde, von Geistlichen zu Geistlichen. Zwar verlangt der Frankenkönig Karl der Große, der eine Renaissance der klassischen Bildung unter christlichen Vorzeichen einleiten will, in seiner «Allgemeinen Ermahnung» *(Admonitio generalis)* im Jahr 789 von den Bischöfen seines Reiches, sie sollten dafür sorgen, dass sonntags «allem Volk gepredigt wird»; es gibt entsprechende Beschlüsse von Konzilien, und es kommt zu einer gewissen Belebung, auch der Rhetorik- und Predigttheorie am Hof in Aachen, in den Domschulen und in den Klöstern.[51] Aber das versandet mit der Zeit wieder; Predigttexte, die von damals überliefert sind, lateinische, aber auch einige frühe volkssprachliche, sind meist nur Kompilationen oder Übersetzungen aus älterem Material. Es wurden, besonders in den Gemeinden abseits der Bischofskirchen, oft gar keine eigenen Predigten gehalten, sondern Standard-Auslegungen vorgelesen. Seit dem Hochmittelalter pflegte man an den Klerikerschulen und frühen Universitäten eine sehr gelehrte, scholastische Form der Predigt – eher eine theologische Erörterung; und aus ursprünglich mündlich gehaltenen Predigten wurden oft Lesepredigten, zum Studium der Mönche oder zum Vorlesen bei den Mahlzeiten im Kloster.[52] Die Rhetorik als Disziplin wiederum ordnete sich grammatischen und logischen Studien unter, sie wurde eher eine abstrakte Lehre von Texten und entfernte sich damit sowohl weiter von der Verbindung mit der Predigtlehre, die Augustinus befürwortet hatte, als auch von ihrer alten Ausrichtung auf Öffentlichkeit und Publikum.

Aber dann brach noch im Mittelalter etwas hervor, was im Christentum unterhalb der etablierten Strukturen der Kirche niemals zu brodeln aufhört: ein Bedürfnis, sich von Gelehrsamkeit und Hierarchie abzusetzen, zu Umkehr und Buße aufzurufen und die Frömmigkeit tatkräftig aus der Gemeinde der Gläubigen heraus zu erneuern. Einen solchen Effekt muss wohl die Rede von Papst Urban II. im französischen Clermont im Jahr 1095 gehabt haben, mit der er auf der dortigen Synode zum ersten Kreuzzug aufrief: Auch wenn das Bild, Urban habe damals vor riesigen Massen eine flammende Kriegsrede gehalten, der Legendenbildung zu verdanken sein mag – immerhin verbreitete sich überall die Kunde, Papst Urban habe gesagt: «Nicht ich bin es, der euch ermutigt, es ist der Herr. Zu den Anwesenden spreche ich, den Anwesenden befehle ich, doch Christus herrscht», und noch mehr verbreitete sich der Kreuzfahrer-Slogan, den angeblich schon die Teilnehmer der Synode von Clermont gerufen haben sollen, als Urban den Kreuzzug ausrief: «Deus (lo) vult» – «Gott will es so!»[53]

Ging es da um heiligen Krieg, Eroberungen und Abenteurertum, so erhoffte man sich parallel dazu «zu Hause» eine Vitalisierung des Glaubens, und diese Aufgabe machten sich Prediger zu eigen, die die Menschen wieder neu mit der Kraft des gesprochenen Wortes aufzurütteln suchten.[54] Darunter fanden sich immer wieder sektiererische oder radikalreformerische Prediger, die von der Kirche als Ketzer verurteilt wurden; aber auch Figuren wie Norbert von Xanten (ca. 1080–1134), der Gründer des Prämonstratenserordens und spätere Erzbischof von Magdeburg.[55] Norbert stand eigentlich anfangs ein recht komfortables Leben als adliger Kleriker im Rheinland bevor. Aber nach einem Erweckungserlebnis versuchte er sich zuerst an Kirchen- und Klosterreformen in seiner Heimat, bis er zum Eremiten und charismatischen Wanderprediger wurde. Als solcher rief er mit großem Erfolg bei seinen Zuhörern zur Buße auf, besonders in Flandern und Nordfrankreich, wo Nobert dann eine Art Aussteigergemeinschaft gründete, die Keimzelle seines Reform-Ordens. Das Predigen unter freiem Himmel sah Norbert von Xanten als Aufgabe einer *vita apostolica* an, eines Lebens in der Nachfolge Christi; und diesen Reformgeist versuchte er auch weiterhin zu verbreiten, als er seine riskante freie Position aufgab und doch wieder ein wichtiges Amt in der etablierten Kirche übernahm, eben den Bischofssitz in Magdeburg. Keine seiner Predigten ist erhalten, aber sie müssen eine ungeheure Wirkung gehabt haben, und man kann sicher sein, dass sie nicht nach einem fertigen Manuskript gehalten wurden.

Denselben Antrieb hatten dann die Bettelorden, die im frühen 13. Jahrhundert entstanden und die sich vor allem der Bußpredigt auf Straßen und Plätzen widmeten, bald auch von der Papstkirche autorisiert: die Orden der Franziskaner und der Dominikaner. Letztere hießen sogar und heißen bis heute offiziell der «Predigerorden» (*Ordo praedicatorum*, Abkürzung OP). Man hatte, auch seitens der römischen Kirche, ein «dringendes Bedürfnis nach verstärkter Volkspredigt».[56] Die Bettelorden, die vor allem in den damals expandierenden Städten aktiv waren, redeten meist nicht lateinisch, sondern in der jeweiligen Volkssprache. Sie traten im öffentlichen Raum auf, dann auch in eigenen Ordenskirchen. Dort wurde bezeichnenderweise bald die Kanzel, also der Predigtstuhl, aus dem Chorraum ins Kirchenschiff verlegt: in die Mitte der Gemeinde. Und die Predigten der Franziskaner und Dominikaner waren argumentativer, anschaulicher, näher an der Menschen, als man es von früher kannte.

Als einer der größten Prediger seiner Zeit galt der Franziskaner Antonius von Padua (um 1195–1231), der eine Zeitlang in Assisi direkt mit dem Ordensgründer Franziskus zusammenarbeitete.[57] Antonius wurde beauftragt, im Namen der Kirche in Norditalien gegen Häretiker zu predigen, namentlich gegen die Sekten der Katharer und Waldenser (die ebenfalls als Wanderprediger ihre Anhängerschaft gewannen). Von ihm haben sich Predigt-Skizzen erhalten, die nicht voll ausgeführt sind (was auf Konzeptpapiere oder, wahrscheinlicher, auf Mitschriften oder Nachschriften zurückgehen kann). Antonius wurden sehr bald allerlei Wundertaten nachgesagt. Seine Wirkung als Freiluft-Redner, zweifellos ohne Manuskript, muss ebenfalls gewaltig gewesen sein – so gewaltig, dass ihm sogar die Fische am Meeresufer von Rimini in Reih und Glied zugehört haben sollen, so wie die Vögel seinem Kollegen Franz von Assisi; daraufhin wandten sich die Einwohner der Stadt, so erzählte man, vom Irrglauben ab. (Als parodistischer Text fand *Des Antonius von Padua Fischpredigt* übrigens Eingang in die romantische Volksliedsammlung *Des Knaben Wunderhorn* und wurde auch von Gustav Mahler vertont.) Ein weiterer bedeutender Bußprediger der Franziskaner war Berthold von Regensburg (1220–1272) – er sprach zwar nicht zu Fischen, ließ aber gerne in seinen Predigten, die er oft auf freiem Feld hielt, Gott und Teufel in einem Pro und Contra gegeneinander antreten. Die unter Bertholds Namen überlieferten Predigten gelten allerdings nicht als authentisch, sondern als fingierte Nachempfindungen seines mündlichen Redestils.

Freiluftredner mit erstaunlicher Wirkung: Der heilige Antonius von Padua predigt zu den Fischen, gemalt von Veronese um 1580.

Diese Prediger waren allesamt Männer – denn in der Kirche hielt man sich folgsam an die Empfehlung des Paulus, dass die Frauen dort zu schweigen hätten, was ja auch dem Patriarchat in Familie und Gesellschaft entsprach.[58] Dennoch traten auch einige bedeutende Frauen auf den Plan, die diese Regeln selbstbewusst durchbrachen. Die benediktinische Äbtissin, Heilige, große Mystikerin und Universalgelehrte Hildegard von Bingen (1098–1179) hat von ihrem Kloster Rupertsberg am Rhein aus Predigtreisen unternommen, die sie zu Partner-Klöstern nach Mainz, Würzburg oder Köln führten. Hildegard trug dort Bibelauslegungen vor, vermutlich nicht vor den Laien, sondern nur vor Ordensleuten; doch dies war auffällig genug, und in Hildegards Predigten finden sich scharfe Angriffe auf Priester und Bischöfe wegen deren unchristlichen Lebenswandels, ihrer «Hurerei», ihres «Ehebruchs», ihrer «Habgier». Auch in der überlieferten schriftlichen Form – in lateinischer Sprache – zeigen diese Predigten Hildegards performative Qualitäten.[59] Weitere beeindruckende Frauen riefen zu Askese und Umkehr auf, und sie traten nicht nur mit visionären Offenbarungen, sondern auch mit öffentlichen Forderungen nach Kirchenreformen in der Welt der Männer in Erscheinung: Birgitta von Schweden (1303–1373) und Katharina von Siena (1347–1380), die beide zu Heiligen erklärt wurden.[60]

Dass das Interesse an der Predigt im späten Mittelalter stärker wurde, sieht man auch daran, dass nun Beispielsammlungen zu verschiedenen Sachfragen sowie mehrere hundert Handbücher der Predigtlehre verfasst wurden, *Artes praedicandi* genannt.[61] Auch wenn viele davon eher schematische Argumentationsleitfäden sind, so finden sich in diesen Handreichungen doch auch einzelne Hinweise darauf, wie viel Predigen auch mit Improvisation zu tun hat. So schrieb der angesehene katalanische Franziskaner Francesc Eiximenis (um 1330–1409) in seiner *Kunst, vor dem Volk zu predigen (Ars praedicandi populo)*:

> «Die neunte Regel ist: Wenn du etwas ohne Vorbereitung predigen musst, gehe die Evangelien oder die Episteln durch oder beides, denn da gibt es genug Stoff, um aus dem Stand darüber zu predigen, selbst wenn der Priester noch so ahnungslos sei.»[62]

Oft geben diese Handbücher außerdem Tipps fürs Memorieren – dies war für den mittelalterlichen Geistlichen eine sehr wichtige Fertigkeit, man musste unbedingt seine kanonischen Texte beherrschen, im theologischen Gespräch, aber auch für die Predigt (was den Raum für Improvisation gewiss auch wieder einschränkte). Autoren des Hoch- und Spätmittelalters beschäftigten sich intensiv mit Erinnerung und Gedächtnis, etwa Albertus Magnus und Thomas von Aquin in ihren ausführlichen Kommentaren zu Aristoteles' Schrift *De memoria*.[63] Und Boncompagno da Signa, Rhetoriklehrer an der Universität Bologna, schrieb in seiner *Rhetorica novissima* von 1235 (die allerdings schon mehr auf die Ausbildung von Juristen abzielt):

> «Wer ein gutes Gedächtnis hat, entweder auf natürliche oder künstliche Weise, der strahlt wie die Sonne und schenkt Helligkeit wie ein Licht im Dunkeln. (…) Die Haupthindernisse für die Erinnerung sind: unnötige Sorgen, gierige Ambitionen, Ängste um unsere Liebsten, Verbindungen mit Frauen, Trinken (außer maßvolles) und zu viel Essen.»[64]

Im 15. Jahrhundert, als sich einiger Unmut über den Klerus und die Kirche anstaute, steigerte sich die Predigttätigkeit, auch als Gegenmaßnahme in den Gemeindekirchen parallel zu den Bettelorden; aber in der Breite konnte dieses «Angebot» bis zur Reformation nicht ausreichend ausgebaut werden.[65] Und dann geschah es: «Die ganz eigene Dynamik zwischen Prediger und Volk bekam die Kirche (…) in der Reformation zu spüren.»[66]

Auch zuvor schon hatten einige Vor-Reformatoren und Kirchenkritiker mit eindrucksvollen Predigten in ihrer Landessprache für Aufruhr gesorgt – John Wyclif im 14. Jahrhundert in England; nicht lange nach ihm Jan Hus in Böhmen, der beim Konzil zu Konstanz im Jahr 1415 auf dem Scheiterhaufen verbrannt wurde; oder der dominikanische Bußprediger Girolamo Savonarola, der versuchte, Florenz in eine theokratische Republik zu verwandeln und 1498 hingerichtet wurde. Aber mit der Reformation begann ein ganz eigener, neuer Siegeszug der Predigt. Die Protestanten stellten das Wort ins Zentrum des Gottesdienstes, sie förderten die eigenständige theologische Reflexion, und dies sollte über Jahrhunderte die Kultur der Neuzeit prägen. Auch die katholische Kirche versuchte darauf mit einer Belebung der Predigt zu reagieren, etwa durch die missionierende Tätigkeit der Orden der Jesuiten und der Kapuziner.[67]

Welche Bedeutung die Predigt bei den Protestanten bekam, wie redefreudig die Geistlichen wurden, das kann man allein schon an einem sprechenden Detail ablesen: Besonders im 17. und im 18. Jahrhundert wurden in vielen evangelischen Kirchen «Kanzeluhren» angebracht – Sanduhren, die meist aus vier kippbaren Gläsern bestanden und an oder neben den Predigtstuhl montiert wurden. An der Menge des herabgelaufenen Sandes konnte sowohl der Pfarrer als auch die zuhörende Gemeinde ablesen, wie lang die Predigt noch dauern würde. Dass das Ringen ums Seelenheil, mit Aussicht auf die Ewigkeit, und die technische Vermessung der Zeit derart aufeinanderstießen, das scheint bitter nötig gewesen zu sein: Viele Pastoren sprachen nämlich stundenlang und kamen offenbar nie zum Ende. In manchen Kirchenordnungen schrieb die Obrigkeit sogar zwingend den Gebrauch solcher Kanzeluhren und eine Höchstdauer der Predigt vor, die nicht überschritten werden sollte.[68]

Die Reformation Martin Luthers zu Beginn des 16. Jahrhunderts – und auch die der übrigen Reformatoren – brachte in der Geschichte des Christentums erneut einen Gegensatz und ein Ineinandergreifen von Schrift und Rede hervor, doch diesmal in neuer Qualität. Denn die Reformation war ein epochales Medienereignis, sie erschütterte die Papstkirche und die alte Weltordnung durch die massenhafte und schnelle Verbreitung von Texten, von Traktaten, Bibeln, Andachtsbüchern und Flugschriften, die die neue Technik des Buchdrucks möglich machte; und sie verkündete für jedermann eine neue, befreiende Konzentration auf das Wort Gottes, also auf die Heilige Schrift, und wurde dadurch auch eine große Alphabetisierungs- und Bildungskampagne. Zugleich jedoch war die Reformation auch ein Predigt-Ereignis, in unzähligen Kirchen, aber auch in Form der Predigten der Reformatoren selbst. Luthers Predigten in Wittenberg und anderswo waren ein mündliches Geschehen, sie sind nur als Nachschriften überliefert.[69] Aber sie wurden in den sogenannten Postillen (Predigtsammlungen) auch wiederum rasch und viel nachgedruckt, studiert und vorgelesen, als «mündlich-schriftliche Botschaft des abwesend-gegenwärtigen Reformators».[70]

Luther, der Verfechter des Schriftprinzips und mit seiner Bibelübersetzung Motor der neuhochdeutschen Schriftsprache, war sich dennoch sehr der paulinischen Idee bewusst, die Botschaft der Schrift mündlich zu denken.[71] Der Heilige Geist ist ein Rhetor, er «rhetoriziert», schreibt Luther einmal.[72] In seinen *Operationes in psalmos* (1519–21) heißt es:

> «Der Dienst des Neuen Testaments ist nämlich nicht in steinernen und toten Tafeln niedergelegt, sondern in den Klang der lebendigen Stimme gebracht. (…) Deswegen muss man sich mehr darum bemühen, dass es viele Prediger, als dass es gute Schreiber in der Kirche gibt.»[73]

An Paulus anschließend sagt Luther, das Evangelium sei «eine Rede von Christus», und die kaum je ganz zu erfassende Heilsbotschaft sei auch der Antrieb aller Predigt:

> «Das ist das große Feuer der Liebe Gottes zu uns, davon wird das Herz und Gewissen froh, sicher und zufrieden; das heißt den christlichen Glauben gepredigt. (…) … ‹Evangelium› sollte eigentlich nicht Schrift, sondern mündliches Wort sein, das die Schrift zu uns hinbrächte, wie es Christus und die Apostel getan haben. Darum hat auch Christus selbst nichts geschrieben, sondern nur geredet, und seine Lehre nicht Schrift, sondern Evangelium, das meint: eine gute Botschaft oder Verkündigung, genannt, die nicht mit der Feder, sondern mit dem Mund verbreitet werden sollte.»[74]

In seinen Tischreden betont Luther noch einmal – im Sinne des sprichwörtlichen *rem tene, et verba sequentur* –, wie sehr der Verlauf einer Predigt vom eigenen Glauben und vom Wissen über das Evangelium abhänge:

> «Diejenigen, die sich an die Sache halten, können leicht sprechen, denn der Sachkenntnis folgt die Redekunst. Darum gehen diejenigen fehl, die nur die

> Redekunst studieren und von der Sache nichts verstehen. Nur nach der Kunst kann ich keine Predigt machen.»[75]

Luthers Auffassung von der kommunikativen Wirkung des Geistes hat Birgit Stolt eine «Rhetorik des Herzens» genannt. Im Übrigen fand auch sein radikaler Gegenspieler, der abtrünnige Prediger und Bauernführer Thomas Müntzer, das Evangelium solle «unvorwickelt und unvorblümet» gepredigt werden.[76] Jedenfalls wusste Luther, bei all seiner Wortgewalt als Autor, um die prekäre Situationsabhängigkeit jeder sprachlichen Form. So schreibt er im Vorwort zu seiner Vorlesung über die Genesis von 1544:

> «Alles ist aus dem Stegreif und sehr volkstümlich gesagt, so wie mir die Worte in den Mund kamen, mit Wiederholungen und mit Deutsch vermischt, viel weitschweifiger, als ich wollte.»[77]

An dieser Stelle hingegen soll es nicht weitschweifiger werden, als wir wollen, darum können wir nun nicht die gesamte Geschichte der reformatorischen und protestantischen Predigt erzählen. Aber recht bald kam es zu einer Entwicklung, die für unsere Fragestellung besonders interessant ist: Ausgerechnet die evangelische Predigt, die wieder mit der christlichen Kernbotschaft direkt die Seelen erreichen sollte, kam mit der Zeit ihrerseits in den Ruf, zu starr, gelehrt, verkopft und lebensfern geworden zu sein. Die Schriftkultur gab wieder den Ton an, trotz Luthers Präferenz für Geist und Herz. Wie konnte das passieren? In der lutherischen Orthodoxie in den Jahrhunderten nach der Reformation hielt man sich an Lehrschriften unter anderen von Luthers Mitstreiter Philipp Melanchthon, demzufolge wurden die Predigten streng gegliedert und durchgeplant, und so klangen sie oft akademisch und umständlich.[78] Zwar ist es ein falsches Klischee, die lutherische Orthodoxie sei immerzu steif und zu keiner Leidenschaft oder Innigkeit fähig gewesen; das widerlegen beispielsweise die Schöpfungen des berühmten Kirchenlieddichters Paul Gerhardt (1607–1676), zudem die ganze Dichtung und Kirchenmusik bis hin zu den Passionen Johann Sebastian Bachs – ebenso wie die folgende schöne, durchaus typische Bitte um Inspiration in der Predigtlehre eines lutherisch orthodoxen Theologen aus dem Jahr 1693:

> «Mein Gott und Vater im Himmel! ich soll anitzo an diese heilige Stätte als ein Botschaffter an CHristus statt treten / und deine liebste Gemeinde / welche

JEsus mit seinem Blut so theuer erlöset hat / aus deinem göttlichen und seligmachenden Worte unterrichten. Weiln ich aber von mir selber / als von mir selber / hierzu nicht tüchtig bin / so werffe ich mich vor dem Throne deiner Barmherzigkeit demüthigst nieder / die theuren Gaben und den kräfftigen Beystand deines guten Geistes zu meinem heiligen Vorhaben zu erbitten. Ach hilff mir HErr! in dieser Stunde / und gibt deinem Knechte / wie und was er anitzo reden soll / mehre mein Gedächtnüß / schärffe meine Sinnen / stärcke meine Kräffte / daß ich alles / was ich zu reden in deinem Nahmen mir fürgesetzet / ohne Anstoß möge vorbringen / rühre und reinige durch deinen göttlichen Finger meine unreine Lippen / öffne den schwachen Mund / löse die stammelnde Zunge / laß mich jetzt predigen / womit ich kann bestehen / und kein unnützes Wort aus meinem Munde gehen / und da in meinem Amt ich reden soll und muß / so gib dem Worte Krafft und Nachdruck ohn Verdruß. Thue auff die Ohren meiner Zuhörer / daß sie dein Wort recht hören / und sich daraus zum ewigen Leben erbauen / erleuchte die Augen ihres Verstandes / damit sie vernehmen was Geistes Gottes ist rühre und erwecke ihrer aller Hertzen (…) / Amen!»[79]

Und dennoch: Viele Predigten der Barockzeit waren zu gelehrt, zu schulmäßig, zu sehr mit Polemik gegen Katholiken beschäftigt, auch mit zu vielen rhetorischen Kunstmitteln ausgeschmückt, derer man sich seit der Renaissance wieder eifrig bediente. Und so kam es wieder einmal dazu, dass die freie Rede gegen Ordnung, Planung und Erwartbarkeit ins Feld geführt wurde. Diesmal war das Angriffsziel die gewöhnliche, wohlgesetzte lutherische Predigt, und der Angreifer war die neue evangelische Frömmigkeitsbewegung der Pietisten, die im 17. Jahrhundert aufkam. Die Pietisten strebten mit Bibelstunden, gemeinschaftlichem Engagement und Innigkeit eine Art von Reformation der Reformation an. Der Theologe Philipp Jacob Spener (1635–1705) monierte in seiner viel gelesenen Schrift *Pia Desideria* (hier wieder in originaler Orthografie):

«Indem es solche Prediger gibt / welche offters ihre meiste Predigen mit dergleichen dingen zubringen / damit sie sich vor gelehrte leute darstellen / obs wol die Zuhörer nicht verstehen (…) / [da geht es ihnen eher darum,] daß alle Theile recht nach der Redekunst abgemessen und aufgeziert seyen / als wie sie solche Materien wehleten und durch GOttes Gnade ausführeten / darvon der Zuhörer im leben und sterben nutzen haben mag. So solle es nun nicht seyn / sondern weil die Cantzel nicht der jenige Ort ist / da man seine kunst mit pracht sehen lassen / sondern das Wort deß HERRN einfältig aber gewaltig predigen / und dieses das Göttliche mittel seyn sollte / die leute selig zu machen / so sollte billich alles auch nach diesem zweck gerichtet werden.»[80]

In gleicher Absicht mahnte August Hermann Francke (1663–1727), der Gründer der Francke'schen Stiftungen in Halle, in seinem *Send-Schreiben vom erbaulichen Predigen*, dass «GOtt der Herr nicht auf die künstlichen Worte und Reden, sondern auf das Hertz sehe».[81] Francke, der als Prediger, Sozialreformer, Pädagoge und frühneuzeitlicher Unternehmer gleichermaßen Eindruck machte, hat seine Predigten denn auch frei gehalten und von seinen Anhängern mitschreiben lassen.[82] So hielt es auch der Theologe und bedeutende Missionar Nikolaus Ludwig von Zinzendorf (1700–1760), der Gründer der Herrnhuter Brudergemeinde.[83] Sein Nachfolger als Professor an der Universität Halle, der gemäßigte Pietist und Liederdichter Johann Jakob Rambach (1693–1735), schrieb eine ausführliche Predigtlehre, *Praecepta Homiletica* (trotz lateinischem Titel auf Deutsch verfasst, 1736 postum erschienen), und versuchte zwischen den Positionen zu vermitteln.[84] Auch Rambach wünschte sich dringend das Wirken des Heiligen Geistes, fand aber auch, man solle und dürfe durchaus Arbeit in seine Predigt stecken. Er forderte, man solle möglichst gründlich memorieren und dann die Predigt frei halten – wie es dann auch bis ins 20. Jahrhundert meistens Usus war in evangelischen Kirchen, oder jedenfalls als Ideal in der Pfarrerausbildung eingeübt wurde.[85]

Durchs Vorlesen einer Predigt hingegen, warnte Rambach, werde «die parrhesie und Annehmlichkeit des Vortrags sehr vermindert und ersticket». Allerdings solle man sich den Inhalt nicht mechanisch, sondern sinnvoll einprägen: «Man muß aber die concipierte Predigt nicht also auswendig lernen, wie die Kinder den Psalter, sondern man muß sie cum judicio sich bekannt machen.» Der Prediger solle vorher beten und zuversichtlich sein, so werde er auch frei von «dem affect der Furcht und Zaghaftigkeit, welcher ihm circulos memoriae sehr turbiret».[86] Überhaupt sei das Charisma wahren Glaubens beim Auftritt eines Pfarrers entscheidend, so Johann Rakob Rambach, denn «mit einer Masquerade von heiligen Seufzern und andächtigen Gebärden» sei es nicht getan.[87]

Solche Forderungen nach einem «echten» Charisma wiesen im 18. Jahrhundert in zwei Richtungen: zum einen hin zur ungekünstelten Glaubenserfahrung und Frömmigkeitsrede des Pietismus, ein Impetus, der dann auch für die großen Erweckungsbewegungen in Großbritannien,

Amerika und in der weltweiten Mission wichtig wurde; zum anderen aber hin zur Aufrichtigkeit und Ernsthaftigkeit als Ideal der Aufklärungszeit. Diese Mischung wurde über den Pietismus in Halle auch besonders Teil der preußischen Kultur, und genau dieser Mischung entstammt auch Johann Gottfried Herder (1744–1803), der große Dichter, Philosoph und Prediger der Weimarer Klassik.[88] Herder, der sich auch intensiv mit dem mündlichen Ursprung der Sprache beschäftigt hat, war überzeugt davon, dass die Predigt eine mündliche Gattung sei. In seiner Abschiedspredigt in der alten St.-Gertruden-Kirche in Riga sagte er 1769, er sei zwar immer wieder gebeten worden, seine Predigten im Druck zu veröffentlichen, aber:

> «Predigten müssen gehalten sein sie müssen lebendig gefaßt, sie müssen im Herzen und nicht auf dem Papier bleiben, sie müssen ewigen Eindruck nachlassen.»[89]

Und in Herders *Briefen, das Studium der Theologie betreffend* (1780/81) heißt es entsprechend:

> «Mich dünkt also, das erste Gesetz einer guten Predigt sei, daß sie nicht *Rede, Rednerei in unserm Namen* werde. *Gottes* Willen predigen wir, nicht den unsern, *sein* Thema stellen wir dar, nicht unser Thema.»[90]

Der Frühromantiker Novalis notierte im Gleichklang damit in seinem *Allgemeinen Brouillon* (1798):

> «Predigt ist (…) tätiger Gebrauch des religiösen Sinns (…). Jede Predigt ist eine Inspirationswirkung – eine Predigt kann nur, muß genialisch sein.»[91]

Und auch der wohl bedeutendste protestantische Theologe des 19. Jahrhunderts, Friedrich Schleiermacher (1768–1834), bevorzugte ein dynamisches Predigtverständnis: «Die Hauptsache bleibt immer die Belebung des religiösen Bewusstseins, die *Erbauung*.»[92] Seine eigenen Berliner Predigten, die anspruchsvoll, aber offenbar auch sehr einnehmend waren, hielt Schleiermacher ebenfalls im freien Vortrag ohne Manuskript, nachdem er sie vorher in gründlicher Meditation vorbereitet hatte. Was sich davon erhalten hat, sind Nachschriften.[93] Und die Diskussion über die Schriftverwendung in der Kirche wollte nicht abreißen.[94] Man spürte ja das Dilemma: Die Religion sollte lebendig bleiben, zugleich wurden aber die Theologie und die Theologen immer gelehrter, wissenschaftlicher, auch bürgerlicher. Der Theologe Heinrich August Schott etwa (1780–1835), Professor in Wittenberg und Jena, holte, wie es der Stil der Zeit war, sehr weit aus und wurde in seiner mehrbändigen *Theorie der Beredsamkeit, mit besonderer Anwendung auf die geistliche Beredsamkeit* grundsätzlich: Die Vorbilder des Neuen Testaments seien zwar gewiss ein Ansporn zum Extemporieren, und doch müsse man auch Zugeständnisse an Charakter und Bildung der Gegenwart machen:

> «Aber zu jenem hohen Grade der Begeisterung, der sich nicht in Begriffen darstellen läßt, aber in den Vorträgen Jesu und seiner Schüler laut verkündet, schwingt sich nicht jedes Gemüth empor; es kann nicht jedem Prediger gelingen, immer und überall, ohne Vorbereitung, so von göttlichen Dingen zu reden, dass er sich selbst Genüge leistet, daß die Form der Darstellung so, wie er es wünscht, sein inneres Leben rein und völlig ausspricht.»[95]

In seinen praktischen Ausführungen wurde Heinrich August Schott noch deutlicher. Einerseits spreche alles gegen ein wörtliches Ablesen der Predigt:

> «Wo bleibt aber die freie und lebendige *Aktion*, wenn der Redner mit unverwandtem Auge auf das Konzept zu blicken, oder es sogar, wegen Kurzsichtigkeit, emporzuheben, und mit beiden Händen festzuhalten genöthigt ist? Diesem grossen Uebelstand durch den Gebrauch einer Augenbrille vorzubeugen, dürfte vielen Gemeinden (besonders Landgemeinden) fast in demselben Grade auffallen.»[96]

Allerdings, so Schott, hänge vieles von Erfahrung und Begabung ab, und er warnte wiederum eindringlich davor, die genaue Vorbereitung zu vernachlässigen, die freie Rede sei sonst nur voll von Redundanzen und Wiederholungen:

> «Schon mancher, vom natürlichen Talent begünstigte Jungling wurde dadurch (dies kann ich aus eignen Erfahrungen bezeugen) ein Schwätzer an heiliger Stätte, dass er zu frühzeitig und zu oft auf der Kanzel extemporirte.»[97]

Die neuen Erweckungsbewegungen des 19. Jahrhunderts hatten in dieser Hinsicht dann deutlich weniger Vorbehalte – sie entschieden sich fürs freie, spontane, emotionale Predigen.[98]

Auch in anderen Ländern wurde über die Jahrhunderte viel über diese Fragen debattiert. In Frankreich etwa hatte im 17. Jahrhundert der bedeutende Bischof und Schriftsteller François Fénelon ausführlich für eine weniger artifizielle, mehr aufs Publikum ausgerichtete Beredsamkeit plädiert; es gab in Frankreich starke Bestrebungen, die Predigt einem zwanglosen, aber eleganten Konversationsstil anzugleichen.[99] Und der Wiener Prediger Abraham a Sancta Clara (1644–1709) hatte für eine vehemente Belebung der katholischen Predigt und der barocken Sprache gesorgt.[100] In England wiederum gab es eine besondere Lage: Um im Kampf der Konfessionen Sicherheit gegen allen Irrglauben zu gewinnen – Katholiken, Schwärmer und so fort –, haben die reformatorischen Theologen im 16. Jahrhundert zentral im Auftrag der Krone eine Sammlung von religiösen Ansprachen für die Anglikanische Kirche herausgegeben: die *Certain Sermons or Homilies Appointed to Be Read in Churches*, kurz *Books of Homilies* genannt.[101] Die erste Ausgabe erschien im Jahr 1547 unter König Eduard VI., die zweite 1562 unter Elisabeth I. In der Vorrede zur ersten Ausgabe hieß es:

> «Seine Majestät befiehlt allen Pfarrern, Vicaren, Curates und allen anderen, welche geistliche Seelsorge haben, und legt es ihnen ernstlich auf, diese Homilien jeden Sonntag im Jahre bei der Hochmesse, wenn das Volk sich am zahlreichsten versammelt, ihren Pfarrkindern klar und deutlich vorzulesen und zu erklären, in der Ordnung, wie sie in dem Buche stehen, ausgenommen, wenn eine Predigt gehalten wird; und dann soll nur wegen dieser Ursache und aus keiner anderen das Vorlesen der gedachten Homilie bis zu dem folgenden Sonntage aufgeschoben werden.»[102]

Und im zweiten Band der *Homilies*, unter Königin Elisabeth I., wurde in der Vorrede die Herausgabe dieser offiziellen Staatspredigten so begründet:

> «Da nicht alle diejenigen, welche als Geistliche angestellt sind, die Gabe des Predigens hinreichendermaßen besitzen, um die Gemeinde zu unterrichten, die ihnen anvertrauet ist (…).»[103]

Die *Books of Homilies* führten dazu, dass nicht nur diese staatskirchlichen Ansprachen, sondern auch sonst alle Predigten in England bis in jüngere Zeit vom Manuskript abgelesen wurden und meist als überaus dröge galten. Der schottische Aufklärer und Geistliche Hugh Blair beklagte dies in seinen *Lectures on Rhetoric and Belles Lettres:*

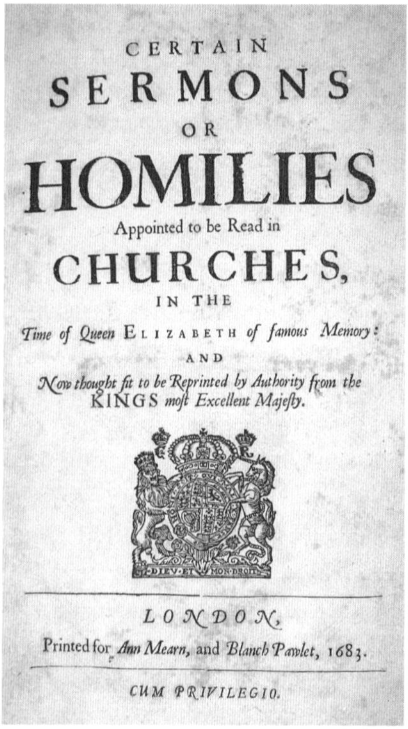
CERTAIN
SERMONS
OR
HOMILIES
Appointed to be Read in
CHURCHES,
IN THE
Time of Queen ELIZABETH *of famous Memory:*
AND
Now thought fit to be Reprinted by Authority from the
KINGS *most Excellent Majesty.*
DIEU ET MON DROIT
LONDON,
Printed for *Ann Mearn,* and *Blanch Pawlet,* 1683.
CUM PRIVILEGIO.

Vorgeschriebene Predigten im Auftrag der Krone, die in englischen Kirchen verlesen werden mussten: Das «Book of Homilies» (Nachdruck von 1683).

> «Was die Kanzel angeht, so war es gewiss von größtem Nachteil, dass die Gewohnheit des Ablesens von Predigten – anstelle des Vortragens aus dem Gedächtnis – sich in England durchgesetzt hat. Dies mag sicherlich Genauigkeit befördert haben, aber der Beredsamkeit hat es sehr geschadet; denn eine vorgelesene Abhandlung *(a Discourse read)* ist viel geringer zu achten als eine gesprochene Rede *(an Oration spoken)*.»[104]

Und sein deutscher Kollege Heinrich August Schott fand dies in seiner Predigtlehre ebenso beklagenswert:

> «Nach dem Urtheil aller unbefangenen Beobachter ist bei dem englischen Gottesdienste wenig wahre Erbauung zu finden. Und mit dem trockenen, blos belehrenden, dogmatisch-polemisirenden Inhalte und Charakter der englischen Predigten, die mehr an das Katheder, als an die Kanzel erinnern, mag das Ablesen wohl übereinstimmen.»[105]

Das Ablesen galt in der anglikanischen Kirche lange Zeit auch als Mittel, sich zuverlässig gegen Sektierer und sonstige Abweichler abzusichern: Am schriftlichen Predigttext konnte ja geprüft werden, ob ein Prediger politisch oder theologisch Anstößiges redete.[106] Und weil die Staatskirche in England den freikirchlichen Predigern ohnehin den Zugang zur Kanzel verwehrte, wo sie lieber ihre vorgeschriebenen Texte herunterleiern ließ, kam es dort zu einem scharfen Gegensatz von innen und außen, der zugleich einer von Schriftlichkeit und Mündlichkeit wurde: Die Puritaner standen für ein freieres Predigen ein;[107] Erweckungsprediger wie die Methodisten John Wesley (1703–1791) und George Whitefield (1714–1770) predigten unter freiem Himmel und frei von Manuskripten, und sie hatten gewaltigen Erfolg damit; Whitefield soll nach unterschiedlichen Schätzungen 18 000 oder 30 000 Predigten gehalten haben. Diesen rednerischen Bekehrungs-«Spirit» trugen die Freikirchen dann auch in die Vereinigten Staaten, wo die Methodisten im 19. Jahrhundert die größte Religionsgemeinschaft waren und wo nicht zuletzt in den schwarzen Gemeinden der Südstaaten die feurige, beschwingte Predigt beliebt wurde,[108] sowie in die weltweite Mission. Der amerikanische Prediger Billy Graham (1918–2018), der stets mit wenigen Notizen frei redete, ging auf eine globale Missionstour, sprach auf Plätzen, in Hallen und Stadien große Massen an und brachte im Juni 1973 auf einem Platz in Seoul in Südkorea mit seinen eindringlichen Rufen nach Bekehrung geschätzte 1,1 Millionen Menschen zusammen. Und geisterfüllte Prediger und Propheten gab und gibt es unter je verschiedenen Bedingungen natürlich auch in anderen Religionen, überall auf der Welt.

Während die evangelikalen Freikirchen die charismatische, spontane Predigt bis in die Gegenwart pflegen, zum Teil massenhaft in sogenannten Megachurches in den Südstaaten der USA oder in Südkorea, wo die Gemeinde oft sehr laut und leidenschaftlich ihre Ergriffenheit zeigt – wie improvisiert oder einstudiert diese Spontaneität auch immer sein mag –, so sieht es hierzulande anders aus, in katholischen wie evangelischen Kirchen: Die Kanzeln stehen oder hängen in der Regel verwaist im Kirchenraum herum. Diese Kanzeln, die in erhöhter Position angebracht und in manchen Kirchen früher üppig ausgeschmückt wurden, hatten einst eine doppelte Funktion: Sie sollten das Wort Gottes in seiner Bedeutung architektonisch und akustisch hervorheben; zugleich sollten sie ein mitgebrachtes Manuskript oder Konzept halten und verbergen, auf dessen Exis-

Die Megachurch, ein Erbe der Erweckungspredigt des 18. Jahrhunderts: Die Lakewood Church in Houston, Texas.

tenz der Pfarrer, wenn er geschickt war, die Zuhörer so wenig wie möglich aufmerksam machte.

Heute jedoch bevorzugen es die Geistlichen, an einem Lesepult direkt «unten» vor der Gemeinde zu stehen, weil dies unmittelbarer wirke und mehr Kontakt auf Augenhöhe, wie man sagt, ermögliche – und doch lesen die meisten ihre Predigt heute wieder von einem mitgebrachten Manuskript ab. Das Memorieren wird kaum noch geübt. Das traditionelle Gebet des Pfarrers vor der Predigt, mit dem er Gott um Beistand beim Reden bat, wird manchmal immer noch gesprochen – doch hat es seinen eigentlichen Sinn verloren, weil es ja für die freie oder memorierte Predigt gedacht war, deren genauer Ablauf in Gottes Hand lag. Manche empfinden zwar bei den abgelesenen Predigten einen Mangel, und so hat es in den letzten Jahren immer wieder Initiativen in den Kirchen gegeben, die Predigt doch (wieder) vom Manuskript zu lösen, sie freier, gerne auch lockerer, konversationsartiger zu gestalten.[109] Manche Prediger bemühen sich inzwischen um einen direkten, mitunter auch anbiedernden Gesprächston. Aber meistens ist in den Kirchen doch die Schriftkultur stärker – obwohl es doch seit zweitausend Jahren der Geist mit dem toten Buchstaben aufnehmen will.[110]

Kapitel 6

England, Amerika, Frankreich: Die Blüte der frei gehaltenen Rede in Revolution und Republik

In der Nacht fielen Bomben auf die freie Rede. Deutsche Luftangriffe zerstörten in den Nächten des 10. und 11. Mai 1941 das Mutterhaus des Parlamentarismus, das britische Unterhaus im Palast von Westminster in London. Das Dach wurde getroffen, die Kammer brannte vollständig aus. Am 28. Oktober 1943 debattierte dann das Parlament in seinem Ausweichquartier über den Wiederaufbau des eigenen Hauses. Der Kriegspremierminister Winston Churchill sprach sich dafür aus, den Raum spätestens mit dem Ende des Zweiten Weltkriegs in genau der überlieferten Form neu einzurichten. Diese Form ging auf das Chorgestühl der Sankt-Stephans-Kapelle in dem mittelalterlichen Vorgängerbau des nunmehr vernichteten Gebäudes zurück: mit längs gegenüberliegenden Sitzreihen für die Regierungs- und die Oppositionspartei und mit deutlich zu wenig Platz für alle Abgeordneten.

Winston Churchill hatte selbst jahrzehntelang auf den dunkelgrün gepolsterten Bänken in jenem Saal gesessen und an den Debatten teilgenommen: Als Redner stand man direkt an seinem Platz auf und sprach von dort aus, wie es bis heute im House of Commons üblich ist. Churchill hielt nichts davon, diese Tradition nun nach kontinentalem Vorbild durch eine Sitzordnung im großen Halbkreis zu ersetzen, wie es einige vorgeschlagen hatten. Seine Begründung dafür war bemerkenswert:

> «Wäre die Kammer groß genug, um alle ihre Mitglieder zu beherbergen, dann würden neun Zehntel ihrer Debatten in der deprimierenden Atmosphäre einer fast leeren oder halb leeren Kammer abgehalten. Die Essenz der guten Unterhausrede ist der Konversationsstil, die Leichtigkeit von schnellen, formlosen Unterbrechungen und Schlagabtausch. Lange Deklamationen von einem Rednerpult aus wären ein schlechter Ersatz für den Konversationsstil,

in dem so viele unserer Geschäfte erledigt werden. Aber der Konversationsstil erfordert einen ziemlich kleinen Raum, und bei wichtigen Gelegenheiten sollte es ein Gefühl von Gedränge und Dringlichkeit geben. (...) Für uns hat das Überleben der parlamentarischen Demokratie eine immense Bedeutung. Für unser Land ist dies eines unser Kriegsziele. Wir wollen, dass unser Parlament ein starkes, behendes, flexibles Instrument der freien Debatte ist. Zu diesem Zweck sind eine kleine Kammer und ein Gefühl von Intimität unerlässlich.»[1]

Hier stellte also einer der großen Staatsmänner und Redner des 20. Jahrhunderts einen sehr engen Zusammenhang her zwischen einer beweglichen, mündlichen, offenen Debattenform, durchaus auch im praktisch-körperlichen Sinne, und der Vitalität der repräsentativen Demokratie. Die einzelnen Bedingungen mögen spezifisch in der englischen Geschichte begründet sein – die zwei Kammern des Londoner Parlaments gehen bis aufs 14. Jahrhundert zurück. Aber wie Winston Churchill an dieser Stelle in Zeiten der äußersten Bedrohung das Prozedere im Unterhaus beschrieben hat, in der «Zitadelle der britischen Freiheit», wie er sagte, das markiert auch die Bedeutung der spontanen Rhetorik für die Politik der Neuzeit überhaupt.[2]

Das Kriegsziel «freie Debatte» hat nämlich maßgeblich dazu beigetragen, den Siegeszug von Aufklärung, Revolution und Demokratie im 18. und 19. Jahrhundert in Großbritannien, Nordamerika und Frankreich zu ermöglichen. Davon erzählt dieses Kapitel. Die Kraft solcher freien Debatte konnte sich erst richtig (wieder) entfalten, als eine politische Öffentlichkeit im modernen Sinn entstand. Dies vollzog sich in der Neuzeit in einem viel größeren Maßstab als einst in den Stadtstaaten des Altertums – wenn auch zum Teil mit der Antike als Vorbild. Es brauchte dafür eine möglichst freiheitliche, Widerspruch duldende, nicht im Einzelnen durchgeplante Meinungsbildung in maßgeblichen politischen Versammlungen, umgeben von einer wachsenden, schnell reagierenden, überregionalen Medienöffentlichkeit in Gestalt von gedruckten Büchern, Pamphleten, Flugblättern, Zeitungen, dazu von Theatern, Klubs, Akademien, Cafés, Vortragswesen, Stadtgespräch, Kunst und Literatur, die sich vom höfischen Leben emanzipierten. Dafür gab wiederum England den Takt vor: Dort entstand eine solche bunte gesellschaftliche Vielfalt und Öffentlichkeit. Dort wurde im 17. Jahrhundert die Pressezensur massenhaft unterlaufen und schließlich im Jahr 1695 offiziell abgeschafft. In England missachtete diese Öffentlichkeit im Laufe des 18. Jahrhunderts auch zunehmend das Verbot von Berichten aus dem Unterhaus. Der Widerstand gegen die Publikation von Parlamentsreden brach schließlich im Jahr 1771, und eine solche Berichterstattung wurde in den Londoner Zeitungen zur Normalität.[3]

In der Ständegesellschaft des europäischen Mittelalters und auch noch zur Zeit von Reformation und Humanismus war eine derartige allgemeine, freie Meinungsäußerung, geschweige denn Partizipation, noch meilenweit entfernt. Das galt für die politischen wie für die kommunikativen Verhältnisse. Die rhetorische Theorie im Mittelalter bewahrte zwar irgendwo tief in sich den Keim öffentlicher Beredsamkeit, der aus der Antike stammte, hielt ihn aber doch ziemlich gut versteckt; sie «verlor das Publikum aus dem Blick». Und auch im Humanismus, als man die griechische und römische Rhetorik neu studierte, wurde großteils «die Betonung der Persuasion vom gesprochenen ins geschriebene Medium überführt».[4] Die Rhetorik schrumpfte im Mittelalter teils zu einer Schreib-, Figuren- und Stillehre, nicht zuletzt für das Verfassen von Briefen und Urkunden, auch von offiziellen Lob- und Begräbnisreden, teils widmete sie sich, wie im vorigen Kapitel gesehen, der Predigt in den Kirchen, teils entstand daraus «eine universale, durch die Sprache gelenkte Erkenntnislehre».[5]

Und doch kam die spätere revolutionäre und demokratische Beredsamkeit nicht etwa mit einem einzigen Blitz in die Welt. Vergegenwärtigen wir uns also zunächst die Voraussetzungen. Fürsten, Bischöfe, Monarchen des Mittelalters hielten zum Teil elaborierte Reden, jedenfalls gaben Chronisten und Geschichtsschreiber sie nachträglich so wieder. Beispielsweise lässt Otto von Freising (ca. 1112–1158) in seinen *Taten des Kaisers Friedrich* den Kaiser Barbarossa vor dessen Zug gegen Mailand in lateinischer Sprache vor dem versammelten Heer Betrachtungen über den gerechten Krieg anstellen. Daraufhin kommt von seinen Soldaten «Geschrei und Zustimmung», ja sie werden von «einer gleichsam göttlichen Wachheit» ergriffen.[6] Überhaupt ist die Feldherrnrede – «Kampfparänese» lautet der literaturgeschichtliche Fachbegriff – ein altes Betätigungsfeld herrscherlicher Überredungskunst; die anfeuernde Rede an die Soldaten im Feld, die auf einen Treueschwur hinausläuft, findet sich bei Historiografen und in Flugschriften literarisch stilisiert und heroisch ausgeschmückt, wird aber in der Wirklichkeit oft sehr handfest aus dem Moment heraus formuliert worden sein.[7] So stellt es sich auch in der wohl berühmtesten Feldherrnrede der Literaturgeschichte dar, der Sankt-Crispins-Tag-Rede in William Shakespeares *Heinrich V.* (1599): Englands König Heinrich spricht vor dem Kampf gegen die Franzosen in der Schlacht von Azincourt im Jahr 1415 zu seinen besorgten und geschwächten Männern, die sich in vermeintlich hoffnungsloser Unterzahl befinden. Und er dreht die Stimmung meisterhaft, indem er den Sieg schon vorwegnimmt und den zukünftigen Stolz beschwört, mit dem die gesamte Nation später auf diesen Tag und auf die tapfere, auserwählte Schar blicken werde, die bei dieser historischen Schlacht im sogenannten Hundertjährigen Krieg dabei sein durfte: «Wir Wenigen, wir glücklichen Wenigen …» («we happy few»).

Shakespeare, in dessen Stücken sich auch sonst viele virtuose Reden finden, lässt diese Ansprache des Befehlshabers erst allmählich zu einer großen Rede an die gesamte Truppe anschwellen; zunächst beginnt sie dialogisch, als eine spontane Antwort Heinrichs auf eine defätistische Bemerkung, die der König in seinem Lager quasi zufällig mitgehört hat. Vom Getuschel unter Offizieren hin zum großen nationalen Appell an alles Fußvolk: So wird im Drama die Atmosphäre eindringlich spürbar, in der sich ein militärischer Anführer direkt vor den Kampfhandlungen befindet, im Nebeneinander von praktischer Unmittelbarkeit und motivierendem Pathos.[8] Der Schauspieler Laurence Olivier spielte diesen *Heinrich V.* denn auch in einer Verfilmung, die im Jahr 1944 zur Steigerung der britischen Kampfmoral gedreht wurde. Die spätere Filmfassung von und mit Kenneth Branagh (1989) ist übrigens auch nicht schlecht. Im Englischen spricht man von einer «rousing speech», und solche erweckenden, entzündenden Reden von Protagonisten, die sich im Laufe des Sprechens selbst ertüchtigen und emotional emporschwingen, bis die Zuhörer jubeln und Tränen fließen, sind bis heute beliebte Szenen in Hollywood-Filmen und TV-Serien, von denen sich auch Motivationstrainer inspirieren lassen können. Dabei hat jene Kampfrede des englischen Königs, inmitten einer männlich geprägten Welt, auf französischer Seite ein weibliches Pendant von nicht geringerer Wirkung: Jeanne d’Arc (ca. 1412–1431), die Nationalheldin, die ebenfalls durch ihr Eingreifen im Hundertjährigen Krieg legendär und literarisch wurde. Die berühmte Jungfrau, nachher im Inquisitionsprozess verhört, als Ketzerin hingerichtet und posthum dann wieder rehabilitiert, hatte Visionen, sie hörte Stimmen von Heiligen und sah sich im göttlichen Auftrag dazu gerüstet, am 7./8. Mai 1429 die Stadt

Orléans von den Engländern zu befreien. Laut Überlieferung drohte sie dem Nachfolger jenes Helden von Azincourt, also dessen Sohn Heinrich VI., mit diesen unmissverständlichen Worten:

> «König von England (…), wisst, ich bin Kriegsherr, und wo immer ich Eure Leute in Frankreich finde, werde ich gegen sie kämpfen und sie verjagen, ob sie wollen oder nicht. Und wenn sie nicht gehorchen, so werde ich sie alle töten lassen.»[9]

In Friedrich Schillers *Jungfrau von Orleans* (1801) – einer der unzähligen Bearbeitungen und Nachwirkungen des Stoffes von der Oper bis zum Film – klang das dann so:

> «Verderben über England! Sieg den Franken!
> Auf, meine Tapfern! Auf! (…)
> Mut, Mut, mein Volk! Es ist der letzte Kampf!
> Den *einen* Sieg noch, und der Feind liegt nieder.»[10]

Eine andere berühmte (und mehrmals verfilmte) Kriegsrede aus dem Mund einer Frau ist die Ansprache von Englands ebenfalls «jungfräulicher» Königin Elisabeth I., die im August 1588 ihre Truppen an der Küste bei Tilbury auf die Invasion der spanischen Armada vorbereitete und dort gesagt haben soll: «Ich weiß, ich habe den Leib eines schwachen, kraftlosen Weibes, aber ich habe das Herz und das Mark eines Königs, und noch dazu eines englischen Königs!»[11]

Ein weiteres Feld der vormodernen Beredsamkeit waren Reichstage und Ständeversammlungen, die im Laufe des Mittelalters in unterschiedlicher Ausprägung in Europa wichtiger wurden, gerade zum Aushandeln der Machtverhältnisse mit den monarchischen Herrschern, was sie zu Vorläufern der modernen Parlamente machte.[12] Die Ausgangssituation hat man so beschrieben: «Der König fragte nach Rat, und in Angelegenheiten von besonderer Bedeutung wendete er sich nicht nur an seine Hofbeamten, sondern an eine breitere Gruppe von führenden Persönlichkeiten, die von der Entscheidung betroffen sein würden.»[13] Diese Repräsentation wurde dann im Spätmittelalter zunehmend ausgebaut und verrechtlicht. Nicht zuletzt ging es da um die Bewilligung von Steuern, den Kern aller Repräsentation: «Der Fürst muss den Großen bzw. Ständen, von deren Bewilligung er abhängig ist, verbal plausibel machen, warum die Erhebung der Steuer und ihre Höhe nötig und dringlich sei. Die

Stände haben darauf oratorisch zu reagieren.»[14] Allerdings darf man sich – trotz gelegentlicher kurzer Stellungnahmen und Verhandlungen – solche Versammlungen zunächst nicht allzu deliberativ und argumentativ vorstellen, die Abläufe waren meist hochgradig formalisiert und zeremoniell, und so gab es inmitten feierlicher Fürstenreden und symbolischer Handlungen wenig Raum für Spontaneität.[15] Es wurden eher, wie es ein Chronist ausdrückte, «viele schöne Dinge in hohem Stil und in weiser Art vorgebracht».[16] Lebendigere Konflikte trug man oft nur in kirchenpolitischen Fragen aus – wie etwa bei den Versammlungen rund ums Basler Konzil 1431 bis 1449 oder bei den Auseinandersetzungen mit den Protestanten auf den Reichstagen der Reformationszeit –, und selbst da sprachen im Pro und Contra für die Parteien oft gelehrte Experten, Juristen oder Theologen, in langen, komplizierten Vorträgen.[17]

Im Renaissance-Humanismus, ausgehend besonders von Florenz, erstreckte sich die Wiederbelebung der antiken Bildung und der alten Sprachen gerade auch auf die Rhetorik.[18] Man schrieb glänzende Festreden, Briefe, Geschichtswerke und philosophische Dialoge im klassischen Stil, auch immer mehr Lehrbücher der Beredsamkeit, und begeisterte Gelehrte entdeckten, edierten, kommentierten und druckten die antiken Texte. «Rhetorik» hieß bei aller Bewunderung für den republikanischen Geist antiker Redner, allen voran Cicero, allerdings oft auch nicht mehr, als dass man klassische Grammatik und schmückende Stilmittel verwendete sowie Schriftsteller-Zitate und *loci communes* zur Hand hatte, also Standard-Sentenzen und -Argumente. Der frühneuzeitliche Unterricht verlieh Gelehrten und Rednern auf diese Weise einen «mobilen Schatz an fixierten Formeln».[19] Der adlige Hofmann der Renaissance sollte dabei möglichst mit allen Wassern der Rhetorik gewaschen sein, dann aber so anmutig und lässig sprechen, dass das Angelernte wie natürlich erschien.[20]

Dieser humanistische Impuls erfasste seit der Reformation auch die konfessionell geprägten Universitäten und Schulen. Der Gräzist und Reformator Philipp Melanchthon sorgte dafür, dass an der Universität Wittenberg (wo Shakespeares dänischer Prinz Hamlet studiert hat) seit dem Jahr 1523 Deklamationen gehalten wurden, «kunstvolle Reden über alle denkbaren Themen, zur Übung der Studenten regelmäßig alle zwei Wochen, bei festlichen Anlässen, insbesondere bei den Promotionsfeiern, durch graduierte Gelehrte».[21] Melanchthon, der Gefährte Martin Luthers, übersetzte Reden von Demosthenes ins Lateinische, er veröffentlichte

Lehrbücher der Rhetorik und Dialektik mit großem Einfluss auf die protestantische Sprachkultur, und 180 eigene Reden sind von Melanchthon selbst erhalten.[22] Auch gab es an den Universitäten die scholastische Tradition des mündlichen Schlagabtausches in der Form der Disputation, also der Verteidigung von Thesen vor akademischem Publikum. Bei Thomas von Aquin im 13. Jahrhundert hatte es schon eine «Disputation über einen beliebigen Gegenstand» («disputatio de quolibet») gegeben, dabei konnten die Hörer das Thema frei wählen, was «besonders hohe Anforderungen an die fachliche Kompetenz und an die Schlagfertigkeit des leitenden Magisters» stellte.[23] Die Disputation, auch ein solides Training im Umgang mit Gemeinplätzen, wurde in der Schulung für Gerichtsverhandlungen ebenso weiter gepflegt wie in der konfessionellen Ausbildung: auf protestantischer Seite unter Melanchthons Einfluss, auf katholisch-gegenreformatorischer Seite in den Kaderschmieden der Jesuitenschulen, die mit ihrer gelehrten lateinischen Streitkunst Rüstzeug für die Glaubenskontroversen der Zeit lieferten.[24] Gab es damals also durchaus Stoff für den mündlichen Austausch, so wurde die Kunst der Dialektik aber bald auch wieder vor allem für schriftliche Erörterungen genutzt, besonders unter dem Eindruck des französischen Humanisten Petrus Ramus (1515–1572). Dessen rhetorische Schriften leiteten Studenten und Gelehrte des 16. und 17. Jahrhunderts in erster Linie in der logischen Ordnung von Abhandlungen an, die überwiegend noch auf Lateinisch geschrieben wurden. Da ging es nicht ansatzweise um die freie Rede, sondern – eher bedeutend für die Philosophie- und Wissenschaftsgeschichte – um «systematische Ordnung, Methode, Fasslichkeit, Kohärenz und Verfügbarkeit des Wissens».[25]

In den italienischen Stadtrepubliken der Renaissance selbst, wo im 14. und 15. Jahrhundert zwischen rivalisierenden Kaufmanns- und Bankiersfamilien Kunst, Dichtung und Wissenschaft in ungekannter Weise erblühten, wollte man auch ein neues Zeitalter der Eloquenz einläuten.[26] Das Ergebnis waren gelehrte Debatten über den Vorrang der Rhetorik vor der Philosophie und Prunkreden, in denen man seine literarische Eleganz und Belesenheit vorführte, um Proben «des virtuosenhaft ausgebildeten humanistischen Talents» abzugeben. Für prominente Geburtstage, Hochzeiten, diplomatische Gesandtschaften, Gedenktage, akademische Ansprachen und ähnliche Anlässe waren «die meisten Reden am Studierpult erarbeitet».[27] Auch das antike Städte-Lob wurde nachgeahmt, etwa von

Leonardo Bruni mit seiner «Lobrede auf die Stadt Florenz» (ca. 1403). Zum Teil mag der philologische Eifer, mag die Antikisierung von allem und jedem zu Schauzwecken auch beinahe lächerliche Züge angenommen haben; jedoch stand hinter diesem Interesse an klassischer Rhetorik zum Anbruch der Neuzeit oft auch ein ernst zu nehmender Anspruch: Man wollte sich in neuer Qualität über die politische Beredsamkeit, über die beste Regierung und über das Gemeinwohl verständigen.[28]

Auch im Venedig der Renaissance gab es vielfältige Redeanlässe; der Rat der dort regierenden Adelsklasse, die eine Alleinherrschaft des Dogen von Venedig stets zu verhindern wusste, war auch ein Ort der politischen Deliberation. Giason de Nores, ein Gelehrter in Padua, sprach im 16. Jahrhundert die Jugend der venezianischen Elite folgendermaßen auf ihre rhetorischen Aufgaben an:

> «Ihr allein habt in den Geschäften eurer klugen Regierung von Staats wegen verschiedene Gelegenheiten, bald anzuklagen und zu verteidigen als Anwälte, bald zu- und abzuraten als Senatoren, bald Glückwünsche, Trost und Dank auszusprechen als Botschafter, bald die verstorbenen Fürsten eures Vaterlandes zu loben.»[29]

Die mittelalterliche, nicht-monarchische Verfassung der Republik Venedig blieb bis zu ihrem Ende im Jahr 1797 im Wesentlichen bestehen. Und so wurde noch Ende des 18. Jahrhunderts das Ideal der lebendigen politischen Redekultur in Venedig gefeiert: Marco Foscarini (1696–1763), ein Gelehrter, Politiker und von 1762 bis zu seinem Tod Doge von Venedig, verfasste eine eigene Schrift mit dem Titel *Über die Stegreifrede* (*Della improvvisa eloquenza*). Dass die Reden im venezianischen Senat meist nicht wie anderswo lange vorbereitet und einstudiert seien, sondern «plötzlich und unbedacht» («subite ed impensate») gehalten würden, das hänge eng mit der (oligarchischen) republikanischen Verfassung des Stadtstaates zusammen, erklärte Foscarini. Die extemporierte Rede sei nämlich «in den freien Städten» zu Hause und eine «treue Begleiterin und Verteidigerin der Freiheit». Die Verhandlungen des Rates der Serenissima seien durch den Verzicht auf die schriftliche Rede «von keiner Fessel verlangsamt oder behindert», rühmte Marco Foscarini seine Heimat, und so hätten Venedigs adlige Redner «die Natur selbst als Führerin und Leiterin».[30]

Kein Zweifel, auch wenn die Genealogien verschlungen sind: Mit all diesen Redetraditionen und -innovationen wurde einiger Grund gelegt für eine spätere Debattenkultur. Dennoch bestehen auch fundamentale Unterschiede zwischen den vormodernen Versammlungen und modernen demokratischen Parlamenten. Für letztere stellt der Parlamentshistoriker Thomas Mergel drei Kriterien auf, die bei allen nationalen Unterschieden gelten: Erstens muss es einen Bezug auf die Gesamtgesellschaft geben, auf Volk und Öffentlichkeit, also eine Repräsentation im umfassenden Sinne. Zweitens muss das Parlament tatsächlich Entscheidungen treffen und Gesetze beschließen können, also nicht bloß zur Beratung dienen. Und drittens braucht es eine zunehmende Institutionalisierung und Professionalisierung der Parlamentsarbeit im Sinne der «Legitimität durch Verfahren».[31] Auf dem Weg dorthin, zur demokratischen Volksvertretung, spielte das freie Sprechen eine besondere Rolle. Drei Ländern kam dabei eine herausragende Bedeutung zu.

England

Das englische Parlament in Westminster hat sich über die Jahrhunderte entwickelt: von einer mittelalterlichen Ständevertretung der Landbesitzer und Städte gegenüber dem König seit dem 13. Jahrhundert bis hin zur wahrhaft demokratischen Repräsentation seit den Wahlrechtsreformen des 19. und 20. Jahrhunderts.[32] Schon seit Bürgerkrieg und Revolution im 17. Jahrhundert (1642–1649/1688) darf keine Königin und kein König mehr das House of Commons betreten. (Die feierliche Thronrede, in der die Monarchin oder der Monarch jährlich das Regierungsprogramm des Premierministers in dessen Worten verkündet und bei der auch die Mitglieder des Unterhauses zugegen sind, findet im Oberhaus statt.) Mit der Macht des Parlaments wuchs auch die Macht seiner Beredsamkeit. Bereits im frühen 15. Jahrhundert wurde interne Redefreiheit innerhalb des Londoner Unterhauses prinzipiell garantiert.[33] Von einem namentlich unbekannten Abgeordneten ist überliefert, dass er im Jahr 1566 sagte:

> «Dieser ehrenwerte Rat (…) hat den Namen Parlament, und das bedeutet eine Rede, die vom Herzen geäußert wird und vom Verstand, fürwahr eine freie Rede.»

Und diese freie Rede, so jener Abgeordnete weiter, sei gottgewollt, «um die Übel verräterischer Schmeichelei und teuflischer Verstellung zu verhüten.»[34] Im 16. Jahrhundert wuchs in England auch das Interesse an den Lehren und Vorbildern der Redekunst. Sir Thomas Wilson, der «englische Quintilian», veröffentlichte 1553 seine *Kunst der Rhetorik* und übersetzte 1570 die Reden des Demosthenes. Wilson verband die Sprachgewandtheit und die Moralität eines politischen Redners zu einem positiven, idealen Gesamtbild; und er lehnte ausdrücklich, wie man es ja von Briten bis heute gewohnt ist, eine zu gelehrte, unklare Sprache ab und plädierte dafür, die «vertrauten Worte» zu verwenden anstelle von «seltsamen Tintenfassausdrücken».[35] Im Jahr 1579 erschien von Thomas North die Übersetzung der Biografien von Plutarch – eine englische Schatzkammer des Wissens über antike Staatsmänner und ihre Reden, nicht zuletzt auch für William Shakespeare. Im Unterricht der *grammar schools* und Universitäten auf der Insel vermittelte man damals schon den Absolventen, dass die Rhetorik nicht bloß zum literarischen Schmuck, sondern zum Austragen von Konflikten gegensätzlicher Positionen vor Publikum dient – *in utramque partem*, also Pro und Contra –, bis man möglichst einen Konsens erreicht. In dieser Wertschätzung des gesprochenen Wortes lag auch ein Ursprung des Gedankens, dass aus Untertanen Bürger werden sollten.[36] Diese Rhetorikschulung spiegelte sich in aufwendigen Parlamentsreden, obwohl die Mitspracherechte des Unterhauses noch begrenzt waren, bevor im 17. Jahrhundert zunehmend heftiger um sie gerungen wurde.[37] Francis Bacon (1561–1626), der Herold der neuzeitlichen empirischen Wissenschaften und selbst als hochrangiger Politiker und Unterhausredner versiert, bestimmte die Funktion der Rhetorik im Jahr 1605 solcherart:

> «Die Pflicht und Aufgabe der Beredsamkeit ist es, den Verstand auf die Einbildungskraft anzuwenden, um den Willen um so wirkungsvoller bewegen zu können.»[38]

Am 26. Januar 1649 kulminierte der englische Bürgerkrieg darin, dass König Karl I. unerhörterweise vom Parlament abgeurteilt und am 30. Januar enthauptet wurde. Es folgte unter Führung von Oliver Cromwell, ebenso unerhört, der «Commonwealth», die puritanische Republik, die bis 1660 Bestand hatte. Nachher, nachdem die Monarchie 1661 wiederhergestellt war, fragte Thomas Hobbes (1588–1679), Staatsphilosoph und Autor des «Leviathan» (1651), in seiner Schrift *Behemoth* (1668) nach den Gründen der Rebellion. Hobbes hatte selbst früher Aristoteles' *Rhetorik* ins Lateinische übersetzt, dann auch ins Englische, anonym publiziert im

Jahr 1637 unter dem Titel *A Briefe of the Art of Rhetorique*. Nun aber erschien ihm, Hobbes, das Anfachen der Leidenschaften durch die Redekunst – eben das wirkungsvolle Bewegen des Willens, von dem Francis Bacon gesprochen hatte – doch inzwischen als arg riskant. Der Philosoph war im Sinne der monarchischen Ordnung überaus skeptisch gegenüber «den demokratischen Grundsätzen von Aristoteles und Cicero», wie er es selber ausdrückte.[39] Als einen der kritischen Punkte nannte Thomas Hobbes im *Behemoth* diesen:

> «Viertens gab es eine überaus große Zahl von Männern der besseren Sorte, die gebildeter waren, denn in ihrer Jugend hatten sie Bücher berühmter Männer des griechischen und römischen Staatswesens über deren Politik und Staatsgeschäfte gelesen. In diesen Büchern wurde die Volksherrschaft unter dem erhabenen Namen der ‹Freiheit› gepriesen, die Monarchie aber unter dem Namen ‹Tyrannei› geschmäht. Aus diesen Männern wurde der größte Teil des englischen House of Commons gewählt, und wenn sie auch nicht in der Mehrheit waren, so gaben sie doch immer kraft ihrer Beredsamkeit den Ausschlag.»[40]

Nun waren gewiss nicht Rhetorikunterricht und Cicero-Lektüre alleine schuld am Bürgerkrieg, sondern die religiösen und politischen Verwerfungen der Zeit. Aber die Beredsamkeit hatte ihren Anteil, flankiert von gedruckten Pamphleten, Flugblättern, Lyrik, Satire, Bildpropaganda und – von Predigten. Radikale Millenaristen, die das Reich Gottes auf Erden errichten wollten, hatten schon mehrmals in Europa theokratische Revolutionen versucht und dabei die geisterfüllte Predigt, von der wir im vorigen Kapitel gehört haben, in den Raum der Politik getragen. Wie Thomas Müntzer, der Anführer im deutschen Bauernkrieg (1525), wie das Regime der «Wiedertäufer» in Münster (1536 beendet), so waren auch die englischen Puritaner von der Apokalypse befeuert und wollten ein korruptes System durch eine Herrschaft christlicher Reinheit und Strenge ersetzen. Die Parlamentsreden dieser calvinistischen Fundamentalisten wurden seit 1642 auch gedruckt verbreitet. Als sie ihre Republik ohne König und ohne Oberhaus ausgerufen hatten, verwandelte Oliver Cromwell diese 1653 zu einer Alleinherrschaft als «Lordprotektor», zu der er sich bis zu seinem Tod 1658 direkt von Gott gesandt und begnadet sah.

Am 20. April 1653 trat Cromwell mit Bewaffneten vor das zum «Rumpfparlament» geschrumpfte Unterhaus und forderte dessen Auflösung. Er warf den Abgeordneten vor, durch und durch verdorben zu sein, den einen bezichtigte er als Säufer, den nächsten als Zuhälter. Seine Rede an diesem Tag, voller Sendungsbewusstsein und verinnerlichter Bibelstellen, war nicht schriftlich vorbereitet. Beobachter berichteten, Cromwell habe «mit so viel Leidenschaft und Erregung» gesprochen, «als wäre er geistig abwesend gewesen». Am Nachmittag soll er mit seinen Offizieren auf die Ereignisse dieses Morgens so zurückgeblickt haben:

> «Als ich dorthin ging, dachte ich nicht, dass ich dies getan hätte: sondern da ich den Geist Gottes so stark empfangen habe, musste ich nicht Fleisch und Blut zu Rate ziehen.»[41]

Nach dem Bürgerkrieg konnte man, zur kollektiven Verarbeitung gewissermaßen, in John Miltons Epos *Paradise Lost* (1667) von den heftigen Wirkungen buchstäblich teuflischer Redekunst lesen. Miltons poetische Darstellung von Reden, etwa wie Satan Eva im Paradies überredet, ist so etwas wie eine «Parlamentsdebatte von übermenschlichem Ausmaß».[42]

Im 18. Jahrhundert mäßigten sich die religiösen Leidenschaften in der englischen – und durch die Vereinigung mit Schottland nunmehr: britischen – Politik, die über ein Weltreich gebot. Stattdessen setzte man nun in London einerseits auf Aufklärung, Vernunft, Raisonnement, ja auf gepflegte Höflichkeit unter wohlerzogenen Männern, auch im inzwischen dauerhaft gegenüber der Krone gestärkten Parlament (weibliche Abgeordnete sollten übrigens erst ab 1919 hinzukommen), und andererseits in diesem Rahmen auch wieder auf eine gewisse Vehemenz und Emotionalität; darin folgte man dem Vorbild Griechenlands und besonders der römischen Republik, deren Dichter und Redner man in Unterhausdebatten nachahmte und auch gern einmal im Original zitierte. Wie immer sich die Parlamentsredner nun in dieser Spannung entschieden: zwischen dem Ideal einer aufrichtigen «politeness» und einem klassisch inspirierten Pathos;[43] ob sie große, elegante, stundenlange staatsmännische Reden vortrugen oder eher den lebendigen «conversational style» pflegten, von dem Winston Churchill später sprechen sollte – eines wurde nun in jedem Fall zur unabdingbaren Eigenheit des Parlaments: die Mündlichkeit.

Denn spätestens seit der Regierungszeit König Georgs III. (1760–1801) wurden die Reden im britischen Unterhaus ausnahmslos frei gehalten. Zuvor hatte es mancher noch mit komplett memorierten Reden oder mit Notizen versucht.[44] Dies brachte jedoch Blamagen mit sich. So kam etwa der Whig-Politiker George Oxenden in der Sitzung vom 21. Januar 1729 zweimal während seiner Rede aus dem Konzept, und ein neben ihm sitzender Mitstreiter, der das Manuskript in seinem Hut versteckt hatte, musste ihm auf die Sprünge helfen. Peinlich! In der Sitzung vom 3. März 1774 rief der Abgeordnete Charles Turner in einer Rede stolz aus: «Ich habe dieses Haus noch nie mit Notizen in der Hand betreten!»[45] Das Ablesen von einem Manuskript wurde als Bruch einer britischen «Gentleman-Oralität» empfunden, in der nur das gilt, was im Moment gesagt wird – wohlgemerkt im Stehen, in geringem Abstand zu den übrigen Abgeordneten und ohne Redepult.[46] Seit jeher bestand dabei die Regel, und sie besteht bis heute, dass die Redner des Unterhauses sich stets an den Sprecher des Hauses wenden – «Mr. Speaker …» – und andere Abgeordnete nicht direkt anreden, sondern diese nur in dritter Person mit Ehrentitel erwähnen: «the (right) honourable gentleman» (bzw. «lady») oder «my (right) honourable friend» (wenn ein Mitglied der eigenen Partei gemeint ist). Die Freiheit des Abgeordneten, der sich häufig auch auf die Wähler seines eigenen Wahlkreises und ihre Anliegen beruft, manifestiert sich also in der Art des Sprechens selbst; und diese Freiheit verwandelte sich mit der Zeit immer mehr von einer elitären zu einer demokratischeren Repräsentation. Trotz aller realen Machtverhältnisse lautet das Ideal im Unterhaus bis in die Gegenwart: «Es spricht nicht die Partei, durch den Mund ihrer Redner, sondern jeder Redner für sich auf eigene Verantwortung.»[47] Heinrich Heine, der 1827 als Besucher dort war, beschrieb die englischen Parlamentarier so: «(…) wie ihr Leib, so gebärdet sich alsdann auch ihr Geist ganz zwanglos.»[48]

Über die Unmittelbarkeit der Rede gibt es seit der Aufklärungszeit daher viele Nachrichten und einige Reflexionen. Der Philosoph David Hume (1711–1776) erklärte in seinem Essay *Of Eloquence* (1742), ein lebhafter, erhabener Stil passe prinzipiell viel besser zum Reden als zum Schreiben, weil dann «die Anmut von Stimme und Vortrag» und die anregende Gespanntheit des Publikums hinzukämen. Zur Frage der Vorbereitung stellte Hume fest:

> «Es gibt in der Tat ein großes Vorurteil gegen vorbereitete Reden, und ein Mann wird dem Spott nicht entgehen, wenn er eine Rede wiederholt wie ein Schuljunge eine Lektion und nichts bemerkt, was im Verlauf der Debatte vorgebracht wird. Doch ist es nötig, auf eine solche Absurdität zu verfallen? Ein öffentlicher Redner muss im Voraus die Frage kennen, die zur Debatte steht. Er kann alle Argumente, Gegenargumente und Antworten so formulieren,

wie er sie für seine Rede am besten geeignet findet. Tritt etwas Neues auf, so kann er es nach seiner Eingebung hinzufügen, wobei der Unterschied zwischen seinen ausgearbeiteten und seinen improvisierten Formulierungen nicht besonders auffällig sein wird. Der Geist fährt von Natur aus mit dem gleichen Impetus und der Kraft fort, die er durch die Bewegung erhalten hat, ebenso wie ein Schiff, einmal durch die Ruder angetrieben, seinen Kurs noch eine Weile hält, auch wenn der ursprüngliche Antrieb aufgehört hat.»[49]

Dieser Impetus des Geistes, der hier ein sprachliches Boot auf dem Wasser weitertreiben lässt (das Bild hatte David Hume übrigens von Cicero),[50] konnte auch mit einer anderen beliebten Metaphorik der Genieästhetik ausgedrückt werden, nämlich derjenigen des Feuers. An den großen Whig-Politiker und Unterhausredner Charles James Fox (1749–1806), der für den Frieden mit den amerikanischen Kolonien eintrat und die Französische Revolution befürwortete, erinnerte sich James Mackintosh, selbst ein bedeutender Parlamentsredner der Ära, mit diesen Worten:

«Er vergaß sich selbst und alles um sich herum. Er dachte nur an sein Thema. Sein Genie lief warm, und im Lauf seiner Rede entzündete es sich. Er schleuderte Feuer in sein Publikum.»[51]

Bei dem Philosophen Edmund Burke (1729–1797), der ebenfalls als einer der berühmten Redner im Unterhaus über Jahrzehnte erfolgreich war, gingen Spontanes und Prinzipielles, Stürmisches und Rationales, Mündliches und Schriftliches ineinander; mal präparierte er seine Reden sorgfältig, die stets als weise, kunstvoll, wenn auch mitunter als ermüdend wahrgenommen wurden, und prägte sich Formulierungen dafür genau ein; mal arbeitete er wiederum polemische Pointen, Argumente und Bilder, die ihm erst im Laufe der Debatten beim Sprechen eingefallen waren, später in seine Schriften ein.[52] Beide dieser großen Redner erlebte voller Bewunderung Karl Philipp Moritz, der deutsche Dichter und Gelehrte, als er das Unterhaus als Zuhörer besuchte, wovon er in seinen *Reisen eines Deutschen in England im Jahre 1782* ein wertvolles Zeugnis gibt:

«Das Reden geschiehet ohne alle Feierlichkeit: einer steht bloß von seinem Sitze auf, nimmt seinen Hut ab, wendet sich gegen den Sprecher, an den alle Reden gerichtet sind, behält Hut und Stock in einer Hand, und mit der andern macht er seine Gesten.

Redet einer schlecht, oder hat das, was er sagt, für die meisten nicht Interesse genug, so ist oft ein solches Lermen und Gelächter, daß der Redende kaum

Der Gentleman redet frei, und das Manuskript als Stütze wird zunehmend tabu: Debatte im Unterhaus, aus dem «Microcosm of London», 1808–10.

sein eignes Wort hören kann, welches für diesen eine sehr ängstliche Lage sein muß; und dann hat es sehr viel Komisches, wenn der Sprecher auf seinem Stuhle, wie ein Präceptor zu wiederholtenmalen Ordnung gebietet, indem er ausruft, *to Order, to Order!* ohne daß eben viel darauf geachtet wird.
Sobald hingegen einer gut und zweckmäßig redet, so herrscht die äußerste Stille, und einer nach dem andern giebt seinen Beifall dadurch zu erkennen, daß er *hear him!* hört ihn! ruft, welches denn freilich oft vom ganzen Hause auf einmal geschiehet, und auf die Weise ein solches Geräusch verursacht, daß der Redende wiederum durch eben dieses *hear him!* oft unterbrochen wird. Demohngeachtet ist dieser Zuruf immer eine große Aufmunterung, und ich habe oft bemerkt, daß einer, der mit einiger Furchtsamkeit oder Kälte zu reden anfängt, am Ende dadurch in ein solches Feuer gesetzt wird, daß er mit einem Strome von Beredsamkeit spricht.»[53]

Hier treffen sich also beide Metaphern für die freie Rede: das Feuer und der Wasser-Strom. Auch als Charles Fox spricht, ist Karl Philipp Moritz davon begeistert, «mit welchem Feuer und hinreißender Beredsamkeit» er redet. Moritz' Beobachtungen machen dabei – durch den Blick von außen besonders scharf – den erheblichen Druck spürbar, dem die zur Mündlichkeit gezwungenen Parlamentsredner in Westminster standhalten mussten, wenn sie nicht in «eine sehr ängstliche Lage» geraten wollten. Denn: «Sanktionsmittel gab es genug: vom lauten Gähnen über ostentatives Schlafen, andauerndes Gemurmel und Getuschel, irritierende Zwischenrufe, künstliche Hustenanfälle, fluchtartiges massenhaftes Verlassen des Saals bis hin zum dröhnenden Auslachen und regelrechten Niederbrüllen des Redners.»[54] Die Parlamentsrede erfordert also durchaus viel Mut, Präsenz und Training. Kein Geringerer als der Historiker Edward Gibbon, Unterhausmitglied von 1774 bis 1784, bemerkte 1775 in einem Brief:

> «Die großartigen Redner erfüllen mich mit Verzweiflung, die schlechten mit Schrecken.»[55]

Und der Indologe Sir William Jones redete seinem Schüler, dem jungen Lord Spencer, so zu:

> «Die Ängstlichkeit, die du beim öffentlichen Reden spürst, wird nach und nach schwinden, und sie ist am Anfang eher noch ein Vorteil, weil sie die Zuhörer zugunsten des Redners beeinflusst.»[56]

Um jener ängstlichen Lage zu begegnen, lag es natürlich trotzdem nahe, möglichst viel zu üben, wenn man ein geachteter Parlamentsredner werden wollte. Im 18. Jahrhundert florierten diverse Londoner Debattierclubs – mit so schönen Namen wie «The University of Rational Amusements» oder «Oratorical Hall» –, und neue studentische «Debating societies» gingen besonders auf den kommunikativen Bedarf der Elitenlaufbahn ein.[57] Im Jahr 1794 wurde die Literary Society an der University of St Andrews gegründet, 1815 die Cambridge Union, 1823 die Oxford Union – bis heute sind dies spielerische Debatten-Kaderschmieden für versierte Eliten. Vorher schon gründete beispielsweise Edmund Burke, als er von 1743 bis 1750 am Trinity College in Dublin studierte, zusammen mit sechs Kommilitonen eine «Academy of Belles Lettres». Dies war keine offizielle Institution, sondern ein kleiner privater Übungsclub. Die jungen Herren mussten in diesem Rahmen Folgendes voreinander leisten: Essays vorbereiten, die man vortrug und über die diskutiert wurde; Passagen aus Werken der Dichtkunst rezitieren, woraufhin die anderen Freunde die Rezitation begutachteten; Debatten bestehen, bei denen der «Vorsitzende» das Thema wählte und man in die eine oder andere Richtung frei argumentieren musste. Dabei konnte man antike römische Senatoren verkörpern oder Redner aus dem Irish House of Commons, das bis zur Bildung des Vereinigten Königreichs 1800 Bestand hatte und in Dublin nur ein paar Gehminuten von der Universität entfernt lag.[58]

Auch fürs heimische Üben wurden verschiedene Tricks und Handreichungen empfohlen. William Pitt der Jüngere (1759–1806), bewundert als Staatsmann wie als Parlamentsredner, wurde 1783 im Alter von 24 Jahren der jüngste britische Premierminister aller Zeiten, übte das Amt bis 1801 und dann noch einmal von 1804 bis zu seinem Tod aus. Er ordnete die Staatsfinanzen, trat in einer berühmten nächtlichen Rede für das Verbot des afrikanischen Sklavenhandels ein und führte sein Land im Krieg gegen das revolutionäre Frankreich und Napoleon. Sein Vater William Pitt der Ältere (Lord Chatham) hatte ihn für diese Aufgaben folgendermaßen vorbereitet: Er ließ ihn in seiner Jugend immer wieder ein beliebiges Buch in lateinischer, griechischer oder französischer Sprache in die Hand nehmen, aufschlagen und direkt mündlich ins Englische übersetzen. Pitt soll dabei immer seltener und kürzer nach dem passenden englischen Wort gesucht haben, bis er «fand, dass die Schwierigkeiten allmählich verschwanden».[59] Ähnliche Methoden empfahl der Cambridger Theologe J.J. Halcombe in seinem Ratgeber *The Speaker at Home* (1859): Man nehme ein zufälliges, diesmal aber englisches Buch, «je einfacher es ist, desto besser». Darin lese man eine Passage zwei- oder dreimal sehr aufmerksam und gebe sie dann ohne das Buch in einer eigenen Fassung mündlich wieder – und dies übe man ein paar Monate lang, jeden Tag eine halbe Stunde bis Stunde lang.[60] Britische Rhetoriker und Pädagogen empfahlen generell, angesichts des wachsenden Schrifttums die authentische menschliche Stimme im Zuge einer besseren Sprecherziehung zu pflegen, eine Bewegung, die besonders von dem irischen Schauspieler und Sprachdenker Thomas Sheridan (1719–1788) ausging, der 1762 seinen *Course of Lectures on Elocution* veröffentlichte.[61] Einflussreich waren auch die *Elements of Rhetoric* des Theologen, Ökonomen und Erzbischofs von Dublin Richard Whately, 1828 erschienen, der für möglichst viel «Natürlichkeit» beim Reden plädierte.[62] Der romantische Essayist William Hazlitt beobachtete, wie oft gute freie Redner sich als sehr schwache Autoren herausstellten – «wie ein ausgebrannter Vulkan» –, und umgekehrt.[63]

Hinzu kamen konkrete Tipps zur Parlamentspraxis, etwa in dem erfolgreichen Ratgeber *Parliamentary Logick* aus der Feder des Abgeordneten William Gerard Hamilton, der 1808 posthum erschien und 1828 auch ins Deutsche übersetzt wurde.[64] Darin riet Hamilton, bei Passagen, über die man sich vorher Gedanken gemacht habe, in seiner Rede zuerst kurz innezuhalten und so zu tun, als suche man nach dem richtigen Wort: «Dies macht immer einen außerordentlichen Eindruck und verleiht deinen Worten den Anschein von genialer Improvisation *(the air of extempore genius)*.»[65]

Angesichts der situativen Atmosphäre im Unterhaus, wo sich in der Interaktion das Feuer entzündete und das Wasser schwoll – zunehmend auch radikalliberal und republikanisch –, ist die schriftliche Überlieferung von Parlamentsreden natürlich «nur eine Schwundform»: ein Text hält nur einen Teil des Ereignisses fest, nicht aber den Klang, die Bewegung, die Mimik, das Aussehen, die Reaktionen.[66] Dennoch wurde in der zweiten Hälfte des 18. Jahrhunderts, als die Welt das englische Parlament um seine freien Debatten bewunderte, das Verhältnis der wirklich gehaltenen Rede zu ihrer Wiedergabe und Aufnahme «draußen» wichtiger: Die Gentleman-Politiker spürten, in einer Zeit sozialer Umbrüche und des Aufstiegs der bürgerlichen Mittelklasse, die neue Macht der öffentlichen Meinung.[67] Bei Parlamentsdebatten mitzuschreiben und darüber öffentlich zu berichten, war eigentlich ein Verstoß gegen die Vorrechte des Hauses. Doch dieses Publizitätsverbot wurde im Laufe des 18. Jahrhunderts immer mehr ignoriert, und so saßen auf der Besuchertribüne des Unterhauses, der «gallery», zunehmend Stenografen – «Geschwindschreiber», wie sie Karl Philipp Moritz bei seinem Besuch 1782 auch beobachtete:

> «Ein Paar Geschwindschreiber haben zuweilen nicht weit von mir gesessen, die auf eine etwas verstohlne Weise, die Worte des Redenden nachzuschreiben suchten, welche denn gemeiniglich noch denselben Abend gedruckt zu lesen sind. Vermuthlich werden diese Leute von den Verlegern der Zeitungen besoldet.»[68]

Die Vermutung war richtig. Kurz zuvor hatte das Parlament den Widerstand gegen die Publikation seiner Debatten de facto aufgegeben. Die aufstrebenden Londoner Zeitungen brachten lange, wörtliche Wiedergaben von Reden; und John Wilkes, radikaler Kritiker der Krone und scharfer Unterhausredner (David Hume fand dessen Rhetorik zu «schamlos»),[69] wurde mit seiner Zeitschrift *The North Briton* zu einem der Ahnherren des regierungskritischen Journalismus. Als William Pitt am 23. Mai 1803 im Unterhaus sprach – es herrschte Angst vor einer drohenden französischen Invasion –, da war die Tribüne derart voll, dass niemand in der Lage war, in dem Getümmel ein Protokoll oder einen Bericht von der Rede anzufertigen. Daraufhin ordnete der Parlamentssprecher an, es sollten in Zukunft den Reportern Plätze reserviert werden. Dies war die Geburtsstunde der «press gallery» und somit des «offiziellen» britischen Parlamentsjournalismus. «Massenmedien ersetzen Zuschauermassen.»[70] Diese neuen Möglichkeiten wurden von der Presse ebenso rasch genutzt wie von einigen Verlegern; einer von ihnen war T. C. Hansard (1776–1833), der vollständige Protokolle der Debatten veröffentlichte. Diese Publikation der britischen Parlamentsprotokolle blieb bis zum Jahr 1909 in privater Hand, als das Unterhaus erst seinen eigenen *Official Report* begründete, der aber bis heute noch unter dem Namen *Hansard* bekannt ist.[71]

Dadurch, dass nun schriftliche Fassungen der Londoner Parlamentsreden erschienen – und durch die Debatten darüber, wie sinnvoll dies sei –, wurde ihr mündlicher, oft spontaner Charakter wohl erst deutlicher wahrnehmbar. Der langjährige Abgeordnete William Drake sagte 1789 zur Verteidigung der neumodischen Presseberichte über sich selbst:

> «Er jedenfalls merke, wie viel er ihnen [den schriftlichen Berichten] verdanke, wenn er häufig diejenigen Reden in ansehnlicher und eleganter Form lese, über die er sich selbst bewusst war, dass er sie chaotisch und verwirrt gehalten habe.»[72]

Ebenso äußerte sich zwei Jahrhunderte später der frühere Tory-Abgeordnete und heutige Journalist Matthew Parris:

> «In den geschickten Händen der Hansard-Mitschreiber im Parlament wird das Kauderwelsch vom Montag zum klassischen Englisch am Dienstag.»[73]

Der utilitaristische Philosoph und demokratische Reformer Jeremy Bentham (1748–1832) dachte in seinem *Essay on Political Tactics* gründlich über die Öffentlichkeit parlamentarischer Versammlungen nach. In diesem originellen und einflussreichen Handbuch behandelt er alle möglichen Aspekte der Versammlung von Abgeordneten: von der Sitzungsleitung über den konkreten Ablauf der Gesetzgebung bis hin zur Kleidung und Sitzordnung. Bentham wollte seinen Text als Ratgeber für die französische Nationalversammlung im revolutionären Paris verbreiten lassen, was aber nicht recht gelang, weil sich die Übersetzung verzögerte und die Diskrepanz zwischen den englischen und den französischen Verhältnissen sich als Hindernis darstellte. *Political Tactics* erschien dann erst 1843 in England, nach Benthams Tod, in einer Rückübersetzung aus dem Französischen.[74]

Warum also sollte das britische Parlament nicht mehr wie früher unter sich bleiben? Jeremy Bentham hatte eine große Hoffnung: «Eine Gewohnheit des Argumentierens und Diskutierens wird alle Klassen der Gesellschaft durchdringen.» In einer guten Streitkultur werde klar, dass nicht jeder Konflikt gleich Revolte und Aufruhr bedeute.[75] Die Abgeordneten entsprächen ja selbst keineswegs immer dem Ideal, «die aufgeklärtesten, fähigsten, weisesten Personen der Nation» zu sein, deswegen seien sie darauf angewiesen, «alle Informationen in einer Nation zu sammeln», um «nützliche Vorschläge» zu entwickeln.[76] Außerdem, so Bentham, seien Debatten mit Teilnahme der Öffentlichkeit auch einfach viel unterhaltsamer. Dies sei keineswegs als politisch unseriös zu verachten: Ein unterhaltsames Parlament, mal spannend, mal belustigend, trage schließlich dazu bei, «das Glück einer Nation zu steigern» – ein schönes, gut utilitaristisches Argument gegen alle Medienskepsis.[77]

Was die mediale Vermittlung der Politik angeht, so war Bentham optimistisch, dass sie vor dem Missbrauch der Rhetorik eher schütze: «Die Öffentlichkeit von Debatten hat mehr Demagogen ruiniert als hervorgebracht.»[78] Darum solle man den Stenografen und Journalisten gerne Zugang verschaffen. Dies verstoße zwar eigentlich gegen die herkömmlichen parlamentarischen Regeln: «Aber England verdankt es diesem erfreulichen Verbrechen, dass es nicht eine aristokratische Regierung hat wie die in Venedig.»[79]

Komplementär aber zu dieser Wertschätzung der medialen Öffentlichkeit – die damals ja nur eine schriftliche war, ohne Radio, Kino, Fernsehen, Internet – hat Jeremy Bentham das Prinzip der Mündlichkeit im Unterhaus vehement hochgehalten und zum Maßstab aller freiheitlichen Parlamente erklärt. Ebenfalls in *Political Tactics* proklamiert er unumwunden:

> «Die Regel, dass schriftliche Reden ausgeschlossen sind, wird im britischen Parlament streng befolgt. Es sollte in allen deliberativen Versammlungen so gehalten werden.»[80]

Bentham gibt dann eine ausführliche Begründung fürs Reden ohne Manuskript. Eine politische Versammlung sei eben keine Gelehrtensozietät. Ihr Vorteil sei gerade die «geistige Aktivität», die «Energie des Gefühls», die sich aus der belebten und schonungslosen Debatte heraus ergäben; indem die Redner dadurch herausgefordert würden, so Bentham, «zeigen sie in ihrer Verteidigung Kräfte, die ihnen selbst vorher unbekannt waren». Die Aufmerksamkeit der anderen Mitglieder der Versammlung sei wie ein Spiegel, in dem «ein treffendes Wort, ein glücklicher Ausdruck wirkungsvoller ist als eine lange Rede». Und das bedeutet, pragmatisch-utilitaristisch gesagt:

> «Da diese Waffen in Debatten nur von den geschicktesten Männern geschwungen werden können, wird die Versammlung vor Langeweile bewahrt und spart ihre Zeit. Es ist nichts Nützliches an dem Vorhaben, [seine Rede] vorzulesen, außer dass es der Mittelmäßigkeit die Tröstungen der Selbstgefälligkeit verschafft, auf Kosten des Gemeinwohls. (…) Es fördert die Faulheit des Geistes, und wie die Gewohnheit, getragen zu werden, verursacht es Steifheit und Trägheit.»

An diese Mahnung hat sich das Parlament in London seitdem im Wesentlichen gehalten. Auch wenn sich Arbeitslast und Zeitmanagement in einer komplexeren Gesellschaft verändert haben: «Vorgeschriebene Reden, die ignorieren, was der Vorredner gesagt hat, werden als absurd angesehen und gewiss nicht als Debatte.»[81] Ausnahmen werden ganz gelegentlich gemacht, etwa wenn Abschiedsreden oder «Statements» von Ministern vorgetragen werden – zum Beispiel die jährliche Haushaltsrede des Schatzkanzlers – oder bei vorbereiteten, speziellen Fragen und Antworten bei den «Prime Minister's Questions», der wöchentlichen parlamentarischen Fragestunde, die sonst viel mündlichen Schlagabtausch zwischen Opposition und Regierung bietet.[82] Abgesehen von den Ausnahmen gilt also in London weiterhin, was Karl Philipp Moritz 1782 feststellte: «Sonst werden die Reden nicht abgelesen.» Bis heute sind daher die Briten von der Schulzeit an darin trainiert, sich frei sprechend möglichst gut zu präsentieren, das merkt man nicht nur im Parlament, sondern auch im Radio, an den Universitäten und in der Gesprächskultur, im *small talk*.

Im Laufe des 19. Jahrhunderts hat das britische Unterhaus dann – bei formeller Beibehaltung der Monarchie – durch verschiedene Reformen sowohl seine Wählerschaft demokratisiert als auch (in gewissen Maßen) seine eigene Zusammensetzung. Die Presse steigerte dabei das Interesse an Unterhausdebatten – diese wurden, ganz im Sinne von Jeremy Bentham, zu «einer Form der Massenunterhaltung der viktorianischen Ära, Seifenopern nicht unähnlich».[83] Zugleich aber verschärfte die Presse auch den allgemeinen Wettbewerb um Aufmerksamkeit. Die Zeit wurde geschäftiger, als der Industriekapitalismus sich voll entfaltete, und für viele entstand damals genau das umgekehrte Problem: nicht die Geheimhaltung, sondern ein Überfluss an Parlamentsberichterstattung. Ein Problem, das später durch die Zulassung von Radio- und Fernsehaufnahmen im Parlament (in Großbritannien erst ab 1978 beziehungsweise 1988) nicht behoben wurde. Schon als die Zeitung *Daily Mail* im Jahr 1896 gegründet wurde, versprach sie den Lesern kürzere Parlamentsberichte «for the busy man».[84]

Und das Parlament bekam weitere Konkurrenz, nun aber auf dem eigenen Gebiet der mündlichen Kommunikation: das wachsende Parteien- und Vereinswesen in Großbritannien brachte eine neue interne wie externe Beredsamkeit hervor, bis hin zur Volksrede in großen Hallen oder unter freiem Himmel. Ein gewisses Vorbild waren die Massenpredigten der evangelikalen Erweckungsbewegung. Nicht nur die christliche Arbeiterbewegung und oppositionelle Sozialisten, aber diese besonders rege, nutzten nun Straßen, Plätze und Parks zur Versammlung und Agitation, gerne auch mit Einschaltung des Publikums und viel spontaner Volkstümlichkeit. Diese Bewegungen erstritten sich das Rederecht, das von 1872 an offiziell sonntags in der berühmten «Speakers' Corner» im Londoner Hyde Park galt (und gilt). Als Sonntagsredner durfte man praktisch alles fordern und auf alles schimpfen, außer auf den König oder die Königin. Wie viele andere Besucher bewunderten dort auch Karl Marx und später Lenin die Dynamik kleinerer und größerer Kundgebungen. Auch die Aktivistinnen für das Frauenwahlrecht, die Suffragetten, trafen sich zu kleinen und großen Kundgebungen im Hyde Park.[85] (Auf diese Protest-Tradition gehen die Demonstrationen im Hyde Park in jüngerer Zeit zurück, so auch eine besonders große gegen den Irak-Krieg am 15. Februar 2003.)

Politiker der viktorianischen Ära wie Benjamin Disraeli und William Gladstone, die sich Rededuelle im Unterhaus lieferten, mussten sich den neuen Erwartungen an politische Massenveranstaltungen stellen, um ihre Resonanz zu verstärken; bei breiterer Partizipation schwollen die Partei-

und Wahlkampfkundgebungen an, in der Hauptstadt wie in den übrigen Wahlkreisen. Im Unterschied zum Parlament sprach man nun von «platform oratory».[86] Gladstone musste bei solchen Auftritten, oft vor Tausenden von Zuhörern, ohne Mikrofon und Lautsprecher, nach eigenem Bekunden so laut reden, «bis meine Stimme zerbrach», und er sprach auch nicht selten bei Wind und Wetter.[87] So viele Menschen dabei zuhörten, so oft wurde auch in der Presse darüber berichtet. Popularität, Publizität und Beredsamkeit gingen neue Wechselwirkungen ein. Als William Gladstone am 28. Oktober 1871 eine zweistündige Rede vor angeblich 25 000 Menschen in Greenwich gehalten hatte, schrieb im *Economist* dessen Herausgeber, der Ökonom und Verfassungsrechtler Walter Bagehot, dieses Ereignis markiere «eine neue Ära in der englischen Politik», nämlich «die Ankunft einer Zeit, in der es eine der wichtigsten Qualifikationen eines Premierministers sein wird, eine direkte Kontrolle über die Massen auszuüben». Die Fähigkeit, über Politik «in einem deutlichen, einfachen und bewegten Stil zu reden, der die Menschen berührt», werde fortan zu einer «Kraftreserve außerhalb des Parlaments», so Walter Bagehot.[88] Gladstone selber – er war zwischen 1868 und 1894 mehrmals Premierminister, zusammengenommen zwölf Jahre lang – sprach einmal davon, der Redner sei abhängig von einer Art Wasserdampf, von «Ausdünstungen» *(vapour)* der Zuhörer, die er «in einem Fluss auf sie zurückgießt».[89] Hier bahnte sich eine Massenansprache an, wie sie dann voll und ganz erst im 20. Jahrhundert durch Radio und Fernsehen verwirklicht werden konnte.

Im kleineren Rahmen nahmen sich politische Redner in Großbritannien irgendwo auf einem Marktplatz oder einem Cricket-Feld eine Seifenkiste, stellten sich darauf und redeten los. Diese Tradition des «Soapboxing» griff dann noch einmal der konservative Premierminister John Major auf, im Wahlkampf des Jahres 1992 gegen den Labour-Politiker Neil Kinnock. Ausgerechnet!, mag sagen, wer diesen John Major zu Unrecht als einen biederen, grauen Bürokraten mit übergroßer Brille in Erinnerung hat. Aber Major, der aus sehr einfachen Verhältnissen kam, hatte als Lokalpolitiker in Brixton in Süd-London das Soapbox-Reden geübt und liebte den direkten Kontakt mit dem Publikum. Und so zeigte er sich 1992 im Wahlkampf an vielen Orten des Landes als wendiger, ja begnadeter und witziger Straßenredner, das «Soapbox»-Image kam sehr gut in den Medien an, und trotz mäßiger Wirtschaftslage gewann er die Unterhauswahl. Der Fall zeigt, dass bei aller medialen Professionalisierung die englische Fähigkeit zur mehr oder weniger furchtlosen freien Rede immer noch einen starken demokratischen Reiz aussenden kann. In seiner Autobiografie schreibt John Major:

> «Dieser Aspekt des Wahlkampfs passte mir gut. Eingeklemmt von einer lärmenden Masse von drängelnden Menschen fühlte ich mich wohl. Ich mochte die Unvorhersehbarkeit und den Dialog mit der Menge.»[90]

John Major gibt im Rückblick auf seine Karriere gerne zu, dass er auch fakten- und aktenversessen gewesen sei. Dies habe daran gelegen, dass er stets inhaltlich die Kontrolle bewahren und sich nicht bloß auf gewinnende Phrasen verlassen wollte. In seiner Autobiografie heißt es weiter sehr offenherzig:

> «Ich musste meine Füße auf festerem Boden haben. Ich kann diese instinktive Vorsicht überwinden, wenn ich direkten Kontakt mit einem Publikum habe, wie ich ihn beim Sprechen auf der Seifenkiste bekam oder – gelegentlich – im Unterhaus. Oft jedoch musste ich provoziert werden, mit dem Rücken zur Wand stehen, um meine besten Auftritte hinzulegen.»[91]

In jüngster Zeit nun bietet die britische Politik vielleicht etwas zu viel von solchen Provokationsmomenten; wenn die Kommunikation rhetorisch versierter Eliten in solch ein Zerwürfnis wie beim «Brexit» führt, ist man nicht mehr ganz so gut auf die angeblich zivilisierende Wirkung der «Dauerkontroverse zwischen Regierungs- und Oppositionspartei» (Jürgen Habermas)[92] zu sprechen. Der Tory-Politiker Boris Johnson etwa, einer der Anführer der europafeindlichen Kampagne der vergangenen Jahre, liebt politische Redekämpfe ebenso wie eine skurrile Spontaneität in Interviews, er ist ein scharfer Stilist und war einst als Student der Altphilologie Präsident der Oxford Union, des erwähnten elitären Debattierclubs. Hier ist klassisch geschulte Redekunst und Improvisationsfähigkeit, kann man sagen, in die Vergiftung einer politischen Atmosphäre umgeschlagen, die bislang bei allen ideologischen Gegensätzen in Großbritannien pragmatisch und weltoffen gewesen war. Und dennoch: Der englische Diskurs über die freie Rede war prägend für die Entstehung der modernen Demokratie; er ging den großen bürgerlichen Revolutionen voran.

Er liebte das «Soapboxing», die Straßenrede, für die man sich auf eine Seifenkiste stellt: Der konservative Politiker John Major im Wahlkampf 1992.

Amerika

Als die dreizehn britischen Kolonien an der Ostküste Nordamerikas von April 1775 an Krieg um ihre Unabhängigkeit führten, da waren zwei Ingredienzien dieses Konflikts schon länger vorhanden: die Rhetorik und die Predigt. Seit der Emigration der puritanischen «Pilgerväter» aus England im 17. Jahrhundert hatten sich verschiedene Strömungen vor allem protestantischer Siedler aus Europa in Amerika zusammengefunden. In den neuen Siedlungen hielten sie «Town Meetings» ab, also Gemeindeversammlungen, in denen sie über gemeinsame Belange sprachen und Beschlüsse fassten.[93] Und damit ihre Geistlichen im neuen gelobten Land eine gründliche Ausbildung bekommen konnten, bauten sich diese Protestanten höhere Bildungsstätten, an denen mit der Theologie auch die dafür unabdingbaren klassischen Sprachen gelehrt wurden. An der ältesten dieser Einrichtungen, dem 1636 gegründeten Harvard College bei Boston, studierte beispielsweise John Adams, der spätere Gründervater und zweite Präsident der Vereinigten Staaten (1797–1801). Er nahm im Jahr 1751, im Alter von fünfzehn Jahren, sein Studium dort auf, las unter anderem Ciceros Reden sowie dessen großen Rhetorik-Dialog *Über den*

Redner. Und Adams nahm in seiner Zeit am Harvard College an studentischen Literatur- und Debattierclubs teil, wie sie sich auch an den anderen neuen Colleges bildeten, aus denen die amerikanischen Elite-Universitäten entstanden: etwa an der Collegiate School in Connecticut, der späteren Yale University (1701 gegründet), oder dem College of New Jersey (1746), der heutigen Princeton University. Der Sohn von John Adams, John Quincy Adams, sollte dann übrigens im Jahr 1806 wiederum in Harvard den ersten eigenen Lehrstuhl für «Rhetoric and Oratory» bekleiden, bevor er seinerseits 1825 der sechste Präsident der USA werden sollte.[94]

Neben diese gelehrte Theologie und Rhetorik trat im vorrevolutionären kolonialen Amerika die Erweckungsbewegung. Auf persönliche Bekehrung und Frömmigkeit gerichtet, brachte sie mit leidenschaftlichen, frei gehaltenen Freiluftpredigten vor großem Publikum das «Great Awakening» über den Atlantik, wozu auch «ein antihierarchisches, antielitäres und egalitäres Weltbild» gehörte.[95] Der methodistische Wanderprediger George Whitefield kam zum ersten Mal 1738 von England nach Amerika und begeisterte viele Hörer mit der Botschaft der persönlichen Bekehrung. Als er in Philadelphia predigte, beeindruckte Whitefield auch Benjamin Franklin, den Drucker, Forscher, reformfreudigen Tausendsassa und späteren Diplomaten, Staatsmann und Verfassungsvater. Franklin verbreitete damals sonst in Philadelphia Bürgersinn und Aufklärung, etwa indem er 1731 die erste Leihbibliothek Amerikas gründete. Franklin berechnete aber auch die akustische Reichweite von George Whitefields Stimme beim Predigen, indem er, Franklin, mit seinen eigenen Füßen die Entfernung abschritt, bis zu welcher das imposante Organ des Gottesmannes noch zu hören war: 500 Fuß, also etwa 150 Meter. Daraus errechnete Benjamin Franklin, dass bis zu 30 000 Menschen durch Whitefield beschallbar waren, was auch sonstigen Berichten über dessen größte Massenpredigten entspricht.[96]

Andere liberale Eliten der aufstrebenden Kolonialgesellschaft Nordamerikas waren weniger an evangelikalen Predigern interessiert und umso mehr an Ideen der europäischen Aufklärung. Ihnen ging es um freien Wettbewerb und Handel, Schutz des Eigentums und Freiheitsrechte (die indigene Bevölkerung und die Sklavenarbeit meist noch ausgenommen), Rechte, die dann alsbald im Widerstand der Kolonien gegen London beschworen werden sollten.[97] Dazu zählte insbesondere die Gruppe der amerikanischen Rechtsanwälte. Diese konnten – wenn sie nicht selber noch

Absolventen englischer Universitäten waren – zum Teil schon am 1693 gegründeten College of William & Mary in Virginia studieren, der ersten *Law school* Amerikas; oft aber mussten sie sich, weil juristische Fakultäten fehlten, noch autodidaktisch und unter Anleitung eines erfahreneren Kollegen in dessen Kanzlei ausbilden, nicht zuletzt auch im Plädieren in freier Rede vor Gericht. Die Advokaten schulten sich an Vorbildern und Präzedenzfällen, was sie auf alle Eventualitäten gefasst machen sollte.[98] Man hat gezählt, dass von den 56 Unterzeichnern der Amerikanischen Unabhängigkeitserklärung von 1776 nicht weniger als 28 Rechtsanwälte waren. Diese republikanischen Juristen folgten dem Ruf des Aufklärers Thomas Paine: In seinem Buch *Common Sense* (Januar 1776), das die Unabhängigkeitsbewegung befeuerte, hatte er verkündet, in Amerika ersetze nun das Gesetz den König: «In America the law is king.»[99]

Außerdem weckten bei manchen die indigenen Indianer ein Interesse an «natürlicher» Rhetorik. Dahinter steckte zwar eine schwärmerische Vorstellung vom «edlen Wilden», welche die spätere Unterdrückung und Bekämpfung der Ureinwohner keineswegs verhindert hat, aber dennoch ist diese Bewunderung des eloquenten Indianers bemerkenswert. Sie kam in London zum Ausdruck, als Königin Anne im Jahr 1710 eine Delegation von Häuptlingen der Irokesen im Palast von St. James empfing; und 1727 erschien auf beiden Seiten des Atlantiks eine *History of the Five Indian Nations* von dem Naturforscher, Gelehrten und Kolonialgouverneur von New York Cadwallader Colden (1688–1776), in der dieser über die indigene Bevölkerung berichtete:

> «Die Redner, die ich gehört habe, verfügten alle über einen großen Fluss an Wörtern und viel mehr Anmut in ihrem Auftreten, als man sie bei einem Volk erwartet hätte, das keinerlei Kenntnis von den freien Künsten und Wissenschaften hat.»[100]

Das also war die rhetorische Ausgangslage. Nun verschärfte sich in den sechziger Jahren des 18. Jahrhunderts der Streit mit dem Mutterland: Wie sehr durfte sich das Parlament in London in Fragen der Besteuerung in den amerikanischen Kolonien einmischen? Es kam zu Protesten, Sabotage und Boykotten gegen neue Steuern und Zölle, die Erregung wuchs, bis dann im September 1774 der erste «Kontinentalkongress» zusammentrat und im Frühjahr 1775 der Unabhängigkeitskrieg ausbrach.[101] In dem Lauf dieser Revolution machten besonders zwei Interventionen von Rechtsanwälten Furore, die die Macht der freien Rede demonstrierten: Es waren James Otis, Jr. in Boston und Patrick Henry in Virginia.

Der Bostoner Anwalt James Otis (1725–1783) sprach im Februar 1761 im Old State House in Boston ein leidenschaftliches, mehrere Stunden langes Plädoyer gegen Maßnahmen der britischen Regierung. Es ging um Generalvollmachten zur häuslichen Überwachung und zur Beschlagnahmung von Schmuggelgut. Otis trat im Auftrag der Kaufleute der Stadt auf, nahm aber in diesem Fall deren Anwaltshonorar nicht an, denn es ging ihm ums Prinzip:

> Dies scheint mir das schlimmste Instrument willkürlicher Machtausübung zu sein, das zerstörerischste für die englische Freiheit und fundamentale Grundsätze des Rechts, das je in einem englischen Gesetzbuch zu finden war.[102]

Das Zitat stammt aus einer Rekonstruktion der Rede, denn sie wurde frei gehalten; die Rekonstruktion stammt von John Adams, dem erwähnten Harvard-Absolventen und späteren Präsidenten, der inzwischen ebenfalls Anwalt geworden war, damals in Boston mit im Gerichtssaal saß und sich mitreißen ließ. Und auch wenn James Otis sich an jenem Tag nicht gegen die Verwaltung der Kolonialmacht durchsetzen konnte und in den späteren Revolutionsjahren durch eine psychische Krankheit ausgeschaltet war; auch wenn 1761 noch niemand das Wort «Unabhängigkeit» in den Mund nahm – John Adams erinnerte sich doch Jahrzehnte später: «In diesem Moment wurde der Spross der Unabhängigkeit geboren.» Mit Otis' Protest gegen willkürliche Bespitzelung bekam das Beharren auf den Rechten der Kolonien ein politisches Momentum.[103] Die Kraftquellen seiner Auftritte waren teils die klassische Rhetorik und antiker Republikanismus, die Lektüre der Schriften von John Locke und weitere literarische, urbane Bildung – denn auch James Otis hatte in Harvard studiert; anderenteils waren es die gefühlsintensiven evangelikalen Predigten, zu denen sich auch James Otis eine Zeitlang hingezogen fühlte, so hatte er im Jahr 1740 George Whitefield predigen hören.[104]

Dass der Anwalt James Otis nun in einem welthistorischen Moment, auf dem Weg zum ersten modernen Verfassungsstaat, ohne ein vorbereitetes Manuskript sprach, das war kein Zufall, sondern programmatisch. Nicht nur hielt Otis die Mündlichkeit für patriotisch in dem Sinne, dass Freiheitsrechte und freie Rede zusammengehörten; nein, er dachte sogar selbst in theoretischen Schriften über das Wesen der gesprochenen Spra-

Revolutionäre Politik der Oralität: Der Anwalt James Otis hielt 1761 in Boston eine stundenlange, leidenschaftliche Rede gegen die britische Kolonialmacht.

che nach.[105] Angeregt von antiken und aufklärerischen Vorstellungen von Erhabenheit und Natürlichkeit, verfasste James Otis auf der Grundlage seiner Studien in Harvard eine Abhandlung über die Aussprache der lateinischen Sprache, *The Rudiments of Latin Prosody.* (Was Anwälte früher alles so nebenher gemacht haben …!) In den grundsätzlicheren Abschnitten dieser philologischen Schrift, die im Jahr vor seiner großen Rede von 1761 in Boston erschien, erörterte Otis die Diskrepanz zwischen den überlieferten Texten der antiken Redner und ihrer eigentlichen Performanz, und er untersuchte Parallelen zwischen Musik und Sprache. Über eine «wohlkomponierte» Sprache, mit der die «Harmonie» der menschlichen Stimme zur Wirkung komme, schrieb Otis:

> «Überführt sie nicht durch eine elegante Struktur und durch die Anordnung der Klänge die Gefühle des Sprechers in die Herzen des Publikums?»[106]

Otis' theoretische Überlegungen mündeten in der Hoffnung, dass Leidenschaft und rhetorische Sprachpflege zusammenfinden:

> «Aus der Verbindung von Genie und Urteilskraft wird immer ein Fluss der Empfindung und des Ausdrucks entstehen, so frei und leicht wie die Luft, die

> wir einatmen, und zugleich so unwiderstehlich, und bei passender Gelegenheit so brennend, wie das plötzlichen Ausströmen elektrischen Feuers.»[107]

Dieses elektrisierte Mündlichkeitsideal, das er als Redner selbst in die Praxis umsetzte, zeigte sich auch an einer wichtigen institutionellen Maßnahme, für die sich James Otis einsetzte: Im Jahr 1766 wurde Massachusetts die allererste der amerikanischen Kolonien, in deren legislativer Versammlung («General Assembly», «General Court») eine Tribüne für Zuschauer eingerichtet wurde.[108] Eine direkte Präsenz an den Orten wichtiger Beratungen, eine lokale Öffentlichkeit erschien besonders vordringlich in einer Situation, in der das Zentrum der Macht, London, extrem weit weg und nur durch schriftliche Kommunikation zu erreichen war. Man hat daher mit Blick auf James Otis von einer «radikalen Politik der Oralität» gesprochen.[109]

Der zweite Anwalt, der in den Redner-Kanon der Amerikanischen Revolution einging, war Patrick Henry (1736–1799) in Virginia. Er sprach, so überliefern es die Zeitgenossen, noch etwas schärfer, kraftvoller, intuitiver, zudem weniger gepflegt und geschliffen als James Otis.[110] 1765 redete Henry vor dem House of Burgesses, dem «Bürgerhaus» genannten Unterhaus von Virginia in Williamsburg, gegen die Stempelsteuer, die London für jedes Stück Papier in den Kolonien einführen wollte («Stamp Act»), was auf erbitterten Widerstand stieß.[111] Als während Henrys Rede von anderen Delegierten der Ruf «Verrat!» kam – gemeint war Verrat am englischen König –, da soll er zurückgerufen haben: «Wenn das Verrat ist, dann macht das Beste draus!» Zehn Jahre später, am 20. März 1775, sprach Patrick Henry auf der zweiten verfassungsgebenden Versammlung von Virginia, die in einer Kirche in Richmond tagte, kurz vor Ausbruch des Unabhängigkeitskrieges, und rief zur Bewaffnung gegen die Kolonialmacht: «Es gibt keinen Rückzug, außer in Unterwerfung und Sklaverei!» Seine gefeierte Rede, im volksnahen, predigerähnlichen Ton frei gehalten, soll Patrick Henry im Beisein von Thomas Jefferson und George Washington mit den Worten beendet haben: «Gebt mir Freiheit, oder gebt mir den Tod!» Jefferson, auch er übrigens als Anwalt ausgebildet, mokierte sich in späteren Erinnerungen darüber, dass Henry ziemlich ungebildet und kein versierter Autor gewesen sei, fügte dann aber versöhnlicher hinzu: Patrick Henry, so Jefferson, habe zwar zu wenig gelesen, aber er «zog alle Naturrechte aus einer reineren Quelle, den Gefühlen in seiner eigenen Brust.»[112]

Der Krieg dauerte bis 1781/83, dann wurde die Souveränität der siegreichen Vereinigten Staaten im Frieden von Paris anerkannt. Die Verfassung folgte 1787, und 1789 wurde Washington der erste Präsident. Auf dem revolutionären Weg dorthin spielte weiter die spontane Beredsamkeit eine große Rolle. Das zeigt ein Brief, den John Adams 1815 an Thomas Jefferson schickte – beide waren zu dem Zeitpunkt schon ehemalige Präsidenten der USA, der zweite und der dritte. In diesem Brief machte sich Adams im Rückblick Sorgen um die historische Überlieferung: Die Verhandlungen im Kontinentalkongress in den ersten Jahren seien ohne Öffentlichkeit und ohne schriftliche Fixierung abgelaufen und damit «für immer verloren». John Adams erinnerte sich:

> «Die Redner schienen mir, während ich von 1774 bis 1778 am Kongress teilnahm, fast ausnahmslos aus dem Stegreif zu reden, und ich habe nie von einer Rede gehört, die vor oder nach dem Vortrag schriftlich festgehalten worden wäre.»

Selbst Notizen habe offenbar keiner gemacht, daher könne man auch leider fast nur noch die «äußeren Tatsachen» der Amerikanischen Revolution in der Geschichtsschreibung rekonstruieren.[113] Auch jener Moment, als John Adams selbst entscheidend ins Geschehen eingriff, als er nämlich in der Debatte im Kontinentalkongress Anfang Juli 1776 vehement für die Unabhängigkeitserklärung eintrat – auch diese Rede, die ihm immerhin den Ehrennamen «Colossus of Independence» eintrug, wurde, wie er selbst bedauerte, nicht schriftlich aufgezeichnet.[114] Thomas Jefferson wiederum beschrieb John Adams' Auftritt später so:

> «Er war weder anmutig noch elegant, noch sprach er besonders flüssig, aber gelegentlich trat er mit einer Kraft des Gedanken und des Ausdrucks hervor, die uns aus den Sitzen riss.»[115]

Adams' Vorredner in der Kongressdebatte 1776, John Dickinson, der gegen die Unabhängigkeit von London war, hatte sich hingegen sehr genau auf seine Rede vorbereitet; entsprechend machte sich John Adams vor dem Kongress auch über Dickinsons «Förmlichkeit» lustig.[116]

Es gab also große Momente der Stegreifrede in der Amerikanischen Revolution. Während tatsächlich in den aufstrebenden Kolonien auch das Lesepublikum und die Zeitungen wuchsen und dann ein Verfassungstext eine quasi-sakrale Bedeutung bekam, wurde zugleich eine politische

Öffentlichkeit geschaffen, aus der die Abhängigkeit von Texten symbolisch verbannt war. Mit Patrick Henry, James Otis und anderen Revolutionsrednern «triumphierte das lebendige Wort über den toten Buchstaben des britischen Gesetzes».[117] Damit ging eine Vorstellung von authentischer, handfester, konkreter Öffentlichkeit in das nationale Bewusstsein der USA ein.[118] Das Ideal formulierte John Quincy Adams in seiner Antrittsvorlesung in Harvard 1806 so:

> Unter rein republikanischen Regierungen, wo jeder Bürger ein tiefes Interesse an den Angelegenheiten der Nation und in der einen oder anderen Form öffentlicher Versammlung die Fähigkeit und die Gelegenheit hat, seine Meinung vorzutragen und seine Empfindungen redend mitzuteilen; wo die Regierung selbst keine Waffen hat als diejenigen des Überzeugens; wo das Vorurteil keinen unkontrollierten Einfluss gewonnen hat und wo die Parteilichkeit noch von den Barrieren des Friedens eingegrenzt bleibt: dort wird die Stimme der Eloquenz nicht vergeblich gehört werden.[119]

Diesem schönen Credo steht nun allerdings eine auffällige Tatsache scharf entgegen: Die größten Figuren unter den revolutionären Gründervätern der USA waren gerade keine mitreißenden Redner, sie hatte vielmehr schwache Stimmen und hielten sich lieber an Gespräche im kleinen Kreis und vor allem ans Schriftmedium. Dies trifft auf George Washington, Benjamin Franklin, Thomas Jefferson und James Madison zu. Das mag man paradox finden; aber es passt durchaus zu der elitären Repräsentatividee, die diese Männer dann in der amerikanischen Verfassung verankert haben. «Demokratie», gar eine direkte Versammlungsdemokratie, war nach damaliger Terminologie nämlich nicht, was die Verfassungsväter im Sinn hatten; erst später haben wir ja den normativ aufgeladenen Demokratiebegriff auf parlamentarische Repräsentativsysteme übertragen.[120] Sie fürchteten vielmehr, dass eine unkontrollierte Rhetorik auch zu wilder Demagogie verleiten könnte. Der Kongressabgeordnete Fisher Ames etwa, auch er aus Massachusetts und Harvard-Absolvent, schloss sich den «Federalists» an, die für eine starke Zentralregierung eintraten, machte selbst zwar als sehr lebendiger Redner in den 1790er Jahren im Kongress auf sich aufmerksam, warnte aber auch:

> «Eine Demokratie ist ein Vulkan, der das feurige Material seiner eigenen Zerstörung enthält.»[121]

Alexander Hamilton, Verfassungsvater und erster Finanzminister, vertrat dieselbe Richtung und sagte:

> «Die antiken Demokratien, in denen das Volk selbst beratschlagte, besaßen nicht ein einziges Merkmal guter Regierung. Sie waren ihrem Charakter nach Tyranneien und ihrer Form nach Krüppel. Wenn sich das Volk versammelte, befand sich am Ort der Debatte ein zügelloser Mob, der zur Beratung nicht fähig und zu jeder Ungeheuerlichkeit bereit war.»[122]

Und in gleicher Weise schrieb James Madison in den *Federalist Papers:*

> «In allen Versammlungen mit sehr vielen Teilnehmern, aus welcher Art von Menschen sie sich auch zusammensetzen, gelingt es der Leidenschaft doch immer, der Vernunft das Szepter zu entreißen. Wäre auch jeder athenische Bürger ein Sokrates gewesen, so wäre doch immer noch jede Versammlung der Athener eine des Pöbels gewesen.»[123]

Ebendieser James Madison stand dann auch, als er selbst vierter Präsident der Vereinigten Staaten wurde (1809 bis 1817), nicht gerade im Verdacht, den Pöbel mit leidenschaftlichen Reden in Erregung zu setzen. Er scheute die öffentliche Bühne, hielt wenige Reden, und wenn, dann war er offenbar schwer zu hören. «Er erschien zaghaft und wie ein Bücherwurm.»[124] Madison zog es vor, die jährliche Ansprache vor dem Kongress («State of the Union Address») in schriftlicher Form dem Parlament zuzustellen und dort verlesen zu lassen, anstatt persönlich vor dem Kongress zu erscheinen – eine Methode, die sein Vorgänger Thomas Jefferson (Präsident von 1801 bis 1809) eingeführt hatte, nachdem die ersten beiden Präsidenten Washington und Adams noch den Kongress mit ihrer persönlichen Präsenz beehrt hatten. Von Jefferson wird berichtet, er habe eine sehr schwache Stimme gehabt. Seine Inaugurationsrede hat er sorgfältig komponiert und so komprimiert notiert, dass sie auf zwei Blätter Papier passte, die beidseitig eng beschrieben waren, und dann war sie von den Zuhörern fast nicht zu vernehmen.[125]

Aber auch die beiden ersten Präsidenten verabschiedeten sich im Amt von der Spontaneität der Revolutionsjahre. George Washington zehrte von seinem Ruhm als Feldherr und Einigungsfigur von beinahe monarchischer Autorität und verhielt sich als Präsident eher still und moderat. Wenn er redete, fast immer ablesend, dann eher nervös und unentschlossen, wenn auch mit klarer Stimme. Bei seiner Amtseinführung am 30. April 1789 in

New York fiel vielen auf, wie ungeschickt Washington zwischen dem Umblättern seines Manuskripts und dem Gestikulieren gefangen war. Aber seine Defizite als Redner wurden anscheinend allseits als Ausdruck seiner Aufrichtigkeit und Tugend empfunden, voller Respekt, Dankbarkeit und auch Rührung.[126] John Adams wiederum – wir erinnern uns: der Rhetorik kundig und früher über die «Förmlichkeit» des Debattengegners spottend – hat als Präsident seine Reden ebenfalls sorgfältig ausgearbeitet und abgelesen. Es begann gleich mit seiner Inauguration am 4. März 1779: «Seine Rede hat die zweifelhafte Auszeichnung, den wahrscheinlich längsten Satz aller öffentlichen Reden Amerikas zu enthalten – eine ausgedehnte Periode mit multiplen Konditionalsätzen, die jeweils Attribute seines Charakters und seiner Erfahrung ausdrücken, 724 Wörter lang.»[127]

Um nun Volksreden vor dem Mob zu entgehen, sieht die Verfassung der USA neben dem «aristokratischeren» Senat das Repräsentantenhaus für Debatten über die Gesetzgebung vor. Im «Kongress» (das Wort umfasst offiziell beide Kammern, wird aber umgangssprachlich auch nur fürs Repräsentantenhaus verwendet) soll, so stellten es sich die Gründerväter vor, der Volkswillen vertreten, aber zugleich veredelt werden. Und wenn es auch im Laufe des 19. Jahrhunderts, als sich die Nation erst finden und bilden musste, durchaus lebendige Sitzungen im Kongress gegeben hat – besonders während der Auseinandersetzungen über die Sklaverei und den Bürgerkrieg –,[128] so neigt das Repräsentantenhaus in Washington generell doch zu einer gewissen Steifheit. Es wurde zwar nach dem Vorbild des britischen Unterhauses modelliert, weist aber einen entscheidenden Unterschied auf: Die Exekutive ist «auf dem Hügel» des Kapitols («on the hill») nicht in Gestalt eines Premierministers im Parlament anwesend und hat sich dort nicht entsprechend vor den Abgeordneten zu verantworten. Debattiert wird auch im Plenum nur über die jeweiligen legislativen Vorhaben der Regierung, eher detailliert und technisch, nicht aber über deren sonstiges politisches Handeln.[129] Es gibt im Repräsentantenhaus zwar Redeformate, in denen man kurz über beliebige aktuelle Anliegen sprechen und sich auch über die Regierung beschweren kann – etwa die sogenannten «One-minute speeches» –, aber das Problem ist: Es ist niemand von der Regierung da, der zuhört. Allenfalls über den Umweg der (Fernseh-)Öffentlichkeit kann die Botschaft eventuell vordringen, oder auch nicht. Denn: «Der Präsident ist dem Volk gegenüber verantwortlich, nicht gegenüber dessen Repräsentanten im Kongress.»[130]

Und so ist im amerikanischen Kongress eher Verhandlungs- als Debattierfähigkeit gefragt. Zur Geschäftsordnung des Repräsentantenhauses gehört bis heute offiziell *Jefferson's Manual* – das sind Exzerpte, die sich Thomas Jefferson einst im Studium aus Kommentaren zur Organisation des britischen Unterhauses herausgeschrieben und zusammengestellt hat. Darin kommt in dem Abschnitt «Reading papers» auch die Bestimmung vor, der Abgeordnete dürfe «noch nicht einmal seine eigene Rede vorlesen, die auf Papier niedergeschrieben ist, wenn nicht das Haus es ausnahmsweise erlaubt».[131] Diese Regel ist aber nur eine ferne Reminiszenz an London geblieben – in der Praxis hält man sich in Washington nicht daran, die meisten Kongressabgeordneten sprechen nach mitgebrachtem Manuskript.[132] Ähnlich ist es im Senat, wo es gelegentlich lebendiger, pathetischer, meist aber auch recht förmlich zugeht.

Wegen dieser Macht- und Debattenverhältnisse richtete sich die Aufmerksamkeit in den USA umso mehr darauf, wie die Rhetorik der Präsidenten auf die Politik und auf die breitere Öffentlichkeit wirkte. Diese zeigten dabei sehr unterschiedliche Fähigkeiten in der freien Rede. Die meisten «großen» Reden amerikanischer Präsidenten wurden abgelesen, von einem Redemanuskript, später auch vom Teleprompter, jener technischen Vorrichtung, die eine freie Rede vortäuscht (S. 223 ff.).[133] Aber es gibt auch Ausnahmen, die anderen Momente im Lauf der US-Geschichte. Andrew Jackson, Präsident von 1829 bis 1837, aus South Carolina stammend und zuvor als Anwalt in Tennessee tätig, war ein Gegenmodell zu den gelehrten, vornehmen Ostküsten-Herren der Gründerjahre, die ihm vorangingen; er war weder klassisch gebildet noch deliberativ geschult, muss aber ein Haudegen von großer Präsenz gewesen sein. Man hat ihn «den ersten wahrhaft charismatischen Präsidenten» genannt.[134] (Donald J. Trump hat sich anerkennend über Andrew Jackson geäußert und sein Porträt im Oval Office des Weißen Hauses aufgehängt.) Jackson sprach oft frei und impulsiv; über eine seiner Reden schrieb damals ein Journalist:

> «Er verschonte keinen. Sein Redestil war grob, aber stark. Das war nicht die gepflegte Beredsamkeit, die Zuhörer im Osten zu hören gewohnt waren.»[135]

Abraham Lincoln, Präsident von 1860 bis zum Attentat von 1865, stammte als Sohn eines baptistischen Farmers in Kentucky aus einfachsten Verhältnissen und war ein so genialer wie belesener Autodidakt. Die Reden, die er im Präsidentenamt hielt, waren meist feierlich, kurz, ernst, grundsätzlich und sorgfältig schriftlich vorbereitet, so auch die berühmteste aller amerikanischen Reden, die Gefallenenrede von Gettysburg am 19. November 1863 im Bürgerkrieg.[136] Aber Lincolns Reden vor der Zeit seiner Präsidentschaft, als er als Abgeordneter für Illinois im Repräsentantenhaus saß, waren spontaner, länger, anekdotisch und meist nicht vorher ausgearbeitet.[137] Auch Woodrow Wilson, der Präsident im Ersten Weltkrieg und Friedensnobelpreisträger, pflegte die öffentliche Rede und war zum Extemporieren begabt.[138]

Im 20. Jahrhundert veränderte sich zuerst in den USA die Öffentlichkeit, und damit die politische Rhetorik, durch den Siegeszug der audiovisuellen Medien. Das Radio versprach laut Franklin «FDR» Roosevelt, dem Präsidenten im Zweiten Weltkrieg, «direkten Kontakt zwischen den Massen und ihren gewählten Führern»; Roosevelt nannte seine recht förmlichen und vorbereiteten Radioansprachen gleichwohl «Fireside chats», Kamingespräche.[139] Und dann kam das Fernsehen hinzu. Mit der ersten TV-Debatte in einem Präsidentschaftswahlkampf zwischen Richard Nixon und John F. Kennedy am 26. September 1960 entstand ein ganz neues Forum der freien Rede. Der junge Senator Kennedy gewann beim Publikum durch sein Auftreten, Aussehen und seine Entschlossenheit, während Vizepräsident Nixon schwitzig, matt und fahrig wirkte; die Radio-Zuhörer aber sahen Nixon nach dem ersten «Duell» (es waren insgesamt vier Sendungen) interessanterweise eher argumentativ im Vorteil gegenüber Kennedy. Man sieht daran, wie wichtig nun in der Rhetorik (wieder) der äußerliche, sichtbare Auftritt wurde: Stimme, Körpersprache, Gestik, Mimik, Timing, also das, was man in der Antike die *actio* nannte. Kennedy hatte am Anfang seiner politischen Karriere seine Zuhörer noch schwer erreicht, weil er zu schwierig und zu schnell sprach. Er übte sich dann in einfachem und klarem Stil. «Um das Problem zu beheben, kürzte er seine Reden, prägte sie sich, so gut er konnte, im Gedächtnis ein, übte langsamer zu sprechen und auf Reaktionen des Publikums zu warten.»[140] Als Präsident, 1961 bis 1963, hielt Kennedy literarisch ausgefeilte, penibel vorbereitete Reden, nutzte aber auch neue Möglichkeiten der Massenmedien für eine lebendige Mündlichkeit, etwa indem er Pressekonferenzen live im Fernsehen übertragen ließ.

Dass durch den historischen Moment des ersten Kandidaten-Duells im Fernsehen ausgerechnet Richard Nixon als steifer rhetorischer Versager in Erinnerung blieb (um von seinem späteren Watergate-Skandal zu schweigen), das entbehrt nicht der Ironie, denn gerade Nixon war eigentlich ziemlich virtuos in der direkten, lebendigen Ansprache des Publikums, mit vielen rhetorischen Fragen und unbeirrbarer Sprachsicherheit. Er hatte in Schule und Studium ein intensives Training im Debattieren genossen. In einem einschlägigen Handbuch der Präsidialrhetorik heißt es: «Er erhöhte die dramatische Qualität seines Vortrags, indem er lieber von Notizen als von einem Manuskript redete, und er sprach direkt in die Kamera. (…) Nixon bevorzugte die freie Rede. Er experimentierte zu Beginn seiner politischen Laufbahn mit einem Manuskript, fand dann aber, dass er bessere Reaktionen bekam, wenn er ohne sprach. Er machte auch die Erfahrung, dass leichter im Kopf zu behalten war, was er selbst geschrieben hatte, als das, was andere für ihn schrieben. Als Präsident verschmähte er den Gebrauch des Teleprompters, weil er fürchtete, ‹bleiern, leblos und unglaubwürdig› zu klingen. Er verwendete aber ein Manuskript für jene wichtigen Reden, in denen er keinen einzigen Fehler machen wollte.»[141]

Noch sorgfältiger an seinem öffentlichen Auftreten arbeitete Ronald Reagan, Präsident 1981 bis 1989. Er brachte Erfahrungen als Hollywood-Schauspieler mit und hatte das Fernsehzeitalter verstanden: Er sprach bei besser werdender Mikrofon-Übertragung «persönlich und konversierend, nicht oratorisch».[142] Reagan versuchte immer, seinen Text so zu verinnerlichen, dass die Rede unmittelbar erschien, streute Witze und situative Bemerkungen ein; eine Anthologie seiner Reden nannte er «Speaking my mind». Auch wenn Reagan den Teleprompter als Stütze verwendete, gelang es ihm, mit seiner ungeheuer sonoren Stimme und seinem Mienenspiel vergessen zu machen, dass er einen Text ablas. Vor seiner Präsidentschaft (er war Gouverneur von Kalifornien) nutzte Reagan Karteikarten mit Notizen so virtuos, dass er viel Blickkontakt mit seinen Zuhörern hatte. In einem Interview sagte Reagan, was seine allererste Regel beim öffentlichen Reden sei:

> «Ich lese die Reden nicht ab, denn ich finde, das ist tödlich, wenn einer abliest.»[143]

Was bei Ronald Reagan durch viel Übung und Praxis souverän funktionierte, sah bei seinem Nachfolger anders aus – freie Rede ist eben nicht gleich freie Rede: George W. Bush senior, Präsident 1989 bis 1993, sollte nach dem Willen seiner Berater mehr Redetraining bekommen, aber das Einstudieren langweilte ihn leider. Also sprach Bush lieber frei nach Notizen, kam aber nicht selten mit der Grammatik durcheinander und so ins Stolpern. Seine nach Manuskript vorgetragenen Reden kamen viel besser an. Bill Clinton, Präsident 1993 bis 2001, benutzte dann wieder mehr den Teleprompter, ging aber wie Reagan recht geschickt damit um; oft stimmte die «Chemie» mit seinem Publikum, Clinton hatte Ausstrahlung, Witz und Pathos, auch als Improvisator. Seine glänzende Begabung, den Moment zu erfassen, zeigte Bill Clinton noch als *elder statesman* in seiner so bewegenden wie charmanten, frei gehaltenen Rede bei der Trauerfeier für Helmut Kohl im Europäischen Parlament in Straßburg am 1. Juli 2017: Er zeigte gleich zu Beginn mit dem Finger auf den aufgebahrten Sarg und sagte den versammelten Staatsgästen, «früher oder später» würden er und sie doch alle in solch einer Kiste liegen; sie hätten aber eben als Politiker die Verantwortung, für etwas zu arbeiten, was «größer als wir selbst» sei. Nach der wohlgesetzten, abgelesenen Trauerrede von Angela Merkel hatte dies einen dramatischen, aufrüttelnden, sympathischen Effekt auf die versammelten Ehrengäste und das Fernsehpublikum. Von den Präsidenten Obama und Trump werden wir noch im letzten Kapitel hören.

Die Beredsamkeit an der Spitze des Staates der USA diente neben der konkreten politischen Kontroverse immer auch der nationalen Identitätsstiftung über die Parteigrenzen hinweg – oder der ideologischen Verbrämung von Interessen des Establishments, wie man es sieht. Jedenfalls stand dem an der Basis der amerikanischen Gesellschaft eine lebendige Versammlungskultur gegenüber. Sie reichte bis zu den erwähnten Town Meetings der Puritaner des 17. Jahrhunderts zurück. Im 19. Jahrhundert, noch vor der Epoche der audiovisuellen Medien, florierte auch in den USA eine «Platform oratory» jenseits von Washington, für die die Redner diverser Couleur durchs immer größer gewordene Land reisten und große Zuhörerschaften erreichten.[144] Dazu kamen die großen und kleinen Wahlkampfreden mit viel volkstümlicher Interaktion, mit denen sich Kandidaten um diverse Ämter bewarben; man nennt sie «stump speeches», Baumstumpfreden, weil sich die Redner anfangs auf einen Baumstumpf stellten, um gesehen und gehört zu werden.[145] Die wachsenden sozialen Bewegungen trafen sich zu organisierten und spontanen Kundgebungen und Protestreden: Sozialisten, Gewerkschafter, Frauenbewegung, Pazifisten, Abolitionisten, Bürgerrechtler. Wie in England sprach man auch in den USA vom «Soapboxing», vom Reden auf Seifenkisten an Straßenecken. Radikale Arbeitervertreter riefen etwa auf diese Weise zu Streiks auf und lieferten sich mit der Polizei regelrechte «Free Speech Fights», Kämpfe, in denen sie sich auf den ersten Verfassungszusatz beriefen, der Redefreiheit garantiert.[146] Nach dem Zweiten Weltkrieg mobilisierten die Studentenproteste, Demonstrationen gegen Diskriminierung und gegen den Vietnam-Krieg viele junge Menschen – die Zeit des Megaphons.[147] An der Universität von Kalifornien in Berkeley kam es 1964/65 zum Ausbruch eines «Free Speech Movement», in dem die Studenten politische Meinungsfreiheit auf dem Campus forderten und dabei auch von der Folk-Sängerin Joan Baez unterstützt wurden. Es war nicht zuletzt ein emotionaler Ausbruch, wie sich an einer viel beachteten, frei gehaltenen Rede des Studentenführers Mario Savio zeigte: Er stand vor einem Universitätsgebäude in Berkeley und rief aus unbändigem Ärger, die Studenten wollten fortan nicht mehr als «Rohmaterial» behandelt werden: «Wir sind Menschen!»[148]

Die Proteste gegen die Rassentrennung in den sechziger Jahren nährten sich außerdem aus den Hoffnungsliedern, den Gospels und Spirituals, und den energiegeladenen Predigten in den schwarzen Kirchengemeinden. Dieser Verbindung entsprang dann auch die größte Rede jener Zeit der Bürgerrechtsbewegung: *I Have a Dream.*

Die Rede, die der baptistische Pastor, promovierte Theologe und Aktivist Martin Luther King Jr. (1929–1968) beim «Marsch auf Washington» am 28. August 1963 vor 250 000 Menschen hielt, war in der Nacht zuvor im Hotelzimmer entworfen worden. Einen Teil des Textes hatte Clarence B. Jones beigesteuert, einer von Kings Mitstreitern und damals sein Anwalt. Als King am nächsten Morgen am Fuße des Lincoln-Denkmals zu der Menge sprach, las er zunächst den Text von seinem Manuskript ab: erst die Passagen von Clarence B. Jones, dann weitere Absätze aus der eigenen Feder. Doch dann geschah es: Martin Luther King schob den Redetext nach links, ergriff das Rednerpult mit den Händen und fing an, frei zu reden: «Ich habe einen Traum …»: den Traum vom Ende des Rassismus. Clarence B. Jones, der mit auf dem Podium stand, sah nach seiner Erinnerung sofort von hinten, wie sich Kings Körpersprache in diesem Moment änderte; da habe er, Jones, gewusst: Jetzt würde King anfangen zu predigen. Der Redner hatte sich, so erzählt es Jones, «dem Geist des

Augenblicks überantwortet».[149] Und tatsächlich kann man es in den Filmaufnahmen von der Rede (leicht im Internet zu finden) gut erkennen, wie Martin Luther King sich in jenem Moment buchstäblich vom Text löst – er blickt nun nicht mehr nach unten, sondern nach vorne und nach oben, zugleich aber auch gleichsam nach innen. Und von dort bringt er dann einen hochpoetischen Redefluss hervor, mit typisch mündlicher Aneinanderreihung, mit vielen Bildern, Anaphern («zusammen zu arbeiten, zusammen zu beten, zusammen zu kämpfen, zusammen ins Gefängnis zu gehen, zusammen für die Freiheit aufzustehen ...»), national-patriotischen Formeln und mit immer wieder eingestreuten biblischen Zitaten, zum Beispiel den Worten des Propheten Jesaja (40,4): «Alle Täler sollen erhöht werden, und alle Berge und Hügel sollen erniedrigt werden, und was uneben ist, soll gerade, und was hügelig ist, soll eben werden (...).»[150] Die Stimme wird dabei stark moduliert und nähert sich beinahe dem Gesang an. Es ist der klassische Ton einer improvisierten, freikirchlichen Erweckungspredigt: intensive Inspiration, fromme Phantasie, aber gebunden durch intellektuelle Wachheit, viele Wiederholungen und stets verfügbare Versatzstücke. Die Sprache Martin Luther Kings in der *»I have a dream«*-Rede «bildete eine Brücke zwischen der halb-sakralen Rhetorik rund um die amerikanische Verfassung und der ausdrücklich biblischen Sprache der Kanzeln in den Südstaaten.»[151]

King hatte das Traum-Motiv schon öfters verwendet, aber noch niemals so wie hier auf dieser epochalen politischen Massenkundgebung. Manche Zeitzeugen erzählen, die Gospelsängerin Mahalia Jackson, die vorher zu den Demonstranten gesungen hatte und ebenfalls auf dem Podium stand, habe im entscheidenden Moment der Rede gerufen: «Erzähl ihnen von dem Traum, Martin!» («Tell 'em about the dream, Martin!») und damit den frei gehaltenen Teil der Rede erst ausgelöst. Dies ist allerdings historisch nicht gesichert. In jedem Fall aber hat Martin Luther King selbst berichtet, dass die Präsenz des großen Publikums für den Verlauf der Rede eine Rolle gespielt habe. Zwei Monate nach dem Marsch auf Washington, im November 1963, gab King einem Rhetorik-Studenten Auskunft, der ihn danach gefragt hatte:

> «Ich begann damit, die Rede zu lesen, und ich las sie bis zu einem bestimmten Punkt, und ganz plötzlich entschied ich – die Resonanz des Publikums *(audience response)* war wundervoll an diesem Tag, wissen Sie –, ganz plötzlich

«I have a dream»: Bei seiner Rede gegen die Rassentrennung am 28. August 1963 in Washington hat sich Martin Luther King Jr., so beschrieb es ein Zeitzeuge, «dem Geist des Augenblicks überantwortet».

> benutzt, diese Sache mit dem ‹Ich habe einen Traum› –, und ich hatte einfach das Gefühl, dass ich es hier benutzen wollte. Ich weiß nicht, warum, ich habe daran vor der Rede nicht gedacht.»[152]

Dazu muss man wissen, dass die «Responsivität» des Publikums in der baptistischen Predigt der Südstaaten etwas Spezifisches bedeutete, nämlich dass die einzelnen Sätze des Predigers jeweils von der versammelten Gemeinde mit Ausrufen bestätigt werden: «Yes!», «Yeah!» oder «My Lord!»[153] In der alten christlichen Liturgie gab es ja auch schon das «Responsorium», den Wechselgesang zwischen Vorbeter und Gemeinde. Wenn also Martin Luther King erklärte, dass die Reaktion des Publikums, *audience response,* ihn beim Reden angestachelt habe, dann verriet er damit auch ein bestimmtes, amerikanisches Rezept der freien Rede. Mit diesem mutmachenden Improvisationsmoment korrespondierte dann am 4. April 1968 auf traurige Weise die ebenfalls frei gehaltene Rede, in der Senator Robert F. Kennedy verkünden musste, dass Martin Luther King einem rassistischen Attentat zum Opfer gefallen war.

Frankreich

Ein Sprung – und zwar nach Paris ins Jahr 1834. Frankreich hatte die wilde napoleonische Zeit und die Restauration der Bourbonen-Könige hinter sich. Und seit der Juli-Revolution von 1830 lebte man in einer konstitutionellen Monarchie mit strengem Zensuswahlrecht unter der Herrschaft des «Bürgerkönigs» Louis Philippe, der vor allem den Interessen des Großbürgertums diente. Diese Julimonarchie, die bis zur nächsten Revolution von 1848 hielt, war laut Karl Marx «nichts als eine Aktienkompagnie zur Exploitation des französischen Nationalreichtums».[154] Es war aber auch eine literarisch produktive Zeit, in der Alexandre Dumas, Stendhal, Honoré de Balzac, Victor Hugo und George Sand publizierten. In dieser Ära setzte Victor Hugo dem größten Redner der Französischen Revolution, Mirabeau, ein Denkmal, und besonders dessen Kunst der Improvisation. Gerade erst, 1831, hatte Victor Hugo einen großen Erfolg mit seinem historischen Spätmittelalter-Roman *Der Glöckner von Notre-Dame* gefeiert. Nun aber blickte er in seiner biografischen Schrift *Étude sur Mirabeau* zurück auf die Situation in der revolutionären, verfassungsgebenden Nationalversammlung von 1789, also 45 Jahre zuvor:

> «Mirabeau ist Mirabeau, wenn er spricht. Dann läuft das Wasser, dann schäumt die Flut, dann sprüht das Feuer, der Vogel fliegt (…). Mirabeau auf der Rednerbühne, darüber sind nun alle Zeitgenossen einig, ist großartig. Kein Tisch mehr, kein Papier, keine Schreibzeug voller Federn, kein einsames Zimmer, kein Schweigen und Nachdenken, sondern ein Marmorblock zum Meißeln, eine Treppe, die man im Laufschritt nimmt, und die Rednertribüne ein Raubtierkäfig, um hin und her zu gehen, vorzurücken und anzuhalten, Atem zu holen und zu schnauben, die Arme zu kreuzen, die Fäuste zu ballen, das Wort mit der Gebärde zu malen und die Idee mit einem Blick zu erhellen, ein Menschengewimmel, das man mit dem Blick fixieren kann, der große Tumult als herrliche Begleitung für eine gewaltige Stimme, die Versammlung, eine Menge, die den Redner hasst, umgeben vom Volk, einer Menge, die ihn liebt (…).»[155]

Besonders dramatisch schilderte Victor Hugo, wie Mirabeau mit Störungen während seiner Reden umging:

«Streitschriften, Pamphlete, Verleumdungen, Beleidigungen, Zwischenrufe, Drohungen, Buhs, Gelächter, Pfiffe waren nichts als in den Strom der Rede geworfene Kiesel, die ihn für Augenblicke aufschäumen ließen. (…)
Wenn es gelungen war, ihn zu verstören, wenn man ihm plötzlich eine jener Spitzen in die Flanken gestoßen hatte, die den Redner und den Stier sich aufbäumen lassen, so konnte es mitten in der Rede sein, und er ließ alles stehen, die angeknüpften Gedanken, und scherte sich nicht darum, dass sein Gewölbe von Argumenten, das er zu errichten begonnen hatte, mangels Schlussstein hinter ihm zusammenstürzte, er gab die Frage auf und stürzte sich mit gesenktem Kopfe auf den Zwischenfall. Nun aber wehe dem Zwischenrufer …» (…)
«Die gewaltigste Störung brachte seine Redekunst nicht durcheinander unter ihren Stößen, sondern entfesselte in ihm eine Art höherer Logik, und er fand in der Wut Argumente, wie andere Metaphern finden.»[156]

Nur zwei Jahre nach Victor Hugos *Étude sur Mirabeau*, im Jahr 1836, erschien dann in Paris ein weiterer Rückblick auf die französische Rhetorik der vergangenen Jahrzehnte. Der Staatsrechtler und Publizist Louis Marie de Cormenin (1788–1868) war lange Abgeordneter der Deputiertenkammer gewesen. Nun veröffentlichte er unter seinem monarchiekritischen Pseudonym «Timon» eine Darstellung der Parlamentsrede von der Revolution bis zur Julimonarchie mit dem Titel *Études sur les orateurs parlementaires*.[157] Das Buch, in späteren Auflagen auch *Livre des orateurs* genannt, wurde sehr erfolgreich und erschien 1843 auch in einer deutschen (anonymen) Übersetzung, aus der wir hier zitieren. Cormenin sang ebenfalls ein Loblied der freien Rede:

«Die Gewalt der Improvisation rührt daher, dass sie stets zu Ort und Zeit passt. (…) Die Seele des Stegreifredners passt zur Seele des Zuhörers. Sie treffen zusammen, verbinden sich, ergießen sich in einander, werden eins. (…) Das Auditorium (…) sucht mit ihm nach den Worten, welche ihm nicht sogleich beifallen, spornt ihn mit seinem Stachel, treibt und belebt ihn mit seinem Hauch (…).»[158]

Und auch Cormenin würdigte im *Buch der Redner* ausführlich Mirabeau als den großen Revolutionsredner, zumal wegen der Fähigkeit zu lebendigen Reaktionen auf seine Gegner und Vorredner. Cormenin vergegenwärtigte sich die Situation von 1789:

> «Von der aufrüttelnden Neuheit der Entgegnung erwachen die schwerfälligen, lymphatischen und weichlichen Deputierten, welche sich dem Schlummer überließen. [Eine Entgegnung] (…) kann plötzlich den Verlust oder Gewinn einer parlamentarischen Schlacht entscheiden.»[159]

In Cormenins Klage über schläfrige Abgeordnete schwingen gewiss eigene Frustrationen mit. An anderer Stelle warnte er, wenn die Zuhörer müde seien, dann solle man nicht weiter «auf dem Dudelsacke spielen, um sie in noch tieferen Schlummer zu versenken».[160] Auch sonst ist sein *Buch der Redner* voller satirischer Töne aufgrund von Erfahrungen des Autors mit dem französischen Parlament. Sein Lob der Beredsamkeit kippt dabei um in die pessimistische Feststellung eines Trilemmas: Bei allen drei Arten der Rede kann es in der Situation des Vortrags schlecht laufen, wie auch immer der Redner mit dem Problem der Vorbereitung umgeht, ob er sich also dafür entscheidet, frei zu reden, zu memorieren oder vom Manuskript zu lesen. Auch die Stegreifrede, stellte Cormenin fest, habe ihre Risiken: insbesondere die Schwierigkeit des Redners, endlich einmal zum Schluss zu kommen![161] Noch ungünstiger sei allerdings die auswendig gelernte Rede, die immer nach «mühevollen Anstrengungen» klinge:

> «Der Gedächtnisredner blickt aus mattem Auge, hält den Nacken steif, gesticulirt falsch. Er ist nie mit der Versammlung im Einklang. (…) Er ist ein Mann von Gestern, während der Redner der Mann des Augenblicks sein soll.»[162]

Einen nicht minder schlechten Eindruck aber, so Cormenin drittens, machten die französischen Parlamentsredner, die ihr Manuskript mitgebracht haben:

> «Die Ableser halten ihr Papier vor den Mund, und die zurückprallenden Laute gelangen nicht zu den Zuhörern. (…) Sie mühen sich ab, im Voraus Gründe zu widerlegen, welche man ihnen nie entgegenstellen wird, sehen aber dafür die Einwürfe nicht voraus, welche man ihnen macht.»[163]

Was also tun? Kein Zweifel, es war ein Ausdruck von Nostalgie, wenn Victor Hugo und Louis Marie de Cormenin zur Zeit der Julimonarchie an die bewegte Rhetorik der Revolution von 1789 zurückdachten. Zwar wurde die parlamentarische Rede in der Pariser Nationalversammlung des

Einer der Redner in der Pariser Nationalversammlung zur Zeit der Julimonarchie, Marie Louis Pierre Parrieu, aus dem Karikaturen-Zyklus «Les représentants représentés» von Honoré Daumier, 1850.

19. Jahrhunderts durchaus gepflegt. Sie wurde belebt durch die Einführung des allgemeinen Wahlrechts für Männer mit der Revolution von 1848; wieder eingeschränkt unter der plebiszitären Diktatur Napoleons III. im Zweiten Kaiserreich (1852–1870), als das Parlament keine legislative Macht hatte; und wieder freier in der Dritten Republik seit 1870. Aber insgesamt ging die Tendenz in Frankreich zu einem eher «literarischen» Vortrag politischer Reden – es dominierten sorgfältig im Voraus komponierte Texte. Am Rednerpult der Nationalversammlung, die seit 1798 unter verschiedenen Verfassungen im Palais Bourbon am Quai d'Orsay tagte (und dort bis heute tagt), war es keineswegs verpönt, vom Blatt zu sprechen und seine Rede sogar alsbald als literarisches Meisterstück zu publizieren.[164] Aus den spitzen Bemerkungen in Cormenins *Buch der Redner* geht hervor, dass die «Gedächtnisredner» und vor allem die «Ableser» klar in der Mehrheit waren. Dasselbe Bild zeichnen die großartigen Karikaturen von Parlamentsrednern und Parlamentsszenen, die Honoré Daumier in der Jahrhundertmitte in zwei Zyklen von Zeichnungen aufs Korn nahm: *Les représentants représentés* und *Physionomie de l'Assemblée.*

Die Satire spießte es auf: Die französischen Eliten führten im 19. Jahrhundert gerne ihre elaborierte Beredsamkeit nach klassischen Vorbildern vor. Dabei ließen sie sich auch von der starken Tradition der Dramatik beeinflussen und redeten häufig in einem theatralischen Deklamationston, aber eben nach schriftlichen Drehbuch. Dies fiel auch Heinrich Heine auf. Heine emigrierte nach der Julirevolution, 1831, nach Paris und schrieb dort in den Jahren 1840 bis 1843 jene Korrespondentenberichte für die Augsburger *Allgemeine Zeitung*, die er später unter dem Titel *Lutetia* herausgab. Etwa zur selben Zeit also, in der Victor Hugo und Cormenin ihre rhetorischen Beobachtungen machten, notierte Heinrich Heine:

> «Ich habe selbst früher bemerkt, daß das öffentliche Leben in Frankreich, das Repräsentativsystem und das politische Treiben, die besten schauspielerischen Talente der Franzosen absorbiert und deshalb auf dem eigentlichen Theater nur die Mediokritäten zu finden sind. Dieses gilt aber nur von den Männern, nicht von den Weibern; die französische Bühne ist reich an Schauspielerinnen von höchsten Wert, und die jetzige Generation überflügelt vielleicht die frühere.»[165]

Was immer von Heines Erklärung zu halten ist, was die Rekrutierung von Schauspielern in Frankreich angeht, so ist die Neigung der politischen Redner zum Deklamieren jedenfalls unzweifelhaft. Entsprechend appelliert auch Louis Marie de Cormenin im *Buch der Redner* etwas indigniert an die Parlamentsredner:

> «Ein Deputierter, der die Tribüne besteigt, darf weder wie ein Advocat noch wie ein Tragödienspieler oder Mönch declamiren, sondern muss als Redner sprechen und wie Jedermann gekleidet sein.»[166]

In dieser Lage also, als man das Gefühl hatte, die Parlamentsredner spielten nur noch Theater, wandte man sich der Erinnerung an die Revolution von 1789 zu und besonders an die Vehemenz von Mirabeau damals. Mirabeau, eigentlich Honoré-Gabriel Riquetti Comte de Mirabeau (1749–1791), ließ sich als skandalumwitterter adliger Aufklärer zum Vertreter des Dritten Standes wählen, als König Ludwig XVI. für den Mai 1789 die Generalstände einberief. Obwohl er eigentlich eine freiheitliche Verfassung im Rahmen einer konstitutionellen Monarchie anstrebte, was ihm später als Verrat an der Revolution vorgehalten wurde, spielte Mirabeau als Redner in epochalen Momenten eine entscheidende Rolle bei der Etablierung der revolutionären Nationalversammlung gegen den Willen des Königs. Bis zu seinem Tod im April 1791 war Mirabeau ein bewunderter wie umstrittener Protagonist dieser konstituierenden Versammlung; deren Ziel, die Verkündung der Verfassung im September 1791, sollte er selbst nicht mehr erleben, ebenso wenig wie die Hinrichtung des Königs 1793 und die nachfolgende Schreckensherrschaft der Jakobiner.[167]

Keineswegs sprach Mirabeau immer aus dem Stegreif. Er war ein erfahrener Autor und Briefschreiber und sogar schon mit erotischen Schriften hervorgetreten. Wo es ging, bereitete er wichtige Reden sorgfältig vor; ihm gelang es, in jeden Text, wie es ein Zeitgenosse ausdrückte, «hier und da leuchtende Funken zu schlagen, originelle Ausdrücke hinzuzufügen, Akzente voller Feuer und Beredsamkeit zu setzen».[168] Eine historische Wende in der Revolution ist jedoch seiner rednerischen Geistesgegenwart zu verdanken: Als der König am 23. Juni 1789 in Versailles zur «Séance royal» mit den Drei Ständen zusammenkam und sie nach einem letzten Versöhnungsversuch anwies, den Saal zu verlassen, da befolgten Adel und Klerus den Befehl; aber der Dritte Stand, der sich als «Nationalversammlung» zur Vertretung des ganzen Volkes erklärt hatte, blieb sitzen. Als der königliche Zeremonienmeister den Befehl zur Auflösung der Versammlung wiederholte und die alte Ehrfurcht vor dem König doch wieder zu gewinnen drohte, da schleuderte Mirabeau dem Zeremonienmeister die berühmten Worte entgegen:

> «Ja, mein Herr, wir haben die Absichten vernommen, die man dem König eingegeben hat, und Sie, der Sie nicht sein Vertreter bei den Generalständen sein können, Sie, der Sie hier weder Sitz noch Stimme haben noch Rederecht, Ihre Sache ist es nicht, uns seine Worte in Erinnerung zu rufen. Um jedoch jeden Zweifel und jede Verzögerung zu vermeiden, erkläre ich Ihnen, wenn Sie den Auftrag haben uns hinauszuweisen, so müssen Sie Befehle verlangen zur Gewaltanwendung, denn wir verlassen unsere Plätze nur durch die Gewalt der Bajonette.»[169]

Daraufhin sollen die Abgeordneten gerufen haben: «Das ist der Wille der Versammlung!», der Zeremonienmeister zog sich verdutzt zurück, und es wurden auch keine Soldaten in den Saal geschickt.[170]

Nach dem heißen Sommer der Revolution – nach der Stürmung der Bastille, der Abschaffung ständischer Privilegien und der Erklärung der Menschen- und Bürgerrechte – sprach Mirabeau am 1. September 1789 vor der Nationalversammlung über die Gestaltung der neuen Verfassung. Er versuchte, seine Vorstellung einer konstitutionellen Monarchie zu erläutern (Mirabeau wollte selbst gern Minister in einer neuen Regierung werden). Es lief aber anders als vorher in Versailles: Seine Rede war langatmig, vorbereitet, offenbar mit plagiierten Elementen bestückt und muss ermüdend gewirkt haben. Doch Mirabeau merkte das, und er reagierte auf die Ungeduld der Zuhörer, indem «er wiederholt von seinem Text abwich und deren Aufmerksamkeit durch revolutionäre Gemeinplätze und wohlfeile Ausfälle gegen den Despotismus zu gewinnen suchte».[171] Auch sonst zeigte Mirabeau immer wieder ein scharfes situatives Gespür, im Sinne von Victor Hugos blumiger Schilderung. Im Jahr darauf, am 22. Mai 1790, als Mirabeau von manchen wegen seiner Kontakte zum Hof verdächtigt und des Verrats bezichtigt wurde, wollte er gerade eine Rede in der Nationalversammlung beginnen, als ein Abgeordneter rief: «Na, Mirabeau, gestern noch auf dem Kapitol, heute auf dem Tarpejischen Felsen!» (Im alten Rom wurden Todesurteile unter anderem wegen Hochverrats vollstreckt, indem man die Verurteilten vom Tarpejischen Felsen auf der Südseite des Kapitols stürzte.) Mirabeau baute diesen Einwurf gleich in seine Rede ein, indem er nach einer leidenschaftlichen Einleitung über die «Tyrannei der Meinungen» sagte:

> «Ich brauche diese Lektion nicht, um zu wissen, wie gering die Entfernung des Kapitols vom Tarpejischen Felsen ist!»[172]

Ein anderes Mal antwortete Mirabeau auf Gelächter im Plenum:

> «Meine Herren, schenken Sie mir nur wenige Augenblicke Ihrer Aufmerksamkeit; ich schwöre Ihnen, dass Ihnen, sobald ich geendet habe, nicht mehr zum Lachen zumute sein wird.»[173]

Am 28. Februar 1791, wenige Tage vor seinem Tod, stand Mirabeau noch einmal stärker unter Druck. In einer turbulenten Sitzung ging es um ein Gesetz über ein Ausreiseverbot – die Sorge ging um, der König könnte sich aus Frankreich absetzen.[174] Mirabeau war gegen das Gesetz und versuchte das Verfahren der Beratung in seinem Sinne zu beeinflussen. Als ein Abgeordneter intervenierte: «Es herrscht eine Art Diktatur des Herrn de Mirabeau in dieser Versammlung!», parierte Mirabeau:

> «Ich bitte meine Herren Zwischenrufer zu bemerken, dass ich mein ganzes Leben lang den Despotismus bekämpft habe und dass ich ihn mein ganzes Leben bekämpfen werde.»[175]

Neben Mirabeaus «Aufschäumen» (Victor Hugo), das seine politische Kompromissbereitschaft vielleicht zu sehr überdeckte, gab es einen weiteren berühmten Moment spontaner Rhetorik in der Französischen Revolution: Am 12. Juli 1789 kletterte Camille Desmoulins, radikaler Republikaner und Freund Dantons, Anwalt, Pamphletist und Journalist, im Garten des Palais Royal auf einen Tisch des Café du Foy und rief zu einer wachsenden Menge von Zuhörern: «Zu den Waffen, zu den Waffen!» Er sprach in einer aufgeheizten Situation, nach der Entlassung des Finanzministers Necker durch den König, von Freiheit und Hoffnung. Er, Camille Desmoulins, habe keine Angst vor dem Tod, nur davor, dass Frankreich in Knechtschaft gerate – ein fernes Echo von Patrick Henrys «Liberty or death»-Rede im Zuge der sogenannten transatlantischen Revolution, die jetzt nach Nordamerika Frankreich erreicht hatte.[176] Desmoulins' Rede auf dem Café-Tisch schlug in Paris offenbar wie eine Bombe ein, sie wurde einer der Auslöser des Sturms auf die Bastille am übernächsten Morgen. An seinen Vater berichtete Desmoulins in einem Brief über diesen Moment:

> «Ich erstickte fast vor der Menge an Gedanken, die auf mich einstürmten, ich sprach ohne Ordnung.»[177]

Bei aller Vorsicht vor historischer Spekulation – wie wäre das Geschehen ohne Camille Desmoulins verlaufen? – kann man also von einer der folgenreichsten Stegreifreden der Weltgeschichte sprechen. Und auch wenn andere Faktoren von großer Bedeutung waren: die vorangegangene Gewalt in Paris, die soziale Lage, die Gerüchte, die anderen Akteure, die verschiedenen Zufälle – die Revolution fand im Parlament, in Clubs und Salons, auf Plätzen und auf Straßen statt, als Ereignis gerade auch der gesprochenen Sprache. «In mehreren kritischen Momenten machte die Fähigkeit, ein Publikum umzuschwenken, ein großes oder ein beschränktes, den Unterschied zwischen Leben und Tod, Triumph und Desaster. (...) So gesehen, erscheint es nicht übertrieben festzustellen, dass es die Beredsamkeit war, die ‹das Volk› schuf, nicht umgekehrt.»[178] Camille Desmoulins soll sogar im Schwung jener Rede am 12. Juli vorübergehend sein Stottern verloren haben, das ihn schon immer eingeschränkt hatte. Auch wenn dies nicht sicher zu belegen ist – in dem Brief an seinen Vater schreibt er selbst nichts davon –, so wollen wir es doch symbolisch gelten lassen: eine befreite Stimme als Zeichen für die mutige Selbstertüchtigung der revolutionären Redner. Camille Desmoulins wurde dann 1794 von seinen Kameraden im Nationalkonvent wegen angeblichen Verrats an der Revolution zum Tod verurteilt – auch sein Jugendfreund Robespierre stimmte der Hinrichtung zu – und soll auf dem Schafott gerufen haben: «Dies ist also der Lohn für den ersten Apostel der Freiheit!»

Um zu ermessen, wie einschneidend die Französische Revolution nicht nur politisch, sondern auch kommunikativ war, muss man sich die rhetorische Szenerie im Ancien régime vor Augen führen. Rhetorik hieß vor der Revolution in erster Linie Sprachpflege und Sprachkunst. Seit Jahrhunderten hatten die Jesuitenkollegien in Frankreich die Ausbildung geprägt, die für das Studium vorbereitete; den Abschluss der höheren Schullaufbahn bildete lange Zeit die «classe de rhétorique». Dort rüstete man sich für Disputationen, Deklamationen, Gerichtsreden, Verhandlungen mit Hilfe der alten Sprachen und des Kanons der antiken Literatur. Eine der Methoden war zum Beispiel die «Übertragung einer ausgesuchten Cicero-Passage auf einen neuen Sachverhalt».[179] Seit dem 17. Jahrhundert richtete sich die Rhetorik stärker literarisch und ästhetisch aus, das Französische wurde gegenüber dem Lateinischen wichtiger; 1635 wurde die Académie française gegründet. Die sprachliche Schulung, zu der auch die Beherrschung von Redeschmuck, Standardargumenten und berühmten Dichterstellen gehörte, konnte man vor allem für die Predigt, das Gericht und die Poesie verwenden, außerdem für zeremonielle oder gelehrte Reden und die galante Konversation, aber mehr und mehr auch für das Verfassen philosophischer Schriften.[180] Es entstand eine blühende literarische Kultur, die mit Autoren von Montaigne über Molière bis zu Diderot in ganz Europa bewundert wurde; und es gab in Frankreich intensive ästhetische Debatten darüber, ob man sich weiter an die klassischen Vorbilder halten oder lieber «modern» sein wolle. In der Aufklärungszeit verbreitete sich ein Ideal der Natürlichkeit und der Autonomie, während die hergebrachte formale Bildung durchaus weiter bestand; so entfaltete sich im 18. Jahrhundert eine Redekunst mit Witz und Gedankenschärfe in den Salons, in Satire, Kritik und Journalismus. Die französische Literatur bekam auf diese Weise auch im Medium der Schrift häufig einen frischen, mündlichen Ton – Denis Diderots Dialog *Rameaus Neffe* etwa, von Goethe übersetzt, einer von vielen Dialogen der Zeit, fängt nach der Einleitung mit den Worten an: «Ach, mein Herr Philosoph, treff' ich Euch auch einmal!»

An all das konnte man 1789 anknüpfen, also nicht nur an die revolutionären Ideen der Aufklärer und an das Vorbild der Amerikanischen Revolution, die wiederum von englischem und französischem Denken angeregt war;[181] sondern auch konkret an das rhetorische Training. Viele der revolutionären Redner in Paris waren – wie zuvor in Amerika – Rechtsanwälte, und die Revolutionsrhetorik zeigte eindeutig Spuren des traditionellen Rhetorikunterrichts sowie der aufklärerischen Diskussionskultur.[182] Eines aber hatte im Ancien régime gefehlt: die Freiheit der politischen Rede. Sieht man ab von den eher förmlichen Ständeversammlungen vor dem Absolutismus, von den höfischen Beratungen und den gelehrten Juristenvorträgen, so fehlten die Foren der offenen Deliberation, die sich später von den revolutionären Momenten hin zu einem lebendigen, aber geordneten Parlamentarismus entwickeln sollten. Und dieser Mangel wurde von den Denkern des 18. Jahrhunderts schmerzlich empfunden und beklagt. François Fénelon, Bischof und Schriftsteller, schrieb im Jahr 1716 in seinem *Brief an die Französische Akademie*, nachdem er die Redekunst in der antiken griechischen Polis beschrieben hatte:

> «Das Wort hat bei uns keine ähnliche Macht; die Versammlungen sind hier nichts als Zeremonien und Spektakel. Wir haben kaum noch Monumente einer starken Beredsamkeit (…). Alles entscheidet sich im Geheimen, im Kabinett der Fürsten oder in irgendeiner bestimmten Verhandlung: Daher hat unsere Nation überhaupt keinen Anreiz, sich dieselbe Mühe wie die Griechen zu geben, um mit der Rede hervorzustechen.»[183]

Der Jesuit Blaise Gisbert postulierte in seinem Werk *Die christliche Beredsamkeit* von 1715, die französische Rhetorik brauche zumindest stilistisch «Freiheit»: «Diese Freiheit besteht in einem Stil, bei dem sich die Kunst und die Übung nicht bemerken lassen, bei dem die Natur stets dominiert» – um dann allerdings fortzufahren, es müsse sich selbstverständlich um eine «kultivierte Natur» handeln.[184] Kein Geringerer als Voltaire wiederum verfasste für Diderots *Encyclopédie* 1755 den Artikel zum Stichwort «Eloquence». Er zitierte darin die seit Tacitus bekannte Auffassung, dass die Beredsamkeit die Freiheit brauche. Weil es aber in Frankreich, beklagte Voltaire, nicht das Forum für die Debatte über wichtige öffentliche Angelegenheiten gebe «wie in Athen, in Rom und wie heute in London», so habe sich die französische Beredsamkeit «zu den Trauerreden geflüchtet», wo sie sich eher der Poesie annähere.[185] Und bei Jean-Jacques Rousseau konnte man im Rahmen seiner Zivilisationskritik eine grundsätzlichere Sprach- und Schriftkritik lesen. Wenn überhaupt schon die grammatisch geordnete Sprache an sich ein Abfall vom Naturzustand sei, so müsse sie doch wenigstens in mündlicher Unmittelbarkeit zu vernehmen sein, schrieb Rousseau in seinem *Versuch über den Ursprung der Sprachen* von 1756, der 1781 posthum erschien:

> «Ich behaupte, dass jede Sprache, mit der man sich nicht dem versammelten Volk vernehmlich machen kann, ein knechtische Sprache ist. Es ist unmöglich, dass ein Volk frei bleibt und zugleich diese Sprache spricht.»[186]

Die Schrift hingegen, so monierte Rousseau, «ersetzt die Ausdruckskraft durch die Genauigkeit». Rousseau war an der Stelle, wie so oft, besonders rigoros, aber er stand auch im Einklang mit einer allgemeinen Sympathie für Mündlichkeit und Ursprünglichkeit in der zweiten Hälfte des 18. Jahrhunderts. «Beim Reden teilt man seine Empfindungen, beim Schreiben seine Ideen mit», schrieb Rousseau weiter, und natürlich war er bei dieser Gegenüberstellung theoretisch ganz auf der Seite der Empfindungen – obwohl er im Niederschreiben von Ideen selbst ja auch nicht der Schlechteste war.[187]

Diese beiden großen Aufklärer sollten die Revolution nicht mehr erleben, Voltaire und Rousseau starben beide 1778, also zwei Jahre nach der Amerikanischen Unabhängigkeitserklärung. Als aber, auch ihretwegen, die Französische Revolution praktisch über Nacht die ungewohnte Freiheit zum Debattieren brachte, «wie in Athen, in Rom und wie heute in London» – da war es kein Wunder, dass sich in der Nationalversammlung ein aufgestauter Redeschwall Bahn brach (um mal wieder die beliebte rhetorische Wassermetaphorik zu bemühen).[188] Neben den beschriebenen Stegreif-Momenten zeigten viele der Redner dort ihre klassische Schulung und trugen vor dem neuen Parlament kunstvoll vorgefertigte Reden vor, oft in einem hohen, patriotischen Ton.[189] Auch sonst bemühte die Revolution gern das republikanische Rom als Vorbild. Camille Desmoulins zum Beispiel, so hat man gezählt, hat während seiner relativ kurzen Präsenz in der Nationalversammlung allein 43-mal Cicero zitiert.[190] Recht bald schon klagten die Abgeordneten über Geschwätzigkeit und Umständlichkeit der Debattenreden auf dem Weg zur neuen Verfassung.[191] Allerdings mussten die Redner in der Nationalversammlung auch etwas zum Dagegenhalten haben: Das Auditorium war oft unruhig, ungeduldig und machte Lärm, die Akustik war schwierig, die Luft schlecht, man brauchte Mut, Durchhaltevermögen und eine starke Lunge.[192] Schlicht seinen Text herunterzuleiern, das war jedenfalls nicht möglich in der «Manege» – so nannte man die Nationalversammlung, als sie am 9. November 1789 in die Salle du Manége umgezogen war, die königliche Reithalle neben dem Tuilerienschloss. Assoziationen mit einem Zirkus sind dabei nicht ganz unangemessen. Auch Maximilien de Robespierre, dessen Zunge später auf dem Weg zur Schreckensherrschaft geübter werden sollte, kam anfangs mit seinen weitschweifigen schriftlichen Erörterungen (auch er war Jurist) schwer durch im Trubel der Versammlung.[193] Georges Jacques Danton war der kraftvollere Volksredner,[194] und Kraft war vonnöten: Die Redebedingungen waren auch dadurch erschwert – mitunter aber auch beflügelt –, dass um die offiziellen Deputierten der Nationalversammlung herum immer auch eine Volksmenge von Zuhörern stand, die manches aufschnappte, die applaudierte, buhte und so weiter. Dass die Parlamentarier in Paris nicht unter sich waren, sondern von ungewähltem Pöbel umgeben, fand ein britischer Beobachter damals völlig unerhört; die Repräsentanten des Dritten Standes aber sahen in der Korona der umstehenden Gäste die «öffentliche Meinung» repräsentiert und betrachteten «die Nation als unser Publikum».[195] Auch die politischen Klubs, die sich mit der Zeit als Fraktionen bildeten und die Radikalisierung der Revolution vorantrieben, ließen bei ihren lebendigen Versammlungen Zuschauer aus der Pariser Bevölkerung zu. Der Abbé Sieyès, einer der Haupttheoretiker der Revolution, sagte zur Erweiterung des parlamentarischen Publikums sogar:

> «Die Ränge der Zuschauer müssen diejenigen umfassen, die ganz hinten stehen, ja die gesamte Nation.»[196]

Sieyès erkannte allerdings die praktische Unmöglichkeit dieser Forderung, die die «Gleichheit der Bürger», wie er sagte, ja eigentlich erzwinge: «Wie könnten alle Zuschauer gleich gut sehen und hören?» Die Lösung, so Sieyès, könne nur sein, «die Rednerbühne den Schriften zu überlassen», denn durch die schriftliche Kommunikation könne man sich bei allen Bürgern Gehör verschaffen und zudem auch noch vernünftiger kommunizieren.[197] Auch wenn diese kuriose Vorstellung von parlamentarischer Repräsentation, also die Abschaffung der mündlichen Rede, sich nicht durchsetzen konnte, so verweist sie doch auf eine wichtige Eigenschaft des modernen Parlamentarismus auch in Frankreich: die Erweiterung des Kommunikationsraums durch die städtische und die mediale Öffentlichkeit. Nicht nur, dass tatsächlich manche Reden in der Nationalversammlung als Flugblätter gedruckt und in ganz Frankreich verbreitet wurden – und dass die Stenografen in Paris, anders als in London, gleich zu Beginn zum Parlament dazugehörten;[198] nein, die ungehinderte öffentliche Rede wurde nun auch zum Teil eines großen Konzerts von Pamphleten, Zeitungen, Festen, Liedern, Klubs, Versammlungen, Cafégesprächen, Bildern.[199] Der Intensivierung der situativen Mündlichkeit in oft unübersichtlicher Lage entsprach eine Steigerung der Schriftlichkeit: «Paris liest zehnmal mehr als vor einem Jahrhundert», stellte Louis-Sébastien Mercier fest, Schriftsteller und ab 1789 Mitherausgeber der *Annales politiques, civiles et littéraires*.[200] Die freie Rede hatte also ihre große Stunde, man machte reichlich Gebrauch vom Artikel 11 der neu beschlossenen Menschen- und Bürgerrechte, wonach jeder Bürger «frei reden, schreiben, drucken» *(parler, écrire, imprimer librement)* durfte.

Die Gefahr dieser Freiheit lag allerdings nicht in den Rachegelüsten der Monarchie, wie man zuerst fürchten mochte, sondern in der Radikalisierung derjenigen, die meinten, allein die wahre Revolution und das Volk zu vertreten, also in der Unfähigkeit der Radikalen, Pluralismus zu ertragen.[201] Obwohl sie selbst noch die alte klassische Bildung im Ancien régime genossen hatten und oft auch so sprachen und schrieben, vertraten die Jakobiner nun das Ideal, dass die gelehrte, elitäre und raffinierte Rhetorik durch «Lakonismus» zu ersetzen sei, also durch ein unverfälschtes, volksnahes, direktes Sprechen.[202] Dieses an sich ehrenwerte Ideal führte im Konvent von September 1792 bis August 1795 in den Terror. Denn zwar kam es dort immer wieder zu heftigen Rededuellen, manchmal auch mit spontanen Elementen, was auf den ersten Blick im Sinne der demokratischen Debattenfreiheit sein müsste. Da es aber für Robespierre, Danton, Saint-Just und Konsorten (bevor sie sich selber endgültig entzweiten) immer nur *eine* Wahrheit geben konnte, die dem allgemeinen Willen des Volkes (im Sinne von Rousseau) entsprach, stand alles andere unter dem Verdacht, Verrat an Revolution und Volk zu sein. Jede Abweichung, jeder Ansatz von Parteibildung musste eine Verschwörung sein. «Ein Todesschauer lief durch alle Reden.»[203] Bei diesem ständigen Verdacht halfen deshalb nur «Öffentlichkeit und Wachsamkeit», denn «der wahre Patriot konnte nichts zu verbergen haben».[204] Die Rhetorik der Reinheit und

Reden auf dem Weg zur Schreckensherrschaft: Debatte im Jakobinerklub von Paris, Januar 1792. Es ging um Argumente für und wider den Krieg mit Preußen und Österreich.

Tugend des Herzens, der Kult der Aufrichtigkeit bedeutete in der Schreckensherrschaft am Ende: «nicht Diskussion und kein Meinungsaustausch, weder gegenseitige Belehrung noch Information über öffentliche Angelegenheiten, sondern gegenseitige Bespitzelung und (...) Denunziantentum».[205] Die Folgen sind bekannt: erst die Guillotine, dann Napoleon.

Im Laufe des 19. Jahrhunderts war dann in Frankreich noch der eine oder andere Appell zu vernehmen, die «natürliche», freie Rede zu bevorzugen, zum Beispiel von dem Theologen und Philosophen Louis Bautain (1796–1867), der seine *Étude sur l'art de parler en public* (1856) der Stegreifrede widmete. Die Improvisation sei, so Boutains Bild, eine Art «Geburt in der Öffentlichkeit *(enfantement devant la public),* bei der der Redner alle Anstrengung, allen Schmerz spürt, aber Hilfe und Unterstützung durch die Sympathie der Hörer erhält».[206] Interessanterweise fand dieser Louis Bautain übrigens, dass Frauen natürlicher zum freien Reden geeignet seien, weil sie von Haus aus eine lebendigere, fantasievollere Sprache hätten, «obwohl von ihrem Geschlecht und ihrer sozialen Stellung nicht zu Oratoren bestimmt».[207] Die Warnung von Bautain, Cormenin, Victor Hugo und anderen, das Reden nach Manuskript mache die Rede «kälter», hat man dann im weiteren Lauf der französischen Beredsamkeit mal mehr, mal weniger beherzigt. In der Parlamentsrede kann man in Paris heute immer noch oft der Mischung aus Theatralität und Schriftlichkeit begegnen. Aber es hat auch immer wieder starke Ausnahmen gegeben, nicht nur in den sozialen Bewegungen, bei Demonstrationen, etwa bei den Studentenprotesten in Paris im Mai 1968, wo Daniel Cohn-Bendit als Wortführer auftrat, der als Grünen- und Europapolitiker bis heute leidenschaftlich ohne fertigen Redetext sprechen kann. Auch die Staatsspitze löste sich mitunter vom Text; besonders Charles de Gaulle, Präsident von 1959 bis 1969, Widerstandsheld und Vater der Fünften Republik, war ein klassisch gebildeter Stilist und ein Meister der freien Rede. De Gaulle prägte sich Inhalte und Wendungen vorher ein und blickte dann mit starken Gesten entschlossen in die Menge. Man kann das in Filmaufnahmen beobachten, etwa von einem berühmten Auftritt am 4. Juni 1958 in Algier («Ich habe euch verstanden!») oder von seiner «Rede an die deutsche Jugend» am 9. September 1962 in Ludwigsburg, wo er sogar eine Viertelstunde auf Deutsch ohne Text redete. Auch François Mitterrand, Staatspräsident von 1981 bis 1995, konnte oft ungeplant intellektuell brillieren, und bis heute bleibt der sprachliche Schliff der französischen Elitenausbildung bemerkenswert – Emanuel Macron, Präsident seit 2017, beeindruckt durch seine geistige Präsenz, macht sich immer wieder von seinem Manuskript frei und sucht den Augenkontakt mit dem Publikum. Ob ihm das wirklich hilft, sich politisch durchzusetzen, das steht, um im Bild zu bleiben, auf einem anderen Blatt.

*

Wir sind in diesem Kapitel durch die Rede-Geschichte jener drei Länder gereist, die zu den Mutterländern der freien politischen Debattenkultur auf der ganzen Welt wurden. Bei allen Unterschieden, bei allen Rückschlägen und bei allen anfänglichen Begrenzungen demokratischer Repräsentation, deren Aufhebung ja erst mühsam erstritten werden musste – nicht zuletzt das Wahlrecht und das Rederecht der Frauen: Diese drei Länder haben allen demokratischen Parlamenten den Weg vorgezeichnet, die jedes für sich ihre eigene politische und rhetorische Geschichte haben.[208] In England, Amerika und Frankreich wurden aber auch, von Cromwell bis Robespierre, Maßstäbe für spätere Momente der Revolutionsrhetorik gesetzt, in Berlin, Sankt Petersburg, Hanoi und anderswo.[209]

Wir haben uns hier deshalb auf die politische Beredsamkeit konzentriert. Es ist aber noch ein weiterer Ort der freien Rede zu erwähnen, der die drei Länder verbindet: In allen dreien gehören Geschworenengerichte zur demokratischen Grundausstattung. Die Mündlichkeit und Öffentlichkeit der Gerichtsverhandlung, in der nur das gesprochene Wort gilt und nicht der Buchstabe der Akten, wurde mit der Französischen Revolution als Bürgerrecht durchgesetzt. In England gehören Jurys schon seit dem Mittelalter zur Rechtsprechung, und dies wurde in den USA übernommen; «trial by jury» zählt schon die Unabhängigkeitserklärung von 1776 zu den unveräußerlichen Rechten.[210] Wie man aus zahlreichen amerikanischen Gerichtsfilmen weiß – «Euer Ehren!» –, braucht es im Geschworenenprozess rednerische Ausstrahlung und Wendigkeit, um eine Gruppe von Laienrichtern zu überzeugen. Der Rechtsanwalt muss sein Plädoyer bis heute in freier Rede halten – ein ungeschriebenes Gesetz zwar, aber eines, das fast immer befolgt wird. Und so gibt es für Juristen in der Ausbildung und in der Praxis zahlreiche Handreichungen, Coachings und Studentenwettbewerbe für den mündlichen Vortrag. Als Forderung der deutschen Revolutionäre des 19. Jahrhunderts wird uns die Mündlichkeit vor Gericht im nächsten Kapitel noch einmal begegnen.

Einem Missverständnis sei am Ende dieses transatlantischen, westlichen Kapitels indes noch vorgebeugt: Das alles heißt nicht, dass unvorbereitete Reden unbedingt demokratischer wären. Im heutigen Parlamentarismus kann man schließlich demokratisch legitimierte Politik vertreten und mit Mehrheiten durchsetzen, auch wenn die Abgeordneten ihre Reden brav ablesen. Umgekehrt kann freie, revolutionäre Rhetorik auch wieder in autoritärer, totalitärer Politik enden, wie bei den Jakobinern oder im kommunistischen Russland. Ein Politikwissenschaftler hat argumentiert, das hochgelobte Reden sei doch im Parlament letztlich viel weniger wichtig als das Entscheiden; vor der Macht der Mehrheitsbeschlüsse verblasse alle «Delaberation».[211] Michel Foucault meinte sogar:

> «Die Rhetorik ist das Instrument, um eine Gesellschaft wieder inegalitär zu machen, der man durch demokratische Gesetze eine egalitäre Struktur auferlegen wollte.»[212]

Andererseits gehört die Offenheit, die Direktheit, die in nicht vorgeschriebener Rede steckt, in dreierlei Hinsicht doch essentiell zur Demokratie: Erstens eben in den wertvollen revolutionären Momenten, die überhaupt erst die Tür zu einer republikanischen, demokratischen Verfassung öffnen. Zweitens als Quelle der Glaubwürdigkeit, aus der demokratische Kandidaten, und sei das in technischer Hinsicht noch so fiktiv, schöpfen müssen. Und drittens als eine Eigenschaft demokratischer Debatte, in der Rede und Widerrede abwechseln, in der man auf Einwände eingeht, in der man durch den Gegner zum Argumentieren gezwungen wird. Dies lässt sich allein mit vorgefertigter Sprache nicht bewerkstelligen. Und so gehören in einer freien Gesellschaft, bei aller Vermitteltheit, Indirektheit, Medialität, trotzdem Mündlichkeit und Verantwortlichkeit untrennbar zusammen.

Kapitel 7

«Das vielschreibendste Volk der Erde»: Deutschlands Sehnsucht nach dem lebendigen Wort, von der Aufklärung bis zum Bundestag

Im Land der Dichter und Denker greift ein gewisser Überdruss an Büchern um sich. Alles so staubig, alles so tot! Goethes Doktor Faust ist bei weitem nicht der Einzige, der so empfindet und der endlich mal was Richtiges erleben will. In Schillers Drama *Die Räuber* spricht Karl von Moor die geflügelten Worte: «Mir ekelt vor diesem tintenklecksenden Säkulum, wenn ich in meinem Plutarch lese von großen Menschen.»[1] Gemeint ist: früher, im Altertum, da gab es nicht nur Bücherwürmer und Schreibtischhelden wie heute bei uns, sondern noch echte Tatmenschen! Von denen kann und muss man leider wiederum nur aus Büchern erfahren. Während aber dieser Karl von Moor in den *Räubern* (uraufgeführt 1782) lieber einen anarchischen Ausweg sucht, um «das schlappe Kastraten-Jahrhundert», wie er sagt, zu überwinden, so hegen andere Zeitgenossen edlere politische Gefühle. Sie vermissen eine Gesellschaft, in der die freie Rede etwas bewirkt, eine Gesellschaft, in der ambitionierte politische Debatten sich in öffentlichen Foren von den schriftlichen Fesseln lösen und dem Fortschritt von Freiheit und Vernunft dienen. Das heißt: Sie träumen von Athen, Rom, England; und manche dann auch, nach den großen Revolutionen, von Amerika oder besonders Frankreich.[2]

Die Deutschen haben damals zwar ihre Kultur und Sprache, aber noch nicht einmal einen gemeinsamen Staat, geschweige denn eine freiheitliche Verfassung. Johann Gottfried Herder schreibt in seinen *Briefen, das Studium der Theologie betreffend* (1780/81), im Hinblick auf die antike Rhetorik:

> «Beredsamkeit aber wohnte nur da, wo Republik war, wo Freiheit herrschte, wo öffentliche Beratschlagung die Triebfeder aller Geschäfte (…) war (…).

Das Ohr unseres Volks ist stumpf und nur nach dem Ohr der Hörer bildet sich Zunge und Rede. (…) Da wir nun überdem außer der Kanzel, auf der die Beredsamkeit in so kalter Luft ist, fast gar keine Gelegenheit zu öffentlichen Reden haben: da unsere Spiele, und gesellschaftlichen Übungen gewiß nicht oratorisch, am wenigsten politisch-oratorisch sind: da von jeher Deutschland das Vaterland des Zeremoniells, und einer hölzernen Knechtschaft gewesen; so ist's ja Torheit, Regeln einer Kunst zu suchen, wo die Kunst selbst fehlet, sie mit Pflastern salben zu wollen, wo sie nicht atmen kann und nie geatmet hat.»[3]

Ganz ähnlich sagte es vor ihm Christoph Martin Wieland (1733–1813) in seinem *Plan einer Akademie zur Bildung des Verstandes und Herzens junger Leute* (1758):

«Die Kanzel ist bei uns der einzige Ort, wo man an das Volk reden kann, für welches die Künste der Beredsamkeit eigentlich bestimmt sind.»[4]

Und der von Herder bewunderte, jung verstorbene Schriftsteller und Philosoph Thomas Abbt (1738–1766) brachte es in den *Briefen, die neueste Literatur betreffend*, einem Gemeinschaftswerk von Gotthold Ephraim Lessing, Moses Mendelssohn und anderen Aufklärern, das 1759 bis 1765 in Berlin erschien, klar auf den Punkt:

«Wir haben, ich wiederhole es nochmals, keine politische Beredsamkeit; nicht einen Schatten davon; und könnten sie auch nicht haben, weil unsre Staatsverfassungen gar nicht dazu eingerichtet sind.»[5]

Das waren deutliche Verlustanzeigen. Diese und andere Stimmen in der zweiten Hälfte des 18. Jahrhunderts erhoben sich gegen ein altes System, gegen eine artifizielle, barocke Rhetorik – verstanden als literarische, stilistische, zeremonielle Kunstlehre – und stattdessen für eine «echte» Beredsamkeit. Die rigorosen Urteile drückten eine sehr berechtigte Hoffnung auf etwas Neues aus; doch so «stumpf» die Ohren der Nation auch waren, jene Urteile sollten nicht ganz überdecken, dass zuvor auch in den vielen deutschen Kleinstaaten die verschmähte, verzopfte Tradition unter den Bedingungen der Ständegesellschaft einige rhetorische Vorarbeit geleistet hatte. Der Weg der Redekunst vom Mittelalter über den Humanismus bis zu den konfessionellen Bildungseinrichtungen wurde zu Beginn des vorigen Kapitels kurz skizziert. Im Jahr 1677 gab dann Christian Weise (1642–1708), Dramatiker, Dichter und Gymnasialdirektor im sächsischen

Zittau, ein großes deutschsprachiges Lehrbuch der höfischen, bürgerlichen und schulischen Rhetorik heraus, es hieß *Politischer Redner*, gefolgt von der Fortsetzung *Neu=Erleuterter Politischer Redner*.[6] In der Vorrede proklamierte Christian Weise: «Das ist gewiß / wer ein gelehrter Politicus heissen will / der muß bey guter Zeit auff sein Mund-Werck bedacht seyn.» Die Zielgruppe seiner Ratschläge für die «Wolredenheit» war insbesondere die Beamtenaristokratie an den diversen deutschen Höfen.[7] «Politisch» war die Kommunikation, um die es dort ging, in einem weiten Sinn: vor allem repräsentative Beredsamkeit, Diplomatisches, Gelegenheitsreden und galante Gewandtheit. Aber auch akademische Redner, so empfahl Christian Weise in einer anderen Abhandlung, sollten stets ein Repertoire an Stoffen und Wendungen zur Verfügung haben, damit sie so reden konnten:

> «(...) als wenn es gleichsam ohne alle Mühe und ohne beschwerliches Nachsinnen aus dem Munde geflossen ist».[8]

Die Kommunikationsanforderungen in der höfischen Welt der frühen Neuzeit verlangten also, dass man, «auf sein Mundwerk bedacht», Gemeinplätze oder Zitate für alle möglichen Schreib- und Redesituationen parat hatte. Das ganze Portfolio solcher Gelegenheiten beschrieb ein Professor der Rechte in Erlangen, Dietrich Hermann Kemmerich (1677–1745), folgendermaßen, als er in einer Ansprache vor der Erlanger Ritterakademie den adligen Nachwuchs ermahnte, sich entsprechend zu rüsten:

> «So fehlt es auch einer Standes=Person nicht an Occasion, entweder die Feder zu gebrauchen / oder sich als einen Redner aufzuführen. Denn da ist bald ein Compliment abzulegen / bald ein Vortrag zu thun / bald ein Brieff zu concipiren / bald eine Relation z. E. von einer Belägerung / von einer Schlacht / oder von einer Audience bey einem Fürsten abzustatten. Dergleichen Fälle es bey Hofe fast täglich giebt. (...) Sonderlich aber im Geheimen Rath wo serieuse Sachen tractiret werden / so ist es hoch nöthig / daß ein Minister seine Meynung mit geschickten Worten wisse vorzutragen / und mit guten Gründen auszuführen. (...) So sieht man doch / daß es einem zustatten kommt / wenn man capable ist / eine solche Rede ex tempore zuhalten. Wenn nun dieses ein Junger von Adel bedenckt / so wird er von selbsten urtheilen / daß ihm auch das Studium Eloquentiae allerdings zu recommendieren sey; insbesondere weil er nicht weiß / wozu er dermaleins gelangen kan.»[9]

Am Übergang von solcher barocken Förmlichkeit – die aber der «Standesperson», wie man sieht, auch ohne Manuskript zu Gebote stehen musste – hin zu einer klareren, aufklärerischen Form der öffentlichen Rede steht Johann Christoph Gottsched (1700–1766). Später verschrien als bornierter Vertreter einer klassizistischen «Regelpoetik», tat der Leipziger Gelehrte und Dichter nicht nur sehr viel für die Reform der deutschen Sprache und Literatur, er publizierte auch, erstmals im Jahr 1736, seine *Ausführliche Redekunst.* Dieses Werk ist ein seltsames Zwitterwesen. Einerseits enthält es aufklärungstypische Klagen über Dekadenzerscheinungen seiner Zeit: über die Beschränkung der politischen und damit rednerischen Freiheit, über den verbreiteten sprachlichen Schwulst und über den Sittenverfall.[10] Gottsched vertritt ein vernunftorientiertes, moralisches Rednerideal. Und wenn Gottsched in der *Ausführlichen Redekunst* die «Hof- und Staatsreden» behandelt, äußert er sich völlig illusionslos zur politisch-rhetorischen Lage seiner Zeit, wenn nicht gar sarkastisch:

> «Wenigstens hat es der Gebrauch unsrer Hofleute so eingeführet, daß sie sich keine Mühe geben, ihre Zuhörer durch Beweise und Bewegungsgründe einzunehmen. Sie würden auch oft sehr übel daran seyn, wenn sie solches zu Ausführung ihrer Absichten nöthig hätten. In freyen Republiken war solches vorzeiten nöthig, weil das Volk daselbst nichts that, als was es selbst für gut befand; und daher mußten die damaligen Redner sehr geschickt seyn. Heute zu Tage aber regieren selbst die Republiken, nicht mehr durch Vernunft und Überzeugung, sondern durch Zwang und Gewalt, oder durch List. (...) Folglich brauchen wir auch keinen Demosthenes oder Cicero bey Hofe.»[11]

Tja, was soll man da machen? Folglich bedient Gottsched, und das ist die andere Seite seiner *Redekunst*, gleichsam als Dienstleister brav die gesellschaftlichen Konventionen, wie sie eben sind, und gibt für die verschiedenen Redeanlässe gebildete Tipps. Bei den Hof- und Staatsreden erwähnt er auch:

> «die Landtagsreden, darinn ein Staatsbedienter den Vortrag des Landesherrn an die Stände thut, der Erbmarschall aber im Namen der letztern dieselbe (sic) beantwortet»[12]

– so viel zur Frage, wie viel wirkliche politische, parlamentarische Deliberation die Ständeversammlungen im Absolutismus zuließen. Gottscheds weitere Aufmerksamkeit gilt dem Herrscherlob, den Trauer- und Hochzeitsreden, Schul- und Universitätsreden. Und wenn er allgemein als Sprachpfleger der stilistischen Entschlackung der Muttersprache das Wort redet, so sind die Beispielreden, die in der *Ausführlichen Redekunst* jedem Abschnitt zur Schulung und Nachahmung beigefügt sind, zum Teil doch noch ausgesprochen girlandenreich. Doch trotz seiner eher literarisch-normativen Ausrichtung geht Johann Christoph Gottsched, der in Leipzig eine «Rednergesellschaft» gründete,[13] auch auf die praktischen Herausforderungen des Redners ein; er zeigt sich empfindlich für das Verhältnis der schriftlichen Vorbereitung zur mündlichen Performanz, wenn er über die Fähigkeit zum Memorieren schreibt:

> «Wir wollen damit nicht behaupten, als ob ein Redner allezeit seine Reden von Wort zu Wort auswendig lernen müßte. Dieses ist nur Anfängern nöthig, die sich noch nicht so viel zutrauen können, daß sie allezeit an Sachen und Worten einen genugsamen Zufluß haben würden, um nicht gar stecken zu bleiben; oder doch elendes Zeug zu plaudern. Wir wollen nur sagen: daß ein Redner die Vorbereitung zu seinen Reden nicht ganz vergeblich anstelle, daß er nicht das Beste vergesse, das Nöthigste auslasse, das Hinterste zuförderst vorbringe; dazu sey ein gutes Gedächtnis vonnöthen. Denn je besser dieses ist, desto weniger wird er irre werden; desto unerschrockener und herzhafter wird er in seinem Vortrage seyn: indem er nicht besorgen darf, daß er anstoßen oder stecken bleiben möchte.»[14]

Stecken blieb in der Aufklärungszeit aber in jedem Fall die Freiheit der Rede, und so mehrten sich die Beschwerden darüber, Deutschland bleibe, anders als etwa England, dem toten Buchstaben verhaftet. «Wahre Beredsamkeit», die auch die Affekte der Zuhörer ansprechen sollte, stand nun zunehmend gegen eine rein schriftliche Verwaltung und eine Verregelung mit zahllosen Fachbegriffen.[15] Dieses starke Gefühl ging über die Rhetorik im engeren Sinne hinaus, denn es verband sich mit einer wachsenden Skepsis gegenüber dem Medium der Schrift im europäischen Denken überhaupt.[16] Mit und neben Jean-Jacques Rousseau sprach man nun viel von einer Befreiung der Sprache, von Natürlichkeit, Ursprünglichkeit, Genie, von Aufrichtigkeit, Lebendigkeit, Unmittelbarkeit.[17] Johann Gottfried Herder stellte nicht nur fest, dass in deutschen Landen eine republikanische Beredsamkeit fehlte, er betonte in seiner *Abhandlung über den Ursprung der Sprache* (1772) auch grundsätzlich den Klang und die Natürlichkeit der gesprochenen Sprache gegenüber ihrer Reduktion auf die schriftliche Fixierung – eine Position, die noch bis zum Papst der modernen Linguistik Ferdinand de Saussure nachhallen sollte, der der Sprachwissenschaft «die Befreiung vom Buchstaben» wünschte.[18] Nach Herder hat Wilhelm von Humboldt (1767–1835), zugleich als Diplomat und Reformer ein Zeitzeuge der historischen Umwälzungen der Zeit um 1800, intensiv über den Zusammenhang von Denken und Sprechen nachgedacht.[19] Humboldt stimmte ein in den Chor zugunsten der mündlichen Kommunikation als Grundlage aller Verständigung. In seiner Abhandlung *Über die Verschiedenheit des menschlichen Sprachbaues und ihren Einfluß auf die geistige Entwicklung des Menschengeschlechts*, der voluminösen Einleitung zu seinen posthum erschienenen Untersuchungen *Über die Kawi-Sprache auf der Insel Java*, schrieb Humboldt:

> «Die Sprache, in ihrem wirklichen Wesen aufgefasst, ist etwas beständig und in jedem Augenblick Vorübergehendes. Selbst ihre Erhaltung durch die Schrift ist immer nur eine unvollständige, mumienartige Aufbewahrung, die es doch erst wieder bedarf, dass man dabei den lebendigen Vortrag zu versinnlichen sucht. (…) Sie ist nämlich die sich ewig wiederholende Arbeit des Geistes, den articulirten Laut zum Ausdruck des Gedankens fähig zu machen.»[20]

Und in seiner Skizze *Über Denken und Sprechen* von 1795/96 bekam Wilhelm von Humboldt sehr schön zu fassen, wie flüchtig und zugleich wirksam das Sprechen sein kann:

> «Die schneidendsten unter allen Veränderungen in der Zeit sind diejenigen, welche die Stimme hervorbringt. Sie sind zugleich die kürzesten, und aus dem Menschen selbst mit dem Hauche, der ihn belebt, hervorgehend, und augenblicklich verhallend, bei weitem die lebendigsten und erweckendsten.»[21]

Nun war zumindest klügeren Köpfen wie Humboldt klar, dass seine Epoche in einer gehörigen Spannung lebte: Während man die Schrift gegenüber der lebendigen Stimme um 1800 allenthalben abwertete, blühten gleichzeitig die deutsche Literatur und die Weltliteratur in erstaunlichem Maße auf. Die Ausweitung der bürgerlichen Schriftkultur einerseits und der Mündlichkeitskult im Sinne der Empfindsamkeit andererseits waren historisch keine Gegensätze, sondern sie griffen ständig ineinander. Man schätzte zum Zweck von Liebe, Freundschaft und Austausch die orale, körperliche Präsenz – und nutzte gerade das distanzierende, aber auch Distanzen überbrückende Schriftmedium, um diese Präferenz intensiv auszudrücken.[22] «Inmitten eines expandierenden Buchmarktes, quantitativ explodierender Lektüre und breiter mittelständischer Alphabetisation kommt ein Katalog literarischer Gesten in Mode, die das Buch sei es zugunsten der Anschauung der Natur, sei es um ursprünglicher und in ihrer Ursprünglichkeit illiterater Gefühle willen verleugnen.»[23]

Auch Johann Wolfgang von Goethe lässt seinen *Faust* in dieser Spannung auftreten. Im *Faust I* (1808) und auch schon im *Urfaust* (1772–75) ist er von seinen Büchern bekanntlich «so klug als wie zuvor» geworden und wird dann in der Nacht, der ersten Szene des Stücks nach Vorspiel und Prolog, zuerst vom Erdgeist besucht und dann von seinem Famulus Wagner gestört. Dieser hofft vom Meister Versatzstücke gelehrter Bildung zu erhaschen, die sich für die praktische Anwendung eignen; ihn interessiert, was bei den Leuten heutzutage «wirkt», und Wagner hantiert dabei etwas unbeholfen mit rhetorischer Terminologie herum: Vom «Deklamieren» – als solches hat er hinter der geschlossenen Tür Fausts vorangehendes Gespräch mit dem Geist missverstanden – verspricht sich Wagner zu lernen, wie man «die Welt (…) durch Überredung leiten» könne. Darauf gibt Faust ihm eine sprichwörtlich gewordene Antwort: Es ist ein Plädoyer dafür, dass der Redner sich emotional involviert und sich im Augenblick des Vortrags aufrichtig an der Sache orientiert – und eine Kritik daran, dass Möchtegern-Rhetoren sich unselbständig auf Lehrbuchregeln und zusammengeklaubten Redeschmuck verlassen. Dieser Goethesche Dialog gehört also mitten in die Geschichte der freien Rede:

> «FAUST. Wenn ihr's nicht fühlt, ihr werdet's nicht erjagen,
> Wenn es nicht aus der Seele dringt
> Und mit urkräftigem Behagen
> Die Herzen aller Hörer zwingt.
> Sitzt ihr nur immer! Leimt zusammen,
> Braut ein Ragout von andrer Schmaus,
> Und blast die kümmerlichen Flammen
> Aus eurem Aschenhäufchen 'raus!
> Bewundrung von Kindern und Affen,
> Wenn euch darnach der Gaumen steht –
> Doch werdet ihr nie Herz zu Herzen schaffen,
> Wenn es euch nicht von Herzen geht.
> WAGNER. Allein der Vortrag macht des Redners Glück;
> Ich fühl' es wohl, noch bin ich weit zurück.

FAUST. Such' Er den redlichen Gewinn!
Sei Er kein schellenlauter Tor!
Es trägt Verstand und rechter Sinn
Mit wenig Kunst sich selber vor;
Und wenn's euch Ernst ist, was zu sagen,
Ist's nötig, Worten nachzujagen?
Ja, eure Reden, die so blinkend sind,
In denen ihr der Menschheit Schnitzel kräuselt,
Sind unerquicklich wie der Nebelwind,
Der herbstlich durch die dürren Blätter säuselt!»[24]

Goethe, der der Rhetorik mit einiger Skepsis begegnete,[25] kannte aus der *Ars poetica* des Horaz nicht nur die Stelle: «Wenn Du willst, dass ich weine, musst du zuerst selbst Schmerz empfinden»; sondern auch den Ratschlag an den Dichter: «Dem wohlbedachten Inhalt werden die Worte nicht unwillig folgen.»[26] Und der Vielschreiber Goethe äußerte sich mehrmals selbst zugunsten der Mündlichkeit: «Denn eigentlich sollte der Schreibende sprechen (…)», heißt es etwa im Vorwort zur *Farbenlehre*.[27] Faust stellt sich also hier auf die Seite einer direkten, unverfälschten, nicht künstlich auf Brillanz getrimmten, nicht mit fremden Versatzstücken garnierten Beredsamkeit, die den «Ernst» der Sache wichtiger nimmt als eine feine schriftliche Vorbereitung.[28] Man soll sich nicht, wie Faust kurz danach zu Wagner sagt, aus der historischen «Rumpelkammer» bedienen, um dann wie «Puppen» zu sprechen.[29] Als sein Assistent das Studierzimmer dann wieder verlassen hat, hadert Faust dort erst recht mit der «Mottenwelt» seines großen Bücherregals.[30]

Nicht unähnlich klang es, als Immanuel Kant sich in einer berüchtigten Anmerkung in seiner *Kritik der Urteilskraft* (1790) die Rhetorik vornahm. Der Philosoph distanzierte sich von ihr als «einer hinterlistigen Kunst (…), welche die Menschen als Maschinen in wichtigen Dingen zu einem Urteile zu bewegen versteht».[31] Während er in seiner ästhetischen Theorie die Dichtkunst als «bloßes unterhaltendes Spiel mit der Einbildungskraft» ehrlicher fand, verwarf Kant die Redekunst «als Kunst sich der Schwächen der Menschen zu seinen Absichten zu bedienen». Die stilistischen Argumente von Goethes Faust ließ er dabei weg und reduzierte den Angriff ganz aufs Moralische: Ob öffentliche Reden nun mehr oder weniger «blinkend» sind, wie es bei Goethe heißt – als manipulative Kunst waren sie für Immanuel Kant «gar keiner Achtung würdig». Dann aber machte er einen interessanten Zusatz, der eine aufrichtigere Art der Rede durchaus gelten lässt, welche mit Doktor Fausts Ideal des Vortrags recht eng verwandt ist:

> «Wer, bei klarer Einsicht in Sachen, die Sprache nach deren Reichtum und Reinigkeit in seiner Gewalt hat und, bei einer fruchtbaren, zur Darstellung seiner Ideen tüchtigen Einbildungskraft, lebhaften Herzensanteil am wahren Guten nimmt, ist der *vir bonus dicendi peritus*, der Redner ohne Kunst, aber voll Nachdruck, wie ihn Cicero haben will, ohne doch diesem Ideal selbst immer treu geblieben zu sein.»[32]

Trotz dieser Einschränkung hat Immanuel Kants Attacke dem Ruf der Redekunst in Deutschland nicht geholfen; es bleibt «eine der prominentesten Widerreden gegen den optimistischen Topos der Zusammengehörigkeit von Rhetorik, Freiheit und Demokratie».[33] Hinzu kam dann der Eindruck der Französischen Revolution, die viele in Deutschland befeuerte, aber auch Angst vor radikaler Demagogie verbreitete, nicht zuletzt bei Goethe.[34] Christoph Martin Wieland beklagte 1792, dass in Paris der bessere Teil der Revolutionäre «durch Murmeln, Schreien, Lärmen und Brutalitäten von der herrschenden Partei übertäubt wird».[35] Und dennoch ließen sich die Hoffnungen auf politische Freiheit und bürgerliche Emanzipation in Deutschland nicht bremsen, die Immanuel Kant in abstrakterer Weise mit seinem Nachdenken über Autonomie, Menschenwürde, Republik und ewigen Frieden ja durchaus selbst genährt hat; und damit blieb auch die Sehnsucht nach lebendiger Rede wach. Das Problem mit den radikalen Franzosen konnte man dabei so lösen, dass man sie bei aller Bewunderung als zu leidenschaftlich oder rhetorisch zu artifiziell und affektiert diffamierte, spätestens im Krieg gegen Napoleon, während man demgegenüber die vernünftige Freiheitsliebe der Engländer weiter verklärte.[36] Die Beschwerden über den rednerischen Nachholbedarf der Deutschen sollten jedenfalls nicht mehr verstummen, bis zur gescheiterten deutschen Revolution von 1848 und darüber hinaus. Carl Gustav Jochmann (1789–1830), ein scharfsinniger und kämpferischer Publizist im Vormärz, der aus dem Baltikum stammte, viel in Europa herumreiste und sich dann in Karlsruhe niederließ, brachte etwa 1828 das Buch *Über die Sprache* heraus, es erschien aus Angst vor der Zensur ohne seinen Verfassernamen. (Walter Benjamin hat einen Teil daraus, den Abschnitt *Die Rückschritte der Poesie,* herausgegeben und mit einer Würdigung Jochmanns versehen.)[37] Hinter dem abstrakten Titel der Abhandlung verbarg sich ein politisches Manifest der freien Rede, in dem Jochmann beklagte:

> «Das öffentliche Leben der Deutschen geht in Schreibstuben und auf Paradeplätzen vor.»[38]

Fehlendes Debattentraining hemmte auch die ersten zaghaften Ansätze von Parlamentarismus in den regionalen Ständeversammlungen, urteilte Carl Gustav Jochmann, und er weitete die mangelnde Erfahrung zu einem medienbedingten Handicap der Deutschen überhaupt aus:

> «Die Sprache, unbrauchbar weil ungebraucht, war ein in die Scheide gerostetes Schwert, und in allen unsern beratenden Versammlungen keiner, der es zu ziehen vermochte.» (…)
> «Finden sich in der deutschen größere Schwierigkeiten als in jeder andern lebenden Sprache, so geschieht es, eben weil sie weniger als jede andre lebt.» (…)
> «Eben dieselbe Natur der Dinge aber, die uns den Gebrauch, und einen edleren Gebrauch des lebendigen Wortes als wesentliches Bildungsmittel der Sprache sowohl als unsrer selbst zu erkennen giebt, beweist uns ferner die Unmöglichkeit, auf dem künstlicheren Wege des Schreibens, und wär' es auch des entschiedensten Vielschreibens zu diesem Zwecke zu gelangen. (…) Die Engländer, weil ein freies und freisprechendes Volk, bildeten sich in dem lauten Hergange ihres öffentlichen Lebens auch zu einem denkenden und schreibenden wie es noch keines gab; die Deutschen, das vielschreibendste Volk der Erde (…), haben mit allen ihren Gänsekielen und Pressen kaum denken oder sprechen, und nicht einmal schreiben gelernt.» (…)
> «Ein Engländer schreibt, als sprächʼ er, als sprächʼ er zu seinem Volke, zu der Welt, und auch dem Schriftsteller dient ein geflügeltes Wort; wir aber denken sogar und sprechen als wärʼ es Geschriebenes (…).»[39]

Das Postulat Ciceros – wir erinnern uns –, dass der Schreibgriffel der allerbeste Redelehrer sei *(stilus est optimus magister)* wird hier also in dem deutschen Deliberations- und Gefühlsstau der Restaurations- und Revolutionsepoche mit Nachdruck verworfen, ganz im Sinne der spontaneitätsfreundlichen Gegen-Tradition der Rhetorik, die auch schon in der Antike begonnen hatte.[40] Es musste andersherum richtig sein: Das freie Reden macht den Stil! Dass dem «vielschreibendsten Volk der Erde» der «laute Hergang des öffentlichen Lebens» fehle – Carl Gustav Jochmann schrieb inmitten der repressiven Restaurationszeit auch noch eine eigene revolutionäre Abhandlung *Über die Öffentlichkeit* (1833) –;[41] dass die deutsche Sprache es, wie Jochmann polemisierte, «in der Taubstummenanstalt ihres Bücherwesens» schwer habe, das unterstrich kurz nach ihm auch Heinrich Heine. Den vorsichtigen parlamentarischen Gehversuchen in Deutschland stellte Heine in seinen *Englischen Fragmenten* – im ersten Jahr seines Pariser Exils, 1831, veröffentlicht – das Unterhaus in London entgegen; selbst wenn die englischen Abgeordneten über etwas höchst Wichtiges debattierten, so berichtet Heine:

> «(...) kommt doch keiner von ihnen auf den Einfall, ein deutsch-steifes Landständegesicht zu schneiden oder französisch-pathetisch zu deklamieren (...), Scherz, Selbstpersiflage, Sarkasmen, Gemüt und Weisheit, Malice und Güte, Logik und Verse sprudeln hervor im blühensten Farbenspiel, so daß die Annalen des Parlaments uns noch nach Jahren die geistreichste Unterhaltung gewähren. Wie sehr kontrastieren dagegen die öden, ausgestopften, löschpapierenen Reden unserer süddeutschen Kammern, deren Langweiligkeit auch der geduldigste Zeitungsleser nicht zu überwinden vermag.»[42]

Und noch Friedrich Nietzsche wird 1873 zur Schwierigkeit deutscher Schriftstellerei feststellen:

> «Es fehlt hier an einem natürlichen Boden, an der künstlerischen Wertschätzung, Behandlung und Ausbildung der mündlichen Rede.»[43]

Wenn nun der Ruf, von der Buchnation zur Redenation zu werden, in Deutschland eine derartige Lautstärke und Frequenz annahm, so gab es in der Zeit um 1800 zwei Autoren, die ihn nicht nur widerhallen ließen, sondern mit einer jeweils ganz eigenen Analyse des mündlichen Formulierens darauf reagierten. Sie hießen Heinrich von Kleist und Adam Müller.

1805/1806 verfasste Kleist in Königsberg ein Prosafragment, dessen Titel zu einer geläufigen Formel geworden ist: *Über die allmähliche Verfertigung der Gedanken beim Reden.*[44] Kleist beobachtet in diesem Text sehr präzise eine strukturelle Ähnlichkeit des Gesprächs und der öffentlichen Rede: Erst die optische, die physische Präsenz eines Gegenübers, eines realen Publikums regt die Produktion der Stegreifrede entscheidend an. Man muss auf einen Partner, der zuhört, muss in gespannte Gesichter blicken, und nur aus dem Druck dieser Situation, so Kleists sprachpsychologische Einsicht, nimmt dann der Inhalt sprachliche Gestalt an. Die klassische Rhetorik hatte, auf die schriftliche Vorbereitung ausgerichtet, die Auffindung der Inhalte, die Ausformulierung und den Vortrag des

Redners voneinander getrennt (*inventio, elocutio* und *actio*). Bei der unvorbereiteten Rede hingegen verschmelzen diese Arbeitsstadien – Kleist schreibt:

> «Es liegt ein sonderbarer Quell der Begeisterung für denjenigen, der spricht, in einem menschlichen Antlitz, das ihm gegenübersteht; und ein Blick, der uns einen halbausgedrückten Gedanken schon als begriffen ankündigt, schenkt uns oft den Ausdruck für die ganze andere Hälfte desselben.»

Herder und Humboldt verbanden, wie gesehen, in ihrer Sprachtheorie das Sprechen und das Denken, und schon Quintilian (S. 70 ff.) hatte beobachtet: «Auch einen schwierigeren Gedanken treibt der Zwang zum Reden aus uns heraus.»[45] Heinrich von Kleist aber bringt diese Vorgänge mit neuer dramatischer Konkretion zum Leben. Er berichtet aus seiner eigenen Erfahrung: Er kann, indem er es seiner Schwester vorträgt, ein juristisches Problem zur Klärung bringen, «was ich durch ein vielleicht stundenlanges Brüten nicht herausgebracht haben würde», und er beschreibt dann, wie man sich beim Reden Luft verschafft, anstatt in Schweigen zu verfallen:

> «Ich mische unartikulierte Töne ein, ziehe die Verbindungswörter in die Länge, gebrauche auch wohl eine Apposition, wo sie nicht nötig wäre, und bediene mich anderer, die Rede ausdehnender Kunstgriffe, zur Fabrikation meiner Idee auf der Werkstätte der Vernunft die gehörige Zeit zu gewinnen. Dabei ist mir nichts heilsamer, als eine Bewegung meiner Schwester, als ob sie mich unterbrechen wollte; denn mein ohnehin schon angestrengtes Gemüt wird durch diesen Versuch von außen, ihm die Rede, in deren Besitz es sich befindet, zu entreißen, noch mehr erregt, und in seiner Fähigkeit, wie ein großer General, wenn die Umstände drängen, noch um einen Grad höher gespannt.»

Als Spross einer preußischen Generalsfamilie lag Kleist dieses militärische Bild «drängender Umstände» nahe (und er sollte wenig später zwei rhetorisch aufgeladene Militärdramen verfassen, *Die Hermannsschlacht* und *Prinz Friedrich von Homburg*). Daraufhin überträgt er seine Erfahrung aus dem privaten Raum in die Sphäre der öffentlichen, politischen Rede; dort wechselt Kleist dann die Metaphorik und spricht von einer «Elektrizität» zwischen Redner und Publikum. Alles hängt von einer situativen Spannung ab, wie von einer Naturgewalt: In der Politik – die Kleist hier nur rein technisch bewertet – ist man nach Möglichkeit, schreibt er, «dreist genug, den Anfang, auf gutes Glück hin, zu setzen» und den Rest dann aus den Umständen des Moments heraus zu entwickeln. Als Beispiel führt er den rednerischen «Donnerkeil» des Grafen Mirabeau am 23. Juni 1789 bei den Generalständen in Paris an, also jenen entscheidenden Verweigerungsmoment gegenüber dem französischen König, der zur Bildung der revolutionären Nationalversammlung führte (S. 158 f.). Kleist versucht sich die einzelnen Denk- und Sprechschritte Mirabeaus in jener Situation genauestens vorzustellen, gleichsam als ein hinter dem überlieferten Redetext ablaufendes Gedankenprotokoll, und er spitzt dann die atemberaubende Kontingenz des historischen Moments noch einmal radikal zu:

> «Vielleicht, daß es auf diese Art zuletzt das Zucken einer Oberlippe war, oder ein zweideutiges Spiel an der Manschette, was in Frankreich den Umsturz der Ordnung der Dinge bewirkte.»

Das ist beinahe schon eine Art von rhetorisch-politischer Chaostheorie: Weltgeschichte ist aus kommunikativen Zufällen gemacht, hängt von minimalen menschlichen Regungen ab. Heinrich von Kleist führt in diesem kurzen Essay *Über die allmähliche Verfertigung* wie kaum einer die Wucht des frei formulierten Wortes vor, so dass sich die subjektive Erregung des Sprechers auf den Leser überträgt. Zugleich aber wird Sprache hier etwas Unkontrollierbares, Unvorhersehbares, was beim hochsensiblen Kleist auch «Ausdruck einer fundamentalen Sprachskepsis» ist.[46] So erfasst Kleist in beinahe schon existenzieller Bedeutung die verschiedenen Potentiale des Extemporierens: Als «wahrhaftes lautes Denken» kann es, der Hebammenkunst gleich, mäeutische Wunder wirken, es kann aber auch im Gegenteil katastrophal ins Misslingen führen. Entsprechend endet sein Text über die *allmähliche Verfertigung* mit dem Beispiel einer besonders prekären Situation: mit dem Blackout eines Kandidaten in einer Examensprüfung. Das ist die Situation, vor der nicht bloß ein Prüfling, sondern die Rhetorik als ganze Angst hat – das ungewollte Schweigen, der Zusammenbruch der Rede.

Adam Müller (1779–1829) war mit Heinrich von Kleist bekannt und gab zeitweise mit ihm zusammen die kurzlebige Dresdener Literatur- und Kunstzeitschrift *Phöbus* heraus. Müller war eine sonderbare Figur, ein romantischer Reaktionär und Antisemit, ein preußisch-österreichischer Grenzgänger und Spitzel, der in Wien zum Katholizismus konvertierte und in kaiserlichen Diensten als Generalkonsul in Leipzig dem Fürsten Metternich bei der Durchsetzung der «Karlsbader Beschlüsse» von 1819 half – also dabei, die nationale und demokratische Bewegung auszuspionieren und zu unterdrücken. Müller war aber auch ein umtriebiger politischer und ästhetischer Denker, ein Autor mit breiten Interessen in Philosophie, Literatur und Ökonomie; als Antirevolutionär feierte er, wie andere konservative Romantiker, den monarchischen Ständestaat als eine organische Einheit, ja als ein Kunstwerk, und er tat dies mit einem beeindruckenden sprachlichen Gespür. Und dieser Adam Müller, «dieser große Stilist und schlimme Charakter»,[47] hielt im Frühjahr 1812 in Wien *Zwölf Reden über die Beredsamkeit und deren Verfall in Deutschland.* Es ist die gründlichste Würdigung der mündlichen Rede in der ganzen Epoche der deutschen Klassik und Romantik.[48]

Auch Adam Müller erhebt in diesen Vorträgen, die 1816 – als Buch, wie sonst? – veröffentlicht wurden, die inzwischen uns vertraute Klage über das «stumme, schriftliche Leben, zumal unsrer Nation».[49] Und auch Adam Müller nimmt sich England zum großen Vorbild einer lebendigen Redekunst. In Deutschland hingegen fänden leider «alle größeren Geister», so Müller, «statt der Rednerbühne einen Schreibtisch bereitet». So komme es, dass «die heiligsten und erhabensten Ideen niemals mit der Gewalt, welche die Natur in die Brust des Menschen und in seine Stimme legte, unmittelbar an das Herz der Nation schlagen können».[50] Von Wert sei bisher leider nur «die Beschreibsamkeit unsrer Nation, da von ihrer Beredsamkeit dermalen nicht viel zu rühmen ist».[51] Am Vorabend der Befreiungskriege gegen Napoleon äußert sich Adam Müller in den *Zwölf Reden* auch derart über die politischen Bedingungen der freien Rede, dass man fast meinen könnte, er sei vielleicht doch ein Liberaler oder Demokrat:

> «Darum gedeiht in Republiken die Beredsamkeit, nicht bloß, weil jedem mitzureden erlaubt ist, sondern weil jeder frühe gewöhnt wird einzugehn in die freie Gesinnung, in das Ohr des Nachbars, weil, wer herrschen will, so vieles Unabhängige, so viel eigentümliche Weise zu hören und zu empfinden, neben sich dulden muß, und so vielen gehorchen muß.»[52] (75)

An dieser Stelle allerdings wundert man sich, dass Müller «eine Wahrheit aussprach, die er sonst zeitlebens bekämpfte».[53] Das liegt daran, dass sich Müllers politische Position – eine Art Freiheitsstreben ohne Interesse an wirklicher Freiheit – überhaupt nicht richtig festnageln lässt; er vertritt eine recht wolkige, schwärmerische Idee von gesellschaftlicher Harmonie, Konsens, Dialog, Vereinigung von Gegensätzen, «Vertrauen» und nationaler Gemeinschaftlichkeit.[54] Interessanter für unser Thema aber ist, mit wie viel Einfühlung Adam Müller die Kommunikationssituation der frei gehaltenen Rede ausgemalt hat – an die *Allmähliche Verfertigung* seines Freundes Kleist anklingend, teilt auch er dem Publikum einer Rede eine wichtige, jedoch weniger passive Rolle zu:

> «Vergessen Sie gütigst für den Augenblick uns lesende, schreibende Redner, und alle gelehrte Barbarei und alle Stubenangewöhnungen unsrer Zeit. Denken Sie sich einen lebendigen, improvisierenden Redner, der nicht die eigentliche Rede schon zum voraus an das Papier gehalten hat, den nicht Bibliotheken und Drucklettern und der Flitterglanz des schriftstellerischen Ruhms, auch nicht weiter die stumme Natur mit ihren sogenannten Schönheiten zum Reden begeistert, sondern der menschliche Gesichtszüge vor sich haben muß, den zum Reden antreibt, was den wahren Helden zum Siegen, nämlich die Fähigkeit der Antwort, die Unüberwindlichkeit, die Freiheit, das Heldentum seines Gegners (…). – Solchem Redner gegenüber läßt sich erkennen, daß der Hörer, wenn er schweigt, nicht stumm ist, daß er unaufhörlich eingreift und tragen hilft, daß er mit leisen Bewegungen des Blickes oder der Augenbraunen, mit leisem Zucken der Muskeln, mit unmerklichem Lächeln, mit Rührungen, die kaum den Kristall der Augen anhauchen, mit Atemzügen, mit Pulsschlägen, möchte ich sagen, und mit allen den leichten Geberden, die von dem gewöhnlichen Tumult des Lebens übertäubt werden, den gewaltigsten Redner regiert.»[55]

Adam Müller mag ein politischer Schuft gewesen sein – aber ist dies nicht eine der schönsten Liebeserklärungen an das Publikum, die man sich denken kann? Und tatsächlich auch eine sehr treffende Schilderung dessen, was einem als Redendem geschieht, wenn man sich von seinem Text löst und die Blicke direkt auf seine Zuhörer richtet? Die *Zwölf Reden* sind auch sonst über weite Strecken ein Lob des Hörens und ein Versuch, Tugenden des Gesprächs auf die Rede zu übertragen. Mit nicht weniger Pathos erklärt Müller die Nachteile einer fertigen schriftlichen Rede:

> «Die Verlegenheit, die jeder empfindet, der eine vorbereitete Rede vor einer Versammlung aussprechen will, ist höchst natürlich; sie enthält das einfache Geständnis: ‹Was ich euch sage, sollte frisch und lebendig aus meinem Herzen

in das eurige übergehn, in jedem folgenden Gedanken sollte schon enthalten sein, sollte schon einfließen eure lebendige *Antwort*, und was wir Auge in Auge, an diesem Orte und zu dieser Stunde in einander finden und lesen, und was nur dieser unvorhergesehene Moment, und kein anderer, je wieder ebenso zusammenfügt. Statt dieser Frische nun bringe ich euch etwas kalt gewordenes, und deshalb schäme ich mich; statt daß meine Rede euch unmittelbar ergriffe, und fester und fester uns umstrickte in dem großen Gedanken, auf den ich es abgesehn, läuft sie nun neben euch her, berührt euch gelegentlich, und wo es etwa der Zufall will, verfehlt euch aber da, wo sie es bestimmt auf euch angelegt hatte, gewiß.›
Man kann eine Rede mit der größten Genugtuung niedergeschrieben haben; und da sie gehalten werden soll, findet man das meiste an der unrechten Stelle.» (108 f.)

Kurzum: Adam Müller mit seinen *Zwölf Reden über die Beredsamkeit und deren Verfall in Deutschland* ist, wenn wir auf das 3. Kapitel zurückschauen, der Alkidamas des frühen 19. Jahrhunderts. Das heißt: der prominenteste Fürsprecher der mündlichen Beredsamkeit in seiner Epoche. Mit dem Unterschied indes, dass Müller aus eigener Anschauung keine wirkliche Volksvertretung, kein demokratisches Publikum kannte, dessen seine Vision der freien Rede ja eigentlich bedurft hätte; er suchte in der Restaurationszeit bis zu seinem Tod 1829 sogar aktiv zu verhindern, dass ein solches Publikum entstehen konnte. Sein Lob des Extemporierens hing also politisch in der Luft. Stattdessen waren Adam Müllers wirklich schöne und psychologisch einsichtsvolle Bilder der freien Beredsamkeit leider eher wirklichkeitsferne Produkte eines «romantischen Mitfühlens».[56]

Etwas hoffnungsvoller, was die Verbindung von politischer Freiheit und freier Rede anging, klang da etwa Adolphe Peschier (1805–1878), ein Schweizer Romanist und Lexikograf, der in Tübingen lehrte; er schrieb 1839, was damals offenbar in der Luft lag, ebenfalls einen Aufsatz *Über rhetorische Improvisation:*

«Die Fortschritte im constitutionellen Leben, das immer wachsende Interesse, welches die Politik erregt, die unbestreitbare Überlegenheit des improvisierten Wortes über das memorierte, alles dies macht es der deutschen Jugend zur Pflicht, die Kunst der freien Rede zu pflegen und sich darin zu üben, mit allen Mitteln, die ihr zu Gebote stehen.»[57]

ZWÖLF REDEN

ÜBER DIE

BEREDSAMKEIT

UND DEREN

VERFALL IN DEUTSCHLAND

GEHALTEN ZU WIEN IM FRÜHLINGE 1812

VON

ADAM MÜLLER.

LEIPZIG

BEI GEORG JOACHIM GÖSCHEN 1816.

Eine Klage über das «stumme, schriftliche Leben, zumal unsrer Nation»: Adam Müller wurde mit seinen «Zwölf Reden» der größte Fürsprecher der mündlichen Rede in der Epoche der deutschen Klassik und Romantik.

Doch die Realität war noch eine andere. Vor 1848, vor der Nationalversammlung in der Frankfurter Paulskirche, sollte es keine freie, mündliche, parlamentarische Rede in Deutschland geben, die eine nationale politische Öffentlichkeit als Resonanzraum gehabt hätte. Obwohl aufklärerische Revolutions- oder Reformhoffnungen keimten, obwohl ein liberales Bürgertum Morgenluft witterte und erste Verfassungen erlassen wurden, obsiegten weithin Fürstenherrschaft und Ständegesellschaft in lauter Kleinstaaten mit Zollschranken dazwischen. So stellte sich in der Zeit um 1800 die Frage: Was konnte man denn tun, um die so verbreitete Sehnsucht nach einer Überwindung des «stummen, schriftlichen Lebens» der Nation zu stillen? Um dem lebendigen Wort in Deutschland zu seinem Recht zu verhelfen? Dafür gab es, grob gesagt, drei Wege beziehungsweise Auswege: erstens, in andere, kleinere Teilöffentlichkeiten auszuweichen; zweitens schriftliche Ersatzhandlungen; und drittens den wirklichen Einsatz für Parlamentarismus und Redefreiheit.

Zu den Möglichkeiten, andere Sphären der Mündlichkeit zu aktivieren, zählte etwa die akademische Vorlesungskultur.[58] Es kam Kritik daran auf, dass viele Vorlesungen traditionellerweise schriftliches Wissen bloß reproduzierten – wie der Name «Vorlesung», *lectio*, ja schon sagt –, und dagegen wurde im Zuge der Erneuerung der Universitäten «der freie mündliche Vortrag vor Zuhörern» bevorzugt, «unter denen doch immer», wie Wilhelm von Humboldt meinte, «eine bedeutende Zahl selbst mitdenkender Köpfe ist».[59] Auch der Philosoph Johann Gottlieb Fichte (1762–1814) wünschte sich vom Gelehrten im Hörsaal, «dass seine Mittheilung stets neu sei, und die Spur des frischen und unmittelbar gegenwärtigen Lebens trage».[60] Und in der Tat wurden die Vorlesungen einzelner akademischer Stars zeitweise zu gesellschaftlichen Ereignissen, zu denen neben den Studenten höfisches und bürgerliches Publikum aus der Stadt zusammenkam. Ein anderes Rhetorik-Surrogat war das Theater, wo man beispielsweise in Friedrich Schillers Dramen wie *Fiesko*, *Don Karlos* oder *Wallenstein* eindringliche Reden mit Reflexionen über Politik und Freiheit hören und sehen konnte.[61] Schiller schrieb selbst zur Konkurrenz der Medien: «So gewiss sichtbare Darstellung mächtiger wirkt als toter Buchstabe und kalte Erzählung, so gewiss wirkt die Schaubühne tiefer und daurender als Moral und Gesetze.»[62] Später kam Georg Büchners oratorisches Revolutionsdrama *Dantons Tod* hinzu, das, 1835 geschrieben, allerdings erst 1902 uraufgeführt wurde.[63] Beliebt wurden zudem Rezitationen von Dichtung, die man nicht nur im privaten Kreis mit Begeisterung veranstaltete;[64] konzertartige Literatur-Deklamationen erreichten übers Theater hinaus ein größeres Publikum.[65] Auch die Predigt in der Kirche, die in der Aufklärungszeit mitunter abstrakt, vernünftelnd und politisierend ausfiel, konnte als Ersatz für die öffentliche Rede dienen.[66] Eine schriftlich-mündliche Mischform waren die in vielen Städten entstehenden Lesegesellschaften: Dies waren Klubs zur Literaturversorgung, oft aber mit «Möglichkeit zu offener Diskussion».[67] Überhaupt herrschte Ende des 18. Jahrhunderts in Deutschland «ein wahres Vereinsgründungsfieber»;[68] bürgerliche Vereine zu verschiedenen Zwecken nahmen die Funktion an, «den Verkehr von gleich zu gleich in einem geschützten Binnenraum ungestört einüben zu können»; dort entwickelte sich auch «die freie Diskussion, die öffentliche wie private Herrschaftsverhältnisse in Frage zu stellen vermochte».[69] Hinzu kam ein Bereich der Mündlichkeit, den es zwar natürlich immer schon gegeben hatte, der im 18. Jahrhundert aber zu einer intensiven Bildungs-, Salon- und Freundschaftskultur gesteigert wurde: das private Gespräch. Zwar sind die Situationen des geselligen Konversierens und der öffentlichen Rede keineswegs gleich; aber der Moralphilosoph Adolf Freiherr von Knigge gibt in seiner Schrift *Über den Umgang mit Menschen* Ratschläge für die Kommunikation, die sich mit Anforderungen an den Stegreifredner zumindest berühren:

> «Ein großes Talent, und das durch Studium und Achtsamkeit erlangt werden kann, ist die Kunst, sich bestimmt, fein, richtig, körnicht, nicht weitschweifig auszudrücken, lebhaft im Vortrage zu sein, sich dabei nach den Fähigkeiten der Menschen zu richten, mit denen man redet, sie nicht zu ermüden, gut und launig zu erzählen, nicht über seine eigenen Einfälle zu lachen, nach den Umständen trocken oder lustig, ernsthaft oder komisch seinen Gegenstand darzustellen und mit natürlichen Farben zu malen. Dabei soll man sein Äußeres studieren, sein Gesicht in seiner Gewalt haben, nicht grimassieren (…).»[70]

Ausweg Nummer zwei war es, die Mündlichkeit literarisch und publizistisch nachzuspielen. Es stand in der deutschen Poesie «ein Apparat metaphorischer Ersatzhandlungen dazu bereit, Schrift in phantasmatische Oralität zu verwandeln».[71] Das betraf zum einen die fiktionale Literatur: Theaterstücke, die sich, trotz einiger wirklicher Aufführungen, in der ungekürzten Fassung als Lesedramen verstanden (wie Schillers *Don Karlos*); Romane, deren Vielstimmigkeit der «Dialogizität» (Michael Bachtin) der gesprochenen Sprache glich; Gedichte und Balladen, die als Lieder zu Herzen gingen; erfundene Briefwechsel, die mit Distanz und Nähe spielten. Das Lesen, auch das stille, wurde zum Hören erklärt, die Autorschaft zur Stimme; eine Rezeptionshaltung, die vielen von der Bibellektüre vertraut war.[72] Gerade die Blüte der Dichtung in Deutschland bewies nach Ansicht von Carl Gustav Jochmann und von Adam Müller, «wie alle Rede sich in den Buchstaben flüchtete».[73]

Auch essayistische und politische Inhalte versah man mit der Simulation von Mündlichkeit. Auf einem expandierenden Markt von Zeitschriften, die nicht selten eine direkte Anrede ihrer Leser und ein kollektives «Wir» pflegten, kam es immerhin zur «Entfaltung einer kleinen, aber kritisch disputierenden Öffentlichkeit», und dies «öffnete neue Horizonte des Denkens und sozialen Zusammenlebens».[74] Immer wieder wurden außerdem schriftliche Publikationen zu «Reden» stilisiert, wofür es schon seit der Antike Vorbilder gab. Berühmte Beispiele sind *Die Christenheit oder Europa* von Novalis (1802) und die *Reden an die deutsche Nation*

(1808) von Johann Gottlieb Fichte.[75] Beide wurden zunächst vor kleinerem Publikum vorgetragen und dann aber ans weitere Lesepublikum gerichtet. Der Dichter Ernst Moritz Arndt (1769–1860), Propagandist der Befreiungskriege, formulierte zum Beispiel in seiner Reihe von Manifesten, die zwischen 1806 und 1819 unter dem Titel *Geist der Zeit* erschienen, eine solche Mündlichkeitsbeschwörung:

> «Ich wollte zu meinem Volke ein Wort reden – auch was hier geschrieben steht, ist zu ihm geredet (…).»[76]

Und Fichte schrieb schon vor den *Reden an die deutsche Nation* in seinen *Reden an die deutschen Krieger zu Anfange des Feldzuges 1806:*

> «Könnte ich mündlich zu euch reden, an euerem Blicke mich wieder begeisternd! So aber möge die gemeinsame Liebe den toten Buchstaben erwecken, die gemeinsame Gesinnung den Dolmetscher bei euch machen.»[77]

Auch zu Beginn der *Reden an die deutsche Nation* begegnet Fichte dem Problem einer nationalen Öffentlichkeit ohne politische Versammlungsöffentlichkeit mit einer Suggestion, die es gleichsam magisch überwinden soll:

> «Sie, Ehrwürdige Versammlung, sind zwar meinem leiblichen Auge die ersten und unmittelbaren Stellvertreter, welche die geliebten Nationalzüge mir vergegenwärtigen, und der sichtbare Brennpunkt, in welchem die Flamme meiner Rede sich entzündet; aber mein Geist versammlet den gebildeten Teil der ganzen deutschen Nation (…) und wünschet, daß ein Teil der lebendigen Kraft, mit welcher diese Reden vielleicht Sie ergreifen, auch in dem stummen Abdrucke, welcher allein unter die Augen der Abwesenden kommen wird, verbleibe, und aus ihm athme, und an allen Orten deutsche Gemüter zu Entschluß und Tat entzünde.»[78]

Die Schriftsprache, die die noch ohne Staat lebende Kulturnation verbinden soll, bekommt in Fichtes anspruchsvoller philosophischer Nationalvision also eine performative, quasi-rhetorische Qualität.[79] Besonders in der fünften Rede überhöht Fichte die Deutschen dann zu «dem Volk der lebendigen Sprache» schlechthin, und er stellt die «Naturgemäßheit» der deutschen gegen die «Künstelei» anderer Sprachen.[80] Hier kommt ein pathologischer Zug der deutschen Mündlichkeitssehnsucht zum Vorschein: anders als Nationen, die schon etwas länger Foren republikanischer Rede haben, will man ständig das geschriebene Wort zur Tat machen. Ja, je exklusiver die geneigte Leserschaft ist, desto intensiver müssen deutsche Philosophen und Autoren im Schriftmedium eine Rufer-, Seher-, Redner- oder Predigerrolle einnehmen und dies auch im Stil und Schriftbild ihrer Bücher emphatisch deutlich machen; Texte verkleiden sich als plötzliche Rede-Ereignisse. Im Prophetenton wird später noch das «entfesselte Wort» bei Friedrich Nietzsche und seinen Nachahmern ertönen: mit sehr vielen Gedankenstrichen – und Ausrufezeichen![81]

Und Ausweg Nummer drei aus dem «stummen, schriftlichen Leben» war ganz konkret der Kampf für einen lebendigen Parlamentarismus, also für den eigentlichen Umbruch der politischen Verhältnisse. Der Weg der «verspäteten Nation» zu liberalem Fortschritt, Reformen und Restauration von oben und gescheiterter demokratischer Revolution von unten füllt ganze Bibliotheken, und das mit Recht;[82] wir konzentrieren uns mit der besonderen Brille dieses Buches auch hier auf die kommunikativen Bedingungen, auf die Möglichkeit des freien Sprechens, die mit den politischen Veränderungen eng verbunden war. Eine zentrale Forderung im Vormärz war, in den Worten des demokratischen Kritikers Ludwig Börne: «Gewährung der Redefreiheit, der mündlichen in volksvertretenden Versammlungen und der schriftlichen durch die Presse».[83] Angefeuert wurde der Wunsch nach liberalen Grundrechten und nationaler Einheit auf schriftlichem Weg: von den Philosophen und Dichtern der Aufklärung, von den Berichten aus Frankreich und Amerika, dann zunehmend von eigener Agitationsliteratur, Appellen, Kampfschriften, Zeitgedichten, Liedern; genannt sei exemplarisch nur das berühmte, sozial besonders aufrührerische Pamphlet *Der Hessische Landbote* von Georg Büchner und Friedrich Ludwig Weidig (1834). Solche Texte gingen eine Wechselwirkung mit Versammlungen, Festen und Vereinen ein.[84] Jetzt wollte man aber in Deutschland auch endlich «echte» Reden hören, die zu Mehrheitsentscheidungen führen und den Gang der Dinge verändern.

Ein Vorspiel auf deutschem Boden gab es in der Mainzer Jakobinerrepublik, die unter dem Zwang der französischen Revolutionsarmee ausgerufen wurde.[85] Im Oktober 1792 gründete sich mit der Besetzung der Stadt durch französische Truppen auch der Mainzer Jakobinerklub, in dem revolutionsfreudige deutsche Intellektuelle, besonders von der Universität, Reden über Freiheit, Gleichheit und Brüderlichkeit hielten, darunter bald auch Georg Forster (1754–1794), der in ganz Europa bekannte Naturforscher und Reiseschriftsteller. Neben den Klubsitzungen, zu denen auch Publikum zugelassen war, entstand eine eifrige revolutionäre Publizistik. Im März 1793 trat dann im Deutschhaus in Mainz, dem heutigen Sitz des Landtags von Rheinland-Pfalz, der «Rheinisch-Deutsche Nationalkonvent» zur Republikgründung zusammen, ein Parlament, das allerdings kurz danach den Anschluss ans revolutionäre Frankreich beschloss und sich gleich schon wieder auflöste, als preußische Truppen mit der Belagerung von Mainz begannen. So wurde kurzzeitig in Mainz «die Kategorie der politischen Öffentlichkeit über Nacht Realität, ohne dass sie zuvor als Modell sozial virulent geworden wäre.»[86] Auch wenn die Bevölkerung diese Mainzer Revolution kaum mittrug, weswegen Besatzer und deutsche Jakobiner sie nur mit brutalen Zwangsmaßnahmen durchsetzen konnten,[87] so war sie doch immerhin der erste Probelauf einer demokratischen Beredsamkeit in Deutschland.[88] Einer der Wortführer, der Arzt Georg von Wedekind (1761–1731), erklärte in einer seiner Reden vor dem Mainzer Jakobinerklub auch die Notwendigkeit, die Sprache zu revolutionieren:

> «Übrigens kann ich Euch nicht unerinnert lassen, daß die gerade Sprache des freien Mannes den verwöhnten Ohren der Höflinge und aller der Leute, die uns nie genau sagen, was sie wollen, sondern uns immer nur raten lassen, was sie eigentlich sagen wollen, (...) mißfällig ist. Wir werden aber alle bald finden, daß wir unsere Ohren an eine solche gerade Sprache gewöhnen müssen, weil unser gemeinsames Interesse Offenherzigkeit erfordert und weil wir als freie Männer auch keine Ursache haben, mit unserer Überzeugung hinter dem Berge zu halten.»[89]

In einer der Mainzer Revolutionszeitschriften, *Der Patriot,* wurde eine Handreichung *An junge Volksredner* gedruckt, in der es hieß:

> «Lerne, junger Mann, der Du auf das Volk würken willst, lerne vorher auf einzelne Menschen würken! (...) Durch Vernunft allein richtest Du so wenig bei dem Publikum, als bei Individuen, gegen Vorurteil etwas an, wenn Du nicht irgend einen andern im Menschen liegenden Affekt zum nahen Bewußtsein bringen kannst. Mit diesem treibst Du dem Menschen sein Vorurteil aus und Deine Gründe sagst Du dazu, weil man doch gerne will, daß es heiße, man habe nach Vernunft gehandelt.»[90]

Bei allem Pathos, bei all dem revolutionären Schwung, der damals mit den französischen Besatzern die alte Domstadt am Rhein erfasste: Eine «gerade Sprache» und auch das Reden ohne Manuskript waren für die überwiegend akademischen Republikaner offenbar keine leichte Umstellung. «Die Professoren der Mainzer Universität mussten im Jakobinerklub erst zu Volksrednern werden, zunächst ähnelten ihre Reden aufklärerischen Vorlesungen.»[91]

Das kurze Mainzer Experiment, dessen Ende Goethe als Zeitzeuge erlebte, half dem Ruf von Demokratie und Revolution in Deutschland ebenso wenig wie der gleichzeitig in Paris einsetzende Terror.[92] Aber der Geist war aus der Flasche, und nach dem Ende des Alten Reichs und den napoleonischen Kriegen brodelte die Diskussion über bürgerliche Freiheiten weiter, gerade auch darüber, wie sich freie parlamentarische Reden zu einer größeren liberalen Öffentlichkeit verhalten sollten. Als die Karlsbader Beschlüsse 1819 in den Ländern des Deutschen Bundes eine verschärfte Zensur und Verfolgung von Demagogen erlaubten, formulierte einer ihrer Architekten, der Staatsphilosoph und Politiker Friedrich von Gentz (1764–1832) – der übrigens auch der Mentor von Adam Müller war – den konservativen Standpunkt:

> «Die Öffentlichkeit der Verhandlungen der Volkskammer [ist], wenn sie bis auf den Punkt täglicher Bekanntmachung der Gesamtinhalts der Debatten getrieben wird, ein unmittelbarer Schritt zur Herabwürdigung aller Autorität und zum Untergang aller öffentlichen Ordnung.»[93]

Während uns diese Sorge aus heutiger Sicht absurd erscheint – gefährdet Bundestagsfernsehen die öffentliche Ordnung? –, steht uns die Gegenposition von Carl Gustav Jochmann näher, der in seiner Schrift *Über die Öffentlichkeit* 1833 geradezu noch die größte Nachrichten-Abhängigkeit demokratisch adelte:

> «Wo die beste Meinung erkannt werden soll, muß auch die *schlechteste* gehört werden dürfen. Der Preis, der einzige Preis, um den uns die Wahrheit ihre Orakel verkauft, heißt *Öffentlichkeit.*»
> «Erst wo es zur Gewohnheit und zum täglichen Bedürfnis geworden, sich von dem Gange der öffentlichen Angelegenheiten genau zu unterrichten und ebenso ihre jedesmalige Beziehung auf die gesetzlichen Freiheiten des Volks in's Auge zu fassen, läßt sich mit Sicherheit darauf rechnen, daß diese nie in Vergessenheit geraten.»[94]

Ebenso sah es Ludwig Börne:

> «Die Regierungen, welche die Freiheit der Rede unterdrücken, weil die Wahrheiten, die sie verbreitet, ihnen lästig sind, machen es wie die Kinder, welche die Augen zuschließen, um nicht gesehen zu werden.»[95]

Doch nur zaghaft wurden zwischen 1815 und 1848 Parlamente gewährt, die in eine politische Öffentlichkeit hätten hinaustönen können. Wenn überhaupt, dann waren sowohl das Wahlrecht als auch die Auswahl der Abgeordneten beschränkt und an ständische Privilegien und Besitz gebunden. Preußen erlaubte mit einem Gesetz von 1823 – entgegen früheren Versprechungen – nur Landtage in den Provinzen, also keine überregionale Volksvertretung. Diese «Provinziallandstände» wurden von königlichen Beamten überwacht und in nichtöffentlichen Sitzungen autoritär geführt; ob nun in Westfalen[96] oder in Schlesien, kaum eine echte Debatte konnte «den obrigkeitsfixierten und zugleich geheimniskrämerischen Geschäftsgang des Landtags» beleben, obwohl sich selbst noch unter diesen schwierigen Bedingungen ein gewisser Keim von liberaler Opposition in Preußen ausbilden konnte.[97] In Süddeutschland hingegen ließen die Fürsten auf Druck der liberalen Bewegung geschriebene Verfassungen mit parlamentarischem Zweikammersystem zu. In der jeweils Zweiten Kammer des württembergischen und des badischen Landtages in Stuttgart und in Karlsruhe ging es seit 1819 deutlich lebendiger zu als in Preußen. In Baden entstand ein Hauptstrom der späteren Revolution von 1848, durch Reden etwa des linken republikanischen Anführers Friedrich Hecker (1811–1881), der später noch im Amerikanischen Bürgerkrieg auf der Seite der Nordstaaten mitkämpfen sollte. In Stuttgart sprach für die liberale Sache unter anderen Ludwig Uhland (1787–1862), der Dichter und Philologe, der dann auch in die Frankfurter Nationalversammlung gewählt wurde; die Protokolle des württembergischen Landtags zeigen, «dass Uhland furchtlos, energisch, engagiert und keineswegs selten das freie Wort in Debatten ergriff. Die größeren Reden wurden zweifellos vom Papier gelesen. Kleinere Statements trug man frei vor.»[98] Heinrich Heines oben zitiertes Urteil, in den süddeutschen Kammern gebe es nur «löschpapierene» Reden, war ungerecht. Es tat sich etwas.

Ein interessantes Beispiel dafür, wie man im Vormärz trotz und wegen der Beschränkung des Parlamentarismus um die Möglichkeit einer freieren Debattenkultur rang, und zwar im Parlament selbst, liefert eine Debatte der Bayerischen Kammer der Abgeordneten. Diese zweite Kammer in München wurde mit der Verfassung des Königreichs Bayern von 1818 eingesetzt. Sie wurde politisch ziemlich kurz gehalten, tagte nur alle drei Jahre, hatte kein Initiativrecht – dies war dem Monarchen und seinen Ministern vorbehalten –, und sie war durch strenges Zensuswahlrecht und durch eine festgelegte Aufteilung der Mitglieder nach Klassen (Grundbesitzer, Geistliche usw.) extrem ungerecht zusammengesetzt. Man hat ausgerechnet, dass im Jahr 1818, als der erste bayerische König Max I. Joseph die Verfassung in Kraft setzte, nur 1,8 Prozent der bayerischen Bevölkerung ein aktives und nur 0,4 Prozent ein passives Wahlrecht zu diesem Parlament besaßen.[99] Zudem waren die Debatten über die Gesetzgebung nicht nur von den Ministern abhängig, die der Kammer nicht verantwortlich waren, sie waren auch im Ablauf sehr steif. Die Redner mussten ihre Reden einen Tag vorher anmelden, und die Abgeordneten durften nur in der Reihenfolge ihrer Sitze hintereinander sprechen, was viel Redundanz brachte, aber keine wirkliche Debatte.[100] Im Jahr 1831 schlug die Regierung unter König Ludwig I. Änderungen dieser Geschäftsordnung vor, aber nicht etwa, weil sie das Parlament aufwerten, sondern weil sie die Abläufe im Sinne der Regierung beschleunigen wollte.[101] In einer tagelangen Debatte «über die Verbesserung des Geschäftsgangs», die am 11. April 1831 begann, stritten die bayerischen Abgeordneten daraufhin über ihre eigene Kommunikationsform.

Der zweite Präsident der Kammer, Johann Adam von Seuffert (1794–1857), sprach als Erster;[102] er war Rechtsprofessor in Würzburg und ein gemäßigter Liberaler (was ihm im Jahr darauf den Entzug seiner Professur und eine Strafversetzung nach Straubing einbringen sollte). Seuffert drückte einleitend seine Hoffnung auf die «Erfüllung der Wünsche des bayerischen Volkes» aus, nämlich «der Wahlfreiheit, der Preßfreiheit und der Verantwortlichkeit der Minister». Wahrer Patriotismus, wahre Loyalität zum König bedeute nach seiner Auffassung, auf diese öffentliche Meinung Rücksicht zu nehmen. Dann beklagte Seuffert die «ermüdenden Wiederholungen» durch die bisherige Geschäftsordnung des Parlaments, wegen des Sprechens nach Sitzordnung:

> «Daher der schleppende Gang der Verhandlungen, welche den Namen einer Diskussion gar nicht verdienten, indem das Wesen derselben in einer lebendigen Aufeinanderfolge von Rede und Gegenrede, Angriff und Verteidigung, von Behauptung und Widerlegung besteht.»

Seuffert trat dann dafür ein, dass die Abgeordneten bei jedem Beitrag ans Rednerpult treten sollten, dies wirke disziplinierend und erhöhe die Dringlichkeit der Rede. Am Ende seiner Rede rief Seuffert aus:

> «Möge das Prinzip der vollen Freiheit der Diskussion aus dem eröffneten Meinungskampfe siegreich hervorgehen (...). Möge ein bedeutendes Fortschreiten in unserm parlamentarischen Leben, das Ergebnis dieser Beratung sein, und dieses Ergebnis nur der Vorbote anderer Fortschritte (...).»

Doch die konservativen Bremser sollten obsiegen. Man beschloss zwar einige Verbesserungen zur Beschleunigung der Debatten im bayerischen Landtag, die Themenwahl wurde etwas freier, aber ein Recht zu direkten Repliken auf Vorredner lehnte die Mehrheit ab, Parteienbildung und überhaupt eine Emanzipation des Parlaments blieben weiter unterbunden, und die Regierung bestimmte weiterhin das Verfahren.[103] Es lohnt sich, die Argumente gegen eine spontane, freie Rede zu zitieren, die ein Abgeordneter namens Georg Rabel (auch Rabl geschrieben) in derselben Landtagsdebatte gegen Johann Adam von Seuffert vorbrachte, weil diese Argumente – hier mit landschaftlicher Färbung – beispielhaft sind für ein rhetorikfeindliches Denken im 19. Jahrhundert, das dem deutschen Parlamentarismus noch lange das Leben schwer machen sollte. Der Abgeordnete Rabel sprach sich gegen einen rednerischen Schlagabtausch aus. Man wolle mit solchen Neuerungen, so warnte er:

> «(...) dem besonnenen, ruhigen, kräftigen Bayer (...) die Geschäftsordnung des in der Freiheit ergrauten Briten, des in der Freiheit ewig jugendlichen Franken aufdringen, ihn zu einem parlamentarischen Redner von Großbritannien oder Frankreich machen. Diese Schöpferkraft muß ich geradezu absprechen. Die Temperamente zwischen dem Bayer und dem Pariser sind einmal zu weit entfernt.»

Zwar habe die bayerische Kammer, so Rabel, selbstverständlich Abgeordnete, die es auch mit Briten und Franzosen aufnehmen könnten:

> «Aber der bayerische Nationalcharakter wünscht bei Beratungen seiner Angelegenheiten eine ruhige, besonnene, collegiale und feierliche Haltung. (...) Der ruhige Bayer ordnet seinen Abgeordneten ab, nicht um sich in der Redekunst und Disputierkunst wichtig zu machen, sondern um die Angelegenheiten zu beraten, die dem Volke Not tun. (...)
> Welch weites Feld wird der Disputierkunst, der Persönlichkeit, ja selbst der

Diktatur geöffnet! Ja wohl, meine Herren! die Kammer würde sich zum Schauspielhaus herabwürdigen. (…) Meine Herren! Dieses Schauspiel würde noch viel teurer zu stehen kommen, als in dem eigentlich dafür errichteten Institute, weil die Zuhörer freien Zutritt haben, und das Volk allein bezahlen muß. (…) Die Wahrheit bedarf keiner deklamatorischen, dialektischen Schminke, wahr bleibt ewig wahr.»[104]

Kurz danach führte Bayerns König Ludwig I. wieder die Zensur ein.[105] Und auch wenn der süddeutsche sogenannte Frühkonstitutionalismus ein Fortschritt gegenüber dem Absolutismus war; auch wenn immerhin die Landtagsreden stenografiert und amtlich publiziert wurden: die Gefahr, dass die Parlamente zu bedrohlichen rhetorischen «Schauspielhäusern» wurden, blieb bis 1848 im Wesentlichen gebannt. Unter dem Druck der Vormärz-Bewegung berief der preußische König Friedrich Wilhelm IV. im April 1847 im Berliner Schloss den ersten gesamtstaatlichen «Vereinigten Landtag» Preußens ein. In der Eröffnungssitzung wetterte der (durchaus redefreudige) Romantiker-König gegen demokratische, republikanische Forderungen; die Idee, dass Abgeordnete den Volkswillen repräsentieren könnten, nannte er «völlig undeutsch». Die Debatte, die auf seine Thronrede folgte, hatte den Monarchen, nicht das Volk zum Bezugspunkt: Entweder man sprach Huldigungen aus, oder man berief sich – ein beliebtes Argument für den Parlamentarismus – auf uralte ständische Rechte. Die Reden waren mal pathetisch, mal eher Staatsrechtsvorträge, alles mit höchstem gegenseitigen Respekt vorgetragen – und von einem lebendigen modernen Parlamentarismus weit entfernt.[106]

Die schwarz-rot-goldene Märzrevolution von 1848 und die vergeblich verfassunggebende Frankfurter Nationalversammlung von 1848/49 brachten Deutschland dann endlich, für einen kurzen, wunderbaren und tragischen Moment, die ersehnte freie, demokratische Beredsamkeit.[107] Die Reden in der Paulskirche, deren Altar nun zum Rednerpult wurde, mögen teils pathetisch, teils umständlich gewesen sein; die Diffamierung aber als steifes «Professorenparlament» von endloser Geschwätzigkeit ist ein unfaires Klischee, das einerseits dem Sieg der Reaktion und andererseits dem linken Antiparlamentarismus[108] in Deutschland genützt hat. Es gab verschiedene Redestile in der Paulskirche, viel Grundsätzliches zu besprechen und auch immer wieder eindrucks- und anspruchsvolle Redekunst.

Die Plenarsitzungen waren öffentlich, anfangs saßen 1500 bis 2000 Zuschauer auf den Rängen, die Akustik war nicht einfach und forderte einen kräftigen Einsatz der Stimme.[109]

Die Geschäftsordnung der Frankfurter Nationalversammlung prägte der Staatsrechtler Robert von Mohl (1799–1875), der Jeremy Benthams *Political Tactics* und *Jefferson's Manual* nach Deutschland vermittelte.[110] So sah Paragraf 39 der Geschäftsordnung vor, dass die Reden frei gehalten werden mussten:

> «Es darf kein Vortrag abgelesen werden, ausgenommen Berichte, welche im Namen eines Ausschusses erstattet werden.»[111]

Robert von Mohl hatte in seinen vorangegangenen *Vorschlägen zu einer Geschäfts-Ordnung des verfassungsgebenden Reichstages* das Ziel proklamiert, es seien «der Versammlung endlose, zum Voraus bereitete Reden zu ersparen».[112] Dies entsprach nicht nur dem englischen Vorbild, sondern auch der politischen Präferenz der liberalen Bewegung für die Mündlichkeit. Allerdings hielten sich in der Paulskirche viele Redner nicht daran, sondern lasen vom Manuskript ab. Dass es auch anders ging, zeigen in den stenografischen Berichten der Debatten die Reaktionen einzelner Redner auf parlamentarische Zwischenrufe, und es zeigt auch der Fall des Anführers der Linken, Robert Blum (1807–1848).[113] Bevor er am 9. November 1848 in Wien wegen Demagogie zu Tode verurteilt und als Märtyrer der Revolution hingerichtet wurde, beeindruckte Robert Blum mit seiner Präsenz in der Paulskirche, beherrschte aber auch die Agitation auf Straßen und Plätzen. Blum, der sich auch als Dichter versucht hatte, wurde in den vierziger Jahren als demokratischer Aktivist und Volksredner in Leipzig berühmt, er gründete dort aus früheren Versammlungen 1845 einen «Redeübungsverein», aus dem der Leipziger Vaterlandsverein wurde. Auf patriotischen Feiern, die der Theatersekretär Blum zum Geburtstag Friedrich Schillers organisierte, fielen seine Fähigkeiten ebenfalls auf – eine Kulturzeitschrift berichtete:

> «Hr. Robert Blum sprach in einer, eine halbe Stunde währenden *freien* Rede über die Anforderungen Schillers an die Bühne (…). Blum's ausgezeichnetes Rednertalent erhielt auch heute wiederum lebhaften Beifall. R. Blum scheint, wenn er spricht, inspiriert, der Faden seiner Rede spinnt sich ohne Anstoß ab.»[114]

Stegreifredner der demokratischen Revolution: Robert Blum, Anführer der Linken, spricht vor der Nationalversammlung in der Frankfurter Paulskirche (kolorierte Zeichnung von Ludwig von Elliott, 1848).

Einen besonderen Moment revolutionärer Stegreifrede erlebte am 19. März 1848 das sächsische Zwickau, als Robert Blum seine Reise zum Vorparlament in Frankfurt begann. Gleich am Bahnhof wurde er als neuer Ehrenbürger der Stadt begrüßt. Auf dem Kornmarkt von Zwickau – genau: aus dem Fenster im ersten Stock der Richterschen Buchhandlung – sprach Blum zu Tausenden von Freiheit, Einheit, Verfassung und «vom Morgen einer bessren Zeit»; die Menschen waren auch aus umliegenden Städten gekommen und jubelten ihm zu. Dass das *Dresdner Tageblatt* in seinem Korrespondentenbericht schrieb, Blum habe «ungefähr Folgendes» gesagt, indiziert den Tumult rund um seine Ansprache. Als ein Stadtrat spontan vorschlug, Robert Blum zum Abgeordneten Zwickaus zu erklären und ihn als solchen in die Paulskirche zu entsenden, akklamierte die Volksmenge auf dem Kornmarkt begeistert; damit war die Sache beschlossen, und Robert Blum nahm die Wahl an. Direkte Freiluft-Demokratie in Deutschland, wer hätte das gedacht! Zum Schluss reagierte Blum noch auf das ziemlich miese Wetter, das die Kundgebung nicht verhindert hatte, und extemporierte aufmunternd, laut Zeitungsbericht:

«Robert Blum meinte, das deutsche Volk sei an trübe Witterung gewöhnt, es habe seit 1815 manchen Regenschauer aushalten müssen, ohne eine Schirm dagegen gehabt zu haben, während die Urheber derselben in der Stube hinterm warmen Ofen gesessen seien. Er hoffe jedoch, daß die Zeit derartiger Regenschauer vorüber sei und der politische Himmel sich aufklären möge, wie am schönsten Sommertage. Nach Schluß der Verhandlungen ertönte ihm vom Volke noch ein tausendstimmiges ‹Glück auf!› zu seiner Reise nach Frankfurt zum großen deutschen Rat.»[115]

Aus dem «großen deutschen Rat» erwuchs 1848 bekanntlich kein demokratischer Nationalstaat, es blieb in der Hinsicht noch länger trübes Wetter. Preußens König lehnte im Jahr darauf den Vorschlag ab, zum Kaiser einer gesamtdeutschen (beziehungsweise kleindeutschen) konstitutionellen Monarchie mit liberaler Verfassung zu werden. Aber es gab neben dem Parlamentarismus noch eine weitere liberale Forderung, die sich zumindest teilweise durchsetzen ließ: Gerichtsprozesse sollten endlich mündlich und öffentlich stattfinden.[116]

Seit dem Spätmittelalter hatte man in Deutschland nach dem inquisitorischen Verfahren Recht gesprochen. Dies bedeutete, dass Richter ohne öffentliche Sitzung nach Aktenlage ihre Urteile fällten. Dieser geheime Aktenprozess erschien dem Aufklärungsdenken nicht mehr tragbar, und auch dies gehört zu dem großen Wunsch, die mündliche Stimme gegenüber der arkanen Herrschaft der Schrift aufzuwerten. Die napoleonische Zivil- und Strafprozessordnung von 1806, die im Rheinland übernommen wurde, schrieb bereits mündliche Verhandlungen vor. Dort gab es wie in Frankreich auch Geschworenengerichte, also Entscheidungen durch Laien, die die Prozessparteien mit mündlicher Argumentation überzeugen mussten.[117] Im Vormärz nun rechtfertigten fortschrittliche Juristen solche Reformen auch für ganz Deutschland: Paul Anselm Ritter von Feuerbach (1775–1833), ein Pionier der modernen Strafrechtslehre, veröffentlichte 1821 *Betrachtungen über die Öffentlichkeit und Mündlichkeit der Gerechtigkeitspflege,* und sein Schüler Carl Joseph Anton Mittermaier (1787–1867), Professor in Heidelberg, Abgeordneter im Badischen Landtag sowie dann in der Paulskirche, führte sie weiter mit seinem Werk *Die Mündlichkeit, das Anklageprinzip, die Öffentlichkeit und das Geschworenengericht* (1845).

Der mündliche Prozess sollte die Grundrechte wahren und, indem man Zuschauer zuließ, Vertrauen in die Justiz schaffen. Der transparente Rechtsstaat und andere bürgerliche Freiheiten gehören zusammen; und dazu, schrieb Mittermaier, passte nicht «das geheimnisvolle Dunkel, in welches der deutsche Prozeß die Verhandlungen hüllt».[118] Zudem sollten Sprechakte im Gericht fortan eigene Funktionen bekommen: Die hörbare Stimme des Angeklagten oder seines Anwalts verbürgte persönliche Glaubwürdigkeit oder auch nicht; «das lebendige Wort», so schrieb Mittermaier, nehme «die Aufmerksamkeit der Richter auf ganz andere Weise in Anspruch (…), als dies der Fall ist, wo die Richter die langweilige Vorlesung einer Verteidigungsschrift (…) anhören sollen.»[119] Und da die Obrigkeit die Strafen nicht mehr draußen auf öffentlichen Plätzen exekutierte, musste stattdessen die öffentliche Urteilsverkündung drinnen im Gerichtssaal abschreckend wirken.[120] In Preußen sorgte der bedeutende Rechtsgelehrte Friedrich Carl von Savigny (1779–1861) dafür, dass von 1846 an die Schlussverhandlung an den Berliner Gerichten öffentlich stattfand, und so sah es auch die Paulskirchenverfassung vom März 1849 vor.[121]

Die mündliche und öffentliche Verhandlung, eine revolutionäre Neuerung, sollte sich in der deutschen Justiz bis heute grundsätzlich durchsetzen. In der Zivilprozessordnung (ZPO) heißt es im Paragrafen 128, Absatz 1: «Die Parteien verhandeln über den Rechtsstreit vor dem erkennenden Gericht mündlich.» Paragraf 137, Absatz 2 schreibt vor, dass die Parteien ihre Sache «in freier Rede» vortragen. Die Strafprozessordnung verlangt, die Richter sollten «aus dem Inbegriff der Verhandlung» über ihr Urteil entscheiden (§ 261 StPO). So kann man beispielsweise noch so viele Protokolle von Polizeiverhören zur Verfügung haben, für die Beweisaufnahme zählt nur die mündliche Vernehmung im Gerichtssaal. Das ist ein lebendiges Erbe von Aufklärung, Vormärz und 1848: Der Rechtsstaat gehört zur demokratischen Öffentlichkeit, er hat seinen Ort nicht nur an Schreibtischen von Experten. Allerdings übt das schriftliche Aktenwesen auch starke Gegenkräfte aus, die die Mündlichkeit deutscher Prozesse wieder eingeschränkt haben. Im Zivilprozess können (laut den folgenden Absätzen von § 128 ZPO) bestimmte Entscheidungen des Gerichts auch schriftlich ergehen, wenn alle Parteien dem zugestimmt haben; und die «freie Rede» der Prozessparteien wird auch wieder folgendermaßen relativiert (§ 137 Absatz 3):

> «Eine Bezugnahme auf Dokumente ist zulässig, soweit keine der Parteien widerspricht und das Gericht sie für angemessen hält. Die Vorlesung von Dokumenten findet nur insoweit statt, als es auf ihren wörtlichen Inhalt ankommt.»

Dies hat dazu geführt, dass in deutschen Zivilprozessen de facto «mündliche Verhandlungen oft wortkarg ausfallen» und Zuschauer, wenn sie denn kommen, wenig verstehen.[122] Hinzu kommt, dass natürlich in jedem Gerichtsverfahren «die einzelnen mündlichen Akte an Schrift gebunden bleiben, entweder durch ein vorangegangenes oder durch ein nachträgliches Protokoll».[123] Und im deutschen Strafprozess wurden die Geschworenengerichte, die bei besonders schweren Verbrechen über die Schuld des Angeklagten entscheiden sollten, im Jahr 1924 wieder abgeschafft; mehrere deutsche Staaten hatten dieses demokratische Element der Rechtsprechung mit der Revolution von 1848 eingeführt. Die «Schwurgerichte» für Mord und andere Tötungsdelikte tragen heute nur noch diesen überkommenen Namen: Eine unabhängige Laien-Jury, die man mit eindringlicher, überzeugender Rede gewinnen müsste wie etwa in den USA oder im antiken Athen, gibt es nicht mehr. (In Österreich hingegen gibt es weiterhin die Geschworenenbank bei schweren Straftaten.) Immerhin wirken bei bestimmten Prozessen Schöffen mit, also ehrenamtliche Richter. Insgesamt aber haben diese Einschränkungen dafür gesorgt, dass sich eine große juristische Beredsamkeit in Deutschland kaum hat entfalten können. Unterdessen hat sich die Rechtswissenschaft selbst, nach Objektivität und Allgemeinverbindlichkeit strebend, möglichst weit von der ursprünglich mit ihr verwandten Rhetorik entfernt und auf diese Weise verdrängt, dass «modernste Rechtskunst im Kern eine Redekunst geblieben ist».[124] Auch bleiben Übertragungen und Aufzeichnungen aus dem Gerichtssaal per Fernsehen, Video oder Radio untersagt; man rechtfertigt dies mit einer Unterscheidung von «unmittelbarer» und «mittelbarer» Öffentlichkeit und der «Würde» des Gerichts.[125] Kameras in der Gerichtsverhandlung werden in Deutschland als störend empfunden für «die inszenatorische Logik des Gerichts mit seiner strikten Innen-/Außen-Trennung».[126] Ein allgemeines Bewusstsein für die im 19. Jahrhundert erstrittene Oralität des Rechts verbreiten heute somit allenfalls nachgestellte Prozesse im Gerichtsfernsehen.

Doch zurück zur Hoffnung auf eine lebendige politische Debatte. Auf die gescheiterte Paulskirche sind drei nationale deutsche Parlamente gefolgt – es sind deren drei, wenn wir den Reichstag im Nationalsozialismus als Scheinparlament und als Bühne für Führer-Reden ebenso ausnehmen wie die pseudodemokratische Volkskammer der DDR: also erstens der Reichstag der Kaiserzeit, zweitens der Reichstag der Weimarer Republik und drittens der Deutsche Bundestag. Diese drei Parlamente sind historisch sehr verschieden, aber sie haben eine Gemeinsamkeit, die in der Geschichtsschreibung kaum beachtet wird: Alle drei haben in ihren Geschäftsordnungen offiziell vorgeschrieben, dass vor dem Plenum in freier Rede zu sprechen sei. Und in allen drei Parlamenten hat man sich über kurz oder lang an diese Vorschrift kaum gehalten.[127] Zwar haben Reichstag und Bundestag immer wieder Reden ohne Manuskript, direkte Reaktionen auf Gegner und spitze Zwischenrufe erlebt, viele Momente spontaner Beredsamkeit, darunter auch einige große. Aber dies war und ist nicht, wie es eigentlich gedacht war, der reguläre Modus parlamentarischer Debatte in Deutschland, sondern bloß die gelegentliche Abweichung von der immer weiter um sich greifenden Gewohnheit, fertige Reden abzulesen.

Der Reichstag im Kaiserreich von 1871 war politisch ziemlich zahnlos. Die vom Kaiser ernannte Regierung war dem Parlament nicht verantwortlich, nicht einmal parlamentarische Anfragen zu selbstgewählten Themen konnte es stellen, und der Reichstag hatte so gut wie keinen Zugriff auf die eigentlichen Machtzentren Militär und Hof. Andererseits erwies sich der Reichstag in Berlin als «neben dem Kaiser wichtigstes Symbol der neugewonnenen deutschen Einheit und darüber hinaus eben das zentrale Organ der deutschen politischen Öffentlichkeit».[128] Das Parlament wurde zum ersten Mal durch allgemeines Männerwahlrecht gewählt, ohne Abhängigkeit von Besitzklassen (anders als in Preußen); die demokratische Repräsentation durch stärker organisierte Parteien garantierte, dass die ideologischen Kämpfe und Interessen in Reichstagsdebatten mitunter offen ausgefochten wurden – die bekanntesten und wichtigsten galten dem Sozialistengesetz, dem Kulturkampf gegen die Katholiken und der Außen- und Flottenpolitik. In der Tagespresse, die durch Innovationen in der Drucktechnik auch in Deutschland expandiert war, standen die Redner unter kritischer Beobachtung, und zwar bei genereller Pressefreiheit, soweit es die Rücksicht auf Ihre Majestät zuließ; wichtige Reichstagsreden gaben die Zeitungen ausführlich wieder.[129] Auch insoweit kein Gegeneinander von Mündlichkeit und Schriftlichkeit, sondern ein mediales Ineinander: «Der Entwicklung zur kommerziellen Massenpresse entsprach die Umstellung der Honoratiorenparteien auf Massenbasis.»[130] Aber die Spannung zwischen kommunikativer und realer Macht im Kaiserreich sorgte dafür, dass das wilhelminische Parlament «vom Ort der Persuasion zum Ort der

Deklamation» wurde.[131] Schon ein Durchblättern – oder auch Durchklicken – der Reichstagsprotokolle[132] zeigt, dass es über weite Strecken der Debatten ziemlich förmlich und trocken zuging. Die meisten Reden wurden – gegen die Bestimmung der Geschäftsordnung – abgelesen, oder sie klangen in ihrer Umständlichkeit danach. Selbst der Nationalliberale Johannes Miquel (1828–1901), der als einer der besten Redner des Reichstags galt (er wurde später Oberbürgermeister von Frankfurt am Main und preußischer Finanzminister),[133] konnte sich bei situativen Reaktionen auf den Gang einer Debatte folgendermaßen anhören:

> «Was nun aber die Ausführungen des Herrn Vorredners betrifft, um mich zu widerlegen in Beziehung auf die Behauptung, daß nicht eine wirtschaftlich nützliche Seite des Kriegsschatzes in einer beruhigenden und zweckmäßigen Einwirkung auf den Verkehr und auf die allgemeinen Verkehrsverhältnisse während einer Krisis liege, so glaube ich denselben in dieser Beziehung Schritt für Schritt widerlegen zu können.»[134]

Zur Auflockerung eines solchen Stils trug, neben dem Zentrumspolitiker Ludwig Windthorst und einigen anderen, ausgerechnet Otto von Bismarck selbst bei, der Reichskanzler bis 1890. Er hielt nicht viel vom Debattieren, nutzte jedoch die Bühne des Reichstags zur Rechtfertigung seiner Politik und sprach dabei recht ungekünstelt, oft frei und schlagfertig, in einer Art von hemdsärmeliger Antirhetorik.[135] Schon im Preußischen Abgeordnetenhaus vor der Reichsgründung hatte Bismarck sich rednerische Sticheleien mit dem «altliberalen» Abgeordneten Georg von Vincke geliefert, die 1852 in einem echten Duell mit Pistolenschüssen gipfelten (das für beide glimpflich ausging). In der Presse nannte man Vincke augenzwinkernd einen «preußischen Mirabeau» und «kühnen Stegreifritter», womit die equestrische Herkunft der «Stegreif»-Metapher aufgerufen war.[136] Bismarck lief mit seinem Rednertalent allerdings Gefahr, Misstrauen bei seinesgleichen zu wecken: «Galt doch im konservativen Lager der erfolgreiche Redner geradezu als Gegenbild eines ernsten Politikers und Staatsmanns.»[137] Darauf reagierte Bismarck, indem er keinerlei Partei-, Vereins- oder Wahlreden außerhalb des Reichstags hielt. Einmal sagte er im Reichstag, er erhebe

> «nicht den Anspruch, ein Redner und ein Redekünstler zu sein, ich bin Minister, Diplomat und Staatsmann und würde mich für gekränkt halten, wenn man mich einen Redner nennte.»[138]

Und Bismarck drückte seine Skepsis gegen parlamentarische Rhetorik auch gerade in einer Debatte aus, in der es – am 5. Mai 1881 – um eine Einschränkung der Parlamentsrechte ging:

> «In den Volksversammlungen kennen wir ja die Typen, die sich bis zu rhetorischen Klopffechtern ausbilden – die es natürlich hier nicht gibt –,
> (Heiterkeit.)
> aber dort sieht man, wie die jeden Widerstand sofort niederrennen und scharf im Zaume halten. Aber ich wiederhole, wie ich das schon neulich bemerkt habe, daß im Reichstage die Reden zwar zur Orientierung dienen, aber daß sie keine Herrschaft üben dürfen; der Wähler hat ein Recht auf einen unabhängigen, auch von der überlegenen Beredsamkeit weder beeinflußten noch eingeschüchterten Vertreter.»[139]

Ein «Klopffechter» ist ein Schaukämpfer. Gegen diese sozusagen amtliche Aufforderung zur Langeweile, die Bismarck mit der Tendenz verband, «Kritik und Opposition für staatsgefährdend zu erklären»,[140] brachte von der anderen Seite her die Arbeiterbewegung Leben in den Reichstag. Ferdinand Lassalle (1825–1864), der Gründer des Allgemeinen Deutschen Arbeitervereins (1863), mobilisierte zuvor Anhänger als Redner bei Aufmärschen, Fackelzügen, Kundgebungen, was für die Linke eine wichtige Form der mündlichen Agitation blieb. Zum Druck bearbeitete Lassalle seine Reden selbst, «um durch reichhaltige Interpunktion und in Klammern gesetzte Kommentare die Stimmung der Redesituation zu konservieren».[141] Es folgten ihm als Reichstagsredner vor allem Wilhelm Liebknecht (1826–1900) und August Bebel (1840–1913), die die Sozialdemokratie durch die Zeit der Unterdrückung führten (1878–1890) und danach wieder Parteitagsreden halten konnten. Auf dem Weg zur Revolution von 1818 trat besonders Karl Liebknecht (1871–1919) als lebhafter und scharfer Parlamentsredner hervor; im Preußischen Abgeordnetenhaus sprach er 1910 so vehement gegen das reaktionäre preußische Dreiklassenwahlrecht und den Militarismus an, und mit so lauten Reaktionen im Plenum, dass der Parlamentspräsident immer wieder mit Ermahnungen dieser Art unterbrechen musste:

> «Sie haben das Recht, frei zu sprechen. Ich muß Sie allerdings bitten, die Gefühle des Hauses zu schonen.»[142]

Liebknechts kommunistische Mitstreiterin Rosa Luxemburg (1871–1919) war keine Parlamentsabgeordnete, sie sprach auf Kundgebungen und Parteiversammlungen; auch sie konnte gelegentlich scharf und polemisch werden und Zuhörer begeistern, oft waren ihre Reden aber akademisch-programmatisch gehalten; der Marxismus verstand sich ja nicht nur als eine Bewegung, sondern als eine unabweisbare Wissenschaft.[143] Der Erste Weltkrieg dann – rhetorisch grob zusammengerafft – begann mit patriotischen Kriegsappellen und mit konservativen Intellektuellen, die *Deutsche Reden in schwerer Zeit* hielten (so der Titel einer Textsammlung) und die damit in der Tradition von Fichtes National-Rhetorik zur «geistigen Mobilmachung» riefen;[144] und er endete mit spontanen Aufrufen auf umstürzlerischen Massenversammlungen und Streik-Aktionen der Arbeiter- und Soldatenräte in Kiel, Berlin und anderswo. Auf der Friedenskundgebung auf der Münchner Theresienwiese am 7. November 1918 zum Beispiel sprachen teils radikalere, teils gemäßigtere Redner der Linken neben- und offenbar auch durcheinander; es war ein dramatischer Ausbruch der improvisierten Rede, wie er uns auch an anderen historischen Wendepunkten schon begegnet ist – hier beschrieben von dem Schriftsteller Oskar Maria Graf:

> «Je näher wir der Wiese kamen, desto mehr Menschen wurden es. Alle hatten es eilig. Vor der Bavaria waren dichte Massen und wuchsen von Minute zu Minute. Auf den Hängen und von den Treppen der Denkmäler herab redeten Männer. Da und dort sah man eine rote Fahne aufragen. ‹Hoch!› schrie es, dann wieder ‹Nieder!›. (...) Wir fanden endlich Eisner, der weither von einem Seitenhang herunterschrie ... Wenn er einen Augenblick Atem holte, klangen die Stimmen der anderen Redner auf. Immer mehr und immer mehr Leute kamen. Unabsehbar war die Schar der Zusammengeströmten, wie ein Ameisenhaufen schwarz und bewegt.»[145]

Diese revolutionären Reden kulminierten politisch und symbolisch in den Republik-Ausrufungen, die jeweils Stegreifreden unter schwer planbaren Umständen waren: der erwähnte Kurt Eisner, der in der folgenden Nacht zum 8. November im Mathäserbräu in München Bayern zum Freistaat erklärte; Karl Liebknecht und Philipp Scheidemann, die am 9. November in Berlin unter freiem Himmel die sozialistische respektive demokratische Republik proklamierten; ihr spontaner Freiluft-Charakter steht fest, auch wenn die exakten Umstände beider Reden historisch nicht zweifelsfrei gesichert sind.

Als «die improvisierte Demokratie» (Theodor Eschenburg) sich vom

6. Februar 1919 an in der Weimarer Nationalversammlung zur Ausarbeitung ihrer Verfassung traf – erstmals auch mit Frauen im Parlament –, da wurde die Frage der freien Rede und ihrer Abhängigkeit von schriftlicher Vorbereitung zu einem ihrer Gründungsprobleme. Das mag angesichts der Millionen von Kriegstoten und der radikalen politischen Gegensätze und sonstigen Herausforderungen des neuen Staates weit übertrieben erscheinen; aber für die Stabilität der Weimarer Republik war es doch nicht unwesentlich, wie sich der Parlamentarismus präsentierte und organisierte.[146] Am 17. Juli 1919 sah sich der Präsident der Nationalversammlung in Weimar, der Zentrumspolitiker Constantin Fehrenbach, zu einer grundsätzlichen Ermahnung veranlasst:

> «Meine Damen und Herren! Ich gestatte mir, eine Bemerkung zu machen. Der § 45 unsrer Geschäftsordnung bestimmt in Absatz 2: ‹Den Mitgliedern des Reichstages ist das Vorlesen schriftlich abgefaßter Reden nur dann gestattet, wenn sie der deutschen Sprache nicht mächtig sind.›
> (Zustimmung und Heiterkeit.)
> Wir haben in der Nationalversammlung diese Bestimmung zum Teil etwas unter den Tisch fallen lassen.
> (Sehr richtig! und Heiterkeit.)
> Es ist das aus einer gewissen Rücksichtnahme des Präsidiums auf die vielen Neulinge geschehen, die im Parlament sind.
> (Heiterkeit und Zurufe.)
> Wir sind aber der Meinung, daß diese sachgemäße Schonzeit jetzt abgelaufen ist.
> (Erneute Heiterkeit.)
> Ich würde also in Zukunft – und meine Kollegen im Präsidium ebenfalls – zu verhindern suchen, daß Blatt für Blatt gewälzt und Wort für Wort vorgelesen wird.
> (Zustimmung.)
> Es entspricht nicht dem parlamentarischen Brauch,
> (sehr richtig!)
> der eine kontradiktorische Verhandlung vorsieht, für welche vorher im Wortlaut genau festgelegte Reden nicht passen, da sie auf die veränderte Situation keine Rücksicht nehmen können.
> (Heiterkeit.)
> Wir hoffen, durch die Verhinderung des Ablesens von vorher schriftlich niedergelegten Reden etwas zur Abkürzung der Verhandlungen beizutragen. Daß es natürlich Anlässe gibt bei wichtigen Fragen, wo es notwendig ist, den Wort-

laut einer Rede genau niederzuschreiben, versteht sich von selbst. Darauf wird man jeweils die gebührende Rücksicht nehmen. Meine Damen und Herren! Es ist für den Präsidenten keine leichte Aufgabe, diese Art des Redens in der Form des Vorlesens zu unterbrechen; denn das kann leicht den Charakter einer Unhöflichkeit annehmen. Ich bitte, die Präsidenten in ihrer Amtsführung auch nach der Richtung des § 45 Absatz 2 gütigst zu unterstützen.
(Lebhafte Zustimmung.)»[147]

Die «Heiterkeit» der Abgeordneten in Weimar kam wohl auf, weil sie sich ertappt fühlten. Aber ließ sich das Thema weglachen? Gleich in der ersten regulären Sitzung des neuen demokratischen Reichstags in Berlin am 28. Juni 1920 kam es erneut zu einer Auseinandersetzung über das freie Sprechen im Parlament.[148] Der Sozialdemokrat Philipp Scheidemann (1865–1939) – im Jahr zuvor war er der erste Ministerpräsident nach Sturz der Monarchie gewesen – begann die erste Aussprache über die erste Regierungserklärung so:

«Meine Damen und Herren! Als erster Debattenredner im ersten Reichstag der deutschen Republik möchte ich mindestens insofern ein gutes Beispiel geben, indem ich mich so kurz wie möglich fasse.
(Bravo.)
Denn wer diesen Saal immer noch für eine Halle der bloßen Redeübung halten wollte, der hätte, so revolutionär er sich auch sonst geben mag, die Revolution verschlafen.
(Sehr wahr! bei den Sozialdemokraten. – Heiterkeit.)
Es ist der erste Reichstag des deutschen Volkes, der nicht nur zu reden, sondern auch etwas zu sagen hat. So möge er auch seine Technik modernisieren, indem er mit dem möglichst geringen Kraftaufwand die möglichst großen Leistungen vollbringt.
(Sehr gut! bei den Deutschen Demokraten.)
Mögen seine Debatten kurz und seine Beschlüsse gut sein!»[149]

Dieser optimistischen, mechanistischen Metaphorik – modernes Debattieren entspricht dem effizienzsteigernden technischen Fortschritt – fuhr nach Scheidemanns Rede leider gleich der Abgeordnete Georg Ledebour von den Unabhängigen Sozialdemokraten in die Parade. Ledebour war ein erbitterter Gegner jeglicher Zusammenarbeit mit den Mehrheitssozialdemokraten. Doch bevor er in seiner Replik auf Scheidemann seinen ausdrücklich antiparlamentarischen und republikfeindlichen Klassenstandpunkt formulierte, griff Ledebour ihn mit einem prozeduralen Argument an: Scheidemanns Bekenntnis zu kürzeren Reden und damit zu lebendigerer Debatte sei völlig unglaubwürdig, weil er, Scheidemann, doch selbst «den Text seiner Rede abgelesen» habe. «Das ist nämlich durch die Geschäftsordnung verboten», spottete Ledebour. Das Protokoll vermerkt daraufhin «erneute Heiterkeit» sowie die Glocke des Parlamentspräsidenten Paul Löbe, der mit den Worten intervenierte: «Herr Abgeordneter Ledebour, über die Geschäftsordnung wacht das Präsidium.» Woraufhin Ledebour fortfuhr: Wenn das Präsidium das Ablesen der Rede durchgehen lasse, dann sei daraus «wohlwollend» zu schließen, «dass der Herr Scheidemann der deutschen Sprache nicht hinreichend mächtig ist, um seine Rede frei halten zu können».[150]

Der Sozialdemokrat Paul Löbe (1875–1967) – später von den Nationalsozialisten verfolgt und 1949 erster Alterspräsident des Deutschen Bundestages – setzte sich fortan als langjähriger Reichstagspräsident in der Weimarer Zeit (von 1920 bis 1924 und 1925 bis 1932, gefolgt vom Nationalsozialisten Hermann Göring) selbst auch für die freie Rede ein. Löbe wollte die Redezeiten begrenzen und nach englischem Vorbild erreichen, dass auch im Berliner Reichstag, wie er in einer Debatte über die Geschäftsordnung sagte, «in schneller Rede und Gegenrede eine gewisse geistige Regsamkeit erzeugt wird».[151] Doch daraus wurde nicht viel, als Begrenzung der Redezeit ließ sich lediglich die reichlich lange Dauer von einer Stunde durchsetzen, und obwohl Paul Löbe 1928 sogar versuchte, das Rednerpult zugunsten freier Aussprache ganz abzuschaffen, dominierte im Ganzen «formelhaftes Abspulen der vorbereiteten Reden und kaum eine lebendige Debatte».[152]

Nach den traumatischen Erfahrungen von Krieg und Revolution stießen im Stil des Reichstags Gegensätze aufeinander: ein Bemühen um neue Sachlichkeit und scharfe Polemik.[153] Es gab Politiker, die sich mühsam um schwierige Kompromisse bemühten, und es gab Redner wie den Kommunisten Ernst Thälmann, der 1924 in einer Debatte sagte: «Wir werden das Gewehr übernehmen bis zum Siege der proletarischen Revolution!» Umgeben war das Parlament der Weimarer Republik von einer lebendigen Öffentlichkeit, die teils kritisch bis ungnädig, teils indifferent war, und von einer neuen Massenkultur, die sich im Aufstieg von Boulevard, Kino und Rundfunk äußerte. Der Reichstag jedoch entschied sich, mit der Präsenz lebendiger Stimmen in den neuen Medien nicht konkurrieren zu wollen, und ließ nicht zu, dass Parlamentsdebatten im Radio übertragen wurden, als dies Mitte der zwanziger Jahre technisch möglich wurde.[154] Die Sprachkritik zeigte sich unterdessen empfindlich gegenüber zu steifer Rhetorik; Kurt Tucholsky schrieb 1930 in seinen satirischen *Ratschlägen für einen schlechten Redner:*

> «Sprich nicht frei – das macht einen so unruhigen Eindruck.
> Am besten ist es: du liest deine Rede ab. Das ist sicher, zuverlässig, auch freut es jedermann, wenn der lesende Redner nach jedem viertel Satz mißtrauisch hochblickt, ob auch noch alle da sind. (…)
> Kümmere dich nicht darum, ob die Wellen, die von dir ins Publikum laufen, auch zurückkommen – das sind Kinkerlitzchen. Sprich unbekümmert um die Wirkung, um die Leute, um die Luft im Saale; immer sprich, mein Guter. Gott wird es dir lohnen.»[155]

Und der Staatsrechtler Carl Schmitt konstatierte 1923 in seinem Essay *Die geistesgeschichtliche Lage des heutigen Parlamentarismus* in zynischer Weise, angesichts der wahren politischen und wirtschaftlichen Machtverhältnisse in der «modernen Massendemokratie» seien ohnehin längst «Öffentlichkeit und Diskussion in der tatsächlichen Wirklichkeit des parlamentarischen Betriebes zu einer leeren und nichtigen Formalität geworden».[156] In der Tat fand immer mehr Arbeit des Reichstags, weil auch die Gesetzgebung komplexer wurde, in Ausschüssen und Parteigremien statt,[157] was die Plenarreden oft zur «symbolischen Darstellung der Partei nach außen» machte.[158] Wenn aber im Plenum lebendig extemporiert wurde, dann zunehmend in einer Form der Lebendigkeit, auf die man lieber verzichtet hätte: radikale Aufgedrehtheit und gezielt zerstörerische Kommunikation, begleitet von politischer Obstruktion gegen das System. Die kommunistischen und völkischen Extreme versprühten mit Zwischenrufen und Interventionen unversöhnlichen Haß untereinander, gegen die demokratische Mitte und gegen die parlamentarische Ordnung als solche.[159] In den letzten Jahren der Republik wurden diese Töne von Aufmärschen und offener Straßengewalt begleitet. Mit einer eindrucksvollen spontanen Reaktion dagegen machte der Sozialdemokrat Kurt Schumacher (1895–1952) auf sich aufmerksam; er landete später im Konzentrationslager und sollte als erster SPD-Vorsitzender und Oppositionsführer in der Bundesrepublik der Nachkriegszeit wieder mit starken Stegreifreden ohne Manuskript in Erscheinung treten. Am 23. Februar 1932 sagte Schumacher in seiner ersten und einzigen Reichstagsrede, auf die Tiraden der Nationalsozialisten Joseph Goebbels und Georg Strasser antwortend, allerdings auch selbst in einem beinah schreienden Ton:

> «Das deutsche Volk wird Jahrzehnte brauchen, um wieder moralisch und intellektuell von den Wunden zu gesunden, die ihm diese Art Agitation geschlagen hat. (...) Die ganze nationalsozialistische Agitation ist ein dauernder Appell an den inneren Schweinehund im Menschen.
> (Lebhafte Zustimmung bei den Sozialdemokraten. – Große Erregung bei den Nationalsozialisten. – Glocke des Präsidenten.)»[160]

Umso unbeholfener mussten gegen all diesen Aufruhr die ausführlichen, im schriftlichen Stil abwägenden und vom Blatt abgelesenen Parlamentsreden wirken. Am 23. März 1928 machte der DVP-Abgeordnete Siegfried von Kardorff im Reichstag eine bezeichnende «Bemerkung über die Lage dieses Hohen Hauses». Kardorff, der sich in den folgenden Jahren erfolglos für ein Bündnis der bürgerlichen Mitte gegen die Nationalsozialisten einsetzte, sagte:

> «Wenn es so weiter geht, daß von dieser Stelle aus ausgearbeitete Reden vorgelesen werden, dann sterben wir – so fürchte ich – eines Tages alle einmal an Langeweile.
> (Sehr gut! und Heiterkeit links und in der Mitte.)
> Denn vorgelesene Reden sind wirklich, sie mögen sachlich so gut sein wie nur möglich, das langweiligste, was es gibt.»[161]

Max Weber hatte schon zu Beginn der Weimarer Republik in seinem Vortrag *Politik als Beruf* von 1919 dieselbe Klage erhoben:

> «Unsere Parlamentsparteien waren und sind Zünfte. Jede Rede, die gehalten wird im Plenum des Reichstages, ist vorher durchrezensiert in der Partei. Das merkt man ihrer unerhörten Langeweile an. Nur wer als Redner bestellt ist, kann zu Wort kommen. Ein stärkerer Gegensatz gegen die englische, aber auch – aus ganz entgegengesetzten Gründen – die französische Gepflogenheit ist kaum denkbar.»[162]

Wer von heute aus auf die stürmische Geschichte der Weimarer Republik und ihres Untergangs schaut, ihre sozialen und ideologischen Verwerfungen, mag auf den ersten Blick vielleicht nicht ausgerechnet die Langeweile als einen Grund ihrer Krise identifizieren. Und anstatt des Todes durch Langeweile, den der Abgeordnete scherzhaft androhte, stand Deutschland und Europa noch viel Schlimmeres bevor. Doch tatsächlich spielte das Gefühl der Langeweile damals keine geringe Rolle, nicht nur bei den vielen Arbeitslosen.[163] Thomas Mann meinte in den 1918 veröffentlichten (und später von ihm widerrufenen) *Betrachtungen eines Unpolitischen*, ein demokratisiertes Deutschland würde «langweilig, klar, dumm und undeutsch», und distanzierte sich ausdrücklich von einer «rhetorischen Demokratie» westlichen Typs.[164] Und gegen den bürgerlichen, zivilisierten, umständlichen Redemodus, wie man ihn aus dem Reichstag kannte, inszenierten die Nationalsozialisten ihre Reden frühzeitig als überwältigende Massen- und Stimm-Ereignisse. Zu den Fahnen, Trommeln, Fackeln und Märschen gehörte dabei immer auch die effektvolle, mündliche Volksrede. Nach den ersten Erfolgen mit agitatorischen, ressentimentgeladenen Reden in Münchner Bierhallen, Provokationen und zwischenzeitlichen Rückschlägen wurden nationalsozialistische Redner gezielt ideologisch und rhetorisch geschult. Und diese NS-Rhetorik hatte ein programmatische Methode, um die Massen zu gewinnen: Es war die Überwindung der «Papiersprache».[165]

Im Jahr 1928 – also zur selben Zeit, als die Klage über langweilige, abgelesene Reden im Reichstag erhoben wurde – begann der nationalsozialistische Parteifunktionär Fritz Reinhardt (später Staatssekretär im Reichsfinanzministerium), Rednerkurse für den Nachwuchs zu organisieren, woraus im Juni 1929 die Rednerschule der NSDAP in Herrsching am Ammersee wurde.[166] Die Adepten, die bei unzähligen Veranstaltungen in ganz Deutschland auftreten sollten, mussten zunächst Texte immer wieder laut lesen und sie dann in eigenen Worten wiedergeben, um zu lernen, sich vom Papier zu lösen. Sie bekamen inhaltlichen Unterricht in NS-Propaganda und machten Praxisübungen unter Beobachtung von erfahreneren Kameraden; je nach Fortschritt und Befähigung durften sie sich «Reichsredner», «Gauredner» oder «Kreisredner» nennen und bekamen einen entsprechenden Ausweis. Willfährige Germanisten und Sprecherzieher lieferten das Rüstzeug: «Der Sieg des Nationalsozialismus», so schrieb einer von ihnen im Jahr nach der Machtergreifung, sei «nicht zuletzt der Sieg der lebendigen Rede über den toten Buchstaben».[167] Mit glühender Überzeugung sollten die Redner ihr Publikum direkt anreden und gewinnen lernen, und der Verzicht aufs Manuskript wurde dabei völkisch-vitalistisch überhöht. Der Kölner Sprechkundler Maximilian Weller schrieb in seiner stramm nationalsozialistischen Schrift *Die Freie Rede.*

Ein Grundriß für Lehrgänge, die deutsche Sprache solle «nie wieder in leidende Ruhe zurücksinken»; der frei sprechende Redner, so Weller, «wird die Hörer nie aus dem Auge und nie aus der Spannung seines führenden Willens lassen».[168] Da wurde nicht weniger als ein orales Führerprinzip formuliert, und wer seine Nervosität und Lampenfieber gegenüber den Zuhörern überwand, der konnte einen Triumph des Willens feiern: Zwar brauche der Redner immer eine gewisse Erregung, schrieb Weller, hinzu komme aber eine «seelische Abhärtung gegen das öffentliche Auftreten». (Dieser Maximilian Weller hat übrigens nach dem Zweiten Weltkrieg seine Schriften selbst ohne viel Aufhebens entnazifiziert und war mit Rhetorik-Ratgebern in der Bundesrepublik recht erfolgreich, darunter *Die Kunst der freien Rede,* 1963, oder *Die schlagfertige Antwort,* 1973.)

Schirmherr und Vorbild dieses Mündlichkeitstrainings war natürlich der oberste nationalsozialistische Redner, Adolf Hitler selbst.[169] Hitler hatte von 1919 an in München mit wachsenden Erfolg als außerparlamentarischer Agitator in unzähligen Auftritten die freie Rede geübt. Im Ersten Band von *Mein Kampf* (1925) polemisierte er gegen den «Hörsaal eines Parlamentes» und schwärmte stattdessen von der «großen öffentlichen Volksversammlung»[170] und von der «Zauberkraft des gesprochenen Wortes»,[171] die «große Redner» in der Geschichte immer wirkungsvoller mache als «große Schreiber».[172] Im Zweiten Band von 1926 lobte Hitler noch ausführlicher die «Massenbeeinflussung» und die «Gemeinsamkeit der großen Kundgebung»; im Anschluss an Motive der modernen Massenpsychologie beschrieb er jene spontane Einfühlung zwischen Redner und Publikum, welcher Joachim Fest in seiner Biografie «Kopulationscharakter» attestierte:

> «Der Redner kann meinetwegen das gleiche Thema behandeln wie das Buch, er wird doch, wenn er ein großer und genialer Volksredner ist, denselben Vorwurf und denselben Stoff kaum zweimal in gleicher Form wiederholen. Er wird sich von der breiten Masse immer so tragen lassen, dass ihm daraus gefühlsmäßig gerade die Worte flüssig werden, die er braucht, um seinen jeweiligen Zuhörern zu Herzen zu sprechen.»[173]

In den kämpferischen Jahren vor der Machtergreifung, der «Zeit der Bewegung», folgte Hitler weitgehend diesem Rezept. Zwar bereitete er sich auf seine Reden vor, aber er hatte meist nur einige Notizen zur Stütze dabei und formulierte aus dem Moment;[174] oft legte er die Blätter auf einen etwa hüfthohen Tisch neben sich, auf den er auch eine Hand stützen konnte, und benutzte kein Rednerpult. Und entgegen dem Klischee des dämonischen Schreihalses (der er *auch* war) setzte Hitler seine Mittel durchaus dosiert ein, beherrschte seinen Stoff und erspürte Bedürfnisse seines Publikums, geriet aber mitunter doch an die Grenze seiner Stimmfähigkeit. Im Wahlkampf 1932 («Hitler über Deutschland») nahm er deswegen das einzige Mal Sprechunterricht bei einem Opern- und Operettensänger und «erlernte nun, was er von Natur aus zu beherrschen meinte».[175] Und sein Trainer war bald zufrieden; bei einer der Veranstaltungen gewann er den Eindruck, «daß Hitler sich ‹freigespielt› hat, wie wir Theaterleute sagen».[176] Bertolt Brecht hat dies in der Schauspielunterricht-Szene in seinem Stück *Der aufhaltsame Aufstieg des Arturo Ui* (1941) parodiert, allerdings mit seinen Scherzen über angelernte Schmierentheater-Tricks die eigene rhetorische Begabung Hitlers kleiner gemacht, als sie war.

Als Reichskanzler und «Führer» seit Januar 1933 bereitete Hitler sich exakter vor. Besonders in außenpolitischen Fragen und im Weltkrieg musste der Diktator die Worte stärker wägen. «Nur in geschlossenen Zirkeln behielt er seine ursprüngliche Art der Rede bei» – Hitlers berüchtigtes Monologisieren.[177] Trotzdem sprach er bei öffentlichen Reden weiterhin häufig ohne Manuskript. Eine Ausnahme davon machte er bei formelleren Gelegenheiten, denen das Rednerpult Seriosität verlieh, wobei Hitlers Augen gleichwohl nie an diesem Rednerpult kleben blieben; so etwa bei den (seltenen) Proklamationen vor dem Reichstag, der ein Scheinparlament geworden war und kaum noch tagte. Bei den gigantischen, kultischen Freiluft-Inszenierungen, auf den Nürnberger Parteitagen, beim «Reichserntedankfest» und so weiter, die mit allerneuester Lautsprechertechnik beschallt wurden, hat er hingegen niemals einen Text abgelesen. Die vorhandenen Film- und Tonaufnahmen lassen erkennen, dass Hitler sich in seiner Regie der Affekte jeweils genau überlegt hatte, was er zu der großen Menschenmasse sagen wollte; man hört einstudierte Versatzstücke heraus, in jedem Fall aber auch spontane Formulierungen, worauf kurze Pausen und bestimmte Wortstellungen hinzuweisen scheinen. Beispielsweise bei einer Wortfolge wie dieser, gesprochen zur Jugendkundgebung zum «Tag der Arbeit» 1935 im Berliner Lustgarten:

In «Mein Kampf» sprach er von der «Zauberkraft des gesprochenen Wortes»: Adolf Hitler redet im September 1930 im Berliner Sportpalast. In der «Zeit der Bewegung» übte Hitler sich als Agitator und formulierte großteils aus dem Moment heraus.

> «Ihr seid ein Glied in der deutschen Schicksalskette, sorgt dafür, dass es stark wird, auf dass nicht erneut reißt das Leben unseres Volkes. (…) So wie der Wind heute um uns die Fahnen flattern lässt, so wird er vielleicht die nächsten Jahre um Deutschland Wolken und Gewitter aufziehen lassen. Es soll uns nichts bange machen können auf dieser Welt (…).»

Dabei behielt Hitler bis zuletzt stets die Kontrolle über den tatsächlichen Wortlaut; nur seine Sekretärinnen wurden in die oft tagelange Vorbereitung seiner Reden einbezogen, sonst niemand. «Insgesamt gelang Hitler das Kunststück, die Zuhörer darüber im Unklaren zu lassen, ob er tatsächlich aus dem Stegreif sprach oder sich auf einen ausgearbeiteten Entwurf stützte.»[178]

Wie sehr Hitler von der Energie der Publikumspräsenz abhängig war, zeigte sich auch an seinem Umgang mit dem Hörfunk. Die Nationalsozialisten erkannten zwar die Bedeutung des neuen Mediums und sorgten bald für einen gleichgeschalteten Rundfunk; aber als Hitler am 1. Februar 1933 versuchte, eine Rundfunkrede ohne anwesendes Publikum direkt an die Nation zu richten, lag ihm das überhaupt nicht: Es fehlte die sichtbare und hörbare Masse der Zuhörer; da waren nur er und das Mikrofon. Von da an verzichtete Hitler fast ganz auf Reden aus dem Studio – abgesehen von einigen kurzen Ansprachen, besonders in der Kriegszeit – und nutzte stattdessen für den Propaganda-Effekt einer Rede an die ganze Volksgemeinschaft («Der Führer spricht») lieber reale Großveranstaltungen mit Publikum, die auch im Radio gesendet und in Ausschnitten in den Wochenschauen im Kino gezeigt wurden. Anders als viele andere NS-Propagandasendungen nutzte der Diktator selbst also das Radio nicht als eigenes Medium – dies war ihm zu abstrakt, zu körperlos –, sondern «als globales Distributionsmedium gelungener lokaler Massenkommunikation».[179]

Adolf Hitler erkannte, wie er in *Mein Kampf* geschrieben hatte, «die Unmöglichkeit, nur durch Schrifttum an das Herz der breiten Masse zu gelangen».[180] Hat er also die deutsche Sehnsucht nach lebendiger Rede, von der dieses Kapitel erzählt hat, auf diabolische Weise erfüllt? Ja und nein. Seine Methoden waren geschickt und perfide, und sein Redetalent war ohne Zweifel ein wichtiger Teil des gesamten Instrumentariums von Terror und Volksbeglückung. Allerdings sind auch Zweifel an dem «exkulpationsanfälligen Paradigma vom rhetorisch überlisteten Volk» angebracht.[181] Hitler hatte nicht nur Tricks, sondern Überzeugungen. Zu den Erfolgen der Nationalsozialisten brauchte es nicht bloß einen charismatischen Rede-Zauberer von oben, sondern viel ideologische Zustimmung, Erlösungshoffnung und Mitwirkung von unten. Wir wollen auch nicht behaupten, dass Hitler nur dann aufzuhalten gewesen wäre, wenn die Parlamentsredner der Weimarer Republik alle glänzend extemporiert hätten. Die nationalsozialistische Erhöhung der mündlichen Rede war zudem Teil einer multimedialen Gesamtstrategie sowie in eine schriftliche Partei- und Regierungsbürokratie eingebunden. Sie schloss an eine Tradition der deutschen, vaterländischen Rede an, die sich seit der Romantik vom Westen abgesetzt hatte.[182] Die NS-Rhetorik kann zwar gewiss als Warnung davor dienen, die mündliche Beredsamkeit als solche zu überhöhen und für stets politisch wertvoll zu halten. Auch wenn Deutschland im Vergleich zu anderen Ländern eine größere Tradition republikanischer Rede fehlte, so wäre es doch falsch, wegen eines Mangels an Erfahrung mit «guter» Rhetorik die Deutschen als gänzlich wehrlos gegen «böse» Rhetorik zu entschuldigen; das hieße, generell «das manipulative Element der rhetorischen Persuasion unter allerlei Idealen zu verdecken, nur weil Hitler diese Technik nutzte».[183] Im Zusammenbruch der Weimarer Republik konnte man sehen: Demagogie ist die offene Flanke der Demokratie. Allerdings war das, wozu sich die Nazi-Redner rüsteten, doch eine Perversion der «freien Rede» insofern, als sie alsbald jegliche pluralistische Debatte unterbanden. Das Sprechen ohne Manuskript, das vermeintlich der deutschen Volksseele entsprang, war streng ins Korsett erwartbarer Ideologie gezwängt, die demokratische Praxis von Rede und Gegenrede war abgeschafft. Die Schulung in lebendiger Rede war nur für absolut zuverlässige nationalsozialistische Führer vorgesehen, sonst hieß es Stillsein. Schlagfertigkeit, spontane Kritik, politischer Wettstreit, kritischer Witz waren in der Diktatur nicht vorgesehen, sondern gefährlich. Es ist ein altes Prinzip: Der Tyrann redet, aber er hört nicht zu.[184]

Zum Deutschen Bundestag, der erstmals nach der moralischen und militärischen Katastrophe am 7. September 1949 in Bonn zusammentrat, muss man zunächst fair sein: Es wurde das lebendigste und zugleich stabilste demokratische Parlament, das Deutschland je hatte. Und das, obwohl nach Jahren der donnernden Kriegspropaganda erst einmal auch rhetorische Abrüstung anstand. Es gab ein Bedürfnis nach neuer Zivilität, aber etliche Politiker der jungen Bundesrepublik brachten auch noch Weimarer Pathos und Kampfgeist mit, etwa der erwähnte Kurt Schumacher in den Reihen der SPD. Und es fanden sich genug Anlässe für heftige Debatten, zum Beispiel über die «Wiederbewaffnung» im Jahr 1952; diese spielten sich aber innerhalb des Rahmens der parlamentarischen Ordnung ab, die nicht mehr ernsthaft bedroht wurde. Die Debatten des Bundestags konnte man von Anfang an im Radio hören; das Fernsehen wurde Ende der fünfziger Jahre aus dem Plenarsaal ausgeschlossen, aber 1966 wieder zugelassen.

Und man versuchte es wieder einmal mit der freien Rede. In der 1951 beschlossenen endgültigen Geschäftsordnung des Deutschen Bundestags wurde im Paragrafen 37 festgelegt:

> «Die Redner sprechen grundsätzlich im freien Vortrag. Sie können hierbei Aufzeichnungen benutzen.»

Diese Bestimmung besteht im selben Wortlaut tatsächlich bis heute (§ 33 der Geschäftsordnung). Anders als heute ermahnte jedoch in den ersten Jahren des Bundestags tatsächlich nicht selten das Präsidium die Redner vor dem Plenum, wenn sie trotzdem ihre Rede vom Blatt ablasen. Mit den erlaubten «Aufzeichnungen» waren ursprünglich nur Zitate oder Statistiken, aber nicht Manuskripte ganzer Reden gemeint. 1969 wurde das Ablese-Verbot im Bundestag sogar verschärft und in der Geschäftsordnung ein dritter Absatz hinzugefügt: «Im Wortlaut vorbereitete Reden sollen eine Ausnahme sein und dürfen nur mit Genehmigung des Präsidenten vorgelesen werden.» Der flehentliche Ton dieser Soll-Bestimmung zeigt allerdings bereits an: Es wurde nichts daraus. Das Schriftmedium regierte wieder zunehmend über die Bundestagsreden,[185] und im Jahr 1980 wurde der dritte Absatz mit der Genehmigungspflicht wieder gestrichen, weil sich niemand daran hielt.[186] Immer mehr «fühlte sich jeder Redner als Vertreter seiner Partei und wurde dadurch oft zu einer Art geistigen Grammophons».[187] Die Revolution in der DDR 1989 setzte dann einige rhetorische Energien frei; zehn Jahre nach der Wiedervereinigung, am 2. Dezember 1999, fand sogar eine eigene Bundestagsdebatte zur «Stärkung der freien Rede im Deutschen Bundestag» statt. Einige Abgeordnete verschiedener Parteien hatten einen entsprechenden Gruppenantrag gestellt. In dieser wenig beachteten Debatte im Reichstagsgebäude – kurz zuvor war der Bundestag wieder nach Berlin umgezogen und hatte sich unter der neuen Glaskuppel frisch eingerichtet – sprach sich der FDP-Abgeordnete Dirk Niebel gegen die «Langeweile, Trägheit und Zähigkeit» der üblichen fertigen Reden aus:

> «Selbst, wenn die Formulierungen nicht ganz so rund sind wie dann, wenn sie vorher aufgeschrieben worden wären, ist es manchmal interessanter zuzuhören, als dann, wenn man einer langweilig abgelesenen Rede folgen muss.»

Der CDU-Abgeordnete Norbert Barthle sekundierte:

> «Eine frei vorgetragene Rede ist noch lange nicht eine schlecht vorbereitete Rede. Das ist ein großer Unterschied. (…) Was ich frei vortragen kann, das habe ich verarbeitet und gedanklich in mir getragen. Dazu stehe ich. Das kann ich dann auch mit der nötigen Überzeugungskraft vortragen. Darum geht es letztendlich.»[188]

Doch der Antrag wurde abgelehnt, es kam zu keiner Selbstverpflichtung des Parlaments der damals so genannten «Berliner Republik» zur freien Rede. Doch trotz der allgemeinen Tendenz zur Mündlichkeitsverweigerung hat der Bundestag über die Jahrzehnte immer wieder auch kraftvolle Augenblicke unmittelbaren Debattierens gesehen. Herbert Wehner, von 1969 bis 1983 SPD-Fraktionsführer, sprach in berüchtigten Duellen mit seinem CSU-Gegenspieler Franz Josef Strauß sehr interaktiv, hochpolemisch und oft anakoluthisch – also mit wildem Satzbau, der nicht für die

Ewigkeit gemacht war. Aber auch viele andere Politiker, die durch Wahlkämpfe gestählt waren, konnten bei schärferen Auseinandersetzungen wirkungsvoll von ihren Manuskripten abweichen. Als zum Beispiel die Opposition dem SPD-Bundeskanzler Helmut Schmidt (von 1974 bis 1982) einmal vorwarf, eine Debatte über den Terror der «Rote Armee Fraktion» (RAF) nicht ernst zu nehmen, weil er statt auf der Regierungsbank auf den Fraktionssitzen Platz genommen hatte, antwortete Schmidt:

> «Ich muss Ihnen sagen: Wir debattieren hier nicht über die Sitzordnung, sondern über die Rechtsordnung unseres Staates.»[189]

Bis in die frühen siebziger Jahre fanden die medienwirksamen Politiker-Auftritte meist noch im Parlamentsplenum des Bundestags selbst statt – es waren «Fensterreden», die sich an die Abgeordneten im Saal, über Übertragungen oder Berichte in Radio und Fernsehen aber vor allem auch an die Öffentlichkeit draußen wendeten. Dann verlagerte sich die öffentliche Darlegung politischer Positionen mehr und mehr in Interviews und Diskussionssendungen in den audiovisuellen Medien – von der Morgensendung im *Deutschlandfunk* bis zum *Bericht aus Bonn*.[190] Doch auch später noch fielen am Rednerpult im Parlament einige Meister der scharfen Gegenrede und Geistesgegenwart auf. Die Kunst des parlamentarischen Zwischenrufs – «hört, hört»! – wurde intensiv gepflegt, eine Kunst, die allerdings oft gerade durch das Verlesen langer Reden bedingt ist.[191] Die Studentenbewegung von 1968 stärkte mit ihren Protest- und Diskussionsformen generell «die Lust am Reden» (Oskar Negt) in der Bundesrepublik,[192] und mit dem Grünen-Politiker Joseph «Joschka» Fischer hatte der Bundestag von 1983 bis 1985 und dann wieder von 1994 bis 2006 einen Abgeordneten, der als Erbe der «Sponti»-Generation den Laden, um in deren Jargon zu bleiben, ganz gut aufmischen konnte. Als Fischer als Außenminister der rot-grünen Regierung Schröder einen Militäreinsatz gegen Serbien als humanitäre Notwendigkeit verteidigte, redete er auf einem Sonderparteitag seiner Partei in Bielefeld am 13. Mai 1999 gegen massiven Widerstand an; gleich zu Beginn jener Rede reagierte Fischer auf «Kriegshetzer»-Rufe:

> «Ich hab' nur drauf gewartet – ‹Kriegshetzer!›: hier spricht ein Kriegshetzer, und Herrn Milošević schlagt ihr demnächst für den Friedensnobelpreis vor, nicht wahr?»

Rhetorische Übung stand traditionell in Deutschland nicht im Mittelpunkt des Bildungswesens. Entweder man hatte eben «Sponti»-Fähigkeiten oder nicht. In jüngerer Zeit aber kam es zu gewissen Gegenbewegungen – Schüler lernten im Unterricht häufiger Präsentationstechniken, Studenten nahmen an Debattierclubs und Redewettbewerben teil. Im Parlament wiederum brachten zuletzt der Linkspolitiker Gregor Gysi oder der Liberale Christian Lindner als stets wache Debatteure ebenfalls Bewegung in die Abfolge präparierter Texte. Die meisten Parlamentsreden bleiben zwar allgemein ziemlich erwartbar, auch weil sie vorher abgesprochene Mehrheitsentscheidungen nur sehr selten noch verändern können, und entsprechend wenig Interesse zeigt das Publikum. Der Einzug der rechtspopulistischen Partei AfD («Alternative für Deutschland») in den Bundestag im Herbst 2017 hat allerdings die Debattenfreudigkeit wieder deutlich gesteigert – welches Risiko darin steckt, ist allerdings noch offen. Seit 2018 versucht man, die Regierungsbefragung im Bundestag – nach dem fernen Vorbild in Westminster – ein wenig munterer zu gestalten, indem sich auch die Bundeskanzlerin oder der Bundeskanzler eine Stunde lang den Abgeordneten stellen muss.[193] Und zuletzt erklärte der Grünen-Politiker Robert Habeck, er wolle in Zukunft versuchen, so viel wie möglich frei zu reden, ohne Redetext – um auf diese Weise die Glaubwürdigkeitskrise der politischen Sprache in Deutschland zu überwinden.[194]

Kapitel 8

Soundbites, Teleprompter und Twitter-Politik: Das Ende der Rhetorik in der digitalen Gegenwart?

Und heute? Von dem, was einst Rede hieß, sind anscheinend nur noch die «Soundbites» übrig: Die Nachrichtensendungen des Fernsehens zeigen Statements von Politikern oder Experten lediglich in Ausschnitten, die meist nicht länger als zehn bis fünfzehn Sekunden lang sind. Entsprechend bündig und pauschalisierend muss formulieren, wer überhaupt im «O-Ton» zitiert und gehört werden will. Während man sich an solche Meinungsschnipsel als Rhetorik-Surrogat gewöhnt hat, wandert die öffentliche Kommunikation längst in die sozialen Netzwerke und Chat-Dienste ab, mit denen man weltweit Fotos, Videos, Text- oder Sprachnachrichten in Echtzeit versenden und empfangen kann: Facebook, Instagram, Twitter, WhatsApp. Inwieweit man in diesen Sphären des Internets überhaupt von «Öffentlichkeit» sprechen kann, hängt von der Anzahl der Follower und, besonders im Fall von Facebook, von dem durch Algorithmen persönlich zugeschnittenen Angebot ab, das sich ständig verändert. Unterdessen wurde mit dem Immobilienunternehmer und Reality-TV-Star Donald Trump im Jahr 2016 ein chauvinistischer Populist zum US-Präsidenten gewählt, der mittels Twitter-Nachrichten (begrenzt auf 140 Zeichen, seit November 2017 auf 280 Zeichen) nicht nur Stimmung macht oder harmlose «offizielle» Mitteilungen verbreitet, sondern auf diesem Wege auch die Entlassung von Ministern verkündet oder diplomatische Krisen auslöst.

Am Anfang der Rhetorik hatte man Kommunikation noch ausschließlich als persönliche Präsenz verstanden. Der griechische Sophist Gorgias, einer der Ahnherren der Redekunst als einer lehrbaren Disziplin, stellte in einer fiktiven Verteidigungsrede eine bezeichnende, damals tatsächlich rhetorische Frage:

«Wie aber könnten Reden stattfinden, wenn es nicht zu irgendeiner Zusammenkunft käme?»[1]

Ja, wie? Aus der Sicht unserer Gegenwart, nach der Erfindung von Buchdruck, Fotografie, Telegrafie, Massenpresse, Kino, Schallplatte, Lautsprecher, Telefon, Radio, Fernsehen, Computer, Internet und Smartphone, stellt sich die Lage anders dar: «Aus der Rhetorik des Tages wird ein wiederholbares Ereignis.»[2] Heute, da zugleich die Bindungskraft der großen Massenbewegungen geschwunden ist, fragt sich im Gegenteil: Wo gibt es überhaupt noch Kommunikation in unmittelbaren Zusammenkünften? Wo noch Zuhörer, gar physisch anwesende, die sich ganze Reden anhören? Geht nicht ohnehin bald alles lineare, vernünftige Argumentieren im ständigen Zu- und Abfluss digitaler Inhalte unter? Ist also nunmehr das Ende der Geduld, der Rhetorik und damit auch der freien Rede erreicht?

Gegen einen solchen Abgesang sprechen allerdings starke Indizien. Denn auch in unserer fortgeschrittenen Medialität, die tatsächlich einen epochalen gesellschaftlichen Umbruch bedeutet,[3] bleiben Mündlichkeit und direkte Ansprache wichtig. Ja, gerade in der digitalen Ära scheint man ein großes Verlangen nach Präsenz, Glaubwürdigkeit und Spontaneität zu verspüren – oder zumindest nach einem *Eindruck* von Spontaneität. Barack Obama, Präsident der USA von 2009 bis 2017, hat überraschenden Erfolg damit gehabt, eine geradezu klassische Beredsamkeit wiederzubeleben.[4] Nach auch rhetorisch ernüchternden Jahren unter dem Präsidenten George W. Bush und dessen «Krieg gegen den Terror» wurde Obama als Redner mit messianischen Erwartungen empfangen, besonders auf seinem Weg zur Macht, aber auch immer wieder im Laufe seiner Präsidentschaft. Er verwandte sehr viel Sorgfalt auf kunstvolle, pointenreiche, erzählerische und pathetische Redetexte, zunächst selbst, dann mit Hilfe seiner begabten Redenschreiber. Habituell, aber auch erklärtermaßen schloss Obama, der frühere Sozialarbeiter, Harvard-Absolvent und Rechtsanwalt aus Illinois, an die rhetorischen Traditionen von Abraham Lincoln und John F. Kennedy einerseits und von Martin Luther King andererseits an. In einem hohen, idealistischen, mitunter prophetischen Ton verkündete er seine Botschaft von Hoffnung, Wandel und Zusammenhalt in der Vielfalt: «Yes we can!» Wie bedeutsam dabei der überzeugende Auftritt vor anwesendem Publikum war – der Blickkontakt, die leicht singende Stimme, die Bewegung der Arme und Hände, die gesamte körperliche Ausstrahlung –, das zeigt gerade der exzessive Gebrauch, den Barack Obama bei seinen Reden von jener technischen Ablese-Hilfe gemacht hat, die den Redetext vor den Zuhörern versteckt: dem Teleprompter.[5]

Ein Teleprompter (nach einer britischen Firma auch «Autocue» genannt) funktioniert so: Ein Monitor lässt den vorzutragenden Text langsam zeilenweise nach oben laufen, und zwar spiegelverkehrt, und dieser laufende Redetext wird auf eine transparente, spiegelnde Scheibe projiziert, die angewinkelt auf einem Ständer zwischen dem Sprecher und dem Publikum angebracht ist. Von dieser gläsernen Scheibe kann der Sprecher seinen Text ablesen und gleichzeitig direkt ins Publikum blicken, was, wenn er darin geübt ist, so aussieht, als spräche er frei. (Wer mit dem Teleprompter noch fremdelt, kann hingegen wirken wie ein Bauchredner.) Oft werden zwei identische Geräte links und rechts vom Redner aufgestellt, damit er rundherum auf verschiedene Teile des Publikums schauen kann, indem er den Kopf zwischen beiden Telepromptern hin- und herbewegt wie jemand, der ein Tennisspiel anschaut. Aus der umgekehrten Richtung, also für die Zuhörer – oder im Fall der Fernseh-Variante: für die Kamera –, bleibt der Redetext hingegen unsichtbar. Der Begriff «Ghostwriter» bekommt beim Teleprompter also einen gesteigerten Sinn: Der Text, den vorher Redenschreiber verfasst haben, geistert über einen Zauberspiegel. Schaut man ganz genau hin oder vergrößert die Augenpartie des Redners mit einer Zoom-Funktion, dann kann man aber manchmal erkennen, wie sich seine Pupillen beim Ablesen hin- und herbewegen. Ein Assistent reguliert dabei das Tempo des beweglichen Textes auf dem Bildschirm, je nachdem, ob schneller oder langsamer abgelesen wird. Inzwischen gibt es dafür auch automatische Software, aber bei wichtigen Reden von Politikern oder Wirtschaftsführern wird meist noch die manuelle Regulierung der Geschwindigkeit bevorzugt. Der Text wird zwischendurch angehalten, wenn der Redner sich verspricht oder wenn er bei Applaus oder Gelächter innehalten muss. Man kann das im Internet (auf Seiten wie *www.cueprompter.com* oder *www.freeteleprompter.org*) selbst ausprobieren.

Erstmals entwickelt wurde der Teleprompter für die Zwecke der amerikanischen Fernsehunterhaltung. Ein Vorläufer der Ablese-Geräte waren beschriftete Kartons, die Assistenten im Studio den Moderatoren und Schauspielern entgegenhielten, ohne dass das Fernsehpublikum diese Hilfestellung sehen konnte. (Im deutschen TV-Jargon früherer Jahre wurden diese Kartons übrigens erniedrigend «Neger» genannt.) Ein Fernsehtechniker in den Studios der Produktionsfirma 20th Century Fox, Hubert Schlafly, dachte sich dann eine motorbetriebene Schriftrolle aus und meldete am 21. April 1949 ein Patent für seinen «television prompting apparatus» an. «Prompter» nennt man auf Englisch den Souffleur. Von 1950 an setzten amerikanische TV-Shows den Teleprompter ein, bald auch die Moderatoren von Nachrichtensendungen. Wenig später konnte man den Prompter-Text direkt vor die Linse der Kamera projizieren, so dass die Fernsehsprecher nicht mehr leicht schief auf ihren Text schauen mussten. Bis in die frühen achtziger Jahre arbeitete man mit beschrifteten beweglichen Papierrollen, dann mit Computerbildschirmen.

Bis heute wird im Fernsehen mit diesem Trick Mündlichkeit vorgegaukelt. Denn auch wenn das Fernsehen mit seiner scheinbar unmittelbaren Präsenz grundsätzlich den Vortrag, die rhetorische Actio, den Körper der Sprechenden wieder sichtbarer gemacht hat; auch wenn sich also Redner und Publikum in der Massengesellschaft mit diesem Medium im Prinzip visuell und akustisch näherkommen können, zumindest in *einer* Richtung der Kommunikation,[6] so besteht doch ein großer Teil der Ansagen und Moderationen im Fernsehen, auch der locker-flockigen, in Wahrheit aus vorher geschriebenen Texten. Man nennt dies «sekundäre Oralität».[7] Das TV-Publikum nimmt diese Illusion aber dankbar an und denkt über die Schriftlichkeit des Gesprochenen in der Regel gar nicht nach, so wie ja auch die sonstigen Produktionsbedingungen des Fernsehens für die Zuschauer ausgeblendet bleiben. Auffällig ist dabei der Unterschied zwischen Moderator und Nachrichtensprecher: Besonders beim Moderator der Spätnachrichten (etwa *heute journal*, *Tagesthemen*), dem sogenannten Anchorman, rückt dessen Persönlichkeit nach vorne. Der Anchorman soll die Einordnung des aktuellen Weltgeschehens möglichst mit eigenen Gedanken, eigenen Worten erklären – so wird er dargestellt, und deshalb hält er auch meist kein Papier in der Hand. Ganz anders die Nachrichtensprecher, zu denen im Laufe der Sendung hinübergeschaltet wird: Sie verkünden die kürzeren Nachrichten, Sport- oder Börsenzahlen, und sie halten selbst dann oft ein Blatt Papier in der Hand, wenn sie tatsächlich ebenfalls vom Teleprompter ablesen. Der Nachrichtensprecher soll nämlich im Unterschied zum Moderator nicht als Person, als Interpret glaubwürdig wirken, sondern als reiner Verleser von Nachrichten-Depeschen. Das bedruckte Papier in der Hand verbürgt daher Sachlichkeit, Wahrheit,

Objektivität. Die ARD-«Tagesschau» um 20 Uhr im Ersten Deutschen Fernsehen, traditionell ohne Moderationselemente, kultiviert bis heute diesen quasi-amtlichen Charakter der Nachrichtenverlesung.[8] Nach langem Zögern hat die «Tagesschau» erst im Jahr 2009 den Teleprompter eingeführt, die Sprecherinnen und Sprecher halten aber weiterhin bedrucktes DIN-A4-Papier in der Hand, auf das sie jedoch nicht mehr wie früher immer wieder hinunterblicken. Der Blick geht nur noch direkt in die Kamera.

Für politische Reden kam der Teleprompter zum ersten Mal im amerikanischen Präsidentschaftswahlkampf des Jahres 1952 zum Einsatz, beim Nominierungskonvent der Republikaner in Chicago. Die erste Präsidentenrede zur Lage der Nation vor dem Kongress («State of the Union Address»), die von einem Teleprompter abgelesen wurde, hielt General Dwight D. Eisenhower im Jahr 1954. Das Ablesegerät machte das Rednerpult eigentlich überflüssig; gleichwohl stehen Teleprompter-Redner hinter einem Rednerpult, wenn es eine staatsmännische, feierliche Wirkung erzeugen soll, oder einfach weil es zum festen Mobiliar des jeweiligen Ortes gehört. Barack Obama nun, der mit einer Parteitagsrede 2004 bekannt und im selben Jahr zum Senator gewählt wurde, ging besonders geschickt mit dem Teleprompter um – er ließ sich dafür von dem gefragten Mediencoach Michael Sheehan trainieren. Obama spielte die Rolle des Inspirierten sehr gut, eine Wirkung, die sich nicht nur am Ort der Rede, sondern auch in der Verbreitung per Fernsehen und Internet übertrug, vollständig oder in Ausschnitten. Denn seine demonstrative Renaissance klassischer, mündlicher Rhetorik vor einem versammelten Publikum, seine Verbindung von hohem Ton und bürgernahem *Storytelling*, war stets in eine moderne Medien-Strategie eingebettet, die den Aufschwung der sozialen Medien und Video-Portale nutzte und sich auch der Unterstützung durch die Popkultur bediente; so machten während des Vorwahlkampfes gegen Hillary Clinton im Februar 2008 prominente Musiker und Schauspieler aus Obamas *«Yes we can»*-Slogan ein millionenfach angesehenes und «geteiltes» Musikvideo. In wirklich freier Rede hingegen zeigte sich Obama nicht immer so wortgewaltig. In dialogischen Situationen produzierte er nicht selten «Ähms», Stockungen und Wortwiederholungen; zwar wirkte er in TV-Debatten und Interviews immer vernünftig, klug und souverän, aber doch nicht charismatisch wie in seinen Reden. Bei Obamas Gegenspieler in seinem ersten Präsidentschaftswahlkampf 2008, John McCain, war es übrigens genau umgekehrt: McCain liebte das spontane Antworten im Town-Hall-Meeting, verkrampfte aber sichtlich beim Ablesen vom Teleprompter.

Weil Obama praktisch nie ohne seine zwei Teleprompter-Spiegel verreiste, selbst zu kleineren Terminen in der Provinz, kamen bei seinen Gegnern und in den Medien auch bald Spottnamen wie «Teleprompter-Präsident» oder «Teleprompter-in-Chief» auf. Damit wurden die Fragen von schriftlicher Vorbereitung und Aufrichtigkeit, von Echtheit und Manipulation durch eine gedrechselte Sprache selbst zu einem meta-medialen Thema der öffentlichen Diskussion in den USA. Diese Debatten über Obamas Teleprompter-Abhängigkeit, die gleichsam den magischen Schleier seiner Redetechnik lüfteten, wurden spätestens dann riskant für seinen Ruf, als im Laufe seiner Präsidentschaft der Eindruck überwog, dass Obamas großen Worten doch nicht so viele große Taten folgten.[9] Die Technik, die eigentlich Spontaneität vortäuschen soll, kann im schlimmsten Fall die demokratische Glaubwürdigkeit bedrohen – was einst mitreißend war, wird dann als allzu perfekte Rhetorik verdächtigt. Allerdings fielen republikanische Politiker, die gegen Obamas Redekunst ihre Natürlichkeit und Volksnähe behaupteten, ihrerseits mit einstudierten Inhalten auf die Nase. Im Jahr 2010 entdeckten die Fernsehkameras bei Sarah Palin, der Frontfrau der konservativen Tea-Party-Bewegung, dass sie für eine Rede in Nashville ihre politischen Prioritäten, die ihr angeblich besonders am Herzen lagen, mit einem Kugelschreiber auf die Innenfläche ihrer Hand gekritzelt hatte: Auf Sarah Palins Haut standen die Stichworte «Energy», «Budget cuts», «Tax» sowie «Lift American spirits», und die Politikerin musste sich mit einem spickenden Teenager vergleichen lassen. Im Jahr darauf leistete sich Rick Perry, Gouverneur von Texas, in einer Debatte zu den Vorwahlen einen vielbeachteten Blackout: Er tönte, er sei in seiner Staatsskepsis fest entschlossen, drei Zuständigkeiten der Washingtoner Zentralregierung komplett abzuschaffen, ihm fielen dann aber nur die ersten beiden ein. Der Aussetzer wurde als Perrys «Oops-Moment» bekannt und schwächte seine Kandidatur entscheidend.[10]

Den maximalen Gegensatz zu Barack Obamas sprachlich und gedanklich ausgefeilten Reden markierte sodann Donald Trump. Im Wahlkampf von 2015/16 bezeichnete Trump den amtierenden Präsidenten Obama wiederholt als «teleprompter guy», auch seiner Konkurrentin Hillary Clinton warf er ihre vorgefertigten Reden vor, ja er forderte anfangs sogar

Ohne seinen Teleprompter trat er nirgends auf: Barack Obama, Präsident der USA von 2009 bis 2017. Die zwei verspiegelten Glasscheiben auf Ständern projizieren den Redetext – sichtbar für den Sprecher, aber nicht für das Publikum dahinter.

unter Applaus seiner Anhänger, man solle die Verwendung des Teleprompters für Präsidentschaftskandidaten verbieten. Dass Trump dann noch im selben Wahlkampf bei bestimmten Reden und später als Präsident selbst vom Teleprompter ablas, ist nicht die einzige seiner Inkonsequenzen – die ihn freilich nicht anfechten. Aber tatsächlich verdankt sich Trumps Überraschungserfolg der demokratischen Kraft der spontanen Rede, «off the cuff», aus dem Handgelenk – nur eben in Form einer populistischen Fratze. Das extemporierende Talent, über das Donald Trump zweifellos verfügt, zeigt sich nämlich besonders, wenn es um Beleidigungen, Vereinfachungen, Unterstellungen, Übertreibungen, Angebereien und Unwahrheiten geht; und das gilt nicht bloß für seine vielen erratischen Tweets, sondern gerade auch für seinen mündlichen Stil. Trump verwendet eine simple Sprache, unvollständige Sätze (manche sagen: in New York, seiner Heimatstadt, verstünden die Leute einander, auch ohne ihre Sätze zu Ende zu sprechen), einhämmernde Wiederholungen, aber auch schlitzohrige Witze und Sarkasmen. Dass Trump seine nationalistischen Botschaften in diesem assoziativen, inkohärenten, impulsiven Konversationsstil transportiert, machte bei vielen Amerikanern – verstärkt durch aufgeregte Berichterstattung im Internet – mehr positiven Effekt, als man je gedacht hatte; gerade seine «unmögliche» Art weckte anti-elitäre Sympathien.[11] In einer Rede in Grand Rapids, Michigan, am 21. Dezember 2015 klang das etwa so – man muss es sich im englischen Original zu Gemüte führen:

> «We love Michigan. We love Michigan. We love it. And we're going to bring those cars – we're going to make so many more cars than we're making right now. Not going to happen the other way. Not going to happen the other way. Too many bad things are happening. We're going to start winning again, folks, we're going to start winning again.»

In einer Pressekonferenz am 26. September 2018 berichtete Trump über ein Nahost-Gipfeltreffen in Saudi-Arabien:

> «The kings, the emirs, the absolute leaders from every – there was nobody in second place. They were the leaders of the whole thing. And unbeknownst to anybody else, people would come up to me, individually – it wasn't a setup. They'd come up to me and say, ‹Sir, you can't have peace in the Middle East without peace between the Israelis and the Palestinians.› I said, ‹Why? What difference? Why does that matter so much?› (…) So, I heard that from one – the King of Saudi Arabia, who is a great guy – King Salman. And then, somebody else came up. And he wasn't told, ‹Oh, go up and say it.› I know where they're coming from. And I must have had 12 leaders say it. And they just said it. And I started to realize that peace between Israel and the Palestinians, for the Middle East, is a very important thing.»[12]

In Trumps Reden kommen auch Sätze und Ausführungen mit noch mehr Zusammenhang und sprachlicher Varianz vor; dann aber werden sie permanent mit umgangssprachlichen Einschüben und Bekräftigungen versehen wie: «So true», «Listen to this», «Let's be clear», «You know», «Believe me», «Think of it», «Beautiful», «Okay?» und so weiter. Umso frappanter ist der Unterschied, wenn Trump Teleprompter-Reden hält und anstelle seiner elastischen Tiraden plötzlich präsidial und zivil klingen soll. Ablesend hört sich Donald Trump, selbst wenn die Rede trotzdem umstrittene Aussagen enthält, so an, als hätte er Kreide gefressen.

Teleprompter oder wildes Improvisieren; ein großer Stab von Redenschreibern oder Extemporieren als Chefsache: Die Redeweisen von Barack Obama und Donald Trump zeigen auf sehr gegensätzliche Weise, dass die Wirkung mündlicher Rede vor Publikum weiterhin nicht zu vernachlässigen ist. Die scheinbar altmodische politische Rhetorik ist am Leben, auch bei noch so viel Verstärkung, Filterung, Verzerrung und Konkurrenz durch die digitale Kommunikation. Das lässt sich auch anderswo auf der Welt beobachten, besonders in Situationen von Krise, Wahlkampf und Machtwechsel: von populistischen Wahlkundgebungen in Brasilien oder Indien über Autokraten-Reden in der Türkei oder Russland bis hin zu den Parteitagsreden, Fernsehansprachen oder Videobotschaften von Politikerinnen und Politikern in Frankreich, Kanada, Kongo oder Japan. Als in Deutschland im Dezember 2018 die Christlich-Demokratische Union (CDU) ihren Parteivorsitz nach 18 Jahren unter der Führung von Angela Merkel neu zu besetzen hatte, hielt man es für nötig, die drei Kandidaten vor dem entscheidenden Bundesparteitag auf acht «Regionalkonferenzen» in ein rhetorisches Schaulaufen in die Provinzen zu schicken, anstatt sie nur per Fernsehen oder Internet zu präsentieren. Umgekehrt werden gerne politische Reden und Redeausschnitte im Netz verbreitet, erst recht seit dem Aufkommen der einwanderungsfeindlichen Rechtspopulisten; bevorzugt gelingt es politischen Videos, «viral zu gehen», wenn einem Redner in die eine oder andere Richtung der Kragen platzt. Historisch neu ist, dass Politiker sich ohne journalistische Filter unmittelbar ans Internetpublikum wenden können und dass ihre Reden oder Interviews live in den sozialen Medien kommentiert werden; man bekommt also direkte Publikumsreaktionen, aber ohne räumliche Präsenz. Im Übrigen verändert sich gegenwärtig auch das lange Zeit männlich geprägte Bild der politischen Beredsamkeit, weil mehr Frauen in politische Spitzenämter gelangen; die Vorstellungen, die die Rhetorik traditionell vom Charakter, Habitus und Körper des Redners gehabt hatte, waren allein auf den Mann ausgerichtet, den historischen Partizipationsmöglichkeiten entsprechend. Wenn früher überhaupt Kommunikationsratschläge für Frauen formuliert wurden, galten sie nur für den häuslichen, geselligen Bereich, für die gepflegte Konversation. Diese Geschlechtsspezifik der Rhetorik wandelt sich derzeit grundlegend, auch wenn alte Rezeptionserwartungen noch lange nachwirken.[13]

Eine andere Blüte der freien Rede ist in jüngster Zeit auf den Innovations-Konferenzen der Kreativwirtschaft und diversen Ideen-Kongressen aufgegangen. Den Maßstab setzt dabei die «TED Conference». Die «TED Talks» genannten Vorträge dürfen jeweils nicht länger als 18 Minuten lang sein, sie werden ohne Manuskript und ohne Teleprompter vor einem exklusiven Publikum gehalten und dann millionenfach von einem globalen Internetpublikum angesehen. Die TED-Konferenz nahm 1984 im kalifornischen Monterey ihren Anfang als Fachtreffen der Computer- und Unterhaltungsbranche, die drei Buchstaben stehen für «Technology – Entertainment – Design». Inzwischen kommen die Beiträge aus fast allen Bereichen von Wissenschaft, Management und Kultur, die Themen unter dem Motto «Ideas worth spreading» («Ideen, die es verdient haben, sich zu verbreiten») reichen von der internetgestützten Entwicklungshilfe über die Gentechnik und Stadtplanung bis zur Verhaltensökonomie und Lebenshilfe. Es sprechen Prominente wie der frühere US-Vizepräsident Al Gore, die Facebook-Managerin Sheryl Sandberg oder der Harvard-Psychologe Steven Pinker, Bestsellerautorinnen wie Elizabeth Gilbert, aber auch weniger bekannte Experten und «Entdeckungen». Wer sich als TED-Redner präsentieren möchte – und damit auch Werbung für sich und/oder seine Sache –, ist gehalten, möglichst verständlich, mitreißend, erzählerisch, clever, persönlich, bewegend oder humorvoll zu sprechen. Der meist aufwendig trainierte freie Vortrag, ohne Redetext und ohne Rednerpult auf einem runden roten Teppich, das professionelle Bühnendesign, die Lichtregie und die Mikrofontechnik erzeugen dabei eine «Überhöhung des Redners bei gleichzeitiger Suggestion von Nähe».[14] Neben der jährlichen Hauptkonferenz, die zuletzt im kanadischen Vancouver stattfand und mehrere tausend Dollar an Eintrittsgeld kostet, haben sich an vielen Orten der Welt lokale TED-Ableger gebildet.

Der TED-Redestil wird bewundert und nachgeahmt, aber auch kritisiert und parodiert. Das verknappte, intensivierte Nahebringen von verinnerlichten Einsichten und Innovationen kann viele Zuschauer überzeugen, beeindrucken und motivieren, aber auch eine mechanisch wirkende Mischung von Kitsch und Vereinfachung erzeugen. In jedem Fall ist das 18-Minuten-Format längst so enorm erfolgreich, dass der Leiter der TED-Organisation, der Journalist und Unternehmer Chris Anderson, eine eigene Fibel der TED-Rhetorik verfasst hat. Sein Buch *TED Talks. The Official TED Guide to Public Speaking* ist, wenn man über schwülstige, pathetische Passagen hinwegsieht («Unser Lagerfeuer ist die ganze Welt»), eine aufschlussreiche Schule des mündlichen Vortrags unter den technischen Bedingungen der Gegenwart. So betont Anderson, dass ein guter, gewinnender Einstieg beim Reden heute noch einmal viel wichtiger

Begrenzte Redezeit, kein Manuskript, aber visuelle Unterstützung: Solche Präsentationsformate werden immer beliebter und sorgen für eine neue Mündlichkeit – auch dadurch, dass man sie zusätzlich auf Videoportalen im Internet verbreiten kann.

geworden ist als ohnehin schon in der klassischen Rhetorik, nämlich aufgrund der grassierenden digitalen Ungeduld: «Wenn Sie die erste Minute Ihres Vortrags vergeuden, verlieren Sie einen großen Teil Ihres Internetpublikums.» Chris Anderson bringt dafür ein konkretes Beispiel – hier ist zunächst die schlechtere Variante eines Rede-Anfangs:

> «Ich möchte Ihnen gern ein paar Erfahrungen schildern, die ich bei meiner letzten Reise nach Kapstadt gemacht habe, und dann möchte ich ein paar Anmerkungen über das Leben eines Rucksackreisenden anschließen (...).»

Die zweite, verbesserte Variante lautet so:

> «Auf meiner letzten Reise nach Kapstadt habe ich etwas Neues über Fremde gelernt – wann man ihnen vertrauen kann und wann definitiv nicht. Lassen Sie mich zwei Erlebnisse schildern (...).»[15]

Auch die Erwartungen und Gewohnheiten des im Raum versammelten Publikums muss man als Redner heute anders berücksichtigen, denn wegen der Gefahr begleitender Mediennutzung sinkt die Konzentrationsfähigkeit: «Ihre Zuhörer», so warnt Anderson, «haben tödliche Ablenkungsgeräte namens Handy in der Tasche, mit denen sie jederzeit alternative Angebote abrufen können.»[16] Zudem haben sich die Mikrofone und Lautsprecher seit dem frühen 20. Jahrhundert fortentwickelt und sind derart empfindlich geworden, dass dies Folgen für den Modus des freien Redens hat: Anstatt in einen Deklamationston mit erhobener, durchdringender Stimme zu verfallen – weil man bewusst oder unbewusst immer noch meint, dies gehöre sich eben so beim öffentlichen Reden, oder weil man einfach nervös ist –, sollte man sich heute lieber an der intimeren Akustik des Gesprächs orientieren:

> «Sprechen Sie einfach wie in einer normalen Unterhaltung, und nehmen Sie sich die Freiheit, an geeigneten Stellen das Tempo ein wenig anzuziehen. Das funktioniert hervorragend, sowohl im Vortragssaal als auch im Internet. (...) Die Redekunst entwickelte sich lange vor der Erfindung des Mikrofons. Um vor größeren Gruppen zu sprechen, musste der Redner langsam sprechen, tief atmen, laut brüllen und nach jedem Satz dramatische Pausen einlegen. (...) Aber in modernen Veranstaltungen begegnen wir dieser Form der Ansprache eher selten. (...) Sie gehört in Gottesdienste und Massenkundgebungen.»[17]

Aus dem Training mit Rednern, die 18 Minuten lang ohne Manuskript, aber unter hohem Erwartungsdruck sprechen müssen, haben die Macher der TED-Konferenzen viel über die Mechanismen des Auswendiglernens und des Improvisierens gelernt. Als generelle Regel für den besten Auftritt schälte sich heraus:

> «Seien Sie herzlich. Seien sie echt. Seien Sie ganz Sie selbst. (...) Suchen Sie gleich zu Beginn nach Gesichtern, die Ihnen sympathisch sind. (...) Versuchen Sie nicht, eine Rolle zu spielen. Konzentrieren Sie sich auf Ihren Inhalt und auf die Leidenschaft, die Sie dafür empfinden. Und haben Sie keine Angst, Ihre Persönlichkeit sichtbar werden zu lassen.»[18]

Nur ist ebendieser authentische Eindruck auf das Publikum meist nur mit intensivem Üben zu erreichen. Ob man dafür den Wortlaut komplett memoriert oder sich nur eine grobe Struktur zurechtlegt – beides habe Vor- und Nachteile, und es sei abhängig von den individuellen Eigenschaften der jeweiligen Redner, berichtet Chris Anderson in *TED Talks.* Vom Teleprompter rät er ab. Wer sich fürs Auswendiglernen entscheide, müsse allerdings Zeit investieren und in sehr vielen Wiederholungen des Einstudierens «das unheimliche Tal durchqueren». In jenem «uncanny valley» klingt das Rezitieren für die Zuhörer nämlich noch unheimlich, mechanisch wie ein humanoider Roboter. Erst nach unzähligen Durchgängen «sitzt» das Auswendiggelernte so gut, dass es sich wieder natürlich anhört. «Es muss so wirken, als würden Sie Ihre Gedanken zum ersten Mal mitteilen.»[19] Das bedeutet: Mitten in der Atmosphäre digitaler Innovationen, in der Konferenzen wie TED stattfinden, und in einer Zeit, in der sich man sich eigentlich daran gewöhnt, alles im mobilen Internet nachschlagen und speichern zu können, muss man die antike Kunst der Memoria wieder pflegen, etwa mit Hilfe einer mentalen Topografie von Erinnerungsorten.[20] Denn wo wird heute sonst noch auswendiggelernt? Andere TED-Sprecher hingegen bevorzugen den freien Vortrag entlang einer vorbereiteten und streng einstudierten inhaltlichen Gliederung. Der Psychologe Daniel Gilbert vergleicht dieses geplante Extemporieren mit einem Jazz-Konzert:

> «Die Spieler haben eine gewisse Zeit, in der sie umherschweifen können, aber sie müssen immer wissen, wann sie wieder nach Hause kommen müssen, und wo das Zuhause ist.»[21]

Die Publizistin Rachel Botsman erteilt für die 18-Minuten-«Talks» einen Rat, der an Heinrich von Kleists Schwester denken lässt: «Proben Sie Ihren Vortrag vor Leuten, die keine Ahnung von Ihrer Arbeit haben.» Und Botsman bestätigt aus ihren TED-Erfahrungen, dass sich fertige und unfertige Texte letztlich ähnlich werden können, wenn man das Einstudieren für einen Auftritt ohne Manuskript nur gründlich genug betreibt:

> «Auswendiglerner prägen sich ihre Vorträge so gut ein, dass sie sich während des Vortrags auf ihre Leidenschaft für ihre Ideen konzentrieren können. Und freie Redner üben so oft, dass sie genau wissen, welchen Verlauf der Vortrag nimmt, und die stärksten Formulierungen bereits im Kopf haben. (…) Die einen beginnen mit einem geschriebenen Text, die anderen mit Stichworten, aber während des Probens nähern sich die beiden Formen einander an.»[22]

Und auch der Zeremonienmeister der TED-Konferenzen nimmt den meisten Rednern die Hoffnung, ganz aus dem Moment heraus eine geniale Rede zu halten:

> «Ich kenne nur eine Handvoll Leute, die einen solchen Vortrag halten könnten. Sie schöpfen aus der Erfahrung eines langen Lebens und/oder haben eine ungewöhnliche Gabe, spontan Gedanken formulieren zu können. Aber für

> die meisten von uns hat ‹Frische› einen hohen Preis: Der Vortrag ist unklar, wir kommen nicht auf den Punkt, vergessen wichtige Aspekte und überziehen unsere Zeit. Davon kann ich nur abraten. Wenn ein Vortrag einstudiert klingt, dann ist das Problem nicht ein Zuviel an Proben, sondern ein Zuwenig.»[23]

Die Verknappung und Direktheit, mit der die TED-Redner in begrenzter Zeit alle möglichen Themen interessant aufzubereiten versuchen, erscheint inzwischen auch vielen anderen Veranstaltern attraktiv. Allerlei Digital-, Innovations- und Kreativkongresse bedienen sich inzwischen ähnlicher Redeformate, ein Beispiel in Deutschland sind die «Rednernächte», die von der Kölner Event-Firma «Gedankentanken» veranstaltet werden, ein anderes die «DLD»-Konferenz des Münchner Burda-Verlags. Meistens verwenden die Sprecher Kopfbügelmikrofone (Headsets) mit Funksender, so dass die Redner ihre Hände frei haben und, wenn gewünscht, auf der Bühne hin- und herlaufen können. Gleiches gilt für die seit einigen Jahren beliebten Philosophie- und Ideen-Festivals von Universitäten oder kommerziellen Veranstaltern. Klassische akademische Vorträge auf Tagungen und Kongressen liest man, zumindest in den Geisteswissenschaften, zwar nach wie vor überwiegend vom bedruckten Papier vor – auch in der mündlichen Form nennen sich diese Vorträge bezeichnenderweise oft «papers», und manchmal hört man von den Referenten die berüchtigten Papier-Formeln wie «Wie oben ausgeführt wurde …» oder «Im Folgenden werden wir …». Jüngere Wissenschaftler experimentieren unterdessen auch mit Formen wie dem «Science Slam», wo sie im Wettbewerb um die Gunst und Aufmerksamkeit des Publikums ihre Forschungsprojekte unterhaltsam und populär auf den Punkt bringen müssen.[24]

Und so, wie für akademische Forscher zahllose Internet-Videos von wissenschaftlichen Vorträgen und Podiumsdiskussionen längst zeitlich und visuell mit der Lektüre entsprechender Texte konkurrieren, so stellt sich insgesamt die Situation in der Kultur der Gegenwart dar. Durch Werbung finanzierte Portale zum kostenlosen Hochladen von Videos, allen voran YouTube, haben zusammen mit der Verbreitung von Breitband-Anschlüssen und stärkerer mobiler Datenübertragung seit der Zeit um das Jahr 2005 eine neue Welt der permanent verfügbaren Mündlichkeit geschaffen. Hierzu zählen auch die beliebt gewordenen Podcasts, also das digitale Radio, in dem man ständig auch unterwegs Audio-Kolumnen,

Gesprächssendungen und Hörspiele hören kann. Seit den sechziger Jahren des 20. Jahrhunderts hatten bereits Medientheoretiker wie Marshall McLuhan oder Vilem Flusser ein akustisches beziehungsweise audiovisuelles Zeitalter und das Ende der Gutenberg-Ära ausgerufen. Im «globalen Dorf» kommt es McLuhan zufolge durch Fernsehen, Telefon und Radio zu einer neuen, modernen Tribalisierung im Zeichen der Oralität.[25] In der ersten Phase der weltweiten Verbreitung des Internets allerdings, also grob zwischen 1995 und 2010, beobachtete man gleichzeitig auch die Beharrungskräfte des Schriftmediums: Trotz der Ausbreitung von Bild- und Tonmedien wurde, so schien es, mehr geschrieben als je zuvor in der Weltgeschichte, in Form von SMS-Nachrichten zwischen Mobiltelefonen, E-Books, Chat-Programmen, E-Mails, Kommentaren auf Nachrichten-Websites und Tweets. In dieser auch heute noch präsenten Internet-Schriftlichkeit, mag sie auch noch so ephemer und im Stil quasi-mündlich daherkommen, kann man eine Einschränkung des Raums der mündlichen, freien Rede erkennen: Tippen statt Sprechen. Zuletzt aber scheint besonders die Masse der permanent und hochauflösend abrufbaren Bewegtbilder doch für eine signifikante Verdrängung des Schreibens und Lesens zu sorgen. Immer mehr Zeit wird mit dem Streaming von amerikanischen Fernsehserien und der Rezeption von YouTube-Videos verbracht – eine Zunahme wo nicht der Rhetorisierung, dann zumindest der Oralisierung. Von den werbegestützten Schmink- und Flirt-Tipps jugendlicher Selfmade-Stars, sogenannter Influencer, bis hin zu den ebenfalls von Millionen Menschen angesehenen Ethik-Vorlesungen des Harvard-Philosophen Michael Sandel erobert gegenwärtig das Video sehr viel Platz für den teils bedachten, teils völlig formlosen mündlichen Vortrag. Während die einen vorsichtig ihre Worte wägen, weil alles im Internet gespeichert und ans Licht gebracht werden kann, eröffnen sich an anderen Stellen Abgründe der unbefangenen Plapperei. Und die Zeit, die das Anschauen von Videos und das Anhören von Podcasts frisst, fehlt für die Lektüre.

Auch im klassischen, nach Programmschema sendenden Fernsehen und Radio gibt es neben den nach Skript ablaufenden Formaten viel unvorbereitetes Sprechen, etwa in Interviews und Talkshows. Die zahlreichen politischen Fernseh-Talkshows, die unter dem Verdacht stehen, das Parlament zu marginalisieren (*Anne Will*, *Hart aber fair* usw.) erfordern von ihren Teilnehmern, ständig verschiedene Publikumsebenen zu berücksichtigen: den «inneren Kreis» ihrer Mitdiskutanten, den «mittleren Kreis» des Studiopublikums und schließlich den «äußeren Kreis» des eigentlichen TV-Publikums.[26] Diese Mehrfachadressierung führt zu einer Mischung aus zurechtgelegten Formeln – zumal in Wahlkampfzeiten – und spontaner Kontroverse, von Proklamation und Dialog, allerdings oft innerhalb eines Rahmens von Positionen, die die Redaktion vorher festlegt und am Anfang der Sendung ankündigt. Eine heiterere Variante ohne politische Überzeugungsabsichten sind Stegreifkomik-Sendungen, in denen Schauspieler und Prominente sich in unerwarteten fiktiven Situationen bewähren müssen; die erfolgreiche britische Improvisationscomedy *Whose Line Is It Anyway?* (1998–1999), die es auch in einer amerikanischen Variante gibt (1998 bis heute), hat Nachahmer wie die deutsche RTL-Sendung *Frei Schnauze* (2005–2008) gefunden. (In den Late-Night-Comedyshows hingegen ist der einleitende «Stand-Up»-Monolog, in dem der Gastgeber das Tagesgeschehen satirisch traktiert, meist von Witzschreibern vorbereitet.) Auf dem Theater wiederum wird hier und da noch das Improvisationsdrama gepflegt oder neu belebt, in der Tradition der italienischen Commedia dell'arte und der deutschen Hanswurstiade oder im experimentellen Avantgardetheater.

Ein weiterer Bereich der Gesellschaft, in dem komplett vorgefertigte Reden meistens als zu unflexibel und undynamisch gelten, ist das Wirtschaftsleben. Deshalb trägt man dort Kunden, Geschäftspartnern und Mitarbeitern anstelle förmlicher Reden meist «Präsentationen» vor. Für einen eigenen bildgestützten Redestil – wenn auch nicht immer für mehr Dynamik – sorgt dabei die Präsentationssoftware PowerPoint, die 1987 erstmals für den Macintosh-Computer von Apple erhältlich war und im selben Jahr von der Firma Microsoft übernommen wurde.[27] Zur visuellen Begleitung der mündlichen Rede wirft das Programm «Folien» («Slides») auf die Wand oder einen Großbildschirm und stellt für die Gestaltung der Präsentation verschiedene Bausteine zur Verfügung. Wer frei formuliert, kann sich von Folie zu Folie hangeln. Es kommt auch vor, dass der Referent einfach nur seinen Text von den Folien abliest, was fürs Publikum besonders ermüdend ist; ein Rhetoriktrainer hat diese Vortragsmethode «betreutes Lesen» genannt. Wenn aber der Folien-Inhalt und der Redetext nicht identisch sind, dann wird die PowerPoint-Präsentation zu einem «Paratext» und kann als solcher drei verschiedene Funktionen gegenüber dem eigentlichen Vortrag bekommen: «Kondensat», «Korrelat» oder «Illustrat».[28] Im besten Fall kann PowerPoint einen Vortrag prägnanter und lebendiger machen, im schlimmsten Fall produziert das Programm quälend leiernde Business-Monologe, die die ganze Welt in Stichwort-Punkte, Diagramme und hüpfende Buchstaben zerhacken. Deshalb ist diese Software (zusammen mit vergleichbaren Präsentationsprogrammen) ebenso universell verbreitet wie gefürchtet.

Ob nun mit oder ohne PowerPoint, in der freien Wirtschaft ist generell die Fähigkeit zur freien Rede gefordert, etwa «wenn man von einem erbosten Kunden angerufen wird, wenn man wichtige Stakeholder kurzfristig briefen soll, oder wenn man unerwartet gebeten wird, bei einem beruflichen oder gesellschaftlichen Event das Wort zu ergreifen».[29] Aktionäre, Angestellte, mögliche Kapitalgeber und Kunden müssen rhetorisch überzeugt und überredet werden. Und neben die planbarere Werbung treten die weniger planbaren Maßnahmen der PR, der Presse- und Öffentlichkeitsarbeit. Auf diesen Bedarf reagiert ein breites Coaching-Angebot in Form von Trainings, Seminaren, Wettbewerben, das sich an Manager, Marketingexperten, Wirtschaftsstudenten und Anwälte richtet und sie für «limited preparation events» schult.[30] Ein zweitägiges Seminar «Die Freie Rede: Rhetorik für Executives» bei einem Coach können Führungskräfte zum Beispiel zum Preis von 1987,30 Euro buchen.[31] Wenn sich der ökomische Wettbewerb verschärft und zugleich derjenige um Aufmerksamkeit, müssen sich allgemein die Menschen als Unternehmer ihrer selbst immer besser präsentieren können. Das spricht dafür, dass Performativität und kommunikative Wendigkeit in Zukunft nicht weniger gefragt sein werden. Und mit der digitalen Kommunikation wächst offenbar zugleich auch das Interesse am analogen öffentlichen Event; auf die Austauschbarkeit, Flüchtigkeit und Masse der elektronischen Nachrichten reagiert man, indem man Individualität, Authentizität und persönliche Nähe kultiviert.[32] Außerdem sind die klassischen, eher epideiktischen (dem Lob dienenden) Redeanlässe in privaten wie institutionellen Zusammenhängen ja auch nicht verschwunden, sondern ergeben sich jeden Tag neu: Hochzeiten, Geburtstage, Trauerfeiern, Verabschiedungen, Jubiläen, Einweihungen und Eröffnungen, Preis-, Gedenk-, Weihnachts- und Abiturfeiern.

Wenn sich also leicht zeigen lässt, dass die freie Rede durchaus noch lebt und sogar floriert, so wollen wir zum Ende unserer Geschichte aber auch keinen naiven «Oralismus» verbreiten. Es gibt nämlich auch so etwas wie einen übertriebenen Präsenz-, Mündlichkeits- und Unmittelbarkeitskult. Dieser Kult gilt einem politischen Ideal der Agora nach dem Vorbild des antiken Stadtstaates – einer schönen Idee vom öffentlichen Forum, die von Jean-Jacques Rousseau über Hannah Arendt bis zu Judith Butler viele befeuert hat. Aber diese Vorstellung setzt der Realität der modernen Massendemokratie in großen Flächenstaaten immer wieder etwas Unmögliches entgegen: nämlich die Anwesenheit sämtlicher Bürger – und heute: sämtlicher Bürgerinnen und Bürger – unter freiem Himmel.[33] Diese fantastische Vorstellung einer totalen Volksversammlung, die die mediale Existenz des Menschen entweder kritisiert oder ausblendet, verkennt jedoch etwas, das Søren Kierkegaard benannte, als er im Jahr 1846 den Aufstieg der modernen Tagespresse kommentierte:

> «dies Abstraktum Publikum (…), welches aus unwirklichen Einzelnen besteht, die niemals vereinigt werden oder vereinigt werden können in irgendeiner Gleichzeitigkeit der Situation oder Organisation, und die gleichwohl als ein Ganzes behauptet werden».[34]

Und heute, in einem erneuten medialen Umbruch, wissen wir noch weniger, was überhaupt Öffentlichkeit und Publikum in Zukunft sein können – «von allen Mächten die gefährlichste und die nichtssagendste», wie Kierkegaard meinte. Die digitale Kommunikation «wird herkömmliche Unterscheidungen von Individual- und Massenkommunikation oder von privater und öffentlicher Kommunikation verwischen». Ist Öffentlichkeit dann also nichts mehr als ein «Sammelbegriff für voneinander isolierte Konsumenten», die alle ihren jeweils eigenen Kopfhörer tragen?[35] Es herrscht jedenfalls die große Sorge, dass das Internet und besonders die «Aufmerksamkeitshändler», die die sozialen Medien kontrollieren, jeglichen deliberativen Austausch durch Selbstdarstellung, Fragmentierung und Polarisierung auflösen; dass eine Emotionalisierung und Verrohung des Diskurses in getrennten «Echokammern» zu einer «gespaltenen Demokratie» führt, über die nur noch «die große Gereiztheit» regiert.[36] Und in der Tat ist derzeit schwer absehbar, was im Sog der Digitalisierung aus der freien Rede wird. Es scheint eine Art von partikularer Stimmungskommunikation eine «echte», vernünftige Öffentlichkeit zu ersetzen.

Der Philosoph Jürgen Habermas hat allerdings schon in einem früheren medienhistorischen Zustand, nämlich während der Ausbreitung der Massenmedien Mitte des 20. Jahrhunderts, einen ähnlichen Niedergang der Öffentlichkeit beschworen. In seiner Habilitationsschrift von 1962, *Strukturwandel der Öffentlichkeit,* schrieb Habermas:

> «Die durch Massenmedien erzeugte Welt ist Öffentlichkeit nur noch dem Scheine nach. (…) Kritische Publizität wird durch manipulative verdrängt. (…) Statt öffentlicher Meinung spielt sich in der manipulierten Öffentlichkeit eine akklamationsbereite Stimmung ein, ein Meinungsklima.»[37]

Habermas' Kritik behauptete damals eine Dekadenz gegenüber einem idealisierten «Früher», einer Zeit, als es angeblich einmal eine ernsthaft argumentierende liberale Öffentlichkeit gegeben hatte, die noch nicht von den sensationslüsternen Medien verdorben war – ein «Früher» allerdings, das es in Wahrheit so niemals gegeben hat. Habermas beklagte schon damals, wohlgemerkt in einer Blütezeit des Nachkriegsparlamentarismus, eine «Desintegration der Wählerschaft als Publikum»[38] – als wäre es jemals anders gewesen – und aktualisierte damit den alten Topos vom «Verfall der Beredsamkeit».[39] Auch schloss sein düsteres Bild einer «vermachteten» Öffentlichkeit an ältere Traditionen der Parlamentskritik an.[40] Zwar trifft, von einigen Ausnahmen abgesehen, gewiss zu, was Parlamentshistoriker heute feststellen: «In keinem Parlament mehr ist es das bessere Argument im Plenum, das den Sieg bringt.» – «Politische Entscheidungen werden nicht dem Zufall rhetorischer Persuasion überlassen.»[41] Aber die Kritik am Parteienstreit, am abgekarteten Spiel und an der Unaufrichtigkeit der Politiker ist so alt wie der moderne Parlamentarismus selbst. Schon im England des 18. Jahrhunderts klagte man über «Fensterreden» und die neue Macht der Presse. 1712 erschien die anonym publizierte Satire *Treatise of the Art of Political Lying,* 1824 klärte Jeremy Bentham in seinem *Handbook of Political Fallacies* über die Phrasendrescherei der politischen Rhetorik auf. Und dennoch behält die Parlamentsrede ihre performative politische Bedeutung innerhalb des Systems der repräsentativen Demokratie und ihrer Gesetzgebung durch Mehrheitsentscheidung, auch wenn sie, wie immer schon, der Wählerschaft medial vermittelt werden muss und Konkurrenz durch neue Medien aushalten muss – früher waren es die Zeitungen, heute sind es eher Fernsehen, Facebook, YouTube.

In seinem neu hinzugefügten Vorwort zum *Strukturwandel der Öffentlichkeit* von 1990 hat denn Jürgen Habermas auch eingeräumt, dass seine kulturkritische Medienkritik im Geiste der Frankfurter Schule seinerzeit überzogen gewesen sei. Zwar ist Habermas mit der rationalistischen Konsensutopie seiner «Diskursethik» in einer kantischen Tradition letztlich rhetorikfeindlich gestimmt geblieben; sein vernünftiger, verständigungsorientierter Ideal-Diskurs ist, wie man häufig moniert hat, mit der schmutzigen Unvollkommenheit demokratischer, kontroverser Willensbildung schwer vereinbar; und schon gar nicht mit deren irrationalen, psychologischen Aspekten, die in unserer Gegenwart wieder sehr präsent sind.[42] Aber Habermas' Urteil vor mehr als einem halben Jahrhundert kann auch als ermutigend gelesen werden: Es beweist in seiner Historizität, dass die Abhängigkeit von Medien keineswegs zwangsläufig den Niedergang aller demokratischen Verständigung bedeuten muss.[43] So berechtigt die Sorgen um eine vernünftige Debatte heute auch erscheinen, so schwierig es sein mag, in der digitalen Gesellschaft «rhetorische Strategien zu entwickeln, um im unendlichen Fluss der Kommunikate aufzufallen»:[44] Wir haben im Laufe dieses Buches gesehen, dass Medien und spontane Mündlichkeit niemals ohne einander auskommen. Wir brauchen alte und neue Medien, um unsere Kommunikation zu kontrollieren und zu lenken, aber wir brauchen auch den überzeugenden Auftritt, der das Risiko des Stegreifs sichtbar und hörbar macht. Wir brauchen den Buchstaben *und* den Geist. Das Bedürfnis nach der freien Rede wird unstillbar bleiben, jedenfalls solange Glaubwürdigkeit ein prekäres Gut bleibt, solange Macht auf Zeit verliehen wird, und solange wir es noch überwiegend mit Menschen zu tun haben und nicht mit künstlich intelligenten Maschinen.

Dank

Ich habe dem Verlag C.H.Beck, namentlich Stefan von der Lahr, für die wunderbare, geduldige Geburtshilfe bei der Entstehung dieses Buches zu danken; Wolfgang Rösler für die Betreuung meiner um die Jahrtausendwende entstandenen Dissertation, auf die das zweite und das dritte Kapitel zum Teil zurückgehen; Kolleginnen und Kollegen, Forscherinnen und Forschern, Freundinnen und Freunden und Verwandten für vielfältige Anregung und Unterstützung; und insbesondere meinen Eltern in Bochum sowie der Familie in München – für alles. J. S.

Anmerkungen

Kapitel 1. Einleitung

1 Nadolny 1990, 99.
2 Kahneman 2012, 69 ff.
3 Friedrich Schiller, *Über die notwendigen Grenzen beim Gebrauch schöner Formen* (1795), Sämtliche Werke, Bd. 5, hrsg. v. W. Riedel, München 2004, 678.
4 Deutsches Wörterbuch von Jacob und Wilhelm Grimm, Bd. 17 (1919), 1390.
5 Im bayerischen Schulwesen hält sich der Ausdruck «eine Ex schreiben», korrekter: *ein* Ex, denn diese sogenannte «Stegreifaufgabe», ein unangekündigter schriftlicher Test, ist eine Abkürzung für «Exercitium extemporale» oder auch nur «Extemporale». Ursprünglich war damit die Stegreif-Übersetzung eines deutschen Diktats ins Lateinische gemeint.
6 Historisches Wörterbuch der Rhetorik (im Folgenden: HWRh) s. v. Sprechdenken.
7 Foley 1988; Pressing 1988; Thomas 1992, 29 ff.; Gröne u. a. 2009.
8 Antos 1982, 111, beschreibt das mündliche Formulieren als «die subjektive Innovation von Texten auf der Basis und im Rahmen vorgegebener und konventionalisierter Schemata». Vgl. Pörksen 2016, 190.
9 Ong 1982, 39 ff.
10 Leith 2011, 155.
11 Kurt Tucholsky (Peter Panter), *Ratschläge für einen schlechten Redner/Ratschläge für einen guten Redner,* in: Sprache ist eine Waffe. Sprachglossen, hrsg. v. Wolfgang Hering, Reinbek 1989, 134–136.
12 Knape 2013, 199.
13 Wilhelm von Humboldt, Werke in fünf Bänden, Bd. 3, hrsg. v. Andreas Flitner/Klaus Giel, Darmstadt 2010, 191.
14 Knape 2013, 195.
15 Blumenberg 1971/1981, 117.
16 Quintilian, *Ausbildung des Redners,* 1, 2, 31: *Non esset in rebus humanis eloquentia, si tantum cum singulis loqueremur.*
17 Jaak Panksepp, zitiert nach Knape 2013, 193.
18 Levelt 1989, 1.
19 Stetter 1997, 368; 376: «Ohne die Dauerhaftigkeit des niedergelegten Textes wären Sammlung, Gliederung und sprachliche Artikulation des zu Sagenden ebensowenig als methodisierte Verfahren denkbar wie deren Reflexion.» – «Medium der rhetorischen Kalkulation ist das Schreiben.»
20 Der Rhetoriklehrer und Historiker Dionysios von Halikarnass (ca. 60 v. Chr.–

7 n. Chr.) schreibt in seiner Schrift *Über die Wortfügung:* «Bei allem, glaube ich, muss man den Kairós (= den günstigen Moment) betrachten. Denn dieser ist für Genuss und Missfallen der sicherste Maßstab. Bisher hat aber kein Redelehrer und kein Philosoph eine Lehre des günstigen Moments definiert. (...) Das Thema lässt sich ja auch schon von seiner Natur her nicht einem universell gültigen und handbuchmäßigen Verständnis zuführen; den günstigen Moment kann man gar nicht fachlich einfangen, sondern nur mit dem gesunden Menschenverstand.» (*De compositione verborum,* II p. 45, 10 Usener-Radermacher = Radermacher 1951, 47).

21 Zur prähistorischen und globalen Ausweitung der Rhetorikgeschichte vgl. Kennedy 1998.

22 Vickers 1995, 296.

Kapitel 2. Rhetorik wird professionell: Die Einführung der Schrift in die Redekunst im klassischen Athen

1 Ruzé 1997; Hölkeskamp 2000.

2 Homer, *Ilias*, 9, 440 f.; 3, 222.

3 Hesiod, *Theogonie*, 81 ff.

4 Schlegel 1795–1804/1958, 30. Diese beliebte Annahme, dass die Poesie der Prosa vorangegangen sei, formulierten Giambattista Vico in seiner *Scienza Nuova* (1725/44) und Jean-Jacques Rousseau in seinem *Versuch über den Ursprung der Sprachen* (1756, 1781 posthum erschienen). Vgl. Till 2004, 440 ff.

5 Havelock 1963, 135; 138.

6 Norden 1915, 30 ff; Erler/Tornau 2019, 19 ff. Vgl. Kennedy 1998, 216: «All human societies have more than one level of discourse, used in different situations. These probably derive from the basic distinction of speech and song.»

7 Plutarch, *Solon*, 8. Vgl. Bowie 1986. Der bruchstückhafte Anfang der Salamis-Elegie Solons, wonach er «anstelle einer Volksrede» eine «schöne Ordnung von Versen» verfasst habe (Fragment 1 West), bedeutet also nicht, wie Plutarch meint, dass die Dichtung im öffentlichen Forum die politische Rede ersetzte, sondern dass Solon im kleinen Kreis über den politischen Gegenstand Dichtung vortrug – anstelle der Prosa, die er auf der Agora verwendete.

8 Barthes 1988, 67; Ong 1967, 31; 79 ff.; Ong 1971, 36 f.; 261 f.; Ong 1982, 110; Kennedy 1998.

9 Herodot, 5, 92, 1.

10 Herodot, 5, 93, 2.

11 Thukydides, 8, 66, 1–2.

12 Dover 1997, 64.

13 Herodot, 3, 80, 6.

14 Euripides, *Die Schutzflehenden,* 440 f.

15 Platon, *Gorgias*, 461e; Pseudo-Xenophon (auch «Old Oligarch» genannt), *Über die Verfassung der Athener*, 1, 6; Platon, *Protagoras*, 319d; Demosthenes, *Über die*

falsche Gesandtschaft (19), 184 (*hois gár est' en lógois he politeía …).* Vgl. Wohl 2009.
16 Gorgias, *Lob der Helena,* 8.
17 Demosthenes, *Gegen Meidias* (21), 223 f.
18 Platon, *Theätet,* 172e.
19 Platon, *Staat,* 493a-c.
20 Bers 1985; Roisman 2004. Es ist die öffentliche Rede, sagt Aristoteles, «wo es auf die Stimme, vor allem eine laute Stimme ankommt» (*Rhetorik*, 3, 12, 1414a). Zur Bedeutung der Stimme in der antiken Rhetorik überhaupt siehe Schulz 2014.
21 Aristophanes, *Die Wespen,* 979 ff.
22 Isokrates, *An Philipp* (5), 81; *Panathenaikos* (12), 9 f.; *Über den Frieden* (8), 3.
23 Demosthenes, *Über die falsche Gesandtschaft* (19), 340.
24 Platon, *Gesetze,* 700c-701b; Platon, *Phaidros,* 258b.
25 Ober/Strauss 1990.
26 Friedrich Nietzsche, *Fröhliche Wissenschaft*, 3. Buch, Aphorismus Nr. 236 (ähnlich Cicero, *De oratore,* 3, 14: *oratores, qui sunt veritatis ipsius actores)*; Thukydides, 3, 47–50.
27 Aristoteles, *Rhetorik*, 3,1. Vgl. Schloemann 2000.
28 Aischines, *Über die falsche Gesandtschaft* (2), 34 f.
29 Foucault 2009, 141; 204; 205. Vgl. Saxonhouse 2006.
30 Platon, *Euthydemos*, 307a-c; Platon, *Menexenos*, 235e; 236a; Alkidamas, *Über die, die geschriebene Reden schreiben oder Über die Sophisten,* 1; 2; Platon, *Gorgias*, 448d («die sogenannte Rhetorik»).
31 Aristoteles, *Rhetorik*, 1, 1, 1354b.
32 Platon, *Gorgias*, 447–449.
33 Sloterdijk 2009, 451 ff.
34 Ober 1989, 144 ff.
35 Aristoteles, *Rhetorik,* 2, 21, 1395b.
36 Anaximenes von Lampsakos (?), *Rhetorik an Alexander*, 7, 4.
37 Stetter 1997; Luhmann 1997, 256.
38 Luhmann 1997, 282.
39 Isokrates, *Panegyrikos* (4), 8.
40 Schloemann 2002, 134 ff.
41 Aristophanes, *Die Ritter,* 347–350.
42 Gesamtübersicht der überlieferten Reden: Usher 1999. Vgl. HWRh s. v. Logograph.

Kapitel 3. Demokratisches Plädoyer für die Stegreifrede: Der Widerstand gegen die schriftliche Vorbereitung in der griechischen Rhetorik

1 Lysias, *Für Polystratos* (20), 20.
2 Thukydides, 3, 43, 5.

3 Detienne 1996; Hesk 2001; Uhlmann 2019.
4 Euripides, *Hekuba,* 1187 ff.
5 Antiphon, *Über den Mord an Herodes* (5), 5.
6 Vgl. HWRh s. v. Kairos; Trédé 1992, bes. 247 ff.
7 Ober 1989, 165 ff.
8 Isaios, *Über das Erbe des Aristarchos* (10), 2; Antiphon, *Gegen die Stiefmutter wegen Giftmordes* (1), 1; Demosthenes, *Gegen Phormio* (34), 1.
9 Quelle: Kampagnenwebsite *www.newt.org,* abgerufen Januar 2012.
10 *Artium Scriptores* (Radermacher 1951), D, IV; Aristoteles, *Rhetorik,* 3, 17, 1418a-b; Aristoteles, *Rhetorik,* 2, 22, 1395b. Vgl. HWRh s. v. Verbergen der Kunst.
11 Anaximenes von Lampsakos (?), *Rhetorik an Alexander,* 36, 37: *gegramména legein* vs. *ágrapha legein.*
12 Platon, *Phaidros,* 257d; Gorgias, *Helena,* 13.
13 Pörksen 2016, 190 ff.
14 Aristoteles, *Rhetorik,* 3, 2, 1404b.
15 Ps.-Demosthenes, *Erotikos* (61), 2.
16 Alkidamas von Elaia, *Über die, die geschriebene Reden schreiben oder Über die Sophisten,* 3; 1; 12. Ausgaben mit Text und Kommentar: Muir 2001; Mariß 2002. Deutsche Übersetzung mit Einführung: Schirren/Zinsmaier 2003, 342 ff.
17 Mariß 2002, 95 ff.
18 Alkidamas, *Über die, die geschriebene Reden schreiben oder Über die Sophisten,* 16. Gegner und Konkurrent des Alkidamas war insbesondere der Publizist und Elitenausbilder Isokrates, der sich aus der öffentlichen Beredsamkeit zurückgezogen hatte und fiktive «Reden» meist politisch-ethischen Inhalts für ein überregionales Publikum verfasste. Siehe Usener 1994; Halliwell 1997.
19 Alkidamas, *Über die, die geschriebene Reden schreiben oder Über die Sophisten,* 17.
20 Ebenda, 30–32.
21 Ebenda, 21; 18; 24–25; 14.
22 Ebenda, 2; 12; 34. Der «Rede-Poet» *(poietes logon)* taucht auch bei Platon auf: *Phaidros,* 236d; *Euthydem,* 305b.
23 Alkidamas, *Über die, die geschriebene Reden schreiben oder Über die Sophisten,* 27–28.
24 Ebenda, 13, zur gespielten Mündlichkeit: «Diejenigen, die für Gerichtsverhandlungen Reden schreiben, meiden die genaue Ausgefeiltheit und ahmen die Ausdrucksweise der improvisierenden Redner nach, und man findet, dass sie dann am besten schreiben, wenn die Reden, die sie verfertigen, am wenigsten geschriebenen Reden gleichen.»
25 Ebenda, 22–23. Die Bindung der Redelänge an die Kapazitäten der Zuhörer als Anforderung des Moments, des *kairós,* wird auch sonst in der griechischen Rhetorik oft thematisiert, in den Reden selbst ebenso wie in der Theorie. Zwischen «Schwätzerei» und «gedrängter Knappheit» müsse man die Mitte finden, sagt Aristoteles stellvertretend für viele Stimmen (*Rhetorik,* 3, 12, 1414a).
26 Alkidamas, *Über die, die geschriebene Reden schreiben oder Über die Sophisten,* 11 (die Textüberlieferung am Ende des Zitats ist unsicher). Vgl. Mariß 2002, 165 ff.

27 Aristoteles, *Verfassung der Athener*, 9, 1.

28 Düsterer klingt das in Aristoteles' *Politik* (5, 11, 1313a–1315a), wo es von der Diktatur heißt, «dass es Spitzel und Lauscher gibt, wo immer eine Versammlung stattfindet. Denn aus Angst vor ihnen reden die Menschen weniger frei, und wenn sie es tun, dann bleibt es weniger verborgen (...)». Vgl. Flashar 2013, 126 f.

29 Derrida 1983.

30 Platon, *Phaidros*, 274b ff. Zu Platons Schriftkritik, die immer auch die Frage seiner «ungeschriebenen Lehre» berührt, gibt es unzählige Studien und Forschungsmeinungen. Einen klaren Überblick gibt Kullmann 1991.

31 Platon, *Theätet* 172c-177c, und öfters. Eine gute Gesamtdarstellung von Platons Rhetorik-Kritik bei Vickers 1988, 84 ff. Vgl. Erler/Tornau 2019, 315 ff.

32 Platon, *Protagoras*, 336b; *Hippias Maior*, 304a-b; *Apologie*, 17b-d; *Gorgias*, 522d-e.

33 HWRh s. v. Philosophie; Hetzel/Posselt 2017. Zum Versuch, eine «bessere» philosophische Rhetorik zu etablieren, siehe Rapp 2002, 218 ff.

34 Alkidamas, *Über die, die geschriebene Reden schreiben oder Über die Sophisten*, 3.

Kapitel 4. Brauchte Cicero Notizen? Öffentliches Reden und Improvisation in Rom

1 Cicero, *Brutus*, 200 (*animis iudicum admovere orationem tamquam fidibis manum*).

2 Cicero, *De oratore*, 3, 213; Cicero, *Orator*, 56.

3 Zu den Orten und Bedingungen der Redekunst in Rom siehe Fantham 1997; Dominik/Hall 2007; Dugan 2009; Steel/van der Blom 2013; Erler/Tornau 2019, 127 ff., jeweils mit Hinweisen auf die weitere Literatur.

4 Hölkeskamp 2004, 224.

5 Livius, 34, 2–5.

6 Livius, 34, 3, Übersetzung Johannes Teufer.

7 Vergil, *Äneis*, 1, 148–154.

8 Cicero, *Briefe an den Bruder Quintus (Epistulae ad Quintum fratrem)*, 2, 3, 2.

9 Cicero, *Brutus*, 91 f.

10 Stroh 2009, 324 ff.; 551.

11 Cicero, *De inventione*, 1, 25: ... *te brevius quam paratus fueris esse dicturum commodum est polliceri.*

12 Cicero, *De oratore*, 1, 119. f.

13 HWRh s. v. Verbergen der Kunst; Andersen 1996; Miller 2010.

14 Cicero, *Orator*, 78: *negligentia diligens.*

15 Quintilian, *Ausbildung des Redners* (*Institutio oratoria*, im Folgenden ohne den Werktitel zitiert), 9, 3, 102. Übersetzung von Helmut Rahn, wie auch hier im Folgenden (z. T. vom Verf. modiziert).

16 Quintilian, 11, 2, 46: *ut illa, quae dicimus, non domo attullisse, sed ibi protinus sumpsisse videamur, etc.* Die frühere Lehrschrift *Rhetorica an Herennium* eines

anonymen Autors spricht ähnlich vom «Verdacht der Vorbereitung und der Künstlichkeit, die einer Rede die Glaubwürdigkeit nimmt» (1, 10, 17). Ähnlich Cicero, *De inventione,* 1, 18, 25.

17 Cicero, *De oratore,* 1, 221.
18 Flashar 2013, 149 ff.
19 Porter 1997.
20 Kremmydas/Tempest 2013.
21 Vogt-Spira u. a. 1999; Erler/Tornau 2019, 55 ff.
22 Vergil, *Äneis,* 6, 847–853.
23 Cato der Ältere, *Ad Marcum filium,* Fragment 15 Jordan.
24 Dominik/Hall 2007, 65.
25 Kennedy 1994, 106 ff.
26 Blänsdorf 2001, 207.
27 Das bezeugt Quintilian, 10, 7, 30, dem Notizen von Cicero aus dessen Nachlass vorlagen.
28 Cicero, *Brutus,* 312: *deinceps inde multae, quas nos diligenter elaboratas et tamquam elucubratas adferebamus.*
29 Tacitus, *Annalen,* 11, 5: «Keiner darf wegen des Haltens einer Gerichtsrede Geld oder ein Geschenk annehmen».
30 Zlinsky 1993. Allgemeine Überblicke zur römischen Rechtsgeschichte: Kunkel/Schermaier 2005; Manthe 2011.
31 Ähnlich bezeichnet später Heinrich von Kleist die Sprache, wenn sie sich zum flüssigen, freien Formulieren als gegenteilig verhält, als «Fessel, etwa wie ein Hemmschuh am Rade des Geistes» (*Über die allmähliche Verfertigung der Gedanken beim Reden*, 1807/8). Siehe S. 181 ff.
32 Cicero, *De oratore,* 1, 150–152. Übersetzung Harald Merklin, leicht verändert.
33 Cicero, *Brutus,* 92.
34 Quintilian, 10, 7, 7 und 28–29.
35 Quintilian, 10, 3, 2.
36 Holcomb 2001; Ax 2009.
37 Quintilian, 6, 1, 42.
38 Quintilian, 10, 6, 5–6: *extemporalis color; temporis munera.*
39 Quintilian, 10, 7, 2–3.
40 Quintilian, 10, 7, 4–6.
41 Quintilian, 10, 7, 8–12.
42 Quintilian, 10, 7, 15–17.
43 Quintilian, 10, 7, 22.
44 Quintilian, 2, 4, 15–17.
45 Plutarch, *De libris educandis,* 9.
46 Kennedy 1994, 166 ff.; Stroh 2009, 411 ff.
47 Rutledge 2007; Dominik 2007.
48 Tacitus, *Dialogus de oratoribus,* 6, 5–6. Übersetzung Helmut Gugel.
49 Hammerstaedt 1996, 1237 ff.

50 Korenjak 2000.
51 Cicero, *De oratore,* 1, 102–104; Quintilian, 10, 7, 32: *perversa ambitio.*
52 Philostrat, *Lebensbeschreibungen der Sophisten,* 2, 9, 2.
53 Lukian, *Rhetorum praeceptor*, Ausgabe und Kommentar: Zweimüller 2008.
54 Lukian, *Rhetorum praeceptor,* 18–20. Übersetzung Serena Zweimüller, leicht verändert.
55 Sueton, *Augustus,* 82, 1–2. Übersetzung Dietmar Schmitz, verändert.
56 Quintilian, 11, 3, 142.
57 Kaiser Caligula, der von 37 bis 41 n. Chr. regierte, war ein etwas impulsiverer Charakter; dass man von ihm berichtete, dass er «alles, was andere einstudiert und mühsam vorbereitet haben, aus dem Stegreif widerlegen konnte» (Josephus, *Jüdische Altertümer*, 19, 208), ist eine individuelle Herrschereigenschaft, die aber wenig daran ändert, dass der Raum für spontane Rhetorik im Kaisertum stark eingeschränkt war. – Über Kaiser Nero (regierte 54 bis 68 n. Chr.) spottete man laut Tacitus, *Annalen*, 13, 3, dass er sich seine Lobrede auf den Vorgänger Claudius von Seneca habe schreiben lassen – damit sei er unter den Kaisern «der erste gewesen, der fremder Redekunst bedurft habe».
58 Zu dieser Wirkung gehört auch die lange Zeit Cicero zugeschriebene, aber von einem unbekannten Verfasser stammende *Rhetorica ad Herennium.*
59 Curtius 1948/1993, 79 f.

Kapitel 5. «Öffne den schwachen Mund, löse die stammelnde Zunge»: Die inspirierte Rede im Christentum

1 *Zweiter Korintherbrief*, Kapitel 3. Siehe zuletzt Gerber 2013; Nirenberg 2015.
2 Kiening/Beil 2012.
3 *Römer* 7, 6; *Galater* 3, 2. «Predigt» ist hier die Übersetzung für das griechische Wort *akoé* («Hören», «Verkündigung»).
4 Die Theologie des Neuen Testaments ist hier stark vereinfacht dargestellt. Gründlicher, nicht zuletzt auch zur Vorstellung vom Heiligen Geist: Bultmann 1954.
5 *Apostelgeschichte* 2, 37; *Zweiter Korintherbrief*, 3, 12.
6 Penner/Vander Stichele 2009, 250.
7 Ebeling 1960, 267.
8 *Erster Korintherbrief*, 14.
9 *1. Samuel* 10, 5 ff.; *Amos* 7, 14–15. Vgl. Artikel «Prophetie», Theologische Realenzyklopädie, Bd. 27, 473 ff.
10 *2. Mose 4,* 10–12. Als Mose dann immer noch zögert, verspricht Gott ihm rhetorische Unterstützung durch seinen Bruder Aaron: «Du sollst zu ihm reden und die Worte in seinen Mund legen. Und ich will mit deinem und seinem Munde sein.» Doch auch später noch kämpft Mose bekanntlich mit dem Problem, dass sein Volk nicht auf ihn hören will. Vgl. *2. Mose* 6, 12: «Mose aber redete vor dem

Herrn und sprach: Siehe, die Israeliten hören nicht auf mich; wie sollte denn der Pharao auf mich hören! Dazu bin ich ungeschickt zum Reden.»

11 Psalm 51, 17.

12 Bultmann 1954, 66 ff.

13 *Lukas* 4, 16–21; *Johannes* 12, 49; *Lukas* 10, 16.

14 *Markus* 13, 11. Ähnlich *Matthäus* 10, 18–20.

15 *Zweiter Korintherbrief*, 10, 10; ebenda, 11, 6.

16 Sampley/Lampe 2010.

17 *Erster Korintherbrief*, 2, 1–5.

18 *Erster Thessalonicherbrief*, 2, 13.

19 Bultmann 1910, 73. Zum Vorlesen der Paulus-Briefe in den Gemeinden als Alternative zur rein mündlichen Kommunikation Peter Lampe in Sampley/Lampe 2010, 14; Christopher Forbes, ebenda, 157 ff.

20 *Galater* 6, 11.

21 Kiening/Beil 2012.

22 *Zweiter Korintherbrief*, 3, 2–3; *Hesekiel* 11, 19.

23 HWRh s. v. Zungenrede.

24 *Apostelgeschichte* 2, 13; Teschitz 1937.

25 Augustinus, *Predigten über den Brief des Johannes an die Parther*, 6, 2 (Patrologia Latina Bd. 35, 2026).

26 Überblick: Murphy 1974; Kennedy 1999, 170 ff.; Stroh 2009, 502 ff.

27 Augustinus, *De doctrina christiana*, 4, 3.

28 Stroh 2009, 428.

29 Lactantius, *Divinae Institutiones*, Proömium (1, 1, 10).

30 Basilius Magnus, *Ad adolescentes*, 3.

31 Zum Folgenden Hammerstaedt 1996, 1257 ff.; Merkt 1997.

32 Hammerstaedt 1996, 1261.

33 Hammerstaedt 1996, 1266.

34 Hammerstaedt 1996, 1267.

35 Göttert 2015, 207 f.

36 Johannes Chrysostomos, *Homilien über die Apostelgeschichte*, 30.

37 Merkt 1997, 8 ff.

38 Hammerstaedt 1996, 1270.

39 Augustinus, *De doctrina christiana*, 4, 6–8.

40 Augustinus, *De doctrina christiana*, 4, 32.

41 Augustinus, *De doctrina christiana*, 4, 63.

42 Deferrari 1922.

43 Augustinus, *Enarratio in psalmum 138*, 1, 1.

44 Deferrari 1922.

45 Augustinus, *De catezichandis rudibus*, 3; Übersetzung hier von Sigisbert Mitterer, Bibliothek der Kirchenväter, 1. Reihe, Bd. 49, Kempten/München 1925.

46 Hammerstaedt 1996.

47 Hammerstaedt 1996, 1277.

48 Gregor der Große, *Evangelienhomilien*, 2, 21, 1.
49 Gregor der Große, *Cura Pastoralis*, 2, 4: *quos repleverit, de se protinus loquentes facit.*
50 Cruel 1879; Menzel 1991.
51 Murphy 1974, 80 ff.; Kennedy 1999, 207 ff.
52 Mertens 1991.
53 Asbridge 2010, 47 ff.
54 Göttert 1998, 148 ff.
55 Elm 1984.
56 Menzel 1991, 351.
57 Scandaletti 1983.
58 *1. Korintherbrief*, 14, 33. ff.
59 Beuys 2001, 281 ff.; Kienzle 2001.
60 Artikel «Birgitta/Birgittinerorden», Theologische Realenzyklopädie, Bd. 6, 648 ff.; Johannesson 2005, 64 ff.; Artikel «Katharina von Siena», Theologische Realenzyklopädie, Bd. 18, 30 ff.
61 Murphy 1974, 269 ff.; Kennedy 1999, 221 ff.
62 Carruthers/Ziolkowski 2002, 197.
63 Carruthers/Ziolkowski 2002, 116 ff.
64 Carruthers/Ziolkowski 2002, 105; 108
65 Menzel 1991, 375 ff.
66 Menzel 1991, 383.
67 Artikel «Predigt», Theologische Realenzyklopädie, Band 27, 266 ff.
68 Eine gute Übersicht zur Kanzeluhr, mit weiterführender Literatur, bietet der Wikipedia-Eintrag: *https://de.wikipedia.org/wiki/Kanzeluhr.*
69 Wallmann 2010, 427.
70 Göttert 2015, 344.
71 Stolt 2000.
72 Luther, Weimarer Ausgabe (WA) 40, 3, 59 f.: *Rhetoricatur igitur Spiritus sanctus.*
73 Luther, WA 5, 537, 10 ff. (Original lateinisch).
74 Martin Luther, *Ein kleiner Unterricht, was man in den Evangelien suchen und erwarten soll* (1522), hier zitiert nach Conrad/Weeber 2012, 44 ff.
75 Luther, *Tischreden,* 2, 1312 (Original lateinisch: *Qui rem tenent, facile loqui possunt …* Übersetzung Birgit Stolt).
76 Peter Matheson in Meyer/Uffelmann 2007, 272 ff.
77 WA 42, 1, 27 (Original lateinisch, Übersetzung und Einordnung von Stolt 2000, 13 ff.).
78 Stolt 2000, 82 f.
79 Nicolaus Haas, *Der Geistliche Redner …* (1693), hier zitiert nach Conrad/Weeber 2012, 86.
80 Philipp Jacob Spener, *Pia Desideria …* (1675), hier zitiert nach Conrad/Weeber 2012, 92 f.
81 August Hermann Francke, *Send-Schreiben vom erbaulichen Predigen* (1725), hier zitiert nach Conrad/Weeber 2012, 95 ff.

82 Wallmann 2010, 436 f.
83 Artikel «Predigt», Theologische Realenzyklopädie, Band 27, 304.
84 Lischka 1975.
85 Zum Memorieren umfassend Schnepper 2012b.
86 Johann Jakob Rambach, *Praecepta Homiletica*, hier zitiert nach Lischka 1975, 351–353.
87 Lischka 1975, 323.
88 Hambsch 2007.
89 Herder, Frankfurter Ausgabe 9, 2, 62, vgl. Hambsch 2007, 109.
90 Herder, Frankfurter Ausgabe 9, 1, 507, vgl. Hambsch 2007, 109.
91 Novalis, Werke, hrsg. u. kommentiert v. Gerhard Schulz, München 2001, 491.
92 Schleiermacher in seiner nachgelassenen Predigtlehre, zit. nach Conrad/Weeber 2012, 123.
93 Thielicke 1988, 266 ff.
94 Z. B. Lang 1806; Kottmeier 1820; Thierbach 1820; zum Weiteren Rothermund 1979.
95 Schott 1828, Bd. 1, 352 f.
96 Schott 1828, Bd. 3, 329.
97 Schott 1828, Bd. 3, 351.
98 Grünberg 1973, 51 ff. («... wie in den vollen Akkorden der Musik wird er in den Fluten der Rede sich untertauchen ...» – so der Erweckungstheologe August Tholuck).
99 Kennedy 1999, 266 ff.; Bader 1992.
100 Eybl 1992; Göttert 2015, 281 ff.
101 Edition: Gerald Bray (Hrsg.), The Books of Homilies: A Critical Edition, Cambridge 2016. Text online: http://www.anglicanlibrary.org/homilies
102 *Book of Homilies I*, hier zitiert nach der Übersetzung in Hermann Ferdinand Uhden, Die Zustände der anglicanischen Kirche, Leipzig 1843, 116.
103 Ebenda, 117.
104 Blair 1790, Band 2, 226. Als weiteren Nachteil der englischen Predigt nennt Blair ebendort, dass der Wunsch, sich vom allzu leidenschaftlichen Predigen der Schwärmer und Sektierer abzusetzen, «into the opposite extreme of studied coolness, and composure of manner» geführt habe.
105 Schott 1828, Bd. 3, 328.
106 Schott 1828, Bd. 3, 328.
107 Gauger 1952, 103 ff.; Gustafson 2000, 14 ff.
108 Gustafson 2000, bes. 45 ff.; 75 ff. Siehe auch Kapitel 6.
109 Rothermund 1979; Deeg/Meyer-Blanck/Stäblein 2011; Schnepper 2012a.
110 Jacques Derrida sah den «Phonologozentrismus» als eine Art von europäischer Erbsünde, die mit Platon und Paulus begann. Er wendete sich in seiner «Grammatologie» (Derrida 1983) gegen die Auffassung, dass es einen transzendenten Inhalt, einen höheren «Geist» gebe, der durch die Materialität des Mediums (Sprache, Schrift) etwa nur defizitär wiederzugeben und auszudrücken wäre. Vgl. Frey 2003, 141.

Kapitel 6. England, Amerika, Frankreich: Die Blüte der frei gehaltenen Rede in Revolution und Republik

1 Winston Churchill, in: Hansard 2009, 117.

2 Zu Churchills eigenem Umgang mit Mündlichkeit und Schriftlichkeit, als Autor und Redner, siehe Rose 2014.

3 Gauger 1952; Habermas 1962/1990; Nass 1980; Wirsching 1990; Reid 2012b; Mergel 2012, 230 f.; Steinmetz 2013; HWRh s. v. Öffentlichkeit; HWRh s. v. Revolutionsrhetorik. «Das Parlament als Kommunikationsraum ist seither nur noch als Teil der gesamten von den Massenmedien errichteten Architektur verständlich» (Werner J. Patzelt, in: Schulz/Wirsching 2012, 47 Anm. 7).

4 Vickers 1988, 227; 286.

5 Fried 2008, 75. Vgl. Murphy 1974; Curtius 1948/1993; Kennedy 1999; HWRh s. v. Rhetorik, 1586 ff.; Erler/Tornau 2019, 697 ff.

6 *Gesta Friderici imperatoris*, 3, 29 (Monumenta Germaniae Historica, SS rer. Germ., Bd. 27, 204). Die Stelle stammt aus der Fortsetzung der Barbarossa-Geschichte, die nach Otto von Freisings Tod dessen Schüler Rahewin geschrieben hat.

7 HWRh s. v. Feldherrnrede; Göttert 1998, 93 ff.

8 William Shakespeare, *Heinrich V.*, 4. Akt, 3. Szene. Zum Verhältnis von Shakespeare zur Rhetorik: Plett 1991.

9 Fried 2008, 513.

10 Friedrich Schiller, *Die Jungfrau von Orleans*, Verse 3410 f.; 3418 f. (Sämtliche Werke, Bd. 2., hrsg. v. Peter-André Alt, München 2004, 699). Zum Nachleben Müller 2011.

11 Elizabeth I., Collected Works, hrsg. v. L. S. Marcus u. a., Chicago/London 2000, 325 f.

12 Marongiu 1968; Graves 2001; Feuchter/Helmrath 2008; HWRh s. v. Parlamentsrede.

13 Marongiu 1968, 223.

14 HWRh s. v. Parlamentsrede, 590 (Johannes Helmrath).

15 Feuchter/Helmrath 2008, Einleitung, 18, und passim.

16 Feuchter/Helmrath 2008, 206.

17 Stollberg-Rilinger 2008.

18 Knape 2006; Mack 2011.

19 Barner 1970/2002, 286.

20 HWRh s. v. Natura-ars-Dialektik, 156 f.

21 Scheible 2016, 106.

22 Scheible 2016, 105 ff.; Barner 1970/2002, 260 ff.

23 HWRh s. v. Disputation, 875.

24 Barner 1970/2002, 260 ff.; 288 ff.; 321 ff.; 341 ff.; 393 ff.; 396 ff.; 449 ff.

25 HWRh s. v. Ramismus, 567. Siehe Kennedy 1999, 249 ff.

26 Kennedy 1999, 226 ff.; HWRh s. v. Humanismus; HWRh s. v. Redner, Rednerideal, 1032 ff.; HWRh s. v. Rede, 718 ff.

27 Burckhardt 1860/2018, 157, 161.

28 Skinner 1978; Knape 2006.

29 Zitiert nach Zinsmaier 2000, wo auch allgemein das rhetorische Milieu in Venedig geschildert wird.

30 *Della improvvisa eloquenza* erschien unvollendet erst lange nach Marco Foscarinis Tod, nämlich 1847. Siehe Eufe 2006, wonach Foscarinis Text hier auch zitiert ist.

31 Mergel 2012.

32 Jones 2009.

33 HWRh, Nachträge, s. v. Parlamentarische Kommunikationsformen, 823. Vgl. Steinmetz 2013.

34 Zit. nach Peltonen 2013, 131; 133.

35 Gauger 1952, 7. Vgl. HWRh s. v. Redner, Rednerideal, 1047 ff.

36 Peltonen 2013. Vgl. Skinner 1978.

37 Mack 2008.

38 HWRh s. v. Redner, Rednerideal, 1049. Vgl. Kennedy 1999, 245 ff.; Steinmetz 2013, 61 ff.

39 Hobbes 1668/2015, 50.

40 Hobbes 1668/2015, 5. Siehe Silver 1996; Garsten 2006, 25 ff.; Hetzel/Posselt 2017, 128 ff.

41 Schofield 2009, 216.

42 Gauger 1952, 17.

43 Potkay 1994; Reid 2012a.

44 Thomas 1971, 203 ff.; Mack 2008.

45 Thomas 1971, 203 f.

46 Reid 2012b, 195.

47 Nass 1980, 48.

48 Heinrich Heine, *Englische Fragmente* (*Reisebilder*, Teil 4), erstmals Hamburg 1831, in: Sämtliche Werke, Bd. 2, hrsg. v. Bernd Kortländer, 6. Auflage 2001, 411.

49 Hume 1742/1988, 120 f. Vgl. Potkay 1994.

50 Cicero, *Über den Redner*, 1, 153.

51 James Mackinthosh, in: Varvicensis 1809, 163. Die Feuer-Metaphorik für lebendiges Reden hat, wie die der Wassers, eine lange Tradition: siehe etwa Tacitus, *Dialog über die Redner*, 36, 1, einst sprichwörtlich: «*Magna eloquentia, sicut flamma, materia alitur et motibus excitatur et urendo clarescit.*»

52 Reid 2012a.

53 Karl Philipp Moritz, *Das Parlament*, in: Moritz 1783/2015, 36–42, hier 38.

54 Steinmetz 2013, 70.

55 Edward Gibbon, zit. nach Reid 2012b, 148.

56 William Jones, zit. nach Reid 2012, 133. (Der Zögling wurde als 2. Earl of Spencer Innenminister. Es darf bemerkt werden, dass sein jüngster Nachfolger, Charles,

der 9. Earl of Spencer, sehr viel später mit einer Rede auf sich aufmerksam machen sollte: der Trauerrede für seine Schwester Diana, die Prinzessin von Wales, am 6. September 1997 in der Westminster Abbey.)

57 Gauger 1952, 138 ff.; HWRh s. v. Redner, Rednerideal, 1053.

58 Reid 2012a.

59 Hague 2004, 18 f.

60 Halcombe/Stone 1859, 10 ff.

61 Sheridan 1762. Siehe Kennedy 1999, 277 ff.; Steinmetz 2013, 65.

62 Whately 1828/1846, 360 ff.

63 Hazlitt 1826.

64 Hamilton 1808. Siehe Steinmetz 2013, 83 f.

65 Gauger 1952, 154.

66 Mergel 2012, 240.

67 Manow 2008, 75 ff.; Jones 2009, 170 ff.; 185 ff.; Reid 2012b, bes. 65 ff.; Sparrow 2003, 10 ff.; 24 ff.; Marr 2004, 130 ff. Vgl. Anm. 2 zu diesem Kapitel.

68 Moritz 1783/2015, 41.

69 Potkay 1994, 89 ff.; vgl. 30 ff.

70 Vismann 2011, 139.

71 Hansard 2009; Jones 2009, 260.

72 Reid 2012b, 2. – Der Historiker Thomas Babbington Macaulay schreibt bei der Herausgabe seiner Parlamentsreden im Vorwort, er habe sich nicht groß mit Abschriften helfen können, denn meistens habe er offenbar für die Stenografen zu schnell geredet, so dass diese nur Kernaussagen festhielten. «As I am unable to recall the precise words which I used, I have done my best to put my meaning into words which I might have used.» (The Miscellaneous Writings and Speeches of Lord Macaulay, London 1869, Bd. 4.)

73 Hansard 2009, XXI.

74 Bentham 1791/1999. Die französische Ausgabe (Genf 1816) erschien 1817 auch in deutscher Übersetzung: *Tactik oder Theorie des Geschäftsganges in deliberirenden Volksversammlungen von Jeremias Bentham.* Vgl. Habermas 1962/1990, 174 f.; Niesen 2009.

75 Bentham 1791/1999, 31.

76 Bentham 1791/1999, 33 f. Vgl. Bagehot 1873, 119, wo dieses Argument der Informationsversorgung in die andere Richtung gewendet wird: «In old times one office of the House of Commons was to inform the Sovereign what was wrong. It laid before the Crown the grievances and complaints of particular interests. Since the publication of the Parliamentary debates a corresponding office of Parliament is to lay these same grievances, these same complaints, before the nation, which is the present sovereign.»

77 Bentham 1791/1999, 34.

78 Bentham 1791/1999, 36.

79 Bentham 1791/1999, 43.

80 Bentham 1791/1999, 132 f. (dort auch die folgenden Zitate).

81 Wheater 1975, 16.

82 Die Fragen aus der eigenen Partei kennt der Premierminister im Voraus, für diejenigen aus der Opposition muss er sich so gut wie möglich rüsten. Siehe Hazarika/Hamilton 2018.

83 Jones 2009, 261.

84 Marr 2004, 136.

85 German/Rees 2012, 115 ff.; Rabbitts 2015.

86 Meisel 2001, 223 ff.; HWRh s. v. Redner, Rednerideal, 1054 f.

87 Meisel 2001, 224, 258.

88 Walter Bagehot: *Mr. Gladstone and the people*, The Economist, 4. Nov. 1871, in: The Works and Life of Walter Bagehot, hrsg. v. Russell Barrington, Bd. 9, London 1915, 92–96.

89 William Gladstone, zitiert nach Baskerville 1979, 5.

90 Major 1999, 290.

91 Major 1999, 32.

92 Habermas 1962/1990, 130

93 Zimmerman 1999.

94 Ryan 1995; Eastman 2009, 43. Zur Entwicklung der «Debating Societies» vgl. Eastman 2009, 115 ff.

95 Hochgeschwender 2016, 94 ff., hier 96. Vgl. Deutsches Historisches Museum 2017.

96 Franklin 1793/2008, 110 ff.

97 Greene 2008; Hochgeschwender 2016, 98 ff.

98 Reed 1921; Boden 1976.

99 Paine 1776/1995, 34.

100 Zitiert nach Gustafson 2000, 118. Vgl. auch Kennedy 1998, 83 ff.

101 Hochgeschwender 2016, 108 ff.

102 Otis 1761/2015, 11.

103 Hochgeschwender 2016, 115 ff.

104 Gustafson 2000, 141 f.

105 Gustafson 2000, 140 ff.

106 Otis 1760, 66.

107 Otis 1760, 70.

108 Gustafson 2000, 150. Mit der Einrichtung einer solchen «gallery» folgten 1770 Pennsylvania und 1789 der Kongress der neuen Vereinigten Staaten.

109 Gustafson 2000, 157.

110 McCants 1990; Gustafson 2000, 158 ff.

111 Hochgeschwender 2016, 108 ff.

112 Thomas Jefferson, zitiert nach Gustafson 2000, 161.

113 Gustafson 2000, 201. Zur Überlieferungslage vgl. Baskerville 1979, 6 ff.

114 Gustafson 2000, 202 f.

115 Gustafson 2000, 203. Vgl. McCullough 2001, 98 f.

116 Gustafson 2000, 203.

117 Gustafson 2000, 169.
118 Baskerville 1979; Gustafson 2000; Eastman 2009.
119 Adams 1810, 30 f.
120 Nippel 2008, 339. Siehe Arendt 1965/2016, 302 ff.; Manin 2007; Cartledge 2016.
121 Gustafson 2000, 210.
122 Alexander Hamilton, zitiert nach Nippel 2008, 132.
123 James Madison, zitiert nach Nippel 2008, 132.
124 Ryan 1995, 48.
125 Ryan 1995, 31 ff.
126 Ryan 1995, 6 ff.; Gustafson 2000, 223; Eastman 2009, 18.
127 Ryan 1995, 23.
128 Baskerville 1979, Kapitel 1–4; Remini 2006, Kapitel 4–11; HWRh s. v. Rede, 759 f.
129 Wheater 1975.
130 Wheater 1975, 11.
131 Jefferson 1812, Section XXXII.
132 Wheater 1975, 15 f.; 18 f.
133 Ryan 1995, XI.
134 Thomas M. Lessl, in: Ryan 1995, 75.
135 Ryan 1995, 68.
136 Leith 2011, 134 ff.
137 Einhorn 1992, 37.
138 Ryan 1995, 111 ff.
139 Baskerville 1979, 183.
140 Ryan 1995, 222.
141 Ryan 1995, 254.
142 Ryan 1995, 332.
143 Ryan 1995, 333.
144 Parker 1857, 258 ff.
145 Baskerville 1979, 68 ff.
146 May 2013.
147 Zum Ganzen Zinn 2015.
148 Rorabaugh 1989, 19 ff. Die Rede ist mit Suchbegriff «Mario Savio speech» leicht im Internet zu finden. Ein ausführliches Online-Archiv findet sich unter www.fsm-a.org.
149 Jones/Connelly 2011, 112.
150 Leith 2011, 199 ff.; Göttert 2015, 124 ff.
151 Leith 2011, 201.
152 Martin Luther King Jr., zitiert nach Leith 2011, 205.
153 Leith 2011, 202 f.
154 Karl Marx in *Die Klassenkämpfe in Frankreich* (1850), Karl Marx, Friedrich Engels: Werke, hrsg. v. Institut für Marxismus-Leninismus beim ZK der SED, Bd. 7, Berlin 1960, 13.

155 Hugo 1834/1989, 39.
156 Hugo 1834/1989, 25; 42 f.
157 Schulz 2012, 249 ff.
158 Cormenin 1836/1843, 16 f.
159 Cormenin 1836/1843, 202 f.
160 Cormenin 1836/1843, 62.
161 Cormenin 1836/1843, 13; vgl. 65 f.
162 Cormenin 1836/1843, 14.
163 Cormenin 1836/1843, 14 f.
164 Ihalainen et al. 2016, 135 f.; Bouchet 2016, 163; 169.
165 Heinrich Heine, *Lutetia*, 1, 5 (30. April 1840), in: Sämtliche Werke in vier Bänden, Bd. 4: Schriften zu Literatur und Politik II, Vermischtes, Düsseldorf/Zürich 1997, 159.
166 Cormenin 1836/1843, 61. Vgl. Alexis de Tocqueville, der seine Erlebnisse von 1848 so schildert: «Es schien mir immer, dass man mehr damit beschäftigt war, die Französische Revolution zu spielen, als sie fortzusetzen» (*Erinnerungen*, Stuttgart 1954, 96).
167 Willms 2017. Zu Mirabeau als Redner außerdem Cormenin 1836/1843, 181 ff.; Disch 1966; Günther 1989; Göttert 2015, 66 ff.
168 Etienne Dumont, zitiert nach Willms 2017, 74.
169 Mirabeau, in: Günther 1989, 181.
170 Willms 2017, 209.
171 Willms 2017, 230.
172 Mirabeau, zitiert nach Willms 2017, 282. Ebenfalls in freier Rede sich gegen Verleumdungen verteidigend sprach Mirabeau am 2. Oktober 1790 über den Zug der «Fischweiber» nach Versailles, in: Günther 1989, 280 ff.
173 Mirabeau, zitiert nach Willms 2017, 312.
174 Willms 2017, 347 ff.
175 Mirabeau, in: Günther 1989, 331.
176 Israel 2017, 246 ff.
177 Schama 1989, 380 ff.
178 Schama 1989, 168.
179 HWRh s. v. Rhetorik, 1674 ff.
180 Bader 1994.
181 Schama 1989, Kapitel 1; Winkler 2009, Teil 2 und 3; Israel 2017.
182 HWRh s. v. Parlamentsrede, 619; HWRh s. v. Rhetorik, 1677.
183 Fénelon, *Lettre à l'Académie,* zitiert nach Starobinski 1977, 202.
184 Blaise Gisbert, *L'Éloquence chrétienne dans l'idée et dans la pratique,* zitiert nach Starobinski 1977, 207 Anm. 29. Siehe Bader 1994, 165 ff.
185 Voltaire, Artikel «Eloquence» in der *Encyclopédie*, Band 5, 1755, 529 ff. Im Internet: http://enccre.academie-sciences.fr
186 Jean-Jacques Rousseau, *Versuch über den Ursprung der Sprachen,* Sozialphilosophische und politische Schriften, hrsg. v. Eckhart Koch u. a., München 1981, 221.

187 Jean-Jacques Rousseau, *Versuch über den Ursprung der Sprachen,* Sozialphilosophische und politische Schriften, hrsg. v. Eckhart Koch u. a., München 1981, 178. Siehe Hudson 1994, 135 ff.; Starobinski 1977.
188 HWRh s. v. Redefluß.
189 Hunt 1983, 84; HWRh s. v. Redner, Rednerideal, 1041; HWRh s. v. Revolutionsrhetorik, 1333 f.
190 Schama 1989, 169. Vgl. Starobinski 1977, 208.
191 Tackett 1996, 227 f.
192 Tackett 1996, 229; Riedl 1997, 103 f.
193 Göttert 2015, 421.
194 Cormenin 1836/1843, 241 ff.
195 Tackett 1996, 141 f.; Schama 1989, 354 ff.; 535; Mergel 2012, 234; Schulz 2012, 253.
196 Sieyès, zitiert nach Heurtin 1999, 48. Vgl. Vismann 2011, 136 ff.
197 Sieyès, zitiert nach Heurtin 1999, 49.
198 Cormenin 1836/1843, 30 ff.; Gardey 2005.
199 Schama 1989, Kapitel 4; HWRh s. v. Revolutionsrhetorik, 1335 f.
200 Schama 1989, 180.
201 Arendt 1965/2016, 115 ff.
202 HWRh s. v. Parlamentsrede, 619 f.
203 Cormenin 1836/1843, 217.
204 Hunt 1983, 87 ff.
205 Arendt 1965/2016, 317.
206 Bautain 1856, 7. Bautains Schrift erschien übrigens 1858 in einer amerikanischen Übersetzung mit dem Titel *The Art of Extempore Speaking* und wurde vom späteren Präsidenten Woodrow Wilson im Studium eifrig gelesen.
207 Bautain 1856, 61 f.
208 Aufschlussreiche Erkundungen der Parlamentsrhetorik in verschiedenen Ländern finden sich bei Schulz/Wirsching 2012; Feuchter/Helmrath 2013; Ihalainen u. a. 2016. Eine beispielhafte Rhetorikgeschichte einer einst stolzen, heute kleineren Nation, nämlich Schwedens, bietet Johannesson 2005.
209 Überblick: HWRh s. v. Revolutionsrhetorik.
210 Ferguson 2007; Dolar 2007, 145 ff.; Vismann 2011; Vismann 2012, 394 ff.
211 Manow 2017, s. v. Delaberation (sic!). Vgl. Meinel 2019, 57 f.
212 Foucault 2009, 463.

Kapitel 7. «Das vielschreibendste Volk der Erde»: Deutschlands Sehnsucht nach dem lebendigen Wort, von der Aufklärung bis zum Bundestag

1 Friedrich Schiller, *Die Räuber*, I. Akt, 2. Szene (Sämtliche Werke in 5 Bänden, Bd. 1: Gedichte, Dramen, hrsg. v. Albert Meier, München 2004, 502 ff.).
2 Walter Jens, *Von deutscher Rede*, abgedruckt in Müller 1812/1967, 9–32; Riedl 1997.

3 Johann Gottfried Herder, Frankfurter Ausgabe, 9, 1, 523 f. Zu Herders Rhetorikverständnis siehe Hambsch 2007, bes. 165 ff.

4 Wieland, zitiert nach Hambsch 2007, 173.

5 Thomas Abbt, zitiert nach Hambsch 2007, 173.

6 Barner 1970, 167 ff.

7 Barner 1970, 173 ff.

8 Christian Weise, *Gelehrter Redner,* zitiert nach Göttert 2010, 203.

9 Dietrich Hermann Kemmerich, zitiert nach Till 2004, 117 f.

10 Riedl 1997, 23 ff. Vgl. HWRh s. v. Verfall der Beredsamkeit.

11 Gottsched 1736/1975, Bd. 7, 2, 270.

12 Gottsched 1736/1975, Bd. 7, 2, 269.

13 HWRh s. v. Rednergesellschaften.

14 Gottsched 1736/1975, Bd. 7, 1, 111.

15 Zu dieser Stoßrichtung in der *Allgemeinen Theorie der schönen Künste* von Johann Georg Sulzer (1771–74) siehe Till 2004, 515 ff.

16 Hudson 1994; Koschorke 2003.

17 Till 2004; HWRh s. v. Natura-ars-Dialektik, 165 ff.

18 Saussure 1916/1967, 38. Siehe Göttert 1998, 382 ff.

19 Stetter 1997, 466 ff.; Trabant 2017.

20 Wilhelm von Humboldt, Werke in fünf Bänden, Bd. 3, hrsg. v. Andreas Flitner/Klaus Giel, Darmstadt 2010, 418.

21 Wilhelm von Humboldt, Gesammelte Schriften, Bd. 7, hrsg. v. Albert Leitzmann, Berlin/Boston 2017 (zuerst 1907), 138.

22 Koschorke 2003.

23 Koschorke 2003, 426.

24 Goethe, *Faust I,* 534–557.

25 Riedl 1997, 60 ff.

26 Horaz, *Ars poetica,* 102 f. (*si vis me flere, dolendum est / primum ipsi tibi*); 311 (*verbaque provisam rem non invita sequentur*). Übrigens las Goethe auch Wielands Übersetzung der *Ars poetica,* in der es direkt vor dem letztgenannten Vers heißt, ein Autor müsse, um sich ausdrücken zu können, «erst Verstand und Sinn» haben.

27 Goethe, *Farbenlehre,* Vorwort, Hamburger Ausgabe, 13, 321. Vgl. den Anfang des Gedichts *Vorklage*: «Wie nimmt ein leidenschaftlich Stammeln / Geschrieben sich so seltsam aus!»

28 Zum rhetorikgeschichtlichen Kontext der Stelle Till 2004, 28 ff.; Stroh 2015.

29 Goethe, *Faust I,* 581 ff.

30 Goethe, *Faust I,* 656 ff.

31 Immanuel Kant, *Kritik der Urteilskraft,* hrsg. v. Karl Vorländer, Hamburg 1990, 184 f. (§ 53, Anmerkung). Siehe Till 2004, 549 ff.

32 Zu diesem «Lob der inartifiziellen Eloquenz» Oesterreich 2017.

33 Oesterreich 2017, 173. Vgl. HWRh s. v. Rhetorik, 1525 ff.

34 Wehler 1987/2008, Bd. 1, 350 ff.; Riedl 1997, 80 ff.; 106 ff; Seibt 2014.

35 Wieland, zitiert nach Riedl 1997, 80.
36 Riedl 1997, 108 ff.
37 Walter Benjamin, Ausgewählte Werke, Darmstadt 2015, Bd. 3, 544 ff. Zu Jochmann siehe auch Eppler 1992, 11 ff.; Jochmann 1828/1998.
38 Jochmann 1828/1998, 137.
39 Jochmann 1828/1998, 140 f.; 142 f; 145.
40 1827 erschien in der *Allgemeinen Schulzeitung* (Abteilung II, Nr. 24) eine Übersetzung von Alkidamas' Plädoyer für die Stegreifrede (siehe Kapitel 3) unter dem Titel *Des Alkidamas Rede über die Sophisten, welche ihre Vorträge schriftlich abfassen.* Die Übersetzung ist mit «K. Dilthei» gezeichnet, womit vermutlich der Philologe und Darmstädter Gymnasialdirektor Julius Karl Friedrich Dilthey (1797–1857) gemeint ist, der auch der Lateinlehrer von Georg Büchner war.
41 Jochmann 1833/1976.
42 Heinrich Heine, *Englische Fragmente* (*Reisebilder*, Teil 4), erstmals Hamburg 1831, in: Sämtliche Werke, Bd. 2, hrsg. v. Bernd Kortländer, 6. Auflage 2001, 411. Vgl. Theodor Fontane, *Ein Sommer in London* (1854), Kapitel 35: «Der allerunbedeutendste Engländer hat mehr Form, Haltung und Rednertalent als ein ganzes Kollegium deutscher Stadträte zusammen genommen.»
43 Friedrich Nietzsche, *Unzeitgemässe Betrachtungen* 1, 11, in: Kritische Studienausgabe in 15 Bänden, München 1999, 220.
44 Kleist 1806/1982. Vgl. Riedl 1997, 127 ff.; HWRh s. v. Sprechdenken; Knape 2013.
45 Quintilian, 10, 7, 15–17.
46 Riedl 1997, 131.
47 Walter Jens, Nachwort, in: Müller 1812/1967, 205.
48 Schmitt 1919/1998, 141 ff.; Riedl 1997, 123 ff.; Finsen 2001, 175 ff.; Balke 2004.
49 Müller 1812/1967, 161.
50 Müller 1812/1967, 35.
51 Müller 1812/1967, 172.
52 Müller 1812/1967, 75.
53 Walter Jens, Nachwort, in: Müller 1812/1967, 211.
54 Carl Schmitt hat Müllers politisches Denken einer umfassenden, vernichtenden Kritik unterzogen: Schmitt 1919/1998. Siehe auch Riedl 1998, 145 ff.; Kopperschmidt 2003, 459 ff.
55 Müller 1812/1967, 74 f.
56 Schmitt 1919/1998, 143.
57 Peschier 1839, 100.
58 Riedl 1997, 214 ff.; HWRh s. v. Vormärz, 1206.
59 HWRh s. v. Vorlesung, 1199 f.
60 Fichte, zitiert nach Oesterreich 2017, 180.
61 Riedl 1997, 317 ff.; Göttert 1998, 373 ff.
62 Friedrich Schiller, *Was kann eine gute stehende Schaubühne eigentlich wirken?* (1784), im Jahr 1802 leicht verändert publiziert unter dem Titel *Die Schaubühne*

als moralische Anstalt betrachtet, Sämtliche Werke, Bd. 5, hrsg. v. W. Riedel, München 2004, 824.

63 Riedl 1997, 355 ff.

64 Koschorke 2003, 158 ff.

65 Göttert 1998, 391 ff.; Müller 2007.

66 Riedl 1997, 194 ff.; HWRh s. v. Volksrede, 1209. Vgl. Kapitel 5.

67 Wehler 1987/2008, Bd. 1, 320 ff.

68 Wehler 1987/2008, Bd. 1, 318.

69 Wehler 1987/2008, Bd. 1, 328.

70 Adolf Freiherr von Knigge: *Über den Umgang mit Menschen,* 1, 1, 43, hrsg. v. Gert Ueding, Frankfurt am Main 2008 (Text nach der 3. Auflage 1790, erstmals 1788), 62.

71 Koschorke 2003, 190 ff.

72 Koschorke 2003, 301 f.

73 Müller 1812/1967, 199; siehe auch ebenda, 41: Schiller als «der größte Redner der deutschen Nation».

74 Wehler 1987/2008, Bd. 1, 303 f.

75 Riedl 1997, 188 ff.

76 Ernst Moritz Arndt, *Geist der Zeit,* 2. Teil (1809), zitiert nach Riedl 1997, 178.

77 Johann Gottlieb Fichte, *Reden an die deutschen Krieger zu Anfange des Feldzuges 1806,* zitiert nach Riedl 1997, 189.

78 Johann Gottlieb Fichte, *Reden an die deutsche Nation,* hrsg. v. Alexander Aichele, Hamburg 2008 (erstmals 1808), 13.

79 Zu Fichtes Auffassungen über die Rhetorik vgl. Oesterreich 2017, 176 ff.

80 Johann Gottlieb Fichte, *Reden an die deutsche Nation,* hrsg. v. Alexander Aichele, Hamburg 2008 (erstmals 1808), 77 ff.

81 Schlaffer 2007. Siehe auch Kopperschmitt 2003, 465 ff.

82 Zum gesamten Zusammenhang Wehler 1987/2008, 660 ff.; Winkler 2009, Teil 3; Fahrmeir 2010; Israel 2017, Kapitel 20.

83 Ludwig Börne, *Die Freiheit der Presse in Bayern* (1818), in: Gesammelte Schriften, Bd. 4, 2. Auflage, Hamburg 1835, 96–108, hier 99.

84 HWRh s. v. Vormärz, 1211 ff. Zur Vormärz-Publizistik und -Öffentlichkeit insgesamt Wehler 1987, Bd. 2, 520 ff.

85 Siehe zuletzt Seibt 2014.

86 Herrgen 2000, 62.

87 Seibt 2014, bes. 44 ff.; 78 ff.

88 Riedl 1997, 159 ff.; Herrgen 2000.

89 Georg von Wedekind, zitiert nach Herrgen 2000, 125.

90 *Der Patriot,* zitiert nach Riedl 1997, 165.

91 Herrgen 2000, 125.

92 Seibt 2014.

93 Friedrich von Gentz, zitiert nach Jahr 2000, 40.

94 Jochmann 1833/1976, 206; 215 (Hervorhebungen im Original).

95 Ludwig Börne: *Die Freiheit der Presse in Bayern* (1818), in: Gesammelte Schriften, Bd. 4, 2. Auflage, Hamburg 1835, 96–108, hier 99.
96 Holly 1998, 432 ff.
97 Gehrke 2009, 147.
98 Knape 2012, 70; siehe Brandt 1987, 206 ff.
99 Schmid 2003, 122.
100 Götschmann 1993, 227 ff.
101 Götschmann 1993, 231.
102 *Verhandlungen der zweyten Kammer der Ständeversammlung des Königreichs Bayern im Jahre 1831, amtlich bekannt gemacht,* Bd. 3, München 1831, Sitzung vom 11. April 1831, 42 ff.
103 Götschmann, 1933, 233 ff. Zum gesamten Kontext der parlamentarischen Geschäftsordnungen siehe Holly 1998.
104 *Verhandlungen der zweyten Kammer der Ständeversammlung des Königreichs Bayern im Jahre 1831, amtlich bekannt gemacht,* Bd. 3, München 1831, Sitzung vom 12. April 1831, 36 ff.
105 Schmid 2003, 203 ff.
106 HWRh s. v. Parlamentsrede, 625 f.
107 Göttert 1998, 330 ff.; Göttert 2015, 330 ff.; 390 ff.; HWRh s. v. Paulskirchenrhetorik.
108 Jahr 2000, 42; HWRh s. v. Vormärz, 1211.
109 HWRh s. v. Paulskirchenrhetorik, 735.
110 Holly 1998, 424.
111 *Stenographischer Bericht über die Verhandlungen der deutschen constituirenden Nationalversammlung zu Frankfurt am Main,* Bd. 1, Frankfurt am Main 1848, 165.
112 Mohl 1848, 46.
113 Zerback 2007; Göttert 2015, 326 ff.; HWRh s. v. Volksrede, 1184.
114 *Allgemeine Theater-Chronik, Organ für das Gesammtinteresse der deutschen Bühnen und ihrer Mitglieder*, 20. November 1846 (15. Jahrgang, Nr. 141), Hervorhebung im Original.
115 *Dresdner Tageblatt zur Vertretung örtlicher und vaterländischer Interessen,* Nr. 85, 25. März 1848.
116 Coelln 2005, 60 ff.; Vismann 2011, 112 ff.
117 Blasius 1974.
118 Mittermaier 1845/1970, 7.
119 Mittermaier 1854/1970, 252.
120 Vismann 2011, 131.
121 Coelln 2005, 80 ff.
122 Vismann 2011, 124. Vgl. Nass 1980, 71 ff.
123 Vismann 2011, 124; vgl. Vismann 2012, 406.
124 Simon 2015, 226. Vgl. HWRh s. v. Juristische Rhetorik, 815 ff.; Kalivoda 2005.
125 Coelln 2005, 304.
126 Vismann 2011, 314.

127 Siehe die Übersicht der Geschäftsordnungen in Deutscher Bundestag 1986, zu § 33; sowie dort Norbert Lammert, Einleitung, 12 («bloßes Postulat geblieben»). Vgl. Nass 1980, 55 ff.
128 Wende/Fahrmeir 1990, 674.
129 Bösch 2012.
130 Habermas 1962/1990, 302.
131 Jahr 2000, 43 f.
132 Sämtliche Reichstagsreden bis 1942 sind unter *www.reichstagsprotokolle.de* online zugänglich.
133 Nass 1980, 183 ff.
134 6. November 1871, *Verhandlungen des Deutschen Reichstages, Stenographische Berichte,* Bd.1, 152.
135 Nass 1980, 166 ff.
136 Göttert 2015, 202.
137 Gall 1981, Einleitung, 8.
138 26. März 1886, zitiert nach Gall 1981, Einleitung, 9.
139 5. Mai 1881, zit. nach Gall 1981, 251.
140 Gall 1981, 12.
141 HWRh s. v. Sozialistische Rhetorik, 1035.
142 13. März 1910 im Preußischen Abgeordnetenhaus, in: Politische Reden 1869–1914, hrsg. v. Peter Wende unter Mitarbeit von Andreas Fahrmeir, Frankfurt am Main 1990, 573 ff.
143 HWRh s. v.Revolutionsrhetorik, 1344.
144 Flasch 2000.
145 Oskar Maria Graf, *Wir sind Gefangene,* Werkausgabe in 16 Bänden, hrsg. v. Wilfried Schoeller, Bd. 1, 393. Siehe Schmid 2003, 442 f.
146 Mergel 2002.
147 17. Juli 1919, *Verhandlungen der verfassunggebenden Deutschen Nationalversammlung, Stenographische Berichte,* Bd. 328, 1620. – Die Bestimmung, dass keine Reden abgelesen werden sollten, hatte die Weimarer Nationalversammlung aus der Geschäftsordnung des kaiserzeitlichen Reichstags übernommen. 1922 wurde eine neue Geschäftsordnung beschlossen, in der es in § 86 entsprechend hieß: «Die Redner sprechen in freiem Vortrag».
148 Mergel 2002, 240; 297.
149 28. Juni 1920, *Verhandlungen des Reichstags, Stenographische Protokolle,* Bd. 344, 17 f.
150 28. Juni 1920, *Verhandlungen des Reichstags, Stenographische Protokolle,* Bd. 344, 21.
151 14. November 1922, *Verhandlungen des Reichstags, Stenographische Protokolle,* Bd. 357, 8969.
152 Mergel 2002, 189; vgl. 185 ff.; 297.
153 Mergel 2002, 252 ff.
154 Fischer 1994.

155 Kurt Tucholsky (Peter Panter), *Ratschläge für einen schlechten Redner,* in: Sprache ist eine Waffe. Sprachglossen, hrsg. v. Wolfgang Hering, Reinbek 1989, 134–136.
156 Schmitt 1923/2017, 63.
157 Mergel 2002, 178 ff.
158 Mergel 2002, 298.
159 Mergel 2002, 428 ff.; 436 ff.; 455 ff.; HWRh s. v. Parlamentsrede, 629; HWRh s. v. Revolutionsrhetorik, 1344 ff.
160 23. Februar 1932, *Verhandlungen des Reichstags, Stenographische Protokolle*, Bd. 446, 2254.
161 23. März 1928, *Verhandlungen des Reichstags, Stenographische Protokolle*, Bd. 359, 13 649.
162 Max Weber, *Politik als Beruf,* in: Politische Reden 1914–1945, hrsg. v. Peter Wende unter Mitarbeit von Andreas Fahrmeir, Frankfurt am Main 1994, 176–243, hier 222.
163 Münkler 2010, 208 ff.
164 Kopperschmidt 2003, 468 f.
165 So der Nazi-Germanist Ewald Geißler in seiner Schrift *Sprachpflege als Rassenpflicht* (1937), zitiert nach Göttert 2010, 328 f.
166 Kopperschmidt 2003, 76 f.
167 Fritz Geratewohl, Reichssachbearbeiter der Arbeitsgemeinschaft Sprecherziehung im Nationalsozialistischen Lehrerbund (NLSB), zitiert nach Kopperschmidt 2003, 83.
168 Weller 1939/1941, 139; 58. Bei Weller werden auch Adam Müller und Heinrich von Kleist ausführlich zitiert und in den Dienst der nationalsozialistischen Sprecherziehung gestellt.
169 Kopperschmidt 2003; Göttert 2015, 82 ff.; Pyta 2015, 179 ff.
170 Adolf Hitler, *Mein Kampf,* I, 107 (Hitler, Mein Kampf, Eine kritische Edition, hrsg. v. Christian Hartmann u. a. im Auftrag des Instituts für Zeitgeschichte, München/Berlin 2016, 321).
171 Adolf Hitler, *Mein Kampf,* I, 119 (Hitler, Mein Kampf, Eine kritische Edition, hrsg. v. Christian Hartmann u. a. im Auftrag des Instituts für Zeitgeschichte, München/Berlin 2016, 327).
172 Adolf Hitler, *Mein Kampf,* I, Vorwort (Hitler, Mein Kampf, Eine kritische Edition, hrsg. v. Christian Hartmann u. a. im Auftrag des Instituts für Zeitgeschichte, München/Berlin 2016, 89).
173 Adolf Hitler, *Mein Kampf,* II, 112 (Hitler, Mein Kampf, Eine kritische Edition, hrsg. v. Christian Hartmann u. a. im Auftrag des Instituts für Zeitgeschichte, München/Berlin 2016, 1193).
174 Pyta 2015, 196.
175 Pyta 2015, 189 ff.
176 Pyta 2015, 193.
177 Pyta 2015, 197.
178 Pyta 2015, 197.

179 Cornelia Epping-Jäger, in: Kopperschmidt 2003, 143 ff.

180 Adolf Hitler, *Mein Kampf,* II, 113 (Hitler, Mein Kampf, Eine kritische Edition, hrsg. v. Christian Hartmann u. a. im Auftrag des Instituts für Zeitgeschichte, München/Berlin 2016, 1195).

181 Josef Kopperschmidt, in: Kopperschmidt 2003, 186.

182 Kopperschmidt 2003, 455 ff.

183 Peter D. Krause, in: Kopperschmidt 2003, 492.

184 Sophokles, *Antigone,* 757; Thukydides, 8, 66, 1–2 («Es widersprach auch keiner mehr von den Übrigen ...»).

185 Mergel 2013, 47; HWRh s. v. Parlamentsrede, 583; 635.

186 Deutscher Bundestag 1986, zu § 33.

187 Nass 1980, 142. Vgl. Sternberger 1991, 74 (zu einer Bundestagsdebatte 1950): «Wozu braucht man ein Parlament, wenn es nicht in *freier Wechselrede* seine Meinung bildet? Wozu braucht man ein Parlament, wenn die Fraktionskollektive nur verkünden (...), was die Parteikollektive beschlossen haben?»

188 Deutscher Bundestag, Plenarprotokoll 14/76.

189 16. Februar 1978, zitiert nach Göttert 2015, 454.

190 Bösch 2012.

191 HWRh s. v. Zwischenruf; Burkhardt 2012.

192 Verheyen 2010.

193 Meinel 2019, 164 ff.; 175 ff.

194 Robert Habeck, Interview mit Simon Rayß, *Süddeutsche Zeitung,* 8. Oktober 2018.

Kapitel 8. Soundbites, Teleprompter und Twitter-Politik: Das Ende der Rhetorik in der digitalen Gegenwart?

1 Gorgias, *Palamedes,* 6 (*lógoi dè pos an génointo mè sunusías tinòs genoménes?).*

2 Helmut Schanze, in: Scheuermann/Vidal 2017, 68.

3 Baecker 2018 (vgl. Verf., «Kaum versteht man die Moderne, ist sie zu Ende», Süddeutsche Zeitung, 24. September 2018).

4 Weibler 2010; Berry/Gottheimer 2010; Leith 2011, 218 ff.; Blaustein 2017.

5 Stromberg 2012; Supp-Montgomerie 2013.

6 HWRh s. v. Fernsehrhetorik; Scheuermann/Vidal 2017, 481 ff.

7 Ong 1982, 136 f.

8 Matzen/Radler 2009.

9 Blaustein 2017.

10 Supp-Montgomerie 2013, 105 f.

11 Skinnell 2018.

12 Eigene Transkripte nach YouTube.

13 Tonger-Erk 2012; Beard 2018.

14 Olaf Kramer, in: Vidal 2017, 50.

15 Anderson 2017, 48.
16 Anderson 2017, 175.
17 Anderson 2017, 222 f.
18 Anderson 2017, 66; 205; 225.
19 Anderson 2017, 156; 158.
20 Vgl. Alexis Madrigal: What memorizing a TED Talk did to my brain, *www.splinternews.com/what-memorizing-a-ted-talk-did-to-my-brain-1793846502* (abgerufen Dezember 2018).
21 Anderson 2017, 164 f.
22 Anderson 2017, 167; 169 f.
23 Anderson 2017, 170.
24 Vidal 2017, 46 ff.
25 Ong 1982, 135 ff.
26 HWRh s. v. Talkshow.
27 Vidal 2017, 70 ff.; HWRh s. v. Präsentationsrhetorik.
28 Knape 2007.
29 So der australische Sprechtrainer David Kinnane, *www.banterspeech.com.au/off-the-cuff-how-to-give-an-impromptu-speech-without-embarrassing-yourself* (abgerufen Dezember 2018).
30 Bailey 2013; Yale 2014; Ehlers 2018.
31 *www.redeakademie.de/seminare/die-freie-rede* (abgerufen Januar 2019).
32 Vidal 2017, 33 ff.
33 Vismann 2011, 135 ff., spricht von «Agoreiozentrismus».
34 Kierkegaard, Auswahl aus dem Gesamtwerk (…), hrsg. v. Emanuel Hirsch, München/Hamburg 1969, 28.
35 HWRh s. v. Massenkommunikation, 963; HWRh s. v. Öffentlichkeit, 403. Vgl. Scheuermann/Vidal 2017, 85 ff.
36 Wu 2016; Ash 2016; Sunstein 2017; Pörksen 2018.
37 Habermas 1962/1990, 261; 270; 321.
38 Habermas 1962/1990, 320.
39 HWRh s. v. Verfall der Beredsamkeit, 1389.
40 Schulz 2012, 256 ff.; Steinmetz 2013.
41 Mergel 2012, 237; HWRh s. v. Parlamentsrede, 608. Siehe Habermas 1962/1990, 303 ff.
42 Kramer 2006, 68 ff.; Garsten 2006, 6; 190 f.; Lakoff/Wehling 2016.
43 Jahr 2000, 46.
44 Michael Klemm, in: Vidal 2017, 7.

Zitierte und benutzte Literatur

Hinweis: Zitate von Primärquellen, die nur ad hoc relevant sind, werden gelegentlich an Ort und Stelle vollständig angegeben; alles Weitere verweist auf das Literaturverzeichnis. HWRh = Historisches Wörterbuch der Rhetorik, hrsg. v. Gert Ueding u. a., 11 Bände, Tübingen (ab Band 10: Berlin/New York) 1992–2014. Bei längeren Artikeln mit Spaltenzahl zitiert, sonst nur mit dem Stichwort.

ADAMS, John Quincy: Lectures on Rhetoric and Oratory, delivered to the classes of senior and junior sophisters in Harvard University, Cambridge/Mass. 1810.

ANDERSEN, Øivind: *Lingua suspecta:* On Concealing and Displaying the Art of Rhetoric, in: Symbolae Osloenses 71 (1996), 68–86.

ANDERSON, Chris: TED Talks. Die Kunst der öffentlichen Rede. Das offizielle Handbuch, Frankfurt am Main 2017.

ANTOS, Gerd: Grundlagen einer Theorie des Formulierens. Textherstellung in geschriebener und gesprochener Sprache, Tübingen 1982.

ARENDT, Hannah: Über die Revolution, München/Berlin/Zürich 2016 (deutsch erstmals 1965).

ARENDT, Hannah: Vita activa oder Vom tätigen Leben, München/Berlin/Zürich 2018 (deutsch erstmals 1967).,

ASBRIDGE, Thomas: Die Kreuzzüge, Stuttgart 2010.

ASH, Timothy Garton: Redefreiheit. Prinzipien für eine vernetzte Welt, München 2016.

AX, Wolfram: Improvisation in der antiken Rhetorik, in: Gröne u. a. 2009, 63–78.

BADER, Eugen: Der Prediger als *honnête homme.* Konversationsideal und Predigtstil in der französischen Hochklassik, in: W. Erzgräber/H.-M. Gauger (Hrsg.), Stilfragen, Tübingen 1992, 72–106.

BADER, Eugen: Rede-Rhetorik, Schreib-Rhetorik, Konversationsrhetorik. Eine historisch-systematische Analyse, Tübingen 1994.

BAECKER, Dirk: 4.0 oder Die Lücke die der Rechner lässt, Leipzig 2018.

BAGEHOT, Walter: The English Constitution, 2. Auflage, London 1873.

BAILEY, Jessica: Extemporaneous Speaking. Engaging with Current Events, hrsg. v. der National Speech & Debate Association, Ripon 2013.

BALKE, Friedrich: Rhetorik nach ihrem Ende. Das Beispiel Adam Müllers, in: Jürgen Fohrmann (Hrsg.), Rhetorik. Figuration und Performanz, Stuttgart 2004, 444–471.

BARNER, Wilfried: Barockrhetorik. Untersuchungen zu ihren geschichtlichen Grundlagen. Tübingen 1970. (Nachdruck 2002.)

BARTHES, Roland: Die alte Rhetorik, in: ders, Das semiologische Abenteuer, Frankfurt a. M. 1988 (frz. zuerst 1970).

BASKERVILLE, Barnet: The People's Voice. The Orator in American Society, Lexington 1979.

BAUTAIN, Louis, Ètude sur l'art de parler en public, Paris 1856. (Engl.: The Art of Extempore Speaking. Hints for the pulpit, the senate, and the bar, New York 1859.)

BEARD, Mary: Frauen und Macht. Ein Manifest, Frankfurt am Main 2018.

BENTHAM, Jeremy: Political Tactics, hrsg. v. M. James, C. Blamires u. C. Pease-Watkin, Oxford 1999 (erstmals fragmentarisch 1791 gedruckt; frz. Ausgabe 1816, erste engl. Ausgabe 1843).

BERRY, Mary Frances/GOTTHEIMER, Josh: Power in Words. The Stories Behind Barack Obama's Speeches, from the State House to the White House. Foreword by Ted Sorensen, Boston 2010.

BERS, Victor: Dikastic *thorubos*, in: P. A. Cartledge/F. D. Harvey (Hrsg.), Crux (Festschrift de Ste. Croix), Exeter 1985, 1–15.

BEUYS, Barbara: Denn ich bin krank vor Liebe. Das Leben der Hildegard von Bingen, München/Wien 2001.

BLAIR, Hugh: Lectures on Rhetoric and Belles Lettres, 3 Bde., 4. Auflage, London 1790.

BLÄNSDORF, Jürgen: Cicero auf dem Forum und im Senat, in: L. Benz (Hrsg.): ScriptOralia Romana. Die römische Literatur zwischen Mündlichkeit und Schriftlichkeit, Tübingen 2001, 205–228.

BLASIUS, Dirk: Der Kampf um die Geschworenengerichte im Vormärz, in: H.-U. Wehler (Hrsg.), Sozialgeschichte heute (Festschrift H. Rosenberg), Göttingen 1974, 148–161.

BLAUSTEIN, George: The Obama Speeches, in: n+1 27/Winter 2017, auch online: https://nplusonemag.com/issue-27/politics/the-obama-speeches/ (abgerufen Dezember 2018).

BLEICKEN, Jochen: Die athenische Demokratie. 4. Auflage, Paderborn u. a. 1995.

BLUMENBERG, Hans: Anthropologische Annäherung an die Aktualität der Rhetorik, in: ders., Wirklichkeiten, in denen wir leben, Stuttgart 1981, 104–136 (zuerst italienisch 1971).

BODEN, Robert F.: The Colonial Bar and the American Revolution, in: Marquette Law Review 60 (1976), 1–28.

BÖSCH, Frank: Parlamente und Medien. Deutschland und Großbritannien seit dem späten 19. Jahrhundert, in: Schulz/Wirsching 2012, 371–388.

BOUCHET, Thomas: French Parliamentary Discourse, 1789–1914, in: Ihalainen et al. 2016, 162–175.

BOWIE, Ewen L., Early Greek Elegy, Symposium and Public Festival, in: Journal of Hellenic Studies 106 (1986), 13–35.

BRANDT, Hartwig: Parlamentarismus in Württemberg 1819–1870. Anatomie eines deutschen Landtags, Düsseldorf 1987.

BRAUNGART, Georg: Hofberedsamkeit. Studien zur Praxis höfisch-politischer Rede in deutschen Territorialabsolutismus, Tübingen 1988.

BRODERSEN, Kai (Hrsg.): Große Reden. Von der Antike bis heute, Darmstadt 2002.

BULLARD, Paddy: Edmund Burke and the Art of Rhetoric, Cambridge 2011.

BULTMANN, Rudolf: Der Stil der paulinischen Predigt und die kynisch-stoische Diatribe, Göttingen 1910.

BULTMANN, Rudolf: Die Theologie des Neuen Testaments, 2. Auflage, Tübingen 1954.

BURCKHARDT, Jacob: Die Cultur der Renaissance in Italien. Ein Versuch. Werke, Kritische Gesamtausgabe, Bd. 4, hrsg. v. M. Mangold auf der Grundlage der Vorarbeiten von K. Hara und H. Numata, München/Basel 2018 (erstmals Basel 1860).

BURKHARDT, Armin: Debattieren im Schaufenster. Zu Gebrauch und Pervertierung einiger parlamentarischer Sprachformen im Deutschen Bundestag, in: Schulz/Wirsching 2012, 301–331.

CARRUTHERS, Mary/ZIOLKOWSKI, Jan M. (Hrsg.): The Medieval Craft of Memory. An Anthology of Texts and Pictures, Philadelphia 2002.

CARTLEDGE, Paul: Democracy. A Life, Oxford 2016.

COELLN, Christian von: Zur Medienöffentlichkeit der Dritten Gewalt. Rechtliche Aspekte des Zugangs der Medien zur Rechtsprechung im Verfassungsstaat des Grundgesetzes, Tübingen 2005.

CONNOLLY, Joy: The State of Speech. Rhetoric and Political Thought in Ancient Rome, Princeton 2007.

COOPER, Craig: Demosthenes, Actor on the Political and Forensic Stage, in: C. J. Mackie (Hrsg.): Oral Performance and Its Context, Leiden 2004, 145–161.

COLE, Thomas: The Origins of Rhetoric in Ancient Greece, Baltimore/London 1991.

CONRAD, Ruth/WEEBER, Martin: Protestantische Predigtlehre. Eine Darstellung in Quellen, Tübingen 2012.

CORMENIN, Louis-Marie de Lahaye de: Das Buch der Redner, Leipzig 1843 (Übersetzer unbekannt; zuerst frz. 1836).

CROSBY, Ruth: Oral Delivery in the Middle Ages, in: Speculum 11 (1936), 88–110.

CRUEL, Rudolf: Geschichte der deutschen Predigt im Mittelalter, Detmold 1879 (und Nachdrucke).

CURTIUS, Ernst Robert: Europäische Literatur und lateinisches Mittelalter, Tübingen/Basel 1993 (erstmals 1948).

DEEG, Alexander/MEYER-BLANCK, Michael/STÄBLEIN, Christian (Hrsg.): Präsent predigen. Eine Streitschrift wider die Ideologisierung der ‹freien› Kanzelrede, Göttingen 2011.

DEFERRARI, Roy J.: St Augustine's method of composing and delivering sermons, in: American Journal of Philology 43 (1922), 97–123 und 193–219.

DERRIDA, Jacques: Grammatologie, Frankfurt a. M. 1983.

DETIENNE, Marcel: The Masters of Truth in Archaic Greece, New York 1996.

DEUTSCHER BUNDESTAG (Hrsg.): Die Geschäftsordnungen deutscher Parlamente seit 1848. Eine synoptische Darstellung. Mit einer Einführung von Norbert Lammert, Bonn 1986.

DEUTSCHES HISTORISCHES MUSEUM (Hrsg.): Der Luthereffekt. 500 Jahre Protestantismus in der Welt, Ausstellungskatalog, München 2017.

DISCH, Ursula M.: Der Redner Mirabeau, in: Publizistik 11 (1966), 57–98.

DOLAR, Mladen: His Master's Voice. Eine Theorie der Stimme. Frankfurt am Main 2007.

DOMINIK, William/HALL, Jon (Hrsg.): A Companion to Roman Rhetoric, Oxford 2007.

DOMINIK, William: Tacitus and Pliny on Oratory, in: Dominik/Hall 2007, 323–338.

DOVER, Kenneth J.: Greek Popular Morality in the Time of Plato and Aristotle, Oxford 1974.

DOVER, Kenneth J.: The Evolution of Greek Prose Style, Oxford 1997.

DOVER, Kenneth J.: The Spoken and the Written Word, in: B.A. Sparkes (Hrsg.), Greek Civilization. An Introduction, Oxford/Malden 1998, 146–169.

DUGAN, John: Rhetoric and the Roman Republic, in: E. Gunderson (Hrsg.), The Cambridge Companion to Ancient Rhetoric, Cambridge 2009, 178–193.

EASTMAN, Carolyn: A Nation of Speechifiers. Making an American Public after the Revolution, Chicago 2009.

EBELING, Gerhard: Wort und Glaube, Tübingen 1960.

EHLERS, Michael: Rhetorik. Die Kunst der Rede im digitalen Zeitalter, Kulmbach 2018.

EINHORN, Lois J.: Abraham Lincoln the Orator. Penetrating the Lincoln Legend. Great American Orators, 16, Westport/London 1992.

ELM, Kaspar (Hrsg.): Norbert von Xanten. Adliger, Ordensstifter, Kirchenfürst, Köln 1984.

ENOS, Richard Leo: The Emergence of a Literate Rhetoric in Greece, in: Rhetoric Society Quarterly 36 (2006), 223–242.

EPPING-JÄGER, Cornelia: Stimmgewalt. Die NSDAP als Rednerpartei, in: D. Kolesch / S. Krämer (Hrsg.), Stimme. Annäherung an ein Phänomen, Frankfurt am Main 2006, 147–171.

EPPLER, Erhard: Kavalleriepferde beim Hornsignal. Die Krise der Politik im Spiegel der Sprache, Frankfurt am Main 1992.

ERLER, Michael/TORNAU, Christian (Hrsg.): Handbuch Antike Rhetorik, Berlin/Boston 2019.

EUFE, Rembert: Rhetorik und distanzsprachliche Mündlichkeit: Marco Foscarinis *Della improvvisa eloquenza* und der Status des Venezianischen, in: R. Franceschini et al. (Hrsg.), Retorica: Ordnung und Brüche. Beiträge des Tübinger Italianistentags, Tübingen 2006, 39–54.

EYBL, Franz M.: Abraham a Sancta Clara. Vom Prediger zum Schriftsteller, Tübingen 1992.

FAHRMEIR, Andreas: Revolutionen und Reformen. Europa 1789–1850, München 2010.

FANTHAM, Elaine: The Contexts and Occasions of Roman Public Rhetoric, in: W. Dominik (Hrsg.), Roman Eloquence. Rhetoric in Society and Literature, London/New York (Routledge) 1997, 111–128.

FERGUSON, Robert A.: The Trial in American Life, Chicago 2007.

FEUCHTER, Jörg/HELMRATH, Johannes (Hrsg.): Politische Redekultur in der Vormoderne. Die Oratorik europäischer Parlamente in Spätmittelalter und Früher Neuzeit, Frankfurt/New York 2008.

FEUERBACH, Anselm Ritter von: Betrachtungen über die Öffentlichkeit und Mündlichkeit der Gerechtigkeitspflege, Gießen 1821.

FINSEN, Hans Carl: Die Rhetorik der Nation. Redestrategien im nationalen Diskurs, Tübingen 2001.

FISCHER, Jörg-Uwe: Parlamentsdebatten – politische Erziehung oder politisches Theater? Zur Diskussion um die Rundfunkübertragungen von Reichstagsdebatten und -reden während der Weimarer Republik, in: Zeitschrift für Parlamentsfragen 25 (1994), 637–652.

FIX, Ulla/ GARDT, Andreas/KNAPE, Joachim (Hrsg.): Rhetorik und Stilistik. Ein internationales Handbuch historischer und systematischer Forschung, 2 Bände, Berlin 2008/2009.

FLASCH, Kurt: Die geistige Mobilmachung. Die deutschen Intellektuellen und der Erste Weltkrieg. Ein Versuch, Berlin 2000.

FLASHAR, Hellmut: Aristoteles. Lehrer des Abendlandes, München 2013.

FOLEY, John Miles: The Theory of Oral Composition. History and Methodology, Bloomington 1988.

FOUCAULT, Michel: Die Regierung des Selbst und der anderen. Vorlesung am Collège de France 1982/83, Frankfurt am Main 2009.

FRANKLIN, Benjamin: Autobiography and Other Writings, hrsg. v. Ormond Seavey, Oxford 2008 (erstmals 1793).

FREY, Christiane: Geist und Buchstabe. Ideologeme der Darstellbarkeit bei Hamann, Mendelssohn und Kleist, in: C. Albes/Ch. Frey (Hrsg): Darstellbarkeit – zu einem ästhetisch-philosophischen Problem um 1800, Würzburg 2003, 137–156.

FRIED, Johannes: Das Mittelalter. Geschichte und Kultur, München 2008.

GALL, Lothar (Hrsg.): Bismarck – Die großen Reden, Berlin 1981.

GARDEY, Delphine: Turning public discourse into an authentic artefact: Shorthand transscription in the French National Assembly, in: B. Latour/P. Weibel (Hrsg.): Making Things Public: Atmospheres of Democracy, Cambridge, Mass. 2005, 836–843.

GARSTEN, Bryan: Saving Persuasion. A Defense of Rhetoric and Judgment. Cambridge, Ma./London 2006.

GAUGER, Hildegard: Die Kunst der politischen Rede in England, Tübingen 1952.

GEHRKE, Roland: Landtag und Öffentlichkeit. Provinzialständischer Parlamentarismus in Schlesien 1825–1845, Köln/Weimar 2009.

GERBER, Simon: Geist, Buchstabe und Buchstäblichkeit – Schleiermacher und seine Vorgänger, in: M. Pietsch/D. Schmid (Hrsg.): Geist und Buchstabe: Interpretations- und Transformationsprozesse innerhalb des Christentums (Festschrift G. Meckenstock), Berlin/Boston 2013, 105–131.

GERMAN, Lindsey/REES, John: A People's History of London, London/New York 2012.

GOODY, Jack/WATT, Ian/GOUGH, Kathleen: Entstehung und Folgen der Schriftkultur, Frankfurt a. M. 1986.

GÖTSCHMANN, Dirk: Parlament an der Longe. Zur Geschäftsordnung des bayerischen Landtags im Vormärz, in: D. Albrecht/D. Götschmann (Hrsg.), Forschungen zur Bayerischen Geschichte (Festschrift W. Volkert), Frankfurt am Main 1993, 219–236.

GÖTTERT, Karl-Heinz: Deutsch. Biografie eine Sprache, Berlin 2010.

GÖTTERT, Karl-Heinz: Geschichte der Stimme, München 1998.

GÖTTERT, Karl-Heinz: Mythos Redemacht. Eine andere Geschichte der Rhetorik, Frankfurt a. M. 2015.

GOTTSCHED, Johann Christoph: Ausführliche Redekunst. Ausgewählte Werke, hrsg. v. P. M. Mitchell, Bd. 7.1 (Erster, allgemeiner Theil) und Bd. 7.2 (Besondrer Theil), hrsg. v. Rosemary Scholl, Berlin/New York 1975 (erstmals 1736).

GRAVES, Michael A. R.: The Parliaments of Early Modern Europe, Harlow u. a. 2001.

GREENE, Jack: Law and the Origins of the American Revolution, in: M. Grossberg/Ch. Tomlins (Hrsg.), The Cambridge History of Law in America, Bd. 1, Cambridge 2008, 447–481.

GRÖNE, Maximilian/GEHRKE, Hans-Joachim/HAUSMANN, Frank-Rutger/PFÄNDER, Stefan/ZIMMERMANN, Bernhard (Hrsg.): Improvisation. Kultur- und lebenswissenschaftliche Perspektiven, Freiburg 2009.

GRÜNBERG, Wolfgang, Homiletik und Rhetorik, Gütersloh 1973.

GÜNTHER, Horst (Hrsg.): Mirabeau – Der Redner der Revolution. Reden, Briefe, Schriften, hrsg. u. übersetzt v. H. G., Frankfurt a. M. 1989.

GUSTAFSON, Sandra M.: Eloquence is Power. Oratory & Performance in Early America. Chapel Hill/London 2000.

HABERMAS, Jürgen: Strukturwandel der Öffentlichkeit. Untersuchungen zu einer Kategorie der bürgerlichen Gesellschaft. Mit einem Vorwort zur Neuauflage, Frankfurt a. M. 1990 (erstmals 1962).

HAGUE, William: William Pitt the Younger, London 2004.

HALCOMBE, John Joseph/STONE, William Henry: The Speaker at Home. Chapters on Extempore and Memoriter Speaking, Lecturing, and Reading Aloud, London 1859.

HALLIWELL, Stephen: Philosophical Rhetoric or Rhetorical Philosophy? The Strange Case of Isocrates, in: B. D. Schildgen (Hrsg.), The Rhetoric Canon, Detroit 1997, 107–125.

HAMBSCH, Björn, ‹… ganz andre Beredsamkeit›: Transformationen antiker und moderner Rhetorik bei Johann Gottfried Herder, Tübingen 2007.

HAMILTON, William Gerard: Parliamentary Logick, hrsg. v. Edmond Malone, London 1808.

HAMMERSTAEDT, Jürgen: Artikel «Improvisation», in: Reallexikon für Antike und Christentum 17 (1996), 1212–1284.

HANSARD: Official Report (Hansard), House of Commons, Centenary Volume

1909–2009. An anthology of historic and memorable House of Commons speeches to celebrate the first 100 years, hrsg. v. Ian Church, London 2009.

HAVELOCK, Eric A.: Preface to Plato, Oxford 1963.

HAZARIKA, Ayesha/HAMILTON, Tom: Punch & Judy Politics. An Insiders' Guide to Prime Minister's Questions, London 2018.

HAZLITT, William: On the Difference between Writing and Speaking, in: ders., The Plain Speaker. Opinions on Books, Men, and Things, Bd. 2, London 1826, 163–203.

HERRGEN, Joachim: Die Sprache der Mainzer Republik (1792/93). Historisch-semantische Untersuchungen zur politischen Kommunikation, Tübingen 2000.

HESK, Jon.: Deception and Democracy in Classical Athens, Cambridge 2001.

HETZEL, Andreas /POSSELT, Gerald (Hrsg.): Handbuch Rhetorik und Philosophie, Berlin/Bosteon 2017.

HEURTIN, Jean-Philippe: L'espace public parlementaire, Paris 1999.

HOBBES, Thomas: Behemoth oder Das Lange Parlament, hrsg. v. Peter Schröder, Hamburg 2015 (erstmals 1668).

HOCHGESCHWENDER, Michael: Die Amerikanische Revolution. Geburt einer Nation, 1763–1815, München 2016.

HOLCOMB, Chris: ‹The Crown of All Our Study›: Improvisation in Quintilian's *Institutio Oratoria*, in: Rhetoric Society Quarterly 31 (2001), 53–72.

HÖLKESKAMP, Karl-Joachim: *Agorai* bei Homer, in: W. Eder/K.-J. Hölkeskamp (Hrsg.), Volk und Verfassung im vorhellenistischen Griechenland, Stuttgart 1997, 1–29.

HÖLKESKAMP, Karl-Joachim: Zwischen Agon und Argumentation. Rede und Redner in der archaischen Polis, in: Ch. Neumeister/W. Raeck (Hrsg.), Rede und Redner. Bewertung und Darstellung in den antiken Kulturen, Möhnesee 2000, 17–43.

HÖLKESKAMP, Karl-Joachim, Senatus Populusque Romanus. Die politische Kultur der Republik – Dimensionen und Deutungen, Stuttgart 2004.

HOLLY, Werner: Parlamentarische Geschäftsordnungen des 19. Jahrhunderts, in: D. Cherubim/S. Grosse/K. J. Mattheier (Hrsg.), Sprache und bürgerliche Nation. Beiträge zur deutschen und europäischen Sprachgeschichte des 19. Jahrhunderts, Berlin/New York 1998, 420–443.

HUBBARD, Thomas: Getting the Last Word – Publication of Political Oratory as an Instrument of Historical Revisionism, in: E. Anne Mackay (Hrsg.), Orality, Literacy, Memory in the Ancient Greek and Roman World, Leiden/Boston 2008, 185–202.

HUDSON, Nicholas: Writing and European Thought, 1600–1830, Cambridge 1994.

HUGO, Victor: Mirabeau, eine Studie, in: Günther 1989, 9–35 (erstmals 1834).

HUME, David: Über Redekunst, in: Politische und ökonomische Essays, Teilband 1, übers. v. Susanne Fischer, hrsg. v. Udo Bermbach, Hamburg 1988, 106–121 (erstmals 1742).

HUNT, Lynn: The Rhetoric of Revolution in France, in: History Workshop 15 (1983), 78–94.

IHALAINEN, Pasi/ILIE, Cornelia/PALONEN, Kari (Hrsg.): Parliament and Parliamentarism. A Comparative History of a European Concept, New York/Oxford 2016.

ISRAEL, Jonathan: Expanding Blaze. How the American Revolution Ignited the World, 1775–1848, Princeton 2017.

JAHR, Christoph: Parlament, ‹Publicität› und Versammlungsöffentlichkeit. Überlegungen zur politischen Theorie und rhetorischen Praxis in Deutschland bis 1933, in: O. Jarren, K. Imhof, R. Blum (Hrsg.), Zerfall der Öffentlichkeit?, Wiesbaden 2000, 39–48.

JEFFERSON, Thomas: A Manual of Parliamentary Practice: for the Use of the Senate of the United States, 2. Auflage, Washington 1812.

JOCHMANN, Carl Gustav: Über die Sprache, hrsg. v. Peter König (Gesammelte Schriften, Bd. 1), Heidelberg 1998 (erstmals 1828 ohne Verfassername erschienen).

JOCHMANN, Carl Gustav: Über die Öffentlichkeit, in: C. G. Jochmann, Die unzeitige Wahrheit, hrsg. v. Eberhard Haufe, Weimar 1976, 187–225 (zuerst 1833).

JOHANNESSON, Kurt: Svensk retorik. Från medeltiden till våra dagar, Stockholm 2005.

JONES, Clarence B./CONNELLY, Stuart: Behind the Dream. The Making of the Speech that Transformed a Nation, New York 2011.

JONES, Clyve (Hrsg.): A Short History of Parliament. England, Great Britain, The United Kingdom, Ireland & Scotland, Woodbridge 2009.

KAHNEMAN, Daniel: Schnelles Denken, langsames Denken, München 2012.

KALIVODA, Gregor: Juristische Rhetorik. Systematische, historische und interdisziplinäre Aspekte der forensischen Beredsamkeit, in: K. D. Lerch (Hrsg.), Recht verhandeln. Argumentieren, Begründen und Entscheiden im Diskurs des Rechts (Die Sprache des Rechts, Bd. 2), Berlin/New York 2005, 321–342.

KALTENBRUNNER, Gerd-Klaus (Hrsg.), Sprache und Herrschaft. Die umfunktionierten Wörter, Freiburg/Basel/Wien 1975.

KENNEDY, George A.: The Art of Persuasion in Greece, Princeton 1963.

KENNEDY, George A.: Aristotle *On Rhetoric.* A Theory of Civic Discourse, New York/Oxford 1991.

KENNEDY, George A.: A New History of Classical Rhetoric, Princeton 1994.

KENNEDY, George A.: Comparative Rhetoric. An Historical and Cross-Cultural Introduction, New York/Oxford 1998.

KENNEDY, George A.: Classical Rhetoric and Its Christian and Secular Tradition from Ancient to Modern Times, 2. Auflage, Chapel Hill/London 1999.

KIENING, Christian /BEIL, Ulrich Johannes: Tafeln aus Stein und aus Fleisch – Paulus, Zweiter Korintherbrief, in: dies., Urszenen des Medialen. Von Moses bis Caligari, Göttingen 2012, 97–115.

KIENZLE, Beverly Mayne: Hildegard of Bingen's Gospel Homilies, in: R. Berndt (Hrsg.): «Im Angesicht Gottes suche der Mensch sich selbst»: Hildegard von Bingen (1098–1179), Berlin 2001, 299–318.

KLEIST, Heinrich von: Über die allmähliche Verfertigung der Gedanken beim Reden, in: Sämtliche Werke, hrsg. v. Curt Grützmacher, München 1982, 880–884 (Niederschrift zuerst ca. 1805/06; publiziert erstmals 1878).

KNAPE, Joachim (Hrsg.): Medienrhetorik, Tübingen 2005.

KNAPE, Joachim/SCHIRREN, Thomas (Hrsg.): Aristotelische Rhetorik-Tradition. Philosophie der Antike (PhA), Band 18, Tübingen 2005.

KNAPE, Joachim: Machiavelli und die Rhetorik, in: R. Franceschini et al. (Hrsg.), Retorica: Ordnung und Brüche. Beiträge des Tübinger Italianistentags, Tübingen 2006, 183–201.

KNAPE, Joachim: PowerPoint in rhetoriktheoretischer Sicht, in: B. Schnettler/H. Knoblauch (Hrsg.): Powerpoint-Präsentationen. Neue Formen der gesellschaftlichen Kommunikation von Wissen, Konstanz 2007, 53–66.

KNAPE, Joachim: Ludwig Uhland als politischer Redner, in: G. Braungart u. a. (Hrsg.), Ludwig Uhland, Tübinger, Linksradikaler, Nationaldichter (Ausstellungskatalog Stadtmuseum Tübingen), Tübingen 2012, 69–82.

KNAPE, Joachim: Kreativität der spontanen Findung. Inventivik im rhetorischen Stegreif heute, bei Alkidamas und Heinrich von Kleist, in: J. Knape/A. Litschko (Hrsg.), Kreativität. Kommunikation, Wissenschaft, Künste, Berlin 2013, 183–220.

KOPPERSCHMIDT, Josef (Hrsg.): Rhetorische Anthropologie. Studien zum Homo rhetoricus, München 2000.

KOPPERSCHMIDT, Josef (Hrsg.): Hitler der Redner, München 2003.

KORENJAK, Martin: Publikum und Redner. Ihre Interaktion in der sophistischen Rhetorik der Kaiserzeit, München 2000.

KOSCHORKE, Albrecht: Körperströme und Schriftverkehr. Mediologie des 18. Jahrhunderts, München 2003.

KOTTMEIER, Adolph Georg: Die extemporane Redekunst oder die Kunst des freien Vortrags, nothwendig jedem Gebildeten im bürgerlichen Leben, vornehmlich dem Prediger, Leipzig 1820.

KRAMER, Olaf (Hrsg.): Rhetorik der Debatte, Tübingen 2006.

KREMMYDAS, Christos/TEMPEST, Kathryn (Hrsg.): Hellenistic Oratory. Continuity and Change, Oxford 2013.

KULLMANN, Wolfgang: Platons Schriftkritik, in: Hermes 119 (1991), 1–21.

KUNKEL, Wolfgang/SCHERMAIER, Martin: Römische Rechtsgeschichte. 14. Auflage, Köln 2005.

LAKOFF, George/WEHLING, Elisabeth: Auf leisen Sohlen ins Gehirn. Politische Sprache und ihre heimliche Macht, 4. Auflage, Heidelberg 2016.

LANG, Johann Philipp: Wider die Gefahr, in öffentlichen Kanzelvorträgen zu stocken, oder gänzlich zu verstummen. Ein Versuch in Briefen, als Beytrag zur Theorie der Kanzelberedsamkeit, Frankfurt a. M. 1806.

LUHMANN, Niklas: Die Gesellschaft der Gesellschaft, 2 Bände, Frankfurt a. M. 1997.

LEVELT, Willem J. M.: Speaking. From Intention to Articulation, Cambridge, Mass./London 1989.

LISCHKA, Karl: Johann Jakob Rambachs Praecepta Homiletica. Ein Beitrag zur Theorie der Predigt des Pietismus, Diss. Münster 1975.

MACK, Peter: Rhetoric and Politics in the Elizabethan Parliament, in: Feuchter/Helmrath 2008, 173–187.

MACK, Peter: A History of Renaissance Rhetoric, 1380–1620, Oxford 2011.
MAGASS, Walter: Das öffentliche Schweigen (Gibt es Maßstäbe für die Kunst der öffentlichen Rede in Deutschland? – Antwort auf die Preisfrage der Deutschen Akademie für Sprache und Dichtung vom Jahre 1965), Heidelberg 1967.
MAJOR, John: The Autobiography, New York 1999.
MANIN, Bernard: Kritik der repräsentativen Demokratie, Berlin 2007.
MANOW, Philip: Im Schatten des Königs. Die politische Anatomie demokratischer Repräsentation, Frankfurt am Main 2008.
MANOW, Philip: Die zentralen Nebensächlichkeiten der Demokratie. Von Applausminuten, Föhnfrisuren und Zehnpunkteplänen, Reinbek 2017.
MANTHE, Ulrich: Geschichte des römischen Rechts. 4. Auflage, München 2011.
MARISS, Ruth (Mariß): Alkidamas: Über diejenigen, die schriftliche Reden schreiben, oder Über die Sophisten. Eine Sophistenrede aus dem 4. Jahrhundert v. Chr., eingeleitet und kommentiert v. R. M., Münster 2002.
MARONGIU, Antonio: Medieval Parliaments. A comparative study, London 1968.
MARR, Andrew: My Trade. A Short History of British Journalism, London 2004.
MATZEN, Nea/RADLER, Christian (Hrsg.): Die Tagesschau. Zur Geschichte einer Nachrichtensendung, Konstanz 2009.
MAY, Matthew S.: Soapbox Rebellion. The Hobo Orator Union and the Free Speech Fights of the Industrial Workers of the World, 1909–1916, Tuscaloosa 2013.
MCCANTS, David A.: Patrick Henry, the Orator (Great American Orators, 8), New York/Westport/London 1990.
MCCULLOUGH, David: John Adams, New York 2001.
MEINEL, Florian: Vertrauensfrage. Zur Krise des heutigen Parlamentarismus, München 2019.
MEISEL, Joseph S.: Public Speech and the Culture of Public Life in the Age of Gladstone, New York 2001.
MENZEL, Michael: Predigt und Predigtorganisation im Mittelalter, in: Historisches Jahrbuch 111 (1991), 337–384.
MERGEL, Thomas: Parlamentarische Kultur in der Weimarer Republik. Politische Kommunikation, symbolische Politik und Öffentlichkeit im Reichstag, Düsseldorf 2002.
MERGEL, Thomas: Funktionen und Modi des Sprechens in modernen Parlamenten. Historische und systematische Überlegungen, in: Schulz/Wirsching 2012, 229–246.
MERGEL, Thomas: Parlamentarische Kulturen in der Moderne – Brüche und Kontinuitäten, in: Jörg Feuchter/Johannes Helmrath (Hrsg.), Parlamentarische Kulturen vom Mittelalter bis in die Moderne. Reden, Räume, Bilder, Düsseldorf 2013, 35–50.
MERKT, Andreas: Maximus I. von Turin. Die Verkündigung eines Bischofs der frühen Reichskirche im zeitgeschichtlichen, gesellschaftlichen und liturgischen Kontext, Leiden 1997.
MERTENS, Volker: ‹Texte unterwegs›: zu Funktion und Textdynamik mittelalterlicher Predigten und den Konsequenzen für ihre Edition, in: B. Buschinger, (Hrsg.): Mittelalterforschung und Edition, Amiens 1991, 75–85.

MEYER, Holt/UFFELMANN, Dirk (Hrsg.): Religion und Rhetorik, Stuttgart 2007.

MILLER, Carolyn R.: Should We Name the Tools? Concealing and Revealing the Art of Rhetoric, in: J. Ackerman/D. Coogan (Hrsg.), In The Public Work of Rhetoric, Columbia, SC 2010, 19–38.

MITTERMAIER, Carl J. A.: Die Mündlichkeit, das Anklageprinzip, die Öffentlichkeit und das Geschworenengericht in ihrer Durchführung in den verschiedenen Gesetzgebungen. Dargestellt und nach den Forderungen des Rechts und der Zweckmäßigkeit mit Rücksicht auf die Erfahrung der verschiedenen Länder geprüft, Stuttgart 1845 (Nachdruck 1970).

MOHL, Robert von: Vorschläge zu einer Geschäfts-Ordnung des verfassunggebenden Reichstages, Heidelberg 1848.

MORITZ, Karl Philipp: Reisen eines Deutschen in England im Jahr 1782, hrsg. v. Jürgen Jahnke und Christof Wingertszahn, Sämtliche Werke, Kritische und kommentierte Ausgabe, Bd. 5/1, Berlin/München/Boston 2015 (erstmals 1783).

MUIR, John V.: Alcidamas. The Works and Fragments, London 2001.

MÜLLER, Adam: Zwölf Reden über die Beredsamkeit und deren Verfall in Deutschland. Mit einem Essay und einem Nachwort hrsg. v. Walter Jens, Frankfurt am Main 1967 (Vorlesungen 1812 gehalten, erstmals 1816 publiziert).

MÜLLER, Hans Martin: Homiletik. Eine evangelische Predigtlehre, Berlin/New York 1996.

MÜLLER, Heribert: Jeanne d'Arc, in: J. Fried/O. B. Rader (Hrsg.), Die Welt des Mittelalters. Erinnerungsorte eines Jahrtausends, München 2011, 276–291.

MÜLLER, Lothar: Die zweite Stimme. Vortragskunst von Goethe bis Kafka, Berlin 2007.

MÜNKLER, Herfried: Mitte und Maß. Der Kampf um die richtige Ordnung, Berlin 2010.

MURPHY, James: Rhetoric in the Middle Ages: A History of Rhetorical Theory from Saint Augustine to the Renaissance, Berkeley/Los Angeles/London 1974.

NADOLNY, Sten: Selim oder Die Gabe der Rede. Roman, München 1990.

NASS, Otto: Staatsberedsamkeit. Das gesprochene Wort in Verwaltung und Politik. Hrsg. v. Klaus Otto Nass. 2. Auflage, Köln u. a. 1980.

NELSON, William: From ‹Listen, Lordings› to ‹Dear Reader›, in: University of Toronto Quarterly 46 (1976/77), 111–124.

NIESEN, Peter: Tribunal der Zeitungsleser. Bentham über schwache und starke Öffentlichkeiten, in: O. Asbach (Hrsg.), Vom Nutzen des Staates. Staatsverständnisse des klassischen Utilitarismus: Hume, Bentham, Mill, Baden-Baden 2009, 153–182.

NIPPEL, Wilfried: Antike oder moderne Freiheit? Die Begründung der Demokratie in Athen und in der Neuzeit, Frankfurt a. M. 2008.

NIRENBERG, David: Anti-Judaismus. Eine andere Geschichte des westlichen Denkens, München 2015.

NORDEN, Eduard: Die antike Kunstprosa vom VI. Jahrhundert v. Chr. bis in die Zeit der Renaissance, 1. Band, 3. Auflage, Leipzig 1915 (mehrere Nachdrucke).

OBER, Josiah: Mass and Elite in Democratic Athens. Rhetoric, Ideology, and the Power of the People, Princeton 1989.

OBER, Josiah/STRAUSS, Barry: Drama, Rhetoric and Discourse, in: J. J. Winkler/ F. I. Zeitlin (Hrsg.), Nothing to Do with Dionysos? Athenian Drama in its Social Context, Princeton 1990, 237–270.

OBER, Josiah/HEDRICK, Charles (Hrsg.): Demokratia. A Conversation on Democracies, Ancient and Modern, Princeton 1996.

OESTERREICH, Peter L.: Rhetorik und Philosophie bei Kant, im Deutschen Idealismus und in der Romantik, in: Hetzel/Posselt 2017, 169–188.

ONG, Walter J.: The Presence of the Word, New Haven/London 1967.

ONG, Walter J.: Rhetoric, Romance, and Technology. Studies in the interaction of expression and culture, Ithaca/London 1971.

ONG, Walter J.: Orality and Literacy. The Technologizing of the Word, London/New York 1982.

OTIS, James: The Rudiments of Latin Prosody: with A Dissertation on Letters, and The Principles of Harmony, in Poetic and Prosaic Composition, Boston 1760.

OTIS, James: Writs of Assistance, in: Collected Political Writings of James Otis, hrsg. v. Richard Samuelson, Indianapolis 2015, 1–19 (erstmals 1761).

PAINE, Thomas: Common Sense, in: Rights of Man, Common Sense, and other political writings, hrsg. v. Mark Philp, Oxford 1995, 1–59 (erstmals 1776).

PARKER, Edward G.: The Golden Age of American Oratory, Boston 1857.

PELTONEN, Markku: Rhetoric, Politics, and Popularity in Pre-revolutionary England, Cambridge 2013.

PENNER, Todd/VANDER STICHELE, Caroline: Rhetorical practice and performance in early Christianity, in: E. Gunderson (Hrsg.), The Cambridge Companion to Ancient Rhetoric, Cambridge 2009, 245–260.

PESCHIER, Adolphe: Über rhetorische Improvisation, in: Deutsche Vierteljahrsschrift, 2. Heft (1839), 100–116.

PLETT, Heinrich F.: Shakespeare und die Rhetorik, in: Rhetorik – ein internationales Jahrbuch, Bd. 10 (1991), 57–70.

PLETT, Heinrich F. (Hrsg.): Die Aktualität der Rhetorik, München 1996.

PÖRKSEN, Bernhard: Die große Gereiztheit. Wege aus der kollektiven Erregung, München 2018.

PÖRKSEN, Uwe: Politische Rede oder Wie wir entscheiden, Göttingen 2016.

PORTER, Stanley E. (Hrsg.): Handbook of Classical Rhetoric in the Hellenistic Period (330 B. C.–A. D. 400), Leiden/New York/Köln 1997.

POTKAY, Adam: The Fate of Eloquence in the Age of Hume, Ithaca 1994.

PRESSING, Jeff: Improvisation. Methods and Models, in: J. A. Sloboda (Hrsg.), Generative Processes in Music, Oxford 1988, 129–178.

PYTA, Wolfram: Hitler. Der Künstler als Politiker und Feldherr. Eine Herrschaftsanalyse, München 2015.

RABBITTS, Paul: Hyde Park. The People's Park, Stroud 2015.

RADERMACHER, Ludwig: Artium Scriptores. Reste der voraristotelischen Rhetorik, Wien 1951.

RAPP, Christof: Aristoteles, Rhetorik, übersetzt und erläutert v. Ch. R. (Aristoteles, Werke in deutscher Übersetzung, hrsg. v. H. Flashar, Bd. 4/1 und 4/2), Berlin 2002.

REED, Alfred Z.: Training for the Public Profession of the Law, New York 1921.

REID, Christopher: Burke as Rhetorician and Orator, in: D. Dwan/Ch. Insole (Hrsg.) The Cambridge Companion to Edmund Burke, Cambridge 2012, 41–52. (2012a)

REID, Christopher: Imprison'd Wranglers: The Rhetorical Culture of the House of Commons 1760–1800, Oxford 2012. (2012b)

REITZ, Christiane: Ex tempore oder limae labor. Äußerungen zum Schaffensprozeß in der römischen Dichtung, in: G. Mattenklott/F. Weltzien (Hrsg.), Entwerfen und Entwurf. Praxis und Theorie des künstlerischen Schaffensprozesses, Berlin 2003, 59–74.

REMINI, Robert V.: The House. The History of the House of Representatives, Washington 2006.

RIEDER, Josef Edmund: Lehrbuch der Redekunst. Nach den ältesten Quellen und nach den Anforderungen der Jetztzeit, Graz 1849.

RIEDL, P. P.: Öffentliche Rede in der Zeitenwende. Deutsche Literatur und Sprache um 1800, Tübingen 1998.

RIVERS, Kimberley: Memory and medieval preaching: mnemonic advice in the Ars praedicandi of Francesc Eiximenis, in: Viator 30 (1999), 252–284.

ROBLING, Franz-Hubert: Redner und Rhetorik. Studie zur Begriffs- und Ideengeschichte des Rednerideals, Hamburg 2007.

ROISMAN, Joseph: Speaker-Audience Interaction in Athens: A Power Struggle, in: Sluiter/Rosen 2004, 261–278.

RORABAUGH, William J.: Berkeley at War. The 1960s, Oxford/New York 1989.

ROSE, Jonathan: The Literary Churchill. Author, Reader, Actor, New Haven 2014.

ROTHERMUNDT, J., Predigt als freie Rede, in: Pastoraltheologie, Monatsschrift für Wissenschaft und Praxis in Kirche und Gesellschaft 68 (1979), 68–85.

RUTLEDGE, Steven H.: Oratory and Politics in the Empire, in: Dominik/Hall 2007, 109–121.

RUZÉ, Françoise: Déliberation et pouvoir dans la cité grecque: de Nestor à Socrate, Paris 1997.

RYAN, Halford (Hrsg.): U. S. Presidents as Orators. A Bio-Critical Sourcebook. Westport/London 1995.

SAMPLEY, J. Paul/LAMPE, Peter (Hrsg.): Paul and Rhetoric, New York/London, 2010.

SAUSSURE, Ferdinand de: Grundfragen der allgemeinen Sprachwissenschaft. Hrsg. v. Peter von Polenz, Berlin 1967 (erstmals frz. 1916).

SAXONHOUSE, Arlene W.: Free Speech and Democracy in Ancient Athens, Cambridge 2006.

SCANDALETTI, Paolo: Antonius von Padua. Volksheiliger und Kirchenlehrer, Graz u. a. 1983.

SCHAMA, Simon: Citizens. A Chronicle of the French Revolution, New York 1989.

SCHEIBLE, Heinz: Melanchthon. Vermittler der Reformation. Eine Biographie, München 2016.

SCHEUERMANN, Arne/VIDAL, Francesca (Hrsg.): Handbuch Medienrhetorik, Berlin/Boston 2017.

SCHIRREN, Thomas/ZINSMAIER, Thomas (Hrsg.): Die Sophisten. Ausgewählte Texte, Stuttgart 2003.

SCHLAFFER, Heinz: Das entfesselte Wort. Nietzsches Stil und seine Folgen, München 2007.

SCHLEGEL, Friedrich: Wissenschaft der europäischen Literatur: Vorlesungen, Aufsätze und Fragmente aus der Zeit von 1795–1804. Kritische Friedrich-Schlegel-Ausgabe, Band 11 (2. Abteilung, Schriften aus dem Nachlaß), hrsg. v. Ernst Behler, München/Paderborn/Wien 1958.

SCHLOEMANN, Johan: Spontaner und vorbereiteter Vortrag. *Hypokrisis* im dritten Buch der Aristotelischen *Rhetorik*, in: Philologus 144 (2000), 206–216.

SCHLOEMANN, Johan: Freie Rede. Rhetorik im demokratischen Athen zwischen Schriftlichkeit und Improvisation, Diss. Berlin 2001.

SCHLOEMANN, Johan: Entertainment and Democratic Distrust. The Audience's Attitude toward Oral and Written Oratory in Classical Athens, in: I. Worthington/J. M. Foley (Hrsg.), Epea Kai Grammata. Oral and Written Communication in Ancient Greece, Leiden 2002, 133–146.

SCHMID, Alois (Hrsg.): Handbuch der bayerischen Geschichte, Bd. 4: Das neue Bayern. Von 1800 bis zur Gegenwart, Erster Teilband: Staat und Politik, 2. Auflage, München 2003.

SCHMITT, Carl: Die geistesgeschichtliche Lage des heutigen Parlamentarismus, 10. Auflage, Berlin 2017 (erstmals 1923).

SCHMITT, Carl: Politische Romantik, 6. Auflage, Berlin 1998 (erstmals 1919).

SCHNAUBER, Cornelius: Wie Hitler sprach und schrieb. Zur Psychologie und Prosodik der faschistischen Rhetorik, Frankfurt am Main 1972.

SCHNEPPER, Arndt Elmar: Frei predigen. Ohne Manuskript auf der Kanzel, Witten 2012. (2012a)

SCHNEPPER, Arndt Elmar: Goldene Buchstaben ins Herz schreiben. Die Rolle des Memorierens in religiösen Bildungsprozessen, Göttingen 2012. (2012b)

SCHNYDER, Peter: Die Magie der Rhetorik: Poesie, Philosophie und Politik in Schlegels Frühwerk, Paderborn/München 1999.

SCHOFIELD, John: Cromwell to Cromwell. Reformation to Civil War, Stroud 2009.

SCHOTT, Heinrich August: Die Theorie der Beredsamkeit. Mit besonderer Anwendung auf die geistliche Beredsamkeit. 3 Bde. 2. Auflage, Leipzig 1828.

SCHULZ, Andreas/WIRSCHING, Andreas (Hrsg.): Parlamentarische Kulturen in Europa. Das Parlament als Kommunikationsraum, Düsseldorf 2012.

SCHULZ, Andreas: Vom Volksredner zum Berufsagitator. Rednerideal und parlamentarische Redepraxis im 19. Jahrhundert, in: Schulz/Wirsching 2012, 247–266.

SCHULZ, Verena: Die Stimme in der antiken Rhetorik, Göttingen 2014.
SEIBT, Gustav (Hrsg.): Demokratisch reden. Parlament, Medien und kritische Öffentlichkeit in Deutschland, Göttingen 2005.
SEIBT, Gustav: Mit einer Art von Wut. Goethe in der Revolution, München 2014.
SHERIDAN, Thomas: A Course of Lectures on Elocution, London 1762.
SILVER, Victoria: Hobbes on rhetoric, in: T. Sorell (Hrsg.), The Cambridge Companion to Hobbes, Cambridge 1996, 329–345.
SIMON, Dieter: Recht als Rhetorik, Rhetorik als Recht, in: D. Grimm/A. Kemmerer/Ch. Möllers (Hrsg.): Gerüchte vom Recht. Vorträge und Diskussionen aus dem Berliner Seminar ‹Recht im Kontext›, Baden-Baden 2015, 201–226.
SKINNELL, Ryan (Hrsg.): Faking The News. What Rhetoric Can Teach us about Donald J. Trump, Exeter 2018.
SKINNER, Quentin: The Foundations of Modern Political Thought, Bd.1: The Renaissance, Cambridge 1978.
SLOTERDIJK, Peter: Du mußt dein Leben ändern. Über Anthropotechnik. Frankfurt/Main 2009.
SLUITER, Ineke/ROSEN, Ralph M. (Hrsg.): Free Speech in Classical Antiquity, Leiden/Boston 2004.
SPARROW, Andrew: Obscure Scribblers. A History of Parliamentary Journalism, London 2003.
SPIELBERG, Bernhard/MEYER-BLANCK, Michael/SEIP, Jörg (Hrsg.): Homiletische Präsenz. Predigt und Rhetorik, München 2010.
STAROBINSKI, Jean: Eloquence and Liberty, in: Journal of the History of Ideas 38,2 (1977), 195–210.
STEEL, Catherine (Hrsg.): The Cambridge Companion to Cicero, Cambridge 2013.
STEEL, Catherine/VAN DER BLOM, Henriette (Hrsg.): Community and Communication. Oratory and Politics in Republican Rome, Oxford 2013.
STEINMETZ, Willibald: Normen parlamentarischen Redens in England (1600–1900), in: Jörg Feuchter/Johannes Helmrath (Hrsg.), Parlamentarische Kulturen vom Mittelalter bis in die Moderne. Reden, Räume, Bilder, Düsseldorf 2013, 51–95.
STEITZ, Heinrich: Der Professor auf der Kanzel, in: Jahrbuch der Hessischen kirchengeschichtlichen Vereinigung 36 (1985) 51–80.
STERNBERGER, Dolf: Sprache und Politik. Schriften, Bd. 11, Frankfurt a. M./Leipzig 1991.
STETTER, Christian, Schrift und Sprache, Frankfurt a. M. 1997.
STOLLBERG-RILINGER, Barbara: Symbol und Diskurs. Das Beispiel des Reichstags in Augsburg 1530, in: Feuchter/Helmrath 2008, 85–103.
STOLT, Birgit: Martin Luthers Rhetorik des Herzens, Tübingen 2000.
STRASSBERGER (Straßberger), Andres: Johann Christoph Gottsched und die ‹philosophische› Predigt. Studien zur aufklärerischen Transformation der protestantischen Homiletik im Spannungsfeld von Theologie, Philosophie, Rhetorik und Politik, Tübingen 2010.

STROH, Wilfried: Die Macht der Rede. Eine kleine Geschichte der Rhetorik im alten Griechenland und Rom, Berlin 2009.

STROH, Wilfried: Die Rhetorik des Dr. Faust und ihre antiken Vorbilder, in: Rheton, Online-Zeitschrift für Rhetorik, 11. November 2015 (abgerufen November 2018).

STROMBERG, Joseph: A Brief History of the Teleprompter, in: Smithsonian Magazine, 22. Oktober 2012.

SUNSTEIN, Cass R.: #republic. Divided Democracy in the Age of Social Media, Princeton 2017.

SUPP-MONTGOMERIE, David: Speaking from the Heart. Mediation and Sincerity in U. S. Political Speech, Diss. University of North Carolina, Chapel Hill 2013.

TACKETT, Timothy: Becoming A Revolutionary. The deputies of the French National Assembly and the emergence of revolutionary culture, Princeton 1996.

TESCHITZ, Karl (Pseudonym für MOTESICZKY, Karl): Religiöse Ekstase als Ersatz der sexuellen Auslösung. Beobachtungen in einer religiösen Sekte, Kopenhagen 1937.

THIELICKE, Helmut: Glauben und Denken in der Neuzeit, 2. Auflage, Tübingen 1988.

THIERBACH, Ernst: Versuch einer entscheidenden Beantwortung der Frage: Soll die Predigt extemporirt oder memorirt werden?, Sondershausen/Leipzig 1820.

THOMAS, P. D. G.: The House of Commons in the Eighteenth Century, Oxford 1971.

THOMAS, Rosalind: Literacy and Orality in Ancient Greece, Cambridge 1992.

TILL, Dietmar: Transformationen der Rhetorik. Untersuchungen zum Wandel der Rhetoriktheorie im 17. und 18. Jahrhundert, Tübingen 2004.

TODD, S. C.: A Commentary on Lysias, Speeches 1–11, Oxford 2007.

TONGER-ERK, Lily: Actio. Körper und Geschlecht in der Rhetoriklehre, Berlin/New York 2012.

TRABANT, Jürgen: Die Rückkehr der Philosophie zu Rede und Dialog: Vico, Hamann, Herder, Humboldt, in: Hetzel/Posselt 2017, 217–238.

TRÉDÉ, Monique: Kairos. L'à-propos et l'occasion. Le mot et la notion, d'Homère à la fin du IVe siècle avant J.–C., Paris 1992.

UHLMANN, Gyburg: Rhetorik und Wahrheit. Ein prekäres Verhältnis von Sokrates bis Trump, Stuttgart 2019.

USENER, Sylvia: Isokrates, Platon und ihr Publikum. Hörer und Leser von Literatur im 4. Jh. v. Chr., Tübingen 1994.

USHER, Stephen: Greek Oratory. Tradition and Originality, Oxford 1999.

VARVICENSIS, Philopatris (Hrsg): Characters of the late Charles James Fox, selected and in Part written by Ph. V. (= Samuel Parr), Bd. 1, London 1809.

VERHEYEN, Nina: Diskussionslust. Eine Kulturgeschichte des ‹besseren Arguments› in Westdeutschland, Göttingen/Oakville 2010.

VICKERS, Brian: In Defence of Rhetoric, Oxford 1988.

VICKERS, Brian: Deconstruction's Design on Rhetoric, in: W. B. Horner/M. Leff

(Hrsg.), Rhetoric as Pedagogy: Its History, Philosophy, and Practice (Festschrift J. J. Murphy), Mahwah, NJ/Hove 1995, 295–315.

VIDAL, Francesca (Hrsg.): Rhetorik im digitalen Zeitalter, Berlin/Boston 2017.

VISMANN, Cornelia: Das Recht und seine Mittel, Frankfurt am Main 2012.

VISMANN, Cornelia: Medien der Rechtsprechung, Frankfurt am Main 2011.

VOGT-SPIRA, Gregor/ROMMEL, Bettina/MUSÄUS, Immanuel (Hrsg.): Rezeption und Identität. Die kulturelle Auseinandersetzung Roms mit Griechenland als europäisches Paradigma, Stuttgart 1999.

VÖSSING, Konrad: Mit Manuskript in den Senat! Zu Cic. Planc. 74, in: Rheinisches Museum 151 (2008), 143–150.

WALLMANN, Johannes: Prolegomena zur Erforschung der Predigt im Zeitalter der lutherischen Orthodoxie, in: ders, Pietismus und Orthodoxie. Gesammelte Aufsätze III, Tübingen 2010, 427–446.

WARE, Henry: Hints on Extemporaneous Preaching, Boston 1824.

WEHLER, Hans-Ulrich: Deutsche Gesellschaftsgeschichte. Erster Band: Vom Feudalismus des Alten Reiches bis zur Defensiven Modernisierung der Reformära 1700–1815. Zweiter Band: Von der Reformära bis zur industriellen und politischen «Deutschen Doppelrevolution» 1815–1845/49. Studienausgabe, München 2008 (beide Bände erstmals 1987).

WEIBLER, Jürgen (Hrsg.), Barack Obama und die Macht der Worte. Wiesbaden 2010.

WEISE, Christian: Neu-Erleuterter Politischer Redner, Leipzig 1684 (Nachdruck 1974).

WEISE, Christian: Politischer Redner, Leipzig 1677 (Nachdruck 1974).

WELLER, Maximilian: Die Freie Rede. Ein Grundriß für Lehrgänge, Berlin 1941 (zuerst 1939).

WENDE, Peter/FAHRMEIR, Andreas: Zur politischen Rede in Deutschland zwischen Reichsgründung und Erstem Weltkrieg, in: Politische Reden 1869–1914, hrsg. v. P. Wende unter Mitarbeit von Andreas Fahrmeir, Frankfurt am Main 1990, 671–678.

WHATELY, Richard: Elements of Rhetoric. 7. Auflage, London 1846 (zuerst 1828).

WHEATER, Stanley B.: Parliamentary rhetoric – the American Congress and the House of Commons compared, in: Parliamentary Affairs 28 (1975), 8–21.

WHEDBEE, Karen E.: Reclaiming Rhetorical Democracy: George Grote's Defense of Cleon and the Athenian Demagogues, in: Rhetoric Society Quarterly 34 (2004), 71–95.

WINKLER, Heinrich August: Geschichte des Westens. Von den Anfängen in der Antike bis zum 20. Jahrhundert, München 2009.

WIRSCHING, Andreas: Parlament und Volkes Stimme. Unterhaus und Öffentlichkeit im England des frühen 19. Jahrhunderts, Göttingen 1990.

WOHL, Victoria: Rhetoric of the Athenian citizen, in: E. Gunderson (Hrsg.), The Cambridge Companion to Ancient Rhetoric, Cambridge 2009, 162–177.

WORTHINGTON, Ian (Hrsg.): Persuasion. Greek Rhetoric in Action, London/New York 1994.

WORTHINGTON, Ian (Hrsg.), A Companion to Greek Rhetoric, Oxford 2007.

WU, Tim: The Attention Merchants. The Epic Scramble to Get Inside Our Heads, New York 2016.

YALE, Robert N.: The Impromptu Gauntlet: An Experimental Strategy for Developing Lasting Communication Skills, in: Business and Professional Communication Quarterly 77 (2014), 281–196.

ZERBACK, Ralf: Robert Blum. Eine Biografie, Leipzig 2007.

ZIMMERMAN, Joseph Francis: The New England Town Meeting. Democracy in Action, Westport/London 1999.

ZINN, Howard: A People's History of the United States. 1492–present, New York 2015 (Neuausgabe, erstmals 1980).

ZINSMAIER, Thomas: Der Beginn der rhetorischen Lexikographie: Giovanni Battista Bernardis ‹Thesaurus rhetoricae› (Venedig 1599), in: Neulateinisches Jahrbuch/Journal of Neo-Latin Language and Literature 2 (2000), 241–258.

ZLINSKY, János: Schriftlichkeit und Mündlichkeit im römischen Recht, in: G. Vogt-Spira (Hrsg.), Beiträge zur mündlichen Kultur der Römer, Tübingen 1993, 21–36.

ZWEIMÜLLER, Serena (Hrsg.): Lukian, «Rhetorum praeceptor». Einleitung, Text und Kommentar, Göttingen 2008.

Bildnachweis

Seite 27: © akg-images/jh-Lightbox_Ltd./John Hios | *Seite 29:* https://commons.wikimedia.org/wiki/File:Demostenes.jpg, Gunnar Bach Pedersen | *Seite 69:* © akg-images 87: © akg-images/Pietro Baguzzi | *Seite 99:* © 2019. Photo Scala, Florenz | *Seite 109:* https://commons.wikimedia.org/wiki/File:Elizabethan_Homilies.jpg | *Seite 111:* https://commons.wikimedia.org/wiki/File:Lakewood_worship.jpg / ToBeDaniel; / CC BY-SA 3.0 | *Seite 127:* © akg-images/British Library | *Seite 137:* © Photo John Voos/The Independent/Shutterstock | *Seite 141:* © akg-images/bilwissedition | *Seite 153:* © Bob Adelman Estate | *Seite 157:* © www.daumier.org | *Seite 167:* https://de.wikipedia.org/wiki/Datei:Jakobinerklub.jpg (Gallica, Bibliotheque nationale de France) | *Seite 187:* Bayerische Staatsbibliothek München, P.o.germ 958 m, S. 9, urn:nbn:de:bvb:12-bsb10115120-0 | *Seite 199:* https://de.wikipedia.org/wiki/Robert_Blum#/media/File:Frankfurt_Nationalversammlung_1848.jpg (Historisches Museum Frankfurt am Main) | *Seite 215:* © ullstein-bild | *Seite 227:* © Saul Loeb/Staff/Getty Images | *Seite 231:* © Getty Images/Django

Personenregister

Abbt, Thomas 172
Abraham a Sancta Clara 108
Adams, John 137 f., 140, 143, 145 f.
Adams, John Quincy 138, 144
Alkidamas 46–55, 65, 69, 186
Anderson, Chris 230–232
Antiphon 31, 39
Antonius von Padua 98 f.
Aristophanes 35
Aristoteles 26, 33, 42, 44, 52, 64, 100, 122 f.
Arndt, Ernst Moritz 190
Augustinus 89–94, 96
Augustus 61, 73, 76 f.
Bacon, Francis 122 f.
Bagehot, Walter 135
Barbarossa, Kaiser Friedrich 115
Barthes, Roland 18
Basilius d. Gr. 91
Bautain, Louis 167 f.
Bebel, August 205
Bentham, Jeremy 131–134, 198, 239
Birgitta von Schweden 99
Bismarck, Otto von 204 f.
Blair, Hugh 108
Blum, Robert 198–200
Blumenberg, Hans 12
Botsman, Rachel 233
Brecht, Bertolt 214
Bruni, Leonardo 120
Büchner, Georg 188, 191
Burke, Edmund 126, 128
Bush, George W. junior 222
Bush, George W. senior 149 f.
Cato der Ältere 50, 59 f., 66
Churchill, Winston 113 f., 124
Cicero 57, 59, 61–64, 66–70, 74, 76 f., 91, 118, 123, 126, 137, 162, 164, 174, 179 f.
Clinton, Bill 150
Clinton, Hillary 225 f.
Cohn-Bendit, Daniel 168
Colden, Cadwallader 139
Cormenin, Louis Marie de 155–158, 168
Cromwell, Oliver 122–124, 169
Danton, George Jacques 161, 165 f.
Daumier, Honoré 157
Demosthenes 23–27, 29, 45, 57, 118, 122, 174
Desmoulins, Camille 161 f., 164
Disraeli, Benjamin 134
Drake, William 131
Eisenhower, Dwight D. 225
Eisner, Kurt 206
Eiximenis, Francesc 100
Elisabeth I. von England 108, 117
Euripides 21, 39
Fehrenbach, Constantin 207
Fénelon, François 108, 163
Feuerbach, Paul Anselm Ritter von 200
Fichte, Johann Gottlieb 188, 190, 206
Fischer, Joschka 219
Flusser, Vilem 235
Forster, Georg 192
Foscarini, Marco 120
Foucault, Michel 28, 169
Fox, Charles James 126 f.
Francke, August Hermann 105
Franklin, Benjamin 138, 144
Franz von Assisi 98
Gaulle, Charles de 168
Gentz, Friedrich von 193

Gibbon, Edward 128
Gilbert, Daniel 233
Gingrich, Newt 41
Gladstone, William 134 f.
Goebbels, Joseph 211
Goethe, Johann Wolfgang von 162, 171, 177–179, 193, 260
Gorgias 23, 30 f., 43, 46, 221
Gottsched, Johann Christoph 174 f.
Graham, Billy 110
Gregor d. Gr. 95
Gysi, Gregor 220
Habeck, Robert 220
Habermas, Jürgen 136, 238–240
Halcombe, J. J. 129
Hamilton, Alexander 145
Hamilton, William Gerard 130
Havelock, Eric A. 16
Hazlitt, William 129
Hecker, Friedrich 194
Heine, Heinrich 125, 158, 181, 194
Heinrich V. von England 116
Henry, Patrick 140, 142, 144, 161
Herder, Johann Gottfried 106, 171 f., 175 f., 182
Herodot 19 f.
Hesiod 15 f., 18, 24
Hildegard von Bingen 99
Hitler, Adolf 213–216
Hobbes, Thomas 122 f.
Homer 15–18, 29, 49
Hugo, Victor 154–156, 158, 160 f., 168
Humboldt, Wilhelm von 12, 176, 182, 188
Hume, David 125 f., 130
Hus, Jan 101
Isokrates 25, 33, 55
Jackson, Andrew 147
Jeanne d'Arc 116
Jefferson, Thomas 142–145, 147, 198
Jochmann, Carl Gustav 179–181, 193
Johannes Chrysostomos 92
Johnson, Boris 136
Kant, Immanuel 178 f.
Kardorff, Siegfried von 211
Karl d. Gr. 96
Katharina von Siena 99
Kemmerich, Dietrich Hermann 173
Kennedy, John F. 148, 222
Kennedy, Robert F. 153
Kierkegaard, Søren 238
King, Martin Luther Jr. 151–153, 222
Kleist, Heinrich von 72, 94, 181–183, 185, 233
Knigge, Adolf Freiherr von 189
Laktanz 91
Lassalle, Ferdinand 205
Ledebour, Georg 208 f.
Liebknecht, Karl 205 f.
Liebknecht, Wilhelm 205
Lincoln, Abraham 147 f., 151, 222
Lindner, Christian 220
Löbe, Paul 209
Lukian 75
Luther, Martin 101–104, 118
Luxemburg, Rosa 205
Lysias 36, 38
Macron, Emanuel 168
Madison, James 144 f.
Major, John 135–137
Mann, Thomas 212
Marx, Karl 134, 154
McLuhan, Marshall 235
Melanchthon, Philipp 103, 118 f.
Mercier, Louis-Sébastian 166
Milton, John 124
Miquel, Johannes 204
Mirabeau, Comte de 154 f., 158–161, 183, 204
Mitterrand, François 168
Mittermaier, Carl Joseph Anton 200 f.
Mohl, Robert von 198
Moritz, Karl Philipp 126–128, 130, 133
Moses 82
Müller, Adam 181, 183–187, 189, 193
Müntzer, Thomas 103, 123
Nadolny, Sten 7

Nietzsche, Friedrich 26, 181, 191
Nixon, Richard 148 f.
Norbert von Xanten 97
North, Thomas 122
Novalis 106, 189
Obama, Barack 150, 222 f., 225–228
Ong, Walter J. 18
Origines 91
Otis, James 140–142, 144
Oxenden, George 124
Paine, Thomas 139
Palin, Sarah 226
Paulus 79–81, 83–89, 99, 102
Peschier, Adolphe 186
Philipp II. von Makedonien 26 f.
Pitt, William d. Ä. 129
Pitt, William d. J. 129, 131
Platon 22, 24 f., 32, 35, 40, 43, 46, 53–55, 65
Protagoras 22, 30, 32, 54
Quintilian 12, 62 f., 68–72, 74, 76 f., 122, 182
Rambach, Johann Jakob 105
Ramus, Petrus 119
Reagan, Ronald 149 f.
Reinhardt, Fritz 212
Robespierre, Maximilien de 162, 165 f., 169
Roosevelt, Franklin 148
Rousseau, Jean-Jacques 164, 166, 175, 238, 244
Sandel, Michael 235
Saussure, Ferdinand de 176
Savio, Mario 151
Savonarola, Girolamo 101
Scheidemann, Philipp 206, 208 f.
Schiller, Friedrich 8, 117, 171, 188 f., 198
Schlafly, Hubert 224
Schlegel, Friedrich 16
Schleiermacher, Friedrich 106
Schmidt, Helmut 219
Schmitt, Carl 210
Schott, Heinrich August 107, 109
Schumacher, Kurt 210, 217
Seuffert, Johann Adam von 195 f.
Shakespeare, William 116, 118, 122
Sheridan, Thomas 129
Sieyès, Abbé 165
Sokrates 22, 53 f., 145
Solon 17, 244
Spener, Philipp Jacob 104
Strauß, Franz Josef 218
Sueton 76
Tacitus 73 f., 163
Thälmann, Ernst 209
Thomas von Aquin 100, 119
Thukydides 20, 26, 38
Trump, Donald J. 14, 147, 150, 221, 226–228
Tucholsky, Kurt 11, 210
Turner, Charles 125
Uhland, Ludwig 194
Urban II. 97
Vergil 60–62, 65
Vincke, Georg von 204
Voltaire 163 f.
Washington, George 142–146
Weber, Max 211
Wedekind, Georg von 192
Wehner, Herbert 218
Weise, Christian 172 f.
Weller, Maximilian 212 f.
Wesley, John 110
Whately, Richard 129
Whitefield, George 110, 138, 140
Wieland, Christoph Martin 172, 179
Wilkes, John 130
Wilson, Thomas 122
Windthorst, Ludwig 204
Wyclif, John 101